Uwe Meyer

Grundkurs Compilerbau

Liebe Leserin, lieber Leser,

die Geschichte der Informatik ist untrennbar mit den Entwicklungen im Compilerbau verbunden. Pioniere wie John Backus, Grace Hopper, Donald Knuth und Niklaus Wirth haben sich mit der Frage beschäftigt, wie ein Computer Befehle parsen und übersetzen kann und so das Fundament der Softwareentwicklung gelegt.

Jetzt liegt es an Ihnen, diese Geschichte fortzuführen. Indem Sie sich mit den Grundlagen von Compilern und der Theorie der formalen Sprachen beschäftigen, verstehen Sie die Funktionsweisen und Paradigmen moderner Programmiersprachen besser und können Zusammenhänge in der Programmierung klarer begreifen und zuordnen. Viele Entwicklungsprobleme werden einfacher verständlich, wenn Sie wissen, wie ein Compiler mit Ihrem Code umgeht.

Dabei hilft Ihnen Prof. Uwe Meyer vom *Institut für Programmiersprachen und ihre Anwendung* der Technischen Hochschule Mittelhessen. Prof. Meyer geht alle Schritte des Compilerbaus mit Ihnen durch und zeigt Ihnen anhand vieler Beispiele und Übungen, wie Sie Ihren eigenen Compiler erstellen. So sind Sie für die Klausuren in Ihrem Studium gewappnet und können parallel zu Ihren Vorlesungen und Übungen im eigenen Tempo lernen.

Abschließend noch ein Wort in eigener Sache: Dieses Werk wurde mit großer Sorgfalt geschrieben, geprüft und produziert. Sollte dennoch einmal etwas nicht so funktionieren, wie Sie es erwarten, freue ich mich, wenn Sie sich mit mir in Verbindung setzen. Ihre Kritik und konstruktiven Anregungen sind jederzeit willkommen.

Ihr Dr. Christoph Meister
Lektorat Rheinwerk Computing

christoph.meister@rheinwerk-verlag.de
www.rheinwerk-verlag.de
Rheinwerk Verlag · Rheinwerkallee 4 · 53227 Bonn

Auf einen Blick

1	Einleitung	15
2	Grundbegriffe der Programmiersprachen	29
3	Lexikalische Analyse	79
4	Syntaxanalyse	133
5	Abstrakter Syntaxbaum	227
6	Semantische Analyse	255
7	Variablenallokation	303
8	Codegenerierung	337
9	Optimierung	371
10	Ausblick	411

Impressum

Wir hoffen, dass Sie Freude an diesem Buch haben und sich Ihre Erwartungen erfüllen. Ihre Anregungen und Kommentare sind uns jederzeit willkommen. Bitte bewerten Sie doch das Buch auf unserer Website unter **www.rheinwerk-verlag.de/feedback**.

An diesem Buch haben viele mitgewirkt, insbesondere:

Lektorat Christoph Meister
Korrektorat Friederike Daenecke, Zülpich
Fachgutachten Michael Jäger
Herstellung Norbert Englert
Typografie und Layout Vera Brauner
Einbandgestaltung Julia Schuster
Titelbild Shutterstock: 1065452942©GaudiLab, 91292342©hxdbzxy
Satz III-Satz, Husby
Druck und Bindung Beltz Grafische Betriebe, Bad Langensalza

Dieses Buch wurde gesetzt aus der TheAntiquaB (9,35/13,7 pt) in FrameMaker.
Gedruckt wurde es auf chlorfrei gebleichtem Offsetpapier (90 g/m²).
Hergestellt in Deutschland.

Das vorliegende Werk ist in all seinen Teilen urheberrechtlich geschützt. Alle Rechte vorbehalten, insbesondere das Recht der Übersetzung, des Vortrags, der Reproduktion, der Vervielfältigung auf fotomechanischen oder anderen Wegen und der Speicherung in elektronischen Medien.

Ungeachtet der Sorgfalt, die auf die Erstellung von Text, Abbildungen und Programmen verwendet wurde, können weder Verlag noch Autor, Herausgeber oder Übersetzer für mögliche Fehler und deren Folgen eine juristische Verantwortung oder irgendeine Haftung übernehmen.

Die in diesem Werk wiedergegebenen Gebrauchsnamen, Handelsnamen, Warenbezeichnungen usw. können auch ohne besondere Kennzeichnung Marken sein und als solche den gesetzlichen Bestimmungen unterliegen.

Bibliografische Information der Deutschen Nationalbibliothek:
Die Deutsche Nationalbibliothek verzeichnet diese Publikation in der Deutschen Nationalbibliografie; detaillierte bibliografische Daten sind im Internet über *http://dnb.dnb.de* abrufbar.

ISBN 978-3-8362-7733-4

1. Auflage 2021
© Rheinwerk Verlag, Bonn 2021

Informationen zu unserem Verlag und Kontaktmöglichkeiten finden Sie auf unserer Verlagswebsite **www.rheinwerk-verlag.de**. Dort können Sie sich auch umfassend über unser aktuelles Programm informieren und unsere Bücher und E-Books bestellen.

Inhalt

Materialien zum Buch 12
Vorwort 13

1 Einleitung 15

1.1 Compiler und Sprache 15
1.2 Aufbau dieses Buches 19

2 Grundbegriffe der Programmiersprachen 29

2.1 Paradigmen 30
2.1.1 Prozedurale Programmierung 31
2.1.2 Funktionale Programmierung 33
2.1.3 Objektorientierte Programmierung 34
2.1.4 Logikbasierte Sprachen 35

2.2 Konzepte der Programmiersprachen 37
2.2.1 Programm 37
2.2.2 Literale 38
2.2.3 Operatoren und Trennzeichen 39
2.2.4 Schlüsselwörter (Keywords) 40
2.2.5 Bezeichner (Identifier) 41
2.2.6 Gültigkeitsbereiche 43
2.2.7 Lebensdauer 46
2.2.8 Typen 47
2.2.9 Weitere Merkmale von Typsystemen 56
2.2.10 Typumwandlungen 56
2.2.11 Ausdrücke 59
2.2.12 Anweisungen 60
2.2.13 Unterprogramme 61

2.3 Die Beispielsprache SPL 63
2.3.1 Trennzeichen 65
2.3.2 Kommentare 66

	2.3.3	Literale	66
	2.3.4	Typen	67
	2.3.5	Variablen	68
	2.3.6	Ausdrücke	69
	2.3.7	Prozeduren	71
	2.3.8	Anweisungen	72
	2.3.9	Das Programm	75
2.4	**Zusammenfassung**		76
2.5	**Übungsaufgaben**		77
	2.5.1	Funktionales Paradigma	77
	2.5.2	Logikorientiertes Paradigma	77
	2.5.3	Prozedurales Paradigma	77
	2.5.4	Gültigkeitsbereiche	78
	2.5.5	SPL	78

3 Lexikalische Analyse 79

3.1	**Einleitung**		79
3.2	**Lexikalische Elemente**		80
3.3	**Reguläre Ausdrücke**		82
3.4	**Endliche Automaten**		90
	3.4.1	Nichtdeterministische Automaten	93
	3.4.2	Elimination von ε-Übergängen	99
	3.4.3	Deterministische Automaten	103
	3.4.4	Minimierung von DEAs	109
3.5	**Scanner-Generatoren**		114
	3.5.1	Lex bzw. Flex	114
	3.5.2	JFlex	124
3.6	**Zusammenfassung**		129
3.7	**Übungen**		129
	3.7.1	Reguläre Ausdrücke	129
	3.7.2	Reguläre Sprachen	130
	3.7.3	Nichtdeterministische Automaten	130
	3.7.4	Deterministische Automaten	130

3.7.5	Minimierung von endlichen Automaten	132
3.7.6	Vervollständigung des Codes	132

4 Syntaxanalyse 133

4.1	Einleitung	133
4.2	Grammatiken	135
4.3	Pumping-Lemma für reguläre Sprachen	143
4.4	Backus-Naur-Form	146
4.5	Ableitungsbäume	148
	4.5.1 Ableitungsbäume	148
	4.5.2 Mehrdeutigkeit	149
	4.5.3 Präzedenzen	151
4.6	Top-Down-Parser	153
	4.6.1 Rekursiver Abstiegs-Parser	155
	4.6.2 Grammatiktransformationen	158
	4.6.3 LL(1)-Parser	160
4.7	Bottom-Up-Parser	176
	4.7.1 LR(0)-Parser	178
	4.7.2 SLR(1)-Parser	190
	4.7.3 LR(1)-Parser	194
	4.7.4 LALR(1)-Parser	197
4.8	Fehlerbehandlung	200
4.9	Parsergeneratoren	201
	4.9.1 Yacc/Bison	201
	4.9.2 CUP	210
	4.9.3 ANTLR	216
4.10	Zusammenfassung	220
4.11	Übungen	222
	4.11.1 Grammatiken	222
	4.11.2 First- und Follow-Mengen	223
	4.11.3 LL(1)-Parser	223
	4.11.4 LR(0)-Parser	224
	4.11.5 SLR(1)-Parser	224

	4.11.6	LR(1)-Parser	224
	4.11.7	LALR(1)-Parser	224
	4.11.8	Parsergeneratoren	225

5 Abstrakter Syntaxbaum — 227

5.1	Einleitung		227
5.2	Attributierte Grammatiken		229
5.3	Erzeugung des AST für SPL		237
5.4	Zusammenfassung		252
5.5	Übungen		253
	5.5.1	Erweiterungen	253
	5.5.2	ANTLR	253

6 Semantische Analyse — 255

6.1	Einleitung		255
6.2	Namensanalyse		257
	6.2.1	Symboltabellen	258
	6.2.2	Das Visitor-Pattern	267
	6.2.3	Typdeklarationen	273
	6.2.4	Variablendeklarationen	280
	6.2.5	Prozedurdeklarationen	281
6.3	Typanalyse		284
	6.3.1	Typanalyse für Ausdrücke	286
	6.3.2	Typanalyse für Anweisungen	292
6.4	Semantische Analyse komplett		296
6.5	Vorgehen		297
6.6	Zusammenfassung		298
6.7	Übungen		300
	6.7.1	Typen	300
	6.7.2	Symboltabelle	301
	6.7.3	Typanalyse	301

7 Variablenallokation   303

7.1 Einleitung   303
7.2 Aktivierungsrahmen   305
7.2.1 Aufrufargumente   311
7.2.2 Lokale Variablen   315
7.2.3 Sichern der Register   317
7.2.4 Beispiel für Speicherallokation   318
7.3 Umsetzung im SPL-Compiler   320
7.4 Dynamische Speicherverwaltung   322
7.4.1 Explizite Deallokation   324
7.4.2 Implizite Deallokation   325
7.5 Erweiterungen für andere Sprachen   328
7.5.1 Zugriff auf Variablen eines umgebenden Gültigkeitsbereichs   328
7.5.2 Funktionen   331
7.5.3 Weitere Datentypen   333
7.6 Zusammenfassung   333
7.7 Übungen   334
7.7.1 AllocatorVisitor   334
7.7.2 Aktivierungsrahmen   335
7.7.3 Implementierung   335

8 Codegenerierung   337

8.1 Einleitung   337
8.2 Ziel-Hardware   338
8.2.1 RISC versus CISC   339
8.3 ECO32   339
8.3.1 Unbedingte Sprungbefehle   341
8.3.2 Befehle zum Speicherzugriff   342
8.3.3 Rechenbefehle   343
8.3.4 Sprungmarken (Labels)   344
8.3.5 Bedingte Sprünge   344

8.4	Codemuster		346
	8.4.1	Ausdrücke	347
	8.4.2	Zuweisungen	353
	8.4.3	If-Anweisung	355
	8.4.4	While-Schleifen	357
	8.4.5	Zusammengesetzte Anweisung	357
	8.4.6	Prozeduren	358
	8.4.7	Prozeduraufrufe	359
	8.4.8	Beispiel	360
	8.4.9	Andere Anweisungstypen	363
	8.4.10	Assembler-Direktiven	363
	8.4.11	Post-Processing	364
8.5	Umsetzung im SPL-Compiler		365
8.6	Zusammenfassung		366
8.7	Übungen		368
	8.7.1	Weitere Sprachkonstrukte	368
	8.7.2	Auswertung von Ausdrücken	368
	8.7.3	Codegenerierung für Anweisungen	369
	8.7.4	Implementierung	369

9   Optimierung   371

9.1	Einleitung		371
9.2	Grundlagen für die Optimierung		374
9.3	Kontrollflussanalyse		376
9.4	Datenflussanalyse		385
9.5	Lokale und globale Optimierungen		391
9.6	Schleifenoptimierungen		394
9.7	Sonstige Optimierungen		398
	9.7.1	Elimination von Endrekursion	399
	9.7.2	Inlining	400
	9.7.3	Leaf Routine Optimization	401
	9.7.4	Registeroptimierung	403
9.8	Zusammenfassung		407

9.9	Übungen	409
	9.9.1 Kontrollflussanalyse	409
	9.9.2 Datenflussanalyse	410

10 Ausblick 411

10.1	AOT und JIT	411
10.2	Forschungsfelder im Compilerbau	412

Literaturverzeichnis	415
Index	423

Materialien zum Buch

Auf der Webseite zu diesem Buch stehen folgende Materialien für Sie zum Download bereit:

- Lösungsansätze und Beispielcode
- Beispielgrafiken in Farbe

Gehen Sie auf *www.rheinwerk-verlag.de/5140*. Klicken Sie auf den Reiter MATERIALIEN ZUM BUCH. Sie sehen die herunterladbaren Dateien samt einer Kurzbeschreibung des Dateiinhalts. Klicken Sie auf den Button HERUNTERLADEN, um den Download zu starten. Je nach Größe der Datei (und Ihrer Internetverbindung) kann es einige Zeit dauern, bis der Download abgeschlossen ist.

Sie können die Grafiken aus dem Buch für eigene Lehrveranstaltungen nutzen und in Prüfungs- und Studienarbeiten verwenden. Eine kommerzielle Nutzung ist ausgeschlossen.

Vorwort

Von allen Welten, die der Mensch erschaffen hat, ist die der Bücher die Gewaltigste.
– Heinrich Heine

Lieber Leser, liebe Leserin, lassen Sie uns eintauchen in dieses Buch über Compilerbau.

Compilerbau ist eine der ältesten Disziplinen der Informatik, und ohne Compilerbau gäbe es keine höheren Programmiersprachen, keine großartigen Frameworks und Werkzeuge, keine tollen Anwendungen.

Viele Bücher sind über Compilerbau geschrieben worden – dieses Buch entstand aus einer Veranstaltung im Grundstudium Informatik an der Technischen Hochschule Mittelhessen, einer Hochschule für angewandte Wissenschaften. Meine Kollegen Hellwig Geisse und Michael Jäger haben diese Veranstaltung über viele Jahre entwickelt, ich habe sie etwas weiterentwickelt.

Dem Anspruch einer Hochschule für angewandte Wissenschaften entsprechend haben Michael Jäger und Hellwig Geisse zusätzlich zu der üblichen Vorlesung und den Übungen ein Praktikum entwickelt, bei dem die Studierenden innerhalb eines Semesters für eine kleine Programmiersprache einen vollständigen Compiler vom Einlesen des Quelltextes bis zur Ausgabe des Assembler-Codes entwickeln.

Dieses Buch greift daher diesen Faden auf und enthält von Anfang bis Ende immer wieder Code-Fragmente, die Sie nutzen können, um selbst einen Compiler zu schreiben. Natürlich bleibt noch einiges an Code übrig, den Sie selbst entwickeln müssen. Ich hoffe, dass Ihnen die Anstöße helfen, um zu verstehen, wie ein Compiler praktisch aufgebaut ist und wie man selbst daraus einen vollständigen Compiler entwickeln kann.

Beweise, zum Beispiel für die Korrektheit der Algorithmen, werden Sie in diesem Buch *nicht* finden. Stattdessen werden Sie viele Beispiele finden, um die Algorithmen zu erklären und die getroffenen Aussagen zu belegen.

Die am häufigsten an Hochschulen gelehrte Programmiersprache ist Java, und wir werden uns sowohl bei der Diskussion über Elemente von Programmiersprachen, die kompiliert werden müssen, als auch bei den Code-Beispielen für unseren Compiler oft an Java orientieren. Zusätzlich werden wir aber auch C als weitere sehr populäre Sprache betrachten – als ein Exemplar von Programmiersprachen, das alle wesentlichen Bestandteile prozeduraler Sprachen enthält.

Ich möchte an dieser Stelle zuerst meinen beiden Kollegen Michael Jäger und Hellwig Geisse dafür danken, dass sie mir Zugang zu ihrer Compilerbau-Veranstaltung gewährt haben und mir immer mit gutem Rat zur Seite standen. Für den Anstoß und die Ermutigung zu diesem Buch bin ich ihnen sehr dankbar.

Bei der Weiterentwicklung hatte ich Unterstützung von studentischen Hilfskräften, von denen ich Lukas Gail und Niklas Deworetzki besonders hervorheben möchte.

Großer Dank geht auch an meinem Lektor im Rheinwerk Verlag, Herrn Christoph Meister, der mich bei der Konzeption und im langen Prozess des Schreibens immer unterstützt hat.

Besonders möchte ich mich nochmals bei meinem Kollegen Michael Jäger bedanken, der die mühevolle Arbeit des Fachgutachtens auf sich genommen hat und viele hilfreiche Hinweise und Verbesserungsvorschläge hatte.

Für die mühsame Arbeit des Korrekturlesens geht großer Dank an (in alphabetischer Reihenfolge): Friederike Daenecke, Lukas Gail, David Meyer und Björn Pfarr.

Zuletzt und am wichtigsten geht mein besonderer Dank an meine Frau Renate, die die Arbeit an diesem Buch oft an Wochenenden, im Urlaub und spät abends nicht nur toleriert, sondern immer auch ermutigt hat.

Kapitel 1
Einleitung

Programs must be written for people to read, and only incidentally for machines to execute.
– Herold Abelson & Gerald Jay Sussmann

1.1 Compiler und Sprache

Was ist ein Compiler?

Das Wort »compilare« ist lateinisch und bedeutet so viel wie »zusammenstellen«, »aufhäufen«.

Sicherlich haben Sie schon mit Compilern gearbeitet: Der Java-Compiler javac übersetzt Java-Programme in Java-Bytecode, der auf der Java Virtual Machine (JVM) ausgeführt werden kann, der C-Compiler gcc erzeugt Maschinenprogramme, die direkt auf Ihrem Rechner ausgeführt werden können.

> **Definition 1.1: Compiler**
>
> Unter einem Compiler versteht man ein Programm, das einen in einer Programmiersprache geschriebenen Quelltext in ein ausführbares Programm übersetzt.
>
> Compilerbau ist die Informatik-Disziplin, die sich mit dem Entwurf und der Implementierung von Compilern befasst.

Der Compiler ist also das Programm, das Ihren Programmen dazu verhilft, ausgeführt zu werden, wie es in der zweiten Hälfte des Zitats von Abelson und Sussmann aus ihrem Standardwerk *Structure and Interpretation of Computer Programs* heißt.

Abbildung 1.1 veranschaulicht diese Definition und gibt Ihnen den ersten, noch sehr groben Überblick über den Compiler.

P und P' stehen dabei für Programme, die in den Programmiersprachen L und L' abgefasst sind. Der Compiler könnte zum Beispiel Ihr Programm *hello.java*, das in Java geschrieben ist, in *hello.class* übersetzen, das in der Sprache des Java-Bytecodes abgefasst ist.

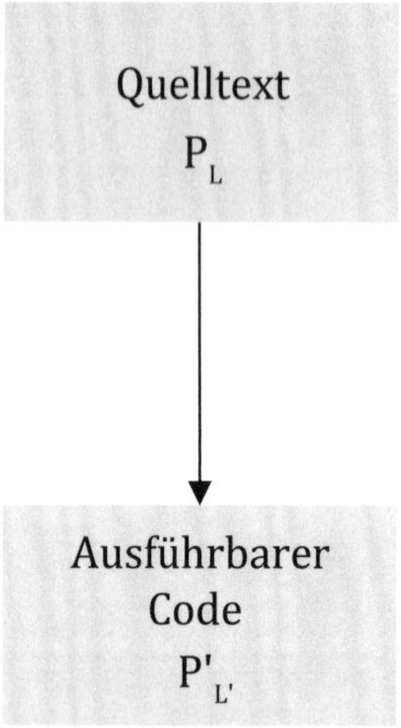

Abbildung 1.1 Funktion eines Compilers

Warum sollten Sie sich mit Compilerbau beschäftigen? Dazu fallen mir gleich mehrere gute Gründe ein:

- Wenn Sie verstehen, wie ein Compiler funktioniert, werden Sie auch ein besserer Programmierer oder eine bessere Programmiererin, weil Sie besser abschätzen können, warum die Programmiersprache, die Sie gerade benutzen, dieses oder jenes Feature hat oder nicht hat.
- Compilerbau ist unzertrennbar mit dem Design von Programmiersprachen verbunden – das Verständnis dafür, was alles getan werden muss, um einen Compiler für eine Sprache zu erstellen, hilft beim Erlernen jeder Programmiersprache.
- In dem Kapitel über die Konzepte von Programmiersprachen werden Sie – sofern Sie mindestens eine Programmiersprache kennen – viele Dinge wiedererkennen. Hier erfahren Sie, wie die Elemente der Programmiersprachen zusammenhängen.
- Wir werden einige Datenstrukturen und Muster benutzen, die zum Lösen vieler anderer Probleme ebenfalls nützlich sind.
- Compilerbau ist ein sehr anschauliches Beispiel dafür, wie Theorie (und davon werden Sie einige in diesem Buch lernen!) die praktische Arbeit enorm erleichtern kann: Lesen Sie die Geschichte des ersten Compilers auf der nächsten Seite!
- Gleichzeitig ist ein großer Teil der Theorie auch für viele andere Gebiete der Informatik relevant. Endliche Automaten beispielsweise werden Ihnen oft begegnen, weil sie ein häufig anwendbares Modell sind.
- Selbst einen Compiler zu schreiben ist ein spannendes Projekt!

Lassen Sie uns aber, bevor wir nun mit dem eigentlichen Inhalt beginnen, einen Blick in die Vergangenheit werfen:

Die ersten Compiler entstanden in den 1950er-Jahren, ohne dass eine Theorie über Compilerbau geschweige denn -werkzeuge existierten. John Backus beschreibt in [Backus J., 1978], wie bis 1957 fast ausschließlich direkt in Maschinencode programmiert wurde, was aber dazu führte, dass die Programmierung und vor allem die Fehlersuche überproportional viel Zeit benötigten. Backus, damals angestellt bei IBM, startete daher Anfang 1954 das Projekt *FORTRAN*, eine Abkürzung für »FORmula TRANslator«, und die erste Version der gleichnamigen Sprache wurde im Frühjahr 1957 ausgeliefert. Die Zeitspanne von drei Jahren mag Ihnen sehr lang erscheinen, aber bedenken Sie, dass es keinerlei Vorerfahrungen und vor allem keine Algorithmen und Werkzeuge gab!

Der erste Compiler ist nach Meinung vieler der *A-0*-Compiler von Grace Hopper, die später die Programmiersprache COBOL entwickelte [Hopper, 1955].

In diesem Buch werden Sie viel Theorie lernen, vor allem über formale Sprachen, Automaten und Parser-Verfahren. Denken Sie dabei immer daran, dass Sie ohne diese Theorie *niemals* in der Lage wären, einen Compiler in wenigen Wochen zu entwickeln!

Nach FORTRAN und dann 1960 dem ersten *COBOL*-Compiler, ebenfalls entwickelt von Grace Hopper, hat vor allem die Entwicklung von *ALGOL* (»ALGOrithmic Language«) die Evolution von Programmiersprachen deutlich vorangetrieben. Von ALGOL stammt unter anderem *Pascal* ab [Wirth, The programming language pascal, 1971] und von diesem leiten sich direkt oder indirekt die meisten der heute populären Sprachen her.

Nachdem wir einen ersten, sehr kurzen Blick auf Compiler geworfen haben, müssen wir im zweiten Schritt den in der Definition vorkommenden Begriff »Programmiersprache« untersuchen.

Eine Programmiersprache ist eine Sprache, in der »Programme« geschrieben werden. Was aber ist dann eine *Sprache*?

Die Nutzung des Wortes »Sprache« ist hier nicht zufällig – vor allem in den Kapiteln 3 und 4 werden wir die Beziehungen zwischen natürlichen Sprachen und Sprache, wie man sie in der Informatik nutzt, tiefer beleuchten.

So viel sei vorweggenommen: Jede Sprache besteht aus Grundeinheiten, zum Beispiel den Buchstaben und Zeichen (Komma, Punkt, ...) in der deutschen Sprache. Aus diesen Zeichen bilden wir Wörter. Legen wir das lateinische *Alphabet* (plus im Deutschen die Umlaute) als Menge der zulässigen Buchstaben zugrunde, könnten wir unendlich viele *Wörter* bilden, von denen die meisten im Deutschen aber völlig sinnfrei wären. Für die deutsche Sprache enthält der Duden alle gebräuchlichen Wörter. Wir nehmen insbesondere bei gesprochener Sprache eher die Wörter als Einheiten wahr als die Buchstaben, aus denen die Wörter bestehen.

Um dieses Denkmuster zu vervollständigen, fügen wir Wörter zu *Sätzen* zusammen. Dabei könnten wir beliebig Wörter aus dem Duden aneinanderreihen – in den seltensten Fällen ergibt das aber einen korrekten und sinnvollen Satz. Warum?

Es fehlt noch die Bauanleitung für Sätze!

Obwohl der Duden nur endlich viele »zugelassene« Wörter enthält, können Sie daraus unendlich viele korrekte deutsche Sätze formen. Der Mechanismus, der dies bewerkstelligt, sozusagen die Bauanleitung, ist die *Grammatik*.

Diese Bauanleitungen sind meistens relativ kompakt – selbst die für die meisten von uns komplizierte deutsche Grammatik wird im Duden auf nur ca. 70 Seiten beschrieben, während das Verzeichnis der Wörter 1100 Seiten umfasst.

Mit diesen drei Konzepten – »Zeichen«, »Wörter« und »Grammatik« – können wir nun also korrekte Sätze zusammenbauen.

Abbildung 1.2 Von Zeichen zu Wörtern und Sätzen

Das reicht aber leider noch nicht, wie beispielsweise der Satz »Fahrrad spielt flüssiges Buch« zeigt:

- Besteht der Satz aus lauter Buchstaben des Alphabetes? Ja!
- Besteht der Satz nur aus Wörtern, die im Duden stehen? Ja!
- Ist der Satz grammatikalisch korrekt? Ja!

Der Inhalt des Satzes ist aber völlig sinnfrei. Hm.

Neben den in Abbildung 1.2 gezeigten formalen Konzepten, die die *Syntax* beschreiben, gehört zu einer Sprache auch die Bedeutung, die *Semantik*. In jeder Sprache (sowohl in den natürlichen Sprachen als auch in den Programmiersprachen) gibt es neben den syntaktischen Regeln daher auch semantische Regeln, die die Bedeutung der Sätze festlegen.

Alle Begriffe, die wir bis hierhin anhand einer natürlichen Sprache eingeführt haben, finden sich auch so in Programmiersprachen: In Kapitel 3 werden wir uns ansehen, wie wir – jetzt für eine Programmiersprache und nicht für eine natürliche Sprache – aus Zeichen Wörter bilden können.

In den folgenden Kapiteln 4 und 5 starten wir in die nächste Stufe: Wir erstellen eine Grammatik und bauen damit aus den Wörtern Sätze. Die Sätze sind in einer Programmiersprache verfasste Quelltexte, und wir können dann feststellen, ob die Programme syntaktisch korrekt sind.

Kapitel 6 ist überschrieben mit »Semantische Analyse«. Darunter versteht man im Compilerbau aber »nur« die Prüfung gewisser Regeln, die über die reine Syntax hinausgehen, zum Beispiel »Variablen müssen deklariert werden, bevor sie verwendet werden« oder »ganze Zahlen und Zeichenketten kann man nicht miteinander multiplizieren«. Mitnichten ist der Compiler aber in der Lage, den »Inhalt«, also die Bedeutung, eines Programms zu verstehen oder gar mit der Intention des Programmierers abzugleichen.

Eine formale Beschreibung der Semantik von Programmiersprachen geht deutlich über den Compilerbau hinaus und ist eine andere, mit dem Compilerbau verwandte Informatikdisziplin.

1.2 Aufbau dieses Buches

Wie ist dieses Buch aufgebaut?

Im nächsten Kapitel werden wir uns mit den verschiedenen Arten von Programmiersprachen, ihren Charakteristika und wichtigsten Konzepten befassen. Dieses Kapitel legt die für dieses Buch notwendigen Grundlagen, indem

1. die in Programmiersprachen üblichen Begriffe eingeführt und erklärt werden und
2. die auf uns als Compilerbauer zukommenden Aufgaben beim Bau eines Compilers für diese Programmiersprachen diskutiert werden.

Leider (oder zum Glück) gibt es unglaublich viele verschiedene Programmiersprachen mit noch viel mehr unterschiedlichen Sprachkonstrukten – ein Buch, das alle behandelt, wäre niemals komplett. Daher müssen wir uns auf die wesentlichen Konzepte beschränken. Wir versuchen Ihnen aber immer Hinweise auf weiterführende Literatur zu geben.

Gegen Ende des zweiten Kapitels führen wir die Programmiersprache SPL ein, anhand derer wir den Bau eines Compilers erklären. Wir werde Ihnen dabei immer wieder Teile des C- und des Java-Codes des Compilers zeigen, sodass Sie diesen erweitern können, um Ihren eigenen SPL-Compiler zu erstellen. Daher lohnt es sich, die Sprachbeschreibung genau zu lesen, sodass die Entscheidungen, wie wir den SPL-Compiler entwickeln, einleuchtend sind. Der fertige Compiler wird ca. 2000 Zeilen Code umfassen. So viel Code werden wir hier nicht abdrucken, aber es wird genügend Code geben, damit Sie verstehen, wie man einen Compiler entwickelt.

SPL steht für *Simple Programming Language*, und mit dem Design von SPL wurden mehrere Ziele verfolgt:

- ▶ SPL ist mächtig genug, um damit etwas Sinnvolles tun zu können.
- ▶ SPL ist an existierende Sprachen angelehnt, zum Beispiel C, sodass das Erlernen der Sprache nur geringen Aufwand erfordert.
- ▶ SPL soll möglichst keine Verdopplungen enthalten, das heißt keine Sprachelemente, die identische Funktionalität haben. In modernen Programmiersprachen gibt es solche Situationen häufig, weil es die Sprache für den Benutzer angenehm handhabbar macht – denken Sie zum Beispiel an die verschiedenen Schleifen in Java: While, Do-While, For und Foreach. Im Endeffekt sind diese alle auf die While-Schleife zurückzuführen. Wir werden in den verschiedenen Kapiteln jeweils am Ende auch immer erläutern, wie man Elemente »größerer« Programmiersprachen als SPL kompilieren kann.
- ▶ Bei den Datenstrukturen gilt Ähnliches: Wesentlich ist der Unterschied zwischen primitiven und zusammengesetzten Datentypen – dazu führen wir in SPL Felder (*Arrays*) ein. Auch hier werden wir detailliert erklären, wie andere Datentypen – zum Beispiel Verbünde (*Records / Structs*) oder Verbünde mit Varianten (*Unions*) – übersetzt werden können. Die semantische Analyse ist für SPL natürlich deutlich einfacher als bei »echten« Programmiersprachen. Sie erfordert aber noch so viele Aktivitäten, die bei jedem Compiler anfallen, dass die Typanalyse wahrscheinlich in der praktischen Umsetzung am schwierigsten ist. Gleichzeitig können wir mit Feldern auch die Tätigkeiten zur Bereitstellung von Speicherplatz zur Laufzeit beschreiben.

Zu Beginn des dritten Kapitels greifen wir die Diskussion über Sprachen wieder auf, indem wir eine Beschreibungssprache für die Grundeinheiten von Programmiersprachen vorstellen, also das, was bei den natürlichen Sprachen die Buchstaben, Zeichen bzw. Wörter sind. Unser Compiler soll in der Lage sein, aus der Eingabe des Quelltextes eines SPL-Programms

- ▶ zu prüfen, dass diese nur die zugelassenen Einheiten wie Schlüsselwörter, Sonderzeichen, Zahlen und Namen enthält und
- ▶ diese als Datenstruktur zurückzuliefern.

Abbildung 1.3 zeigt als Beispiel links einen kleinen Ausschnitt aus einem Quelltext eines SPL-Programms und rechts die Liste der erkannten Grundeinheiten. Letztere nennen wir *Token*.

Wegen der Analogie zum Duden als Lexikon der zugelassenen Wörter nennt man diese Phase des Compilers *lexikalische Analyse*.

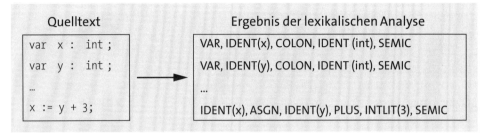

Abbildung 1.3 Lexikalische Analyse (Beispiel)

Das Programm, das den Quelltext einliest und diese Analyse durchführt, ist ein *Scanner*. Wir werden vorstellen, wie man einen Scanner mithilfe eines Werkzeugs – eines Scannergenerators – automatisch erzeugen kann, wie der Scanner funktioniert und wie der Scannergenerator aus einer Beschreibungssprache, den *regulären Ausdrücken*, den Scanner erstellt. Dazu benötigen wir etwas Theorie aus dem Gebiet der *endlichen Automaten*.

Wir werden sehen, wie man aus einem regulären Ausdruck einen endlichen Automaten generieren kann: Der Scannergenerator übersetzt die Liste der regulären Ausdrücke in einen endlichen Automaten. Dieser Scanner liest die Eingabe, also den Quelltext eines SPL-Programms, und erstellt daraus eine Liste von Tokens.

Es gibt eine ganze Reihe von Scannergeneratoren – wir werden *Flex* (für C) und *JFlex* (Java) detailliert erklären und Beispiele zeigen.

Im nächsten Abschnitt oder, wie man im Compilerbau richtiger sagt, in der nächsten *Phase* der Syntaxanalyse wenden wir eine Grammatik auf diese Liste der Tokens an, um zu beurteilen, ob das Eingabeprogramm den Regeln der Grammatik genügt, also syntaktisch richtig ist. Sollte dies der Fall sein, erwarten wir wieder eine Datenstruktur, die das Quellprogramm in seinen syntaktischen Einheiten darstellt. Diese Datenstruktur wird als *abstrakter Syntaxbaum* (engl. *Abstract Syntax Tree*, abgekürzt mit AST) bezeichnet und ist in Abbildung 1.4 für das oben angegebene Beispiel exemplarisch dargestellt. Das Programm, das diese beiden Aufgaben übernimmt, wird *Parser* genannt.

Der abstrakte Syntaxbaum ist die Grundlage für alle weiteren Phasen des Compilers.

Für die Implementierung der Syntaxanalyse gibt es mehrere Verfahren. Neben der direkten Programmierung eines Parsers werden wir auch hier die automatische Erstellung eines Parsers mit einem Werkzeug, einem sogenannten *Parsergenerator*, untersuchen.

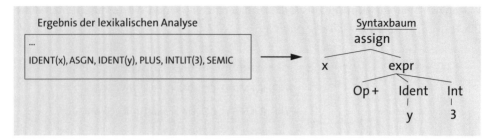

Abbildung 1.4 Ergebnis der Syntaxanalyse (Beispiel)

Die Eingabe für den Parsergenerator ist eine *Grammatik*, die bei Programmiersprachen analog zu den Grammatiken in natürlichen Sprachen zu betrachten ist. Mit einer Grammatik lassen sich alle Wörter einer Sprache erzeugen. Der Parsergenerator erzeugt aus dieser Grammatik einen *Kellerautomaten*, der einen Algorithmus darstellt, mit dem entschieden werden kann, ob der Quelltext syntaktisch richtig ist oder Fehler enthält. In diesem Kapitel steckt die meiste, bereits erwähnte Theorie. Die große Leistung der 1960er-Jahre war es, effiziente Verfahren für die Syntaxanalyse zu finden.

Im Gegensatz zu der lexikalischen Analyse mit dem endlichen Automaten gibt es für die Syntaxanalyse mehrere unterschiedliche Parserstrategien. Die einfachsten Parser sind sicherlich die *Top-Down-Parser*, bei denen man die Regeln der Grammatik der Programmiersprache so lange anwendet, bis man den Text des Eingabeprogramms komplett gelesen hat. Dazu werden wir zunächst ein Beispiel eines rekursiven Abstiegsparsers betrachten, bei dem man durch rekursive Aufrufe von Funktionen, die die Regeln der Grammatik darstellen, das Programm erkennt. Anstatt diese Parser selbst zu programmieren, kann man sie auch generieren lassen. Dazu werden wir uns *ANTLR* ansehen, einen sehr populären Parsergenerator, der eine Variante der sogenannten LL-Grammatiken verwendet.

Wenn es Top-Down-Parser gibt, dann sicherlich auch *Bottom-Up-Parser*, bei denen man umgekehrt vorgeht, also versucht, aus der Eingabe quasi rückwärts die Grammatikregeln anzuwenden. Es zeigt sich – das werden wir aber nur an Beispielen belegen und nicht formal beweisen –, dass dieses Verfahren, *LR-Parser* genannt, mächtiger ist als das LL-Verfahren.

Mit vielen Beispielen motivieren wir, wie man den LR-Parser erzeugt und wie er Schritt für Schritt eine Eingabe verarbeitet.

Insgesamt werden wir vier LR-Verfahren besprechen:

- LR(0), bei dem der Parser nicht in der Eingabe vorausschauen kann,
- SLR(1), ein besseres Verfahren, bei dem der Parser ein Zeichen vorausschauen kann,

- LR(1), eine sehr mächtige, aber kompliziertere Methode mit Vorausschau, und
- LALR(1), das bei den Parsergeneratoren gebräuchlichste Verfahren, das kompakte Parser erzeugt.

Kapitel 5 schließt an die eigentliche Syntaxanalyse an und sorgt für die Erstellung des abstrakten Syntaxbaums. Hierzu nutzen wir ein Verfahren, an die Regeln der Grammatik Aktionen anzuhängen, die den Baum berechnen. Dieses Verfahren wird als *attributierte Grammatik* bezeichnet.

Die Erkennung des Programms ist damit abgeschlossen und es schließt sich in Kapitel 6 die schon erwähnte semantische Analyse an, die wiederum in zwei Teilphasen geteilt ist. In beiden Phasen können wir den abstrakten Syntaxbaum mithilfe eines bekannten Design Patterns, des *Visitor-Pattern*, durchlaufen.

In der *Namensanalyse* werden sämtliche im Quelltext vorkommenden Namen (Prozedurnamen, Typnamen, Parameternamen, Variablennamen, Klassennamen usw.) erfasst und in einer weiteren Datenstruktur, der *Symboltabelle*, abgelegt. Dabei speichern wir nicht nur die Namen ab, sondern auch weitere Informationen, zum Beispiel den Typ der Variablen.

Für alle weiteren Phasen benötigen wir sowohl den abstrakten Syntaxbaum als auch die Information in der Symboltabelle. Wir bezeichnen daher beide zusammen als Zwischendarstellung des Programms.

Im zweiten Teil der semantischen Analyse, der *Typanalyse*, müssen wir uns eingehend mit der Definition der Typregeln der Sprache auseinandersetzen. In Abschnitt 2.2.8 haben wir bereits die Konzepte hinter den Datentypen kennengelernt. In der Beschreibung der Sprache SPL in Abschnitt 2.3 haben wir konkret definiert, wie in SPL mit Datentypen umgegangen wird. Ein Beispiel für eine der Regeln, die in SPL gelten, ist beispielsweise: »Die Typen der Argumente eines Prozeduraufrufs müssen mit den Typen der formalen Parameter in der Deklaration der Prozedur übereinstimmen.« Zu den Aufgaben des Compilers gehört es, entweder diese Regeln direkt zu überprüfen oder, falls das noch nicht möglich ist, Code zu erzeugen, der diese Prüfung während der Ausführung des Programms durchführt.

Für die semantische Analyse gibt es zwar auch Werkzeuge, aber diese haben leider nicht die Abdeckung der Anforderungen oder die Verbreitung wie die Werkzeuge für die lexikalische und die Syntaxanalyse, sodass das Mittel der Wahl die Entwicklung von selbst geschriebenem Code ist.

Mit der semantischen Analyse ist das sogenannte *Frontend* des Compilers fertig. Dieser Begriff zielt darauf ab, dass die Aktivitäten des Compilers nur von der Programmiersprache abhängen, aber nicht von der Art der Zielmaschine, für die wir den ausführbaren Code erstellen.

Dementsprechend nennt man die folgenden Phasen *Backend*. Das Backend ist sehr wohl von der Zielmaschine abhängig. Dieser Art der Zweiteilung erlaubt es uns, für eine Programmiersprache einen Compiler für mehrere Zielmaschinen zu entwickeln, weil man das Frontend nur einmal implementieren und lediglich das Backend mehrfach erstellen muss.

In Analogie zur Analyse im Frontend sprechen wir beim Backend von der *Synthese*.

Die erste Phase des Backends ist die *Variablenallokation*, in der wir festlegen, wie die Datentypen der Programmiersprache auf der Zielmaschine, sozusagen in Bytes, abgebildet werden (siehe Kapitel 7). Auch hierfür gehen wir wieder durch den abstrakten Syntaxbaum und nutzen die Einträge in der Symboltabelle, um für jede Prozedur festzulegen, wie die Aufrufparameter der Prozedur und ihre lokalen Variablen im Speicher abgelegt werden sollen.

Hier werden wir – obwohl dies für SPL nicht relevant ist – einen Ausflug zu anderen Programmiersprachen machen, bei denen Daten dynamisch angelegt werden können. Dabei entdecken wir die Probleme, die bei unvorsichtiger Programmierung auftauchen können, und besprechen in dem Abschnitt über *Garbage Collection* kurz, wie zum Beispiel Java seinen Hauptspeicher immer wieder aufräumt.

Schlussendlich kommen wir in Kapitel 8 zur *Codegenerierung*, bei der alle bisher erfassten Informationen (abstrakter Syntaxbaum, Symboltabelle und Variablenallokation) verwendet werden, um Assembler-Code auszugeben, der in ausführbaren Maschinencode umwandelbar ist. Dazu stellen wir eine einfache RISC-Maschine (eine Hardware mit einfachem Befehlssatz) vor, um zu erläutern, wie man die verschiedenen Anweisungen von SPL (und anderer Programmiersprachen) übersetzen kann. Für jede Art von Anweisung kann man ein Schema angeben, wie die Übersetzung erfolgen kann.

Diese beiden Phasen des Backends sind in Abbildung 1.5 dargestellt als Fortsetzung der vorigen Abbildungen:

Die Aufteilung des Compilers in die verschiedenen Phasen ist für das Verständnis eines Compilers vorteilhaft, weil wir uns immer nur auf ein Problem konzentrieren müssen: Was wollen wir in der aktuellen Phase erreichen und wie können wir dieses Ziel erreichen?

Die Phasen sind eine inhaltliche Aufteilung der Aufgaben eines Compilers und erzeugen jeweils Zwischenergebnisse, wie in Abbildung 1.3, Abbildung 1.4 und Abbildung 1.5 gezeigt, die dann in den jeweils folgenden Phasen weiterverwendet werden.

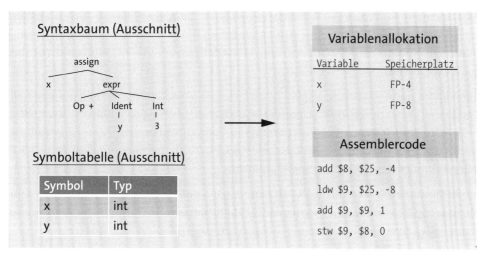

Abbildung 1.5 Backend des Compilers (Beispiel)

In der Implementierung werden Compiler oft so entworfen, dass mehrere Phasen zu einem *Durchgang* (engl. *pass*) zusammengefasst werden. In einem Durchgang durchläuft der Compiler das Quellprogramm beziehungsweise eine Darstellung des Quellprogramms (zum Beispiel den abstrakten Syntaxbaum) nur einmal. Oft werden beispielsweise die lexikalische und die Syntaxanalyse in einem Durchgang durchgeführt.

Die Phasen des Compilers werden wir in diesem Buch jeweils in einem eigenen Kapitel besprechen, sodass Sie immer gut nachvollziehen können, wo wir gerade stehen.

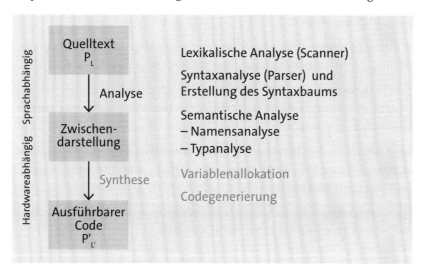

Abbildung 1.6 Phasenmodell eines Compilers

Wir orientieren uns dabei an der »klassischen Darstellung« der Phasen – siehe zum Beispiel [Aho, Sethi & Ullman, 1986] – und Abbildung 1.6 fasst die Phasen nochmals zusammen. Wir werden diese Abbildung immer wieder nutzen, um zu zeigen, wo wir uns gerade befinden.

Ein Kapitel bleibt noch übrig: Kapitel 9 beschäftigt sich mit der Optimierung des generierten Codes. Dabei ist das Wort »Optimierung« eher im übertragenen Sinne zu verstehen, weil es eigentlich darum geht, den erzeugten Code zu verbessern. Diese Verbesserung kann eine Verringerung der Laufzeit oder des Platzbedarfes oder ein geringerer Speicherverbrauch des erzeugten Programms sein.

Code-Optimierung ist ein Thema, mit dem sich ein zweiter Band füllen ließe, da es sehr viele Techniken und Ansätze dazu gibt. Die Intention hier ist, Ihnen einen Überblick zu verschaffen und einzelne Verfahren beispielhaft tiefergehender zu erklären.

Optimierungen waren schon im allerersten FORTRAN-Compiler enthalten, weil John Backus annahm, dass die bis dahin unbekannten höheren Programmiersprachen nur akzeptiert werden würden, wenn die kompilierten Programme ähnlich schnell liefen wie die von Hand geschriebenen Maschinenprogramme. Tatsächlich wurde das Ziel erreicht – umso erstaunlicher, wenn man bedenkt, dass die ersten Veröffentlichungen zur Optimierung erst einige Jahre später erschienen sind.

Um Code-Optimierungen durchzuführen, hat es sich als vorteilhaft herausgestellt, nicht auf dem abstrakten Syntaxbaum aufzusetzen, weil dieser weit entfernt von Maschinensprache ist. Gleichzeitig ist Maschinensprache (oder Assembler-Code) natürlich, wie oben erläutert, spezifisch pro Zielmaschine und sehr kleinteilig, sodass wir auf einer *Zwischensprache* aufsetzen werden.

Basierend auf dieser Darstellung können wir eine erste Aussage über den Ablauf des Programms treffen, indem wir es in die Einheiten, *Basisblöcke* genannt, zerlegen.

Innerhalb dieser Einheiten können wir *lokal optimieren*, zum Beispiel indem gemeinsame Teilausdrücke, also Berechnungen, die mehrfach vorkommen, nur einmal berechnet und zwischengespeichert werden.

Wir werden feststellen, dass man einige von diesen Optimierungen auch über mehrere der Einheiten hinweg anwenden kann, wenn man gewisse Informationen darüber besitzt, was das Programm »dazwischen« tut.

Diese Informationen gewinnen wir aus der *Datenflussanalyse*, in der wir nachvollziehen, wie das Programm die Werte seiner Variablen verändert.

Die Arbeiten hierzu von Allen und Kildall stammen aus der Zeit Ende der 1960er- bzw. Anfang der 1970er-Jahre und ihre Verfahren sind heute in gängigen Compilern eingebaut.

Bei der Datenflussanalyse gibt es eine gemeinsame Grundlage und Formeln, mit denen man Mengen von Informationen zur jeweils aktuellen Fragestellung der Optimierungstechnik für den Beginn eines Basisblocks und für das Ende berechnet. Die Einzelheiten der Berechnungen sind jedoch pro Fragestellung leicht unterschiedlich. Hier werden wir ein Beispiel für das Problem *der erreichenden Definitionen* durchrechnen.

Die meiste Zeit »verbringt« ein Programm üblicherweise in Schleifen (oder rekursiven Funktionen), und daher sind auch kleinste Optimierungen in Schleifen ein großer Hebel, um Programme substanziell zu beschleunigen.

Die klassischen Verfahren sind hier das Aufrollen von Schleifen bei bekannten Ober- und Untergrenzen, das Zusammenfügen von gleichartigen Schleifen, das Herauslösen von Code (zum Beispiel zur Berechnung von Ausdrücken), der nicht von den Schleifenvariablen abhängt, und die Transformation von Induktionsvariablen.

Es verbleiben noch einige, trotzdem sinnvolle Optimierungen, die sich zum einen mit Prozeduren und Prozeduraufrufen beschäftigen, wie die Ersetzung von bestimmten Rekursionen durch Schleifen (*Eliminierung von Endrekursion*), das Ersetzen des Prozeduraufrufs durch den Schleifenrumpf selbst (*Inlining*) und die Vereinfachung des Codes für Prozeduren, die selbst keine weiteren Prozeduraufrufe enthalten (*Leaf Procedures*). Letztere lässt sich durch wenig Code direkt in Ihren Compiler einbauen!

Als letzte Optimierung werden wir betrachten, wie man durch geschicktes »Abzählen« der abstrakten Syntaxbäume (mithilfe der sogenannten *Ershov-Zahl*) für Ausdrücke mit möglichst wenigen Prozessor-Registern auskommt. (Prozessor-Register sind spezielle, sehr schnelle Speicherplätze.) Da das Programm durch die Verwendung der Register deutlich schneller wird, die Anzahl der Register aber meist klein ist, kann man mit dieser Optimierung noch einmal Zeit einsparen. Auch diese Optimierung kann man mit wenig Code in den SPL-Compiler einbauen.

Kapitel 2
Grundbegriffe der Programmiersprachen

The best programs are written so that computing machines can perform them quickly and so that human beings can understand them clearly. A programmer is ideally an essayist who works with traditional aesthetic and literary forms as well as mathematical concepts, to communicate the way that an algorithm works and to convince a reader that the results will be correct.
– Donald E. Knuth [Knuth D. E., Selected Papers on Computer Science, 1996]

In diesem Kapitel werden die für die Kompilierung wichtigsten Konzepte und Begriffe von Programmiersprachen besprochen. Des Weiteren wird die Sprache SPL erklärt, anhand derer der Compiler entwickelt wird.

Das Ziel dieses Kapitels ist es, zum einen eine gemeinsame Terminologie für die Bestandteile von Programmen und Programmiersprachen zu vereinbaren, aber auch zu verstehen, was diese Konzepte für uns Compilerbauer bedeuten. Worauf werden wir in den einzelnen Phasen des Compilers achten müssen?

Wir beginnen mit einer groben Klassifikation der Programmiersprachen, deren Bezug zu den sogenannten Paradigmen und betrachten einige typische Vertreter.

Was ist eigentlich ein Programm und woraus bestehen Programme? Das ist die Kernfrage von Abschnitt 2.2. Wir werden uns kurz mit Konstanten, Operatoren und Schlüsselwörtern befassen, um eine gemeinsame Sprache für den Rest dieses Buches zu finden.

Eines der Kernkonzepte der meisten Programmiersprachen sind *Variablen*. Wir untersuchen die Frage nach dem Bereich im Quelltext, in dem man eine Variable benutzen darf, und die Frage nach ihrer Lebensdauer.

Datentypen beschreiben die Wertemenge, die eine Variable besitzen kann, und die Menge der Operationen, die auf ihnen erlaubt sind. Typen sind ein eigenes großes Forschungsfeld. Wir beschränken uns hier nicht darauf, welche Typen SPL beinhaltet, sondern erweitern unsere Überlegungen auf weitere, gebräuchliche Typen.

Schlussendlich befassen wir uns mit den Möglichkeiten, die Sie als Programmierer haben, um dem Computer zu sagen, was er tun soll – also mit den *Ausdrücken* und den *Anweisungen*.

Abschnitt 2.3 beschreibt die Sprache SPL, die wir als Beispiel nutzen, um die Aufgaben und die Vorgehensweise des Compilers zu zeigen.

2.1 Paradigmen

Dies ist kein Buch über Programmierung oder eine bestimmte Programmiersprache. Trotzdem ist es natürlich notwendig, dass Compilerbauer sich mit den Konzepten der Programmiersprachen beschäftigen oder (in den meisten Fällen) sie mitentwickeln. Compilerbau ist daher sehr stark verbunden mit den Informatik-Disziplinen, die sich mit Programmiersprachen beschäftigen. Programme, die man weder kompilieren noch sonst irgendwie ausführen kann, sind aus praktischem Gesichtspunkt leider ja ziemlich nutzlos.

In diesem Abschnitt werden wir uns die Konzepte der Programmiersprachen ansehen, die Einfluss auf die Entwicklung von Compilern hatten und haben.

In der Geschichte der Programmiersprachen und der Compiler haben zwei Programmierstile oder, wie man sagt, *Programmierparadigmen* von Anfang an eine große Rolle gespielt: das *prozedurale* Paradigma, das in den Programmiersprachen FORTRAN, COBOL, ALGOL und deren Nachfolgern Anwendung findet, sowie das *funktionale* Paradigma, das zuerst in der Sprache LISP und allen ihren Nachfolgern umgesetzt wurde.

Ende der 60er-Jahre wurden durch Simula-67 [Dahl & Nygaard, 1966] erstmals Klassen und Objekte eingeführt. Man spricht seither vom *objektorientierten Paradigma*.

Als viertes Paradigma haben sich die *logikbasierten* Sprachen entwickelt. *Prolog* wurde von Alain Colmerauer [Colmerauer, Kanoui, Roussel & Pasero, 1973] zur Analyse natürlicher Sprache in einer Forschungsgruppe für künstliche Intelligenz entwickelt.

Das Wort »Paradigma« stammt übrigens aus dem Griechischen (*parádeigma*) und bezeichnet eine prinzipielle Denkweise oder Herangehensweise.

Möchte man die vier Paradigmen nochmals zusammenfassen, so lassen sich das prozedurale und das objektorientierte Paradigma zusammen unter dem Gesichtspunkt »*Wie* löse ich ein Problem?« betrachten und das funktionale und das logikbasierte Paradigma unter »*Was* ist das Problem?«.

Sehen wir uns diese vier Paradigmen nun genauer an.

2.1.1 Prozedurale Programmierung

Prozedurale und objektorientierte Sprachen, die wir auch gleich besprechen werden, fasst man oft als *imperative Sprachen* zusammen.

Das Wort »imperativ« kennen Sie sicher aus dem Deutsch- oder Lateinunterricht: »imperare« bedeuten im Lateinischen »befehlen«. In der deutschen Grammatik werden die Begriffe »Imperativ« und »Befehlsform« synonym verwendet.

In einem imperativen Programm »befiehlt« man also dem Computer, wie er etwas berechnen soll. Dies geschieht durch Angabe von Anweisungen in einer vorgegebenen Reihenfolge. Hier steht also eindeutig das »Wie« im Vordergrund.

Prozedurale Sprachen bieten als Strukturierungsmöglichkeit Prozeduren und Funktionen, in denen man Funktionalitäten kapseln kann.

Beispiel 2.1 (in Pascal)

```pascal
program ggtDemo;
var
  a : Integer;
  b : Integer;
function ggT(x, y: integer): integer;
  var
    t: integer;
  begin
    while y <> 0 do
    begin
      t := x;
      x := y;
      y := t mod y;
    end;
    ggT:= x;
  end;
begin
  writeln('Geben Sie zwei Zahlen ein');
  readln(a);
  readln(b);
  writeln('GgT(', a, ',', b, ')=',ggt(a,b));
end.
```

Listing 2.1 Pascal-Programm zur Berechnung von ggT

Pascal wurde in den 70er-Jahren von Niklaus Wirth an der ETH-Zürich entwickelt [Wirth, 1971] und war gerade an Universitäten sehr beliebt, um strukturiertes und prozedurales Programmieren zu lehren und zu lernen.

Sie sehen an dem Beispiel sehr gut den imperativen Charakter der Sprache: Schritt für Schritt wird der Computer angewiesen, einen bestimmten Befehl auszuführen.

Charakteristisch für prozedurale Programmiersprachen sind die Zuweisung (zum Beispiel x:=y), Fallunterscheidungen mit If-Then-Else und Schleifen, die entweder als While-Schleifen oder als For-Schleifen auftreten können. Zur Strukturierung bietet Pascal Prozeduren und Funktionen (siehe oben in Listing 2.1 die Funktion ggT).

Bekannte prozedurale Programmiersprachen sind:

- *FORTRAN* (»FORmula TRANslator«)
  Eine heute noch eingesetzte Sprache für wissenschaftliche Berechnung, die in den 50er-Jahren von IBM unter der Leitung von John Backus entwickelt wurde.

- *COBOL* (»COmmon Business Oriented Language«)
  COBOL wurde oft totgesagt, ist aber bei vielen Unternehmen nach wie vor im Einsatz. Maßgeblich wurde die Entwicklung von COBOL von Grace Hopper mitgestaltet.

- *ALGOL* (»ALGOrithmic Language«)
  Von ALGOL existierten verschiedene Varianten (ALGOL-58, ALGOL-60, ALGOL-68), die durch verschiedene Komitees entworfen wurden. ALGOL wird heute nicht mehr verwendet, hat aber alle seine Nachfolger wie Pascal und C stark beeinflusst.

- *Pascal*
  Benannt nach dem Mathematiker Blaise Pascal, wurde diese Programmiersprache wie oben beschrieben von Niklaus Wirth an der ETH Zürich entwickelt.

- *C*
  C wurde von Dennis Ritchie 1972 an den Bell Laboratories als Teil des UNIX-Betriebssystems entwickelt. C ist heute immer noch eine der am weitesten verbreiteten Programmiersprachen. In diesem Buch werden Sie noch einigen C-Code sehen!

- *Modula-2*
  Modula-2 wurde ebenfalls von Niklaus Wirth Mitte der 80er-Jahre als Nachfolger von Pascal entwickelt. Zusätzlich zu den aus Pascal bekannten Konzepten bot Modula-2 die Strukturierung des Codes in eigene Einheiten, die Module genannt wurden.

- *Ada*
  Die Sprache Ada ist benannt nach Ada Lovelace (1815–1852), die vermutlich die erste Programmiererin der Geschichte war, und zählt ebenfalls zu den Nachfolgern von Pascal.

Die Entwicklung von Ada wurde vom amerikanischen Verteidigungsministerium vorangetrieben. Die Sprache Ada sollte schon bei der Entwicklung Laufzeitfehler verhindern und bot eine Vielzahl von Features wie parallele Tasks, konnte sich aufgrund ihrer Komplexität aber nicht durchsetzen.

2.1.2 Funktionale Programmierung

Die Idee der *funktionalen Programmierung* ist einfach: Der Programmierer soll nicht beschreiben, *wie* ein Problem zu lösen ist, sondern nur das Problem selbst – also das *Was*. Die Schritte zur Lösung werden durch den Compiler oder Interpreter generiert. Daher spricht man bei funktionalen und logikbasierten (siehe Abschnitt 2.1.4) Sprachen von *deklarativer Programmierung*.

Programme werden dabei nicht als Folge von Anweisungen geschrieben wie bei der imperativen Programmierung, sondern als Definition von Funktionen.

Die erste funktionale (und zweitälteste heute noch gebräuchliche Programmiersprache überhaupt) war *LISP* (»LISt Processor«), die 1958 am MIT unter John McCarthy entwickelt wurde.

Charakteristisch für LISP sind die »Klammergebirge«, womit die Vielzahl von sich öffnenden und schließenden Klammern in LISP-Programmen gemeint ist.

Beispiel 2.2 (LISP)

```
(defun fak (n)
    (if (zerop n)
        1
        (* n (fak (- n 1))))) 
```

Listing 2.2 LISP-Programm zur Berechnung der Fakultätsfunktion

Ausdrücke in LISP werden in runde Klammern gefasst und beginnen mit dem Namen einer Funktion oder eines Operators, gefolgt von den Argumenten. Mit (fak 5) wird also *5!* berechnet. Die vordefinierte Funktion defun erlaubt die Definition von Funktionen.

Die einzige zusammengesetzte Datenstruktur in LISP sind – wer hätte es gedacht – Listen, die ebenfalls durch runde Klammern eingefasst werden. Das bedeutet, dass LISP-Programme ebenfalls Listen sind, und es ist damit möglich, das Programm während seiner Laufzeit zu verändern.

LISP erlebte in den 80er-Jahren noch einmal eine Blütezeit mit der Ausweitung der Forschung zu künstlicher Intelligenz. Als diese mit dem zweiten *KI-Winter* wieder zum

Erliegen kam, endete auch die Hochzeit von LISP, weil gleichzeitig auch modernere funktionale Sprachen aufkamen, die deutlich einfacher zu nutzen waren – unter anderem, weil sie mehr Typen boten als nur Listen. Zu diesen moderneren Sprachen zählen:

- *Scheme* – 1975 von G. Sussman und G. Steele am MIT entwickelt und sehr populär geworden durch das Informatik-Standardwerk *Structure and Interpretation of Programming Languages* [Abelson & Sussman, 1996],
- *ML* – in den 70er-Jahren von Robin Milner in Edinburgh entwickelt,
- *Miranda* [Turner, 1986] und
- *Haskell*.

Besonders die Tatsache, dass Funktionen wie »normale« Daten benutzt werden können, führt oft zu Erstaunen bei Programmierern, die nur imperative Sprachen gewohnt sind. *Funktionen höherer Ordnung* sind Funktionen, die andere Funktionen als Parameter haben, wie zum Beispiel die Funktion map in Haskell, die dafür sorgt, dass die übergebene Funktion auf alle Elemente einer Liste angewandt wird:

Beispiel 2.3 (Haskell)

```
map (*2) [1..5]
```

Das Ergebnis dieses Funktionsaufrufes ist die Liste [2,4,6,8,10], die durch Anwendung der Funktion »mit zwei multiplizieren« auf die Liste der Zahlen von 1 bis 5 entsteht.

2.1.3 Objektorientierte Programmierung

Während bei funktionalen Programmen die Funktionen im Vordergrund stehen, sind es bei objektorientierten Programmen logischerweise die Objekte.

Nach der schon erwähnten Sprache Simula war *Smalltalk*, die 1972 am XEROX Lab von Alan Kay, Adele Goldberg und Dan Ingalls entwickelt wurde, die historisch gesehen wichtigste objektorientierte Sprache. In Smalltalk-80 sind die Objekte immer Instanzen von Klassen (und Klassen sind Instanzen von Meta-Klassen). Objekte besitzen einen Zustand (dies kann man sich wie die Belegung der Variablen in prozeduralen Programmen vorstellen), Methoden und eine Identität (sozusagen der Name des Objekts) und senden sich gegenseitig Nachrichten zu.

Beispiel 2.4 (in Smalltalk)

```
fak [
    self isZero ifTrue: [ ^1 ].
```

```
^self * ((self - 1) fak)
]
```

Listing 2.3 Smalltalk-Methode zur Berechnung der Fakultätsfunktion

`self` bezeichnet dabei immer das Objekt selbst, das die Berechnung ausführt.

Alle objektorientierten Programmiersprachen wie Java und C++ (außer natürlich Simula) stammen von Smalltalk ab, auch wenn das strenge Konzept, dass es nichts anderes als Objekte gibt, in anderen Sprachen nicht so konsequent umgesetzt ist.

2.1.4 Logikbasierte Sprachen

In logikbasierten Sprachen wie *Prolog* wird das Programm als eine Menge von aussagenlogischen Formeln beschrieben. Diese werden in Form von *Klauseln* geschrieben, also als:

`P: Q1, Q2, ... , Qn.`

Inhaltlich bedeutet diese Klausel: `P` ist wahr, wenn `Q1, Q2, ..., Qn` wahr sind.

Der Sonderfall, dass $n = 0$ ist, wird als `P.` geschrieben und wird *Fakt* genannt (`P` ist immer wahr).

Um damit etwas zu »berechnen«, benötigt man noch Variablen (diese beginnen mit einem Großbuchstaben oder dem Unterstrich), Konstanten (Zeichen in einfachen Anführungszeichen oder eine Folge von Buchstaben oder Zahlen beginnend mit einem Kleinbuchstaben), Zahlen, Strings und Strukturen (siehe Beispiel unten).

Beispiel 2.5 (Prolog)

```
mutter(daniel, ingrid).
vater(daniel, dieter).
mutter(jette, monika).
vater(jette, knut).
eltern(K, M, V):-mutter(K,M), vater(K, V).
```

Wir haben also vier Fakten definiert und eine Regel. Damit kann man dem Prolog-System jetzt schon Fragen stellen (`?-` ist der Prompt des Prolog-Systems).

`?-eltern(daniel, M, V).`

Das Prolog-System wird antworten mit:

```
M = ingrid
V = dieter
```

Prolog versucht, das Ziel `eltern(daniel, M, V)` zu erfüllen, indem es die Klauseln ermittelt, die zu `eltern(daniel, M, V)` passen; `eltern(daniel, M, V)` ist aufgrund der oben angegebenen Regeln wahr, wenn `mutter(daniel, M)` und `vater(daniel, V)` erfüllbar sind. Dieses gelingt mit der Variablenbelegung `M=ingrid` und `V=dieter`.

Umgekehrt könnte man fragen:

```
?-eltern(X, M, knut).
```

Die Antwort wird dann

```
X=jette
M=monika
```

lauten.

In diesem Sinne kann man die Ausführung einer Prolog-Anfrage als Beweis auffassen. Die letzte Anfrage entspricht der Frage »Gibt es eine Belegung von `X` und `M`, sodass `eltern(X, M, knut)` wahr ist? Prolog hat dann herausgefunden, dass dies für `X=jette` und `M=monika` zutrifft.

Prolog eignet sich aufgrund der Einfachheit der Verarbeitung von Symbolen und der Orientierung an der Logik gut für den Einsatz in künstlicher Intelligenz, und viele Expertensysteme wurden deshalb in Prolog entwickelt. Sie haben sicher erkannt, dass die Klauseln auch eine Beschreibung eines Problems sind, und logikbasierte Sprachen gehören daher auch zu den deklarativen Sprachen.

Wir wollen noch erwähnen, dass es natürlich Mischformen gibt, sogenannte Multi-Paradigma-Sprachen. Viele der bisher genannten Programmiersprachen wie Java oder C++ beherrschen zum Beispiel auch funktionale Ansätze.

Sieht man sich die einschlägigen Statistiken wie den TIOBE-Index [TIOBE Index, 2020] an, so findet man einhundert Programmiersprachen – von den meisten haben Sie wahrscheinlich noch nie gehört. Welche Sprache soll man also verwenden? Das hängt von dem Problem ab, das Sie mit Ihrem Programm lösen wollen. Eine hochkomplexe numerische Berechnung werden Sie wohl nicht mit PROLOG lösen, ebenso wenig wie Sie Machine Learning mit COBOL umsetzen würden. Für viele Probleme gibt es aber natürlich viele geeignete Sprachen, letztendlich entscheiden Sie, mit welcher Sprache Sie am besten zurechtkommen. Gerade für Anfänger lohnt es sich aber, die anderen Paradigmen auch auszuprobieren, weil man eine andere Herangehensweise an Probleme lernt.

Dieser kurze Ausflug in die Theorie der Programmiersprachen dient uns dazu, gleich die einzelnen Elemente von Programmiersprachen richtig einordnen zu können. Wir werden als Beispielsprache für unseren Compiler eine prozedurale Programmiersprache auswählen, aber in den Kapiteln über Typprüfung, Speicherplatzallokation und Codegenerierung ebenfalls Konzepte der nichtprozeduralen Paradigmen ansprechen.

2.2 Konzepte der Programmiersprachen

Zu Programmiersprachen und den Konzepten, auf denen diese basieren, gibt es eine Vielzahl von Büchern, zum Beispiel [Friedman & Wand, 2008] oder [Watt, 2010]. Wir versuchen, uns auf die Konzepte zu fokussieren, die für uns als Compilerbauer besonders relevant sind.

2.2.1 Programm

Wir haben nun schon einige Male das Wort *Programm* benutzt, ohne es zu definieren. Das wollen wir nun nachholen.

Der Begriff »Programm« kann je nach Betrachtungswinkel verschiedene Bedeutungen haben:

- Aus Entwicklersicht wird zunächst der *Quellcode* oder *Quelltext* eines Programms aufgeschrieben. Dieser Quelltext kann in einer oder mehreren Dateien vorliegen. Der Quelltext ist zunächst rein statisch und wird erst durch Ausführung durch einen Interpreter oder nach Kompilierung dynamisch.
- Durch Kompilierung einer Quelldatei in Maschinencode entsteht ein *Objektmodul* (bei Kompilierung mit einem C-Compiler tragen diese Dateien meistens die Endung *.o*). Das Objektmodul ist für sich aber allein nicht ausführbar.
- Durch einen Binder (engl. *linker*) werden die verschiedenen Objektmodule zu einem *ausführbaren Programm* (engl. *executable*) zusammengeführt. Unter dem Betriebssystem Windows finden Sie meistens die ausführbaren Programme als Dateien im Ordner *C:\Program Files* oder *C:\Program Files (x86)* abgespeichert.
- Wird dieses ausführbare Programm nun ausgeführt (indem Sie es zum Beispiel auf der Oberfläche Ihres Betriebssystems aufrufen), erzeugt das Betriebssystem einen *Prozess*, der neben dem Maschinencode des ausführbaren Programms unter anderem noch Speicherplatz für die Daten des Programms enthält. Während die bisherigen Ausprägungen von »Programm« als Datei gespeichert wurden, existiert der Prozess im Hauptspeicher unseres Computers.

Sie sehen, dass es immer darauf ankommt, aus welcher Perspektive man Programme betrachtet. Insbesondere ist es wichtig, zu welchem Zeitpunkt man ein Programm betrachtet: Wenn wir über Quellcode sprechen, befinden wir uns in der *Entwicklungszeit* (engl. *development time*), die Kompilierung geschieht zur *Kompilierzeit* (engl. *compile time*), und während der Ausführung des Programms sprechen wir von *Laufzeit* (engl. *Runtime*).

Da dieses Buch vom Compilerbau handelt, werden wir uns nicht mit den Aktivitäten während der Entwicklungszeit beschäftigen.

Einige der nun folgenden Konzepte einer Programmiersprache sind für den Compiler relevant, also zur *Kompilierzeit*, und werden in diesem abschließend behandelt. Andere sind für den Compiler mehr oder weniger uninteressant und kommen erst zu Laufzeit zum Tragen, das heißt in dem Prozess, der das ausführbare Programm ausführt.

Beispielsweise muss in der Programmiersprache Pascal ein Programm mit dem Schlüsselwort `Program` beginnen und mit einem Punkt enden – diese Information ist allein für den Compiler relevant. Sollte umgekehrt in dem Programm eine Anweisung vorhanden sein, um eine Datei *eingabe.txt* einzulesen, muss der Compiler den Namen der Datei in den generierten Maschinencode kopieren – ob diese Datei existiert, ist aber dem Compiler völlig egal. Erst zur Laufzeit kann dies geprüft werden.

Für uns als Compilerbauer bedeutet dies, dass wir uns bei der Übersetzung eines Quelltextes die Frage stellen müssen, ob die gerade zu verarbeitende Information durch den Compiler ausgewertet werden kann oder ob der Compiler Maschinencode erzeugen muss, der zur Laufzeit die Auswertung durchführt.

Wir werden in den folgenden Abschnitten Schritt für Schritt die einzelnen Bestandteile von Programmen besprechen.

2.2.2 Literale

Literale sind fest definierte Werte, die einer durch die Definition der Programmiersprache vorgegebenen Syntax folgen.

Beispiele in Java [Gosling et al., 2020] sind:

- ganze Zahlen: `0, 1, ...`
- Fließkommazahlen: `3.1415, -2.171828, 1.5e33`
- Hexadezimalzahlen: `0xFF` (entspricht dem Dezimalwert 255)
- Oktalzahlen: `017` (entspricht dem Dezimalwert 15)
- Binärzahlen: `0b1100` (entspricht dem Dezimalwert 12)

- boolesche Werte: true, false
- das Null-Literal: null
- Zeichen, die in einfache Hochkommas eingeschlossen sind: 'a', 'A', '*', '_'
- Zeichenketten, die in doppelte Anführungszeichen eingeschlossen sind: "Guten Tag"

In Prolog sind, wie wir in Abschnitt 2.1.4 gesehen haben, alle Wörter, die mit einem Kleinbuchstaben beginnen, Konstanten.

2.2.3 Operatoren und Trennzeichen

Operatoren sind syntaktische Abkürzungen und oft eine spezielle Schreibweise für Funktionsaufrufe. In funktionalen Sprachen sieht man dies sehr deutlich, weil, zum Beispiel in Haskell, Funktionen auch als Operatoren geschrieben werden können und umgekehrt (vorausgesetzt, die Anzahl der Operanden stimmt).

Beispiel 2.6

elem 3 [1..5] in Haskell bestimmt, ob der Wert 3 in der Liste der Zahlen von 1 bis 5 vorkommt und gibt entsprechend True oder False zurück.

Man kann stattdessen aber auch 3 `elem` [1..5] schreiben, wobei durch die umgekehrten Apostrophe die Funktion elem als Operator verwendet werden kann.

Umgekehrt kann man zum Beispiel statt der Operatorenschreibweise 3+4 auch (+) 3 4 nutzen, wobei durch die Klammern aus dem Operator + eine Funktion wird.

Jede »normale« Programmiersprache bietet eine ganze Reihe von vordefinierten Operatoren, wie die arithmetischen Operatoren (+, -, *, /, ...), die Vergleichsoperatoren (<,>, >=, ==, ...) und die booleschen Operatoren (and, or, ... oder kürzer &&, ||, ...) und viele mehr.

Dabei gilt es zu beachten, dass man sich bei der Verwendung von Operatoren Gedanken machen muss, wie sie auf die Operanden angewandt werden. Als Beispiel betrachten wir den Ausdruck 1-2-4. Ist damit (1-2)-4 oder 1-(2-4) gemeint? Wir denken, Sie sind mit uns einer Meinung, dass das Ergebnis -5 lauten sollte, weil man zuerst (1-2) rechnet und dann -4. Wir sagen dann, dass der Operator - *linksassoziativ* ist, weil der Operator stärker nach links bindet (also (1-2)-4 richtig ist).

Analog gibt es Operatoren, die rechtsassoziativ sind, wie in C++ zum Beispiel die Zuweisungsoperatoren: x += y += z entspricht x+=(y+=z).

Und es gibt auch Operatoren, für die keine Assoziativität definiert ist. Ein Beispiel für Letztere sind in Java die Vergleichsoperatoren oder der Operator new.

Zusätzlich gilt es noch einen weiteren Punkt zu betrachten, den Sie vermutlich in der Grundschule sehr oft gehört haben: »Punkt- vor Strichrechnung«. Verallgemeinert bedeutet dies, dass verschiedene Operatoren unterschiedliche Wertigkeit – auch *Präzedenz* genannt – besitzen. Der einfache Merksatz aus Ihrer Schulzeit besagt, dass die Präzedenz der Multiplikation und der Division höher ist als die der Addition und der Subtraktion. Sehen Sie sich bitte die Liste der Operatoren und deren Präzedenzen und Assoziativitäten [Sedgewick & Wayne, 2020] für die Programmiersprache Java an.

Für uns Compilerbauer wird das Thema in Kapitel 4 wichtig, wenn wir uns überlegen müssen, wie wir Ausdrücke mit Operatoren syntaktisch, aber auch inhaltlich richtig erkennen.

Neben den Operatoren gibt es aber noch *Trennzeichen*, zum Beispiel Komma, Semikolon, Doppelpunkt und so fort. Diese spielen bei der Syntaxanalyse eine Rolle, sind danach aber irrelevant.

2.2.4 Schlüsselwörter (Keywords)

Schlüsselwörter (engl. *keywords*) sind vordefinierte Zeichenketten, die in einer Programmiersprache zunächst eine syntaktische Aufgabe haben: Wie wir in Kapitel 4 sehen werden, ordnet der Compiler den Inhalt der Quelldatei anhand der Schlüsselwörter. Wenn zum Beispiel das Schlüsselwort `if` erkannt wird, dann »weiß« der Compiler, dass der Programmierer eine bedingte Anweisung schreiben will.

Für den Compiler sind die Schlüsselwörter daher eine notwendige Hilfe; für den Programmierer sind Sprachen mit vielen Schlüsselwörtern aber oft problematisch, weil sie viel Tipparbeit erfordern. Als gutes Beispiel kann die Sprache Java genannt werden, die ca. 50 Schlüsselwörter verwendet. Als abschreckendes Beispiel gilt die Sprache COBOL, die mehr als 400 Schlüsselwörter nutzt und daher den Ruf einer »geschwätzigen« Sprache hat. Sie sehen das hier:

Beispiel 2.7 (COBOL)

```
IF N IS GREATER THAN 0 AND N IS LESS THAN 10 THEN
```

In fast allen Sprachen sind Schlüsselwörter *reserviert*. Das heißt, dass sie nicht als Bezeichner (siehe den nächsten Abschnitt) verwendet werden dürfen, was die Lesbarkeit der Programme in einer solchen Sprache enorm erhöht.

Demgegenüber steht PL/I, eine Programmiersprache, die in den 60er-Jahren entwickelt wurde und in der es keine reservierten Wörter gibt. Damit ist es möglich [Abrahams, 1978], Anweisungen wie die folgende zu schreiben:

Beispiel 2.8 (PL/I)

```
IF IF THEN THEN = ELSE
```

Dadurch wird eine Variable IF getestet und der Variablen THEN wird in dem Fall, dass die Bedingung wahr ist, der Wert der Variablen ELSE zugewiesen. Bitte nicht nachmachen!

In Kapitel 3 werden wir uns mit der Erkennung von Konstanten, Schlüsselwörtern und Bezeichnern beschäftigen. Das PL/I-Beispiel sollte von einem Compiler als zwei Schlüsselwörter (IF und THEN), drei Bezeichner (IF, THEN und ELSE) und ein Operator = erkannt werden.

2.2.5 Bezeichner (Identifier)

In der Softwareentwicklung stehen Sie vor der Aufgabe, geeignete Namen für Variablen, Datentypen, Funktionen, Klassen, Module etc. zu vergeben. Wozu dienen diese Namen?

Sie benutzen diese Namen für Dinge, die Sie später wiederverwenden wollen, zum Beispiel Variablen. Diese Namen sind also *Bezeichner* (engl. *identifier*) für »Dinge« verschiedener Kategorien.

Bei fast allen Programmiersprachen müssen Bezeichner *deklariert* werden, bevor sie verwendet werden dürfen – dieses Prinzip heißt *declare before use*. Dabei deklariert der Entwickler, zu welcher Kategorie der Bezeichner gehört.

Beispiele aus Java finden Sie in Tabelle 2.1.

Deklaration	Erklärung
`public class DateiManager { ... }`	Deklariert eine Klasse mit dem Namen DateiManager, die immer sichtbar ist (public).
`public void allocVars(Program program, SymbolTable table)`	Deklaration einer Methode namens allocVars mit öffentlicher Sichtbarkeit. Durch die Deklaration der Methode werden auch zwei formale Parameter deklariert (program und table).
`final static int zaehler`	Deklaration einer Variablen namens zaehler vom Typ int. Dabei handelt es sich um eine Klassenvariable (static), deren Wert nur einmal zugewiesen werden kann (final).

Tabelle 2.1 Deklarationen in Java

Deklaration	Erklärung
`private char getNextChar()`	Deklaration einer Methode, die keine Eingabeparameter hat und einen Wert vom Typ `char` zurückgibt. Die Zugreifbarkeit der Funktion ist auf die Klasse selbst beschränkt (`private`).

Tabelle 2.1 Deklarationen in Java (Forts.)

Wie Sie sehen (und sicherlich schon wussten), besteht eine Deklaration in Java oft nicht nur aus dem Bezeichner, seiner Kategorie und seinem Typ, sondern auch aus sogenannten Modifizierern (engl. *modifier*) [Gosling et al., 2020]. Für Felder von Klassen sind dies die drei Zugriffsmodifizierer `public`, `protected`, `private` sowie die Modifizierer `final`, `static`, `transient` und `volatile`.

Für einen Java-Compiler ergeben sich dadurch einige Aufgaben:

- Er muss die Korrektheit einer solchen Deklaration prüfen (ein Modifizierer darf nicht doppelt vorkommen),
- er muss bei jeder Verwendung des Bezeichners feststellen, ob diese mit den Modifizierern konform ist (zum Beispiel dürfen nicht zwei Zuweisungen für eine `final`-Variable vorkommen) und
- er muss eventuell Maschinencode generieren, der zur Laufzeit für das richtige Verhalten sorgt. Ein Beispiel für Letzteres ist die Verwendung von `static`, das dafür sorgt, dass der Speicherplatz für diese Variable nur in der Klasse angelegt wird.

Die Kategorie des Bezeichners gibt an, wie der Bezeichner bei einer späteren Verwendung im Quelltext behandelt wird. Das betrifft sowohl die Prüfungen im Compiler als auch die Generierung von Maschinencode. Dazu sehen wir uns ein Beispiel an (wiederum in Java):

```
public class X {
    public static final int X = 0;
    private long X(long X) {
        return X+1;
    }
    public static void main(String[] args) {
        X X = new X();
        System.out.println(X.X + " " + X.X(X.X));
    }
}
```

Listing 2.4 Java-Beispielprogramm für die Verwendung von Bezeichnern

Oh je, was für ein Schlamassel! Und das lässt sich sogar kompilieren!

Woher »weiß« der Compiler bei der Verwendung von X, ob die Klasse, die statische Variable, die Methode oder der Parameter X gemeint sind? Die Bedeutung ergibt sich hier aus dem Kontext, in dem X verwendet wird. In Kapitel 4, »Syntaxanalyse«, werden wir sehen, dass der Compiler vieles aus dem nachfolgenden Zeichen (Punkt oder öffnende Klammer) erkennen kann, bei der semantischen Analyse dann den Typ von X (Klasse, Objekt der Klasse X, Variable vom Typ long, Variable vom Typ int oder Methode) ermittelt und auf Kompatibilität mit den Operatoren prüft, die »richtigen« Speicherplätze reserviert und schließlich den korrekten Maschinencode ausgibt.

Was genau der korrekte Maschinencode für die Verwendung eines Bezeichners ist, hängt von der Deklaration ab. So kann zum Beispiel der Ausdruck 2*a durch die Konstante 0 ersetzt werden, sollte a als final int a=0 deklariert worden sein. Sollte a ein int sein, kann man die Multiplikation mit 2 durch Verschieben der Bits nach links umsetzen.

Noch zu erwähnen ist, dass es zum Beispiel in der Programmiersprache FORTRAN *implizite Deklarationen* gibt: Jede Variable, die nicht explizit deklariert wurde, hat implizit den Typ INTEGER, wenn sie mit einem Buchstaben von I bis N beginnt. Andernfalls hat sie den Typ REAL.

Nach oder während der Deklaration müssen Variablenbezeichner auch *definiert* werden. In vielen Sprachen (nicht aber in SPL) kann dies »in einem Rutsch« gemacht werden, zum Beispiel in C:

```
char c='A' ;
```

Auch hier muss geprüft werden, ob der Ausdruck auf der rechten Seite des Gleichheitszeichens mit dem Typ der Variablen links verträglich ist. Da diese Zeile aber auch eine Initialisierung enthält, muss natürlich auch Maschinencode dafür generiert werden.

Wir halten also fest, dass der Compiler sich zu einem Bezeichner sowohl die Kategorie des Bezeichners als auch bei Variablen und Parametern den Typ merken muss. Dazu werden wir in Kapitel 5 *Symboltabellen* einführen, in denen wir diese Informationen festhalten. Bei jeder Deklaration eines Bezeichners wird ein neuer Eintrag in der Symboltabelle angelegt, und bei jeder Verwendung des Bezeichners wird in der Symboltabelle nach dem Bezeichner gesucht und werden die entsprechenden Informationen gelesen.

2.2.6 Gültigkeitsbereiche

Der *Gültigkeitsbereich* (engl. *scope*) einer Deklaration eines Bezeichners ist der Bereich des Quelltextes, in dem der deklarierte Bezeichner verwendet werden kann. Man spricht dann von einem sichtbaren Bezeichner.

Man beachte, dass wir nicht vom Gültigkeitsbereich eines Bezeichners sprechen, sondern vom Gültigkeitsbereich einer Deklaration. Warum dies sinnvoll ist, sieht man an einem Beispiel in Java:

```java
public static final double pi = 3.1415;
public int umfang(int radius) {
    int pi = 3;
    return 2 * radius * pi;
}
public double flaeche(int radius) {
    return pi * radius * radius;
}
```

Listing 2.5 Java-Beispiel zu Gültigkeitsbereichen

Die erste Deklaration von pi als double wäre zwar in der Methode umfang noch sichtbar und gültig, wird aber verdeckt durch die lokale Deklaration von pi. Im Englischen spricht man daher von *shadowing* [Gosling et al., 2020]. Beachten Sie, dass in der folgenden Methode flaeche die erste Deklaration von pi nicht verdeckt und daher sichtbar ist. Hier würde also für pi der Wert 3.1415 benutzt.

Je nach Programmiersprache gelten andere Sichtbarkeitsregeln: In den meisten prozeduralen und objektorientierten Programmiersprachen kann man in jeder Prozedur/Klasse/Methode oder sogar in jedem Anweisungsblock Bezeichner deklarieren, die dann mit Verlassen des Blocks unsichtbar werden. Dabei ist es wichtig, dass die Sichtbarkeitsregeln sehr genau angegeben werden, wie das folgende Beispiel aus [Jäger, 2019] zeigt:

```c
#include <stdio.h>
int i=17;
void f() {
  int j=i, i=j+i, k=i+1;
  printf("i=%d, j=%d, k=%d\n", i,j,k);
}
```

Listing 2.6 Mehrdeutige Deklaration in C

Betrachten Sie die zweite Zeile der Funktion f: Wie sollen i, j und k initialisiert werden? Wird das globale i schon zu Beginn der Deklaration in f durch eine lokale Deklaration verdeckt, dann sind die Werte der drei Variablen undefiniert. Wenn hingegen das globale i erst ab der Teildeklaration i=j+i verdeckt wird, dann wird j noch mit 17 initialisiert, aber i ist danach undefiniert, weil seine Definition rekursiv ist. Es gibt hier noch weitere Interpretationen, auf die wir hier nicht eingehen.

Probieren Sie den Code mal mit Ihrem C-Compiler aus!

Was bedeutet das für unsere Beispielsprache und unseren Compiler? Zum einen müssen wir in der Sprachdefinition auf diese Fälle eingehen und genaue Sichtbarkeitsregeln definieren. Zum anderen muss der Compiler offensichtlich in der Lage sein, verschiedene Gültigkeitsbereiche in den schon erwähnten Symboltabellen abzubilden, indem diese entsprechend geschachtelt werden. Die »oberste« Symboltabelle repräsentiert immer den aktuellen Gültigkeitsbereich. Endet dieser, wird die oberste Symboltabelle entfernt und die darunterliegende Symboltabelle ist wieder zugreifbar, die darin abgebildeten Deklarationen sind also wieder sichtbar.

In SPL werden wir, weil es darum geht, das Prinzip zu verdeutlichen, nur einen globalen und einen lokalen Gültigkeitsbereich unterscheiden. Dazu lesen Sie mehr in Kapitel 5.

In den meisten Programmiersprachen gibt es die Möglichkeit, Gültigkeitsbereiche explizit zu benennen, indem man sie in *Module* aufteilt.

1972 berichtete David Parnas [Parnas, 1972] über *Modularisierung als Mechanismus zur Verbesserung der Flexibilität und Verständlichkeit eines Systems, während gleichzeitig die Entwicklungszeit verkürzt wird.*

Die Idee der Modularisierung ist das Verbergen von Informationen (engl. *informationhiding*), das bewirkt, dass »Details« eines Teils der Software vor den anderen Teilen verborgen werden, was wiederum dazu führt, dass sich beide Teile (oder besser gesagt, die Teams, die diese Teile entwickeln) auf eine gemeinsame Schnittstelle zwischen ihnen einigen müssen.

Auf diese Aspekte der Softwaretechnik wollen wir hier nicht eingehen; Sie müssen aber natürlich verstehen, was es für uns Compilerbauer bedeutet.

Bei der Deklaration eines Moduls kann im Allgemeinen angegeben werden, welche Elemente des Moduls nach außen sichtbar sein sollen und welche nicht.

In Java war die Modularisierung bisher auf Packages beschränkt. Seit Java 9 gibt es aber ein Modulsystem, das wir kurz an einem Beispiel [Reinhold, 2016] vorstellen:

```
module com.foo.bar {
    requires org.baz.aux;
    exports com.foo.bar.alpha;
    exports com.foo.bar.beta;
}
```

Listing 2.7 Moduldeklaration in Java

Das Modul `com.foo.bar` benötigt (`requires`) ein weiteres Modul und exportiert die öffentlichen (`public`) Bestandteile von `com.foo.bar.alpha` und `com.foo.bar.beta`. Dabei kann man den Export auch explizit auf bestimmte andere Module beschränken.

Der Compiler muss also die Moduldeklarationen ebenfalls analysieren und beim Zugriff auf eine Methode oder auf Attribute eines Moduls A die Exporte von A berücksichtigen und danach die Sichtbarkeitsmodifizierer der Methode oder des Attributs auswerten.

2.2.7 Lebensdauer

Die *Lebensdauer* einer Variablen bezeichnet die Zeit, in der die Variable existiert, also sich im Speicher befindet.

In Java muss man dabei im Wesentlichen Instanzvaiablen, Klassenvariablen, lokale Variablen, Feldkomponenten und Parameter unterscheiden [Gosling et al., 2020]:

- *Klassenvariablen* sind Variablen, die in der Klasse als statisch (`static`) markiert sind. Sie befinden sich während der gesamten Laufzeit des Programms im Speicher (oder genauer gesagt: so lange, wie die Klasse im Speicher ist).
- *Instanzvariablen* sind Variablen, die in einer Klasse, aber außerhalb der Methoden der Klasse, deklariert sind. Sie befinden sich so lange im Speicher, wie das umgebende Objekt existiert.
- *Lokale Variablen* sind Variablen, die in Methoden oder Blöcken deklariert sind. Für sie sind Gültigkeitsbereich und Lebensdauer identisch. Das heißt, die Variable hört auf zu existieren, wenn ihr Gültigkeitsbereich verlassen wird.
- *Feldkomponenten*, d. h. die einzelnen Komponenten eines Feldes (Arrays), existieren so lange, wie die Feldvariable existiert.
- *Parameter* einer Methode oder eines Konstruktors existieren für die Zeit der Ausführung der Methode bzw. des Konstruktors.

In C unterscheidet man *statische Variablen*, die für die Laufzeit des Programms existieren, und *automatische Variablen*, die für die Dauer der Ausführung der Funktion lebendig sind. Mit dieser Art Variablen werden wir uns eingehend in Kapitel 7 beschäftigen.

Schließlich gibt es in C noch *dynamischen Speicher*, der mit der Funktion `malloc()` (oder entsprechenden Low-Level-Funktionen) erzeugt werden kann und über Zeiger zugreifbar ist. Diese Speicher werden in einem separaten Bereich abgelegt und existieren so lange, bis sie explizit mit der Funktion `free()` wieder gelöscht werden. Obwohl es in der Beispielprogrammiersprache, für die wir unseren Compiler bauen werden, keinen dynamischen Speicher gibt, werden wir die Aufgaben, die ein Compiler dabei zu erledigen hat, ebenfalls in Kapitel 7 besprechen.

Gültigkeitsbereich und Lebensdauer sind zwei unterschiedliche Konzepte, da es sich beim ersten Konzept um *Raum*, beim zweiten um *Zeit* handelt. Die Lebensdauer von automatischen Variablen endet, wenn während der Programmausführung ihr Gültigkeitsbereich verlassen wird.

2.2.8 Typen

Typen (oder eigentlich: Datentypen) sind ein weiteres enorm wichtiges Konzept von Programmiersprachen. Typen helfen Ihnen als Programmierer, das zu lösende Problem ordentlich zu strukturieren und damit ein korrektes Programm zu erstellen.

> **Definition 2.1: Typ**
>
> *Typen* bestehen aus einer Menge von Werten und einer Menge von Operationen, die auf diesen Werten möglich sind.

Der Typ *Boolean* besteht zum Beispiel aus der Wertemenge { *true, false* } und einer Menge von Operationen { *and, or, not, equal, ...*}.

Damit Sie bei der Programmierung die Typen so verwenden, wie es der Designer der Sprache vorgesehen hat, müssen die Wertemengen und Regeln für die Verwendung der Operationen auf diese Wertemengen definiert werden. Eine solche Definition nennt man gemeinhin *Typsystem*.

Nun scheint es so, dass durch diese Regeln der Programmierer in seinem Tun eingeschränkt wird. Das ist auch der Fall, und während die einen die Flexibilität eines »losen« Typsystems loben, befürworten die anderen strengere Regeln, weil die Programmierer dann weniger Fehler machen können oder wie der berühmte Informatiker Robin Milner 1978 schrieb: »*Well-typed programs cannot go wrong*« [Milner, 1978].

Die übliche Von-Neumann-Architektur von Computern kennt ja keine Datentypen – Speicherplatz ist Speicherplatz –, sodass Typen ein darauf aufgesetztes Konzept sind, um ein höheres Abstraktionsniveau zu schaffen und gleichzeitig eine inhaltlich (!) fehlerhafte Nutzung von Speicherplätzen im Maschinenprogramm zu verhindern.

Sieht man sich die vor allem durch das Internet enorm gewachsene Vielfalt an verteilten Systemen an, muss man zum Schluss kommen, dass es zwischen all den dafür verwendeten Servern, Betriebssystemen und Programmiersprachen irgendeine Übereinkunft über die Repräsentation von Daten geben muss – das sind Datentypen!

Damit Sie die Konzepte besser verstehen und sie als Compilerbauer später einmal umsetzen können, betrachten wir verschiedene zueinander orthogonale Merkmale von Typsystemen.

Zunächst unterscheidet man *primitive* von *zusammengesetzten* Datentypen.

Primitive Datentypen sind im Allgemeinen in der Sprache bereits vordefiniert und bestehen aus Werten, die sich nicht weiter zerlegen lassen, zum Beispiel Zahlen, Zeichen, boolesche Werte, Aufzählungstypen und Zeiger.

Durch einen *Typkonstruktor* können neue Typen zusammengesetzt werden. (Mathematisch gesehen, ist ein Typkonstruktor eine Funktion, die als Eingabeparameter Typen nimmt und als Ergebnis einen neuen Typ liefert.) Beispiele für zusammengesetzte Datentypen sind:

- Felder
- Verbünde
- Verbünde mit Varianten
- Zeiger und Referenzen
- Klassen
- Generische Typen

Diese betrachten wir im Folgenden genauer.

Felder (Arrays)

Felder bestehen aus einer Anzahl von Werten desselben Datentyps und sind vergleichbar mit dem Konzept der Vektoren oder Matrizen in der Mathematik. Genau wie dort können Felder mehrere Dimensionen besitzen, über die auf die Werte zugegriffen werden kann. In vielen Sprachen sind Felder in erster Linie Zusammenfassungen von Werten, auf die über Indizes zugegriffen werden kann; in anderen Sprachen sind dagegen auch Operationen, zum Beispiel Addition, auf diesen Typen möglich. Die einzelnen Elemente eines Feldes nennen wir *Feldkomponenten*. Mittels eines *Feldzugriffs* können wir auf die Feldkomponenten zugreifen.

- Beispiele:

    ```
    vektor[2*i]     matrix[i][j]
    ```

    Im linken Beispiel gibt der Wert des Ausdrucks $2 \times i$ den Index der Komponente des Felds `vektor` an.

    Für die Deklaration eines Felddatentyps ist zum einen die Angabe der Größe des Feldes notwendig. In Pascal zum Beispiel gibt man einen *Indextyp* an, der die möglichen Indizes pro Dimension definiert. Zweitens wird natürlich der Datentyp der Werte benötigt, den wir im folgenden *Basistyp* nennen.

- Beispiele in C:

  ```
  int listeC[100];
  char zeichenC[3];
  ```

- Beispiele in Java:

  ```
  int[] listeJ = new int[100];
  char zeichenJ = { 'a', 'b', 'c' };
  ```

- Beispiele in Pascal:

  ```
  array [-5 .. 5, 0 .. 20] of real;
  array [char] of integer;
  ```

Wenn Ihnen C und Java geläufig sind, werden Sie die Pascal-Beispiele überraschen: Im ersten Beispiel enthält das Feld 11 × 21 Werte mit dem Basistyp real, im zweiten Beispiel 256 Werte mit dem Basistyp integer.

In C und Java wird jedoch pro Dimension i die Größe n_i des Indexbereichs angegeben, und die möglichen Indizes sind immer $0, 1, \ldots, n_i - 1$.

Was ist der Vorteil der ausführlicheren Schreibweise in Pascal? Der Index kann genauer angegeben werden und eine Umrechnung ist nicht notwendig: Wollen Sie jedem Zeichen eine Zahl zuordnen, können Sie dies in Pascal mit dem zweiten Beispiel tun und dann zum Beispiel feld['x'] schreiben.

Für den Compiler ergeben sich einige Aufgaben aus der Verwendung eines Feldes:

- Der Indextyp muss für die semantische Analyse gespeichert werden, weil geprüft werden muss, ob der Typ eines Indexausdrucks zum Indextyp passt.
- Analoges gilt für den Basistyp.
- In der Variablenallokation müssen entsprechend viele Speicherplätze für das Feld reserviert werden.
- In der Codegenerierung muss Code erzeugt werden, der den Indexausdruck auswertet und relativ zur Startadresse des Feldes die Adresse der Feldkomponente ermittelt.
- Zuletzt müssen wir – falls die Spezifikation der Programmiersprache dies fordert – ebenfalls in der Codegenerierung sicherstellen, dass der Wert des Indexausdrucks, der ja erst zur Laufzeit berechnet werden kann, innerhalb des Bereichs liegt, der durch den Indextyp gegeben ist.

Verbünde (Records oder Structs)

Bei Verbünden kann man – anders als bei Feldern – Werte verschiedener Datentypen zusammenfassen. In einem Verbund werden die Komponenten eines Verbundes benannt und ihr Typ spezifiziert. In C würde man einen Verbund, der Informationen zu einer Person zusammenfasst, wie folgt deklarieren:

```
struct person {
   char vorname [32];
   char nachname[32];
   int  alter;
}
```

Wenn *x* eine Variable vom Typ `person` ist, kann man mit `x.vorname`, `x.nachname`, `x.alter` auf die einzelnen Komponenten zugreifen.

Ein Compiler muss nun während der semantischen Analyse (siehe Kapitel 6) mehrere Prüfungen durchführen:

▶ Bei einem Zugriff *a.b* muss *a* eine Variable eines Verbundtyps sein.
▶ *b* muss eine Komponente desselben Verbundtyps sein.
▶ Der Typ der Komponente *b* muss gemäß Typsystem zu der Verwendung von *a.b* passen.

Was passiert während der Laufzeit? Der Compiler kennt aufgrund der Informationen über die Typen der Komponenten die Startposition im Hauptspeicher relativ zur Startadresse der Variablen, den Offset. Je nach Zielmaschine kann es notwendig sein, leere Fülldaten einzufügen, um sicherzustellen, dass zum Beispiel die Komponenten immer an einer durch 8 teilbaren Adresse beginnen. Da die Offsets zur *Compile Time* ermittelt werden können, wird die Typinformation während der Laufzeit nicht mehr benötigt.

Mathematiker finden sich bei Verbünden leicht wieder: Einen Verbund kann man als n-Tupel darstellen, wobei *n* die Anzahl der Komponenten ist. Sind $T_1, ..., T_n$ die Typen der Komponenten (genauer gesagt: die Wertemengen der Typen), so hat der gesamte Verbund die Wertemenge $T_1 \times ... \times T_n$, also das Produkt der einzelnen Mengen. Man spricht in diesem Fall auch von einem *Produkttyp*.

Verbünde mit Varianten (Unions)

Oft möchte man in den Verbünden verschiedene Komponenten alternativ speichern und benutzen. Möchte man zum Beispiel in C einen Datentyp zur Repräsentation von Fahrzeugen erstellen, kann man dies als Verbund mit Varianten tun:

```
typedef enum {
    TAG_LKW,
    TAG_PKW
} Fahrzeugtyp;
```

```c
typedef struct Fahrzeug {
    char* kennzeichen;
    int   baujahr;
    Fahrzeugtyp tag;
    union {
        struct {
            int  anzahlAchsen;
            long gesamtgewicht;
        } lkw;
        struct {
            int  kw;
            long verbrauch;
        } pkw;
    } u;
} Fahrzeug;
```

Woher weiß man nun, ob es sich beim Zugriff auf eine Variable f vom Typ Fahrzeug um einen LKW oder einen PKW handelt? Der Programmierer selbst muss dafür Sorge tragen, dass das Unterscheidungsmerkmal tag (hier: Fahrzeugtyp) richtig gesetzt und vor dem Zugriff auf die Komponenten abgefragt wird:

```c
if (f.tag == TAG_LKW) {
    f.u.lkw.anzahlAchsen = 3;
    f.u.lkw.gesamtgewicht = 28000;
}
```

Ein *Tag* (dt. »Etikett«) dient also dazu, anzuzeigen, um welche Art von Daten es sich handelt.

Leider bieten weder der C-Compiler noch die Laufzeitumgebung Hilfe gegen Fehlbedienung. Man könnte zum Beispiel in der nächsten Zeile schreiben:

```c
printf("Verbrauch: %ld\n", f.u.pkw.verbrauch);
```

Finden Sie heraus, welcher Wert bei Ihrem C-Compiler wohl ausgedruckt würde!

Warum?

Der Compiler legt die Komponenten der verschiedenen Varianten auf den gleichen Speicherbereich. Im Beispiel oben bedeutet dies, dass in der printf-Anweisung auf den Speicherplatz zugegriffen wird, in dem eigentlich das gesamtgewicht des LKW abgespeichert ist.

Unsere Beispielsprache kennt keinerlei Verbünde, aber sollten Sie Ihren Compiler in C schreiben, werden Sie Verbünde mit Varianten sehr oft einsetzen, um die verschiedenen Arten von Sprachkonstrukten abzubilden – mehr dazu folgt in Kapitel 5!

Bei Verbünden hatten wir festgestellt, dass sie dem Produkt ihrer Komponententypen entsprechen. Wie ist das bei Verbünden mit Varianten? Die Fallunterscheidung durch die Varianten führt dazu, dass der erzeugte Typ die Summe der Typen der Varianten ist – oder genauer gesagt: Die Wertemenge eines Verbundes mit Varianten ist die disjunkte Vereinigung der Wertemengen der Varianten.

Sollte die Sprache ein »automatisches« Verwalten von Tags bieten, so spricht man von einer *Discriminated Union* oder auch *Tagged Union*. Zur Laufzeit wird dann das Tag automatisch gesetzt, und beim Zugriff auf eine Komponente wird überprüft, welchen Wert das Tag aktuell hat.

Zeiger und Referenzen

Zeiger (*Pointer*) sind ein sehr gebräuchliches Mittel, um zum Beispiel Datenstrukturen wie Listen oder Bäume zu beschreiben. In einigen Programmiersprachen (wie C) können Zeiger explizit deklariert und verwendet werden; andere Sprachen (zum Beispiel die funktionalen Programmiersprachen) haben zwar auch solche Datenstrukturen, bieten aber dem Programmierer keine Möglichkeit, Zeiger zu verwenden.

Ohne diesen Widerstreit vollständig wiedergeben oder gar schlichten zu wollen, müssen wir als Compilerbauer uns mit dem Konzept der Zeiger auseinandersetzen, damit wir es gegebenenfalls in unserem Compiler korrekt umsetzen können.

Um uns dem Wesen der Zeiger zu nähern, betrachten wir folgendes Beispiel:

```
short i=5;
i=i+1;
```

Überlegen Sie bitte einmal, was der Variablenname i auf der rechten und der linken Seite der Zuweisung ausdrückt.

Offensichtlich steht das i auf der rechten Seite für den aktuellen Inhalt des Speicherplatzes, der i zugeordnet ist, also 5.

Hingegen ist mit i auf der linken Seite nicht der Inhalt des Speicherplatzes gemeint, sondern der Speicherplatz selbst – in diesem soll ja jetzt 6 gespeichert werden. Im ersten Fall spricht man von *Dereferenzierung*, die hier implizit ist und natürlich durch uns Compilerbauer während der Codegenerierung explizit vorgenommen wird: Berechne die Adresse des Speicherplatzes von i, und greife danach auf den Inhalt dieses Speicherplatzes zu.

Daher spricht man bei Variablen auch von ihrem *L-Value* oder *R-Value*: Der L-Value (»L« wie »links in der Zuweisung«) ist die Adresse der Speicherstelle, an der die Variable gespeichert ist, während der R-Value der Wert ist (er steht »rechts« in der Zuweisung) [Friedman & Wand, 2008]. Je nachdem, wo die Variable auftritt (links oder rechts), wird sie als L-Value oder R-Value aufgefasst.

Wenn Sie jemals eine Zuweisung programmiert haben, haben Sie dieses Konzept verwendet, ohne dass Ihnen vielleicht der Unterschied zwischen linker und rechter Seite bewusst war.

Mit Zeigern kann man die Dereferenzierung auch explizit machen:

```
int i=5;
int *zeiger = &i;
*zeiger = *zeiger + 1;
```

zeiger ist nun eine Variable vom Typ »Zeiger auf int«, und ihr wird als Wert mit dem *Adressoperator* & die Adresse von i zugewiesen. Im nächsten Schritt wird auf der rechten Seite der Zuweisung zeiger mit dem *-Operator dereferenziert und implizit, wie an dem vorigen Beispiel gezeigt, nochmals dereferenziert, was den Inhalt der Variablen i ergibt. Dem Speicherplatz, auf den zeiger verweist, wird 6 zugewiesen. Hier muss man beachten, dass *zeiger weiterhin die Adresse von i enthält; lediglich der Wert, der im Speicher an dieser Adresse steht, hat sich geändert.

In C werden Variablen eines Zeigertyps dadurch deklariert, dass man den Basistyp angibt, also den Typ des Wertes, auf den die Variable zeigt, und vor die Variable den * setzt, der hier dazu dient, einen neuen Typ (in diesem Fall einen Zeiger auf int) zu erstellen.

Der Compiler sollte prüfen, dass der Basistyp des Zeigers mit der Verwendung kompatibel ist bzw. dass er mit dem Wert des Ausdrucks, der zugewiesen werden soll, kompatibel ist. Der C-Compiler gcc gibt zum Beispiel eine Warnung aus, würde man oben char *zeiger = &i schreiben; kompiliert wird das Programm trotzdem.

Bei der Codegenerierung werden wir für Integer-Variablen in unserer Beispielsprache, die auf der rechten Seite einer Zuweisung stehen (oder sonst als Teil von Ausdrücken verwendet werden), wie oben erklärt zuerst die Adresse bestimmen und dann von dort den Wert lesen. Für eine Variable auf der linken Seite müssen wir lediglich die Adresse bestimmen. Gäbe es in SPL Zeiger, müsste man beim Auftreten eines Deferenzierungsoperators entsprechend ein weiteres Mal im Speicher lesen.

Klassen

Als Nutzer einer objektorientierten Sprache wie Java, Kotlin oder C++ werden Sie sich wahrscheinlich bei dem Beispiel der Verbünde mit Varianten gefragt haben, wo es diese

Konzepte in Ihrer Sprache gibt. In objektorientierten Sprachen würde man dafür natürlich Klassen benutzen.

Wie in der Einleitung erklärt, haben diese aber nicht nur Attribute (oben Komponenten genannt), sondern auch Methoden. Für den Compiler bedeutet dies zunächst, dass bei einem Methodenaufruf `obj.meth()` in der semantischen Analyse geprüft werden muss, ob die Methode `meth` in der Klasse des Objekts `obj` existiert und gemäß der Modifizierer auch zugreifbar ist. Methodenaufrufe werden, wie alle anderen Funktions- oder Prozeduraufrufe, durch Sprungbefehle im Maschinencode realisiert, was bedeutet, dass der Compiler sich pro Klasse die Sprungziele der Methoden merken muss.

In vielen objektorientierten Sprachen ist es möglich, Unterklassen zu deklarieren, die von anderen Klassen (Oberklassen) Attribute und Methoden erben. Dieser Mechanismus heißt daher *Vererbung* (engl. *inheritance*).

Da diese Attribute und Methoden der Oberklasse in der Unterklasse benutzbar sind wie »eigene« Attribute oder Methoden, ändern sich die Aufgaben für den Compiler im Grunde nicht.

Weitere Besonderheiten objektorientierter Sprachen sind

- das Überschreiben von Methoden, die in der Oberklasse definiert wurden (engl. *overriding*),
- das Verdecken (engl. *hiding*) von statischen Methoden,
- *Polymorphismus* [Cardelli & Wegner, 1985], bei dem erst zur Laufzeit entschieden werden kann, ob die Methode der Oberklasse oder die gleichnamige Methode der Unterklasse aufgerufen wird, und
- *Mehrfachvererbung*.

Die Behandlung all dieser Konzepte würde jedoch den Rahmen dieses Buches sprengen, und wir verweisen daher auf [Grune, van Reeuwijk, Bal, Jacobs & Langendoen, 2012].

Generische Typen

Ein *generischer Typ* ist ein Typ, der durch *Typvariablen* parametrisiert werden kann. Das bedeutet, dass in einer Typdeklaration anstelle eines konkreten Typs eine Variable auftreten kann, die wiederum für einen Typ steht.

In Java könnte man einen simplen generischen Typ, der einfach nur eine Hülle für einen Wert ist, wie folgt implementieren:

```
public class Kiste<T> {
    public T wert;
```

```
    public Kiste(T wert) {
        this.wert = wert;
    }
    public static void main(String[] args) {
        Kiste<Integer> intKiste = new Kiste<Integer>(5);
        Kiste<String> stringKiste = new Kiste<>("Hallo!");
    }
}
```

Listing 2.8 Beispiel für einen generischen Typ in Java

Kiste ist ein generischer Typ, der über die Typvariable T parametrisiert werden kann. In der main-Methode werden zwei Objekte deklariert und definiert, die einen Integer bzw. einen String beinhalten. In der unteren Deklaration sehen Sie, dass auf der rechten Seite der Parameter des Typs weggelassen werden kann (<> wird als sogenannter *Diamond Operator* [The Java Tutorial] bezeichnet.

Die Verwendung von generischen Typen ist sehr sinnvoll für Typen, die immer gleichartig funktionieren, aber denen es letztlich egal ist, welchen Typ die Werte haben. Oft werden solche Typen auch als *Container* bezeichnet; Beispiele dafür sind Mengen und Listen.

Was heißt das für den Compiler? Wie [Grune, van Reeuwijk, Bal, Jacobs & Langendoen, 2012] ausführen, könnte der Compilerbauer Code für jede vorkommende Instanz des generischen Typs erzeugen oder zur Laufzeit die Typparameter »wie normale Parameter« übergeben, wobei der Parameter durch einen sogenannten *Dope Vector* dargestellt wird. Dieser enthält Zeiger auf die Implementierungen aller möglichen Methoden, die auf diesem Typ ausgeführt werden können (Anlegen, Löschen, arithmetische Operationen, Vergleiche, ...). Für weitere Details sei auf [Grune, van Reeuwijk, Bal, Jacobs & Langendoen, 2012] verwiesen. Java hingegen verwendet *Type Erasure* [Type Erasure, 2020] – vereinfacht heißt das, dass der Compiler nur zur Compile Time den Typ prüft, ihn aber zur Laufzeit ersetzt, wobei dies auch dazu führen kann, dass der Typ zur Laufzeit nur noch Object ist.

Der Diamond Operator von Java setzt voraus, dass der Compiler selbst in der Lage ist, aufgrund der ihm zur Verfügung stehenden Informationen den richtigen Typ herauszufinden – dieses Verfahren wird *Typinferenz* genannt. Typinferenz für funktionale Sprachen ist schon lange bekannt, im sogenannten *W-Algorithmus* von Hindley und Milner [Hindley, 1969], [Milner, 1978] beschrieben und implementiert. Die Java-Spezifikation [Gosling et al., 2020] dokumentiert sehr detailliert im letzten Kapitel die Anforderungen an einen Java-Compiler, um Typinferenz umzusetzen.

2.2.9 Weitere Merkmale von Typsystemen

Nachdem wir nun die verschiedenen Möglichkeiten kennengelernt haben, zusammengesetzte Datentypen zu konstruieren, wollen wir noch weitere Merkmale von Typsystemen besprechen, weil diese für die semantische Analyse wichtig sind.

Starke oder schwache Typsysteme

Häufig wird das Typsystem von C als »schwach« bezeichnet, während C#, Rust oder Haskell als »stark typisiert« eingestuft werden. Letztendlich gibt es keine exakte Definition, was diese Begriffe bedeuten – meist bezieht man sich darauf, in welchen Fällen ein Wert eines Typs in einen anderen umgewandelt werden kann. Sind mehr Umwandlungen möglich oder werden diese gar vom Compiler implizit durchgeführt, spricht man von einem schwächeren Typsystem. In Sprachen mit schwachen Typsystemen ist es daher öfter notwendig, im generierten Code Typumwandlungen einzubauen, während starke Typsysteme einen höheren Aufwand in der semantischen Analyse erfordern, um zu prüfen, dass die Typen wirklich zueinander passen.

Statische und dynamische Typsysteme

Relevanter hingegen ist die Unterscheidung in *statisch* und *dynamisch getypte* Sprachen: Bei statisch getypten Sprachen werden die Datentypen durch den *Compiler* ermittelt. Dies kann entweder, wie wir besprochen haben, durch explizite Deklarationen durch den Programmierer oder durch Typinferenz geschehen. Beispiele für statisch getypte Sprachen sind Java, Rust, Haskell und TypeScript.

Bei dynamisch getypten Sprachen werden die Typen *zur Laufzeit* ermittelt, und daher kann die korrekte Verwendung der Typen (so sie vom Typsystem der Sprache gefordert wird) auch erst zur Laufzeit überprüft werden. Beispiele für dynamisch getypte Sprachen sind Ruby und Python.

Für den Compiler bedeuten statisch getypte Sprachen höheren Aufwand während der semantischen Analyse, und die Kompilierung dauert daher länger. Auf der anderen Seite muss der Compiler für eine dynamisch getypte Sprache Code erzeugen, der die Typprüfung zur Laufzeit durchführt, was dazu führt, dass der Compiler schneller ist, aber das Programm etwas langsamer.

2.2.10 Typumwandlungen

Viele Datentypen in gebräuchlichen Programmiersprachen sind ineinander »umrechenbar«. So kann zum Beispiel ein Integer-Wert auch einer Variablen vom Typ Long zugewiesen werden, ohne dass der Programmierer definieren muss, wie die Umwandlung durchgeführt wird. Wir sprechen von impliziten *Typumwandlungen* oder *Typkonversionen*.

Durch entsprechende Funktionsaufrufe oder sogenannte *Casts* kann der Programmierer zum Beispiel in Java, C oder C++ die Konversion aber auch explizit machen.

In einigen objektorientierten Sprachen gibt es noch zusätzlich die Konversionen von den primitiven Typen in die entsprechenden Objekte, wie von int zu Integer. Diese speziellen Konversionen werden *Boxing* genannt (der primitive Wert wird praktisch in die »Kiste« eines Objekts gesteckt). In Java geschieht die Konversion von einem primitiven Typ in das Objekt automatisch und wird *Autoboxing* genannt. Der Weg zurück heißt entsprechend *Unboxing* [Gosling et al., 2020].

Das folgende Java-Beispiel zeigt einige der beiden Arten von Typkonversionen:

```
int x1 = 42;
int x2;
Integer x3;
int x4;
double y1 = 1.5;
double y2;
x2 = (int) y1;            // explizite Konversion durch cast
x3 = x1;                  // Autoboxing: von int zu Integer
x1 = x3;                  // Unboxing: von Integer zu int
x4 = ((Double) y1).intValue();  // Boxing & implizite Konversion
y2 = x1;                  // implizite Konversion von int zu double
System.out.printf("%d / %d / %d / %d / %f / %f\n", x1,x2,x3, x4, y1,y2);
```

Listing 2.9 Typkonversionen in Java

Das Programmstück wird 42 / 1 / 42 / 1 / 1,500000 / 42,000000 ausgeben.

Oft benötigt man eine Umwandlung von Objekten in ihre Oberklasse (dann spricht man von *Widening*) oder umgekehrt (*Narrowing*).

Widening ist immer möglich: Jedes Objekt einer Unterklasse kann auch als Objekt der Oberklasse aufgefasst werden. Umgekehrt ist es nur möglich, wenn das Objekt wirklich zu der Unterklasse gehört. Ist Sub eine Unterklasse von Super, so zeigt das folgende Code-Stück diese beiden Arten. Narrowing kann in Java nur durch einen *Cast* auf die Unterklasse Sub erreicht werden. Dabei sollte man immer prüfen, ob das Objekt wirklich zu der Klasse gehört, da sonst eine Exception geworfen wird:

```
Super sup = new Super();
Sub   sub = new Sub();
```

```
sup = sub;                  // Widening
// sub = sup;               // Narrowing -> kompiliert nicht!
if (sup instanceof Sub)
    sub = (Sub) sup;        // Narrowing mit Cast
```

Das Widening funktioniert immer; die Objektreferenz sub wird in sup gespeichert. An der Tatsache, dass der Java-Compiler hingegen bei sub = sup eine Fehlermeldung ausgibt, bei sub=(Sub)sup aber nicht, erkennen Sie, dass der Cast mindestens teilweise vom Compiler selbst benötigt wird. Jetzt könnte man sich natürlich fragen, warum der Cast überhaupt noch notwendig ist, da ja die Bedingung in der Zeile darüber aussagt, dass diese Zuweisung nur ausgeführt wird, wenn das Objekt eine Instanz der Unterklasse ist. In Java lässt sich der Cast nicht vermeiden, da das Objekt zwischen der Bedingung und der Zuweisung verändert werden könnte (in dem Beispiel hier ist dies jedoch nicht der Fall). In der Programmiersprache Kotlin sind explizite Casts wie in der letzten Zeile nicht notwendig, wenn die Variable zwischen der Abfrage, ob das Objekt eine Instanz einer bestimmten Klasse ist, und der Verwendung nicht verändert wird. Man spricht dann von sogenannten *Smart Casts*, wie im folgenden Beispiel:

```
var x = Any()
if (x is String) {
    println(x.subSequence(0, 1))
}
```

Listing 2.10 Beispiel für Smart Casts in Kotlin

Eine Typkonversion, die automatisch vom Compiler erzeugt wird, nennt man *Coercion* (dt. »Nötigung«).

Für den Programmierer sind implizite Konversionen natürlich praktisch, für den Compilerbauer bedeuten sie einiges an Arbeit, weil während der semantischen Analyse überprüft werden muss, ob eine Konversion überhaupt möglich ist, und der Code für die Konversion zur Laufzeit natürlich generiert werden muss.

Nach dieser ausführlichen Diskussion über die verschiedenen Aspekte von Typen bleibt noch eine Frage zu klären: Wann bezeichnen wir zwei Typen als äquivalent?

Diese Frage ist tatsächlich nur für jeweils eine spezifische Programmiersprache zu beantworten, weil im Typsystem der Sprache die Typäquivalenz definiert werden muss.

> **Definition 2.2: Typäquivalenz**
>
> Man unterscheidet grundsätzlich *strukturelle Äquivalenz* und *Namensäquivalenz*.

> Zwei Typen T1 und T2 heißen strukturell äquivalent, wenn entweder beide der gleiche primitive Typ sind oder beide den gleichen Typkonstruktor haben und die Elemente darunter paarweise typäquivalent sind.
>
> T1 und T2 heißen namensäquivalent, wenn sie durch eine Typgleichung als gleich deklariert wurden: type T1=T2;

Beispiel (in einer fiktiven Programmiersprache):

```
type preise = array [1..5] of Integer;
type mengen = array [1..5] of Integer;
type anzahlen = mengen;
type angestellter = record {
                    name  : String;
                    alter : Integer;
                  }
type automarke = record {
                    name  : String;
                    alter : Integer;
                  }
```

Bei struktureller Äquivalenz wären preise und mengen (und anzahlen natürlich) gleich. Es wäre dann möglich, einer Variablen vom Typ preise den Wert einer Variablen vom Typ mengen zuzuweisen.

Entsprechendes gilt bei den Verbünden: angestellter und automarke wären typäquivalent.

Bei Namensäquivalenz sind nur anzahlen und mengen gleich.

Namensäquivalenz ist für einen Compiler viel leichter zu implementieren als strukturelle Äquivalenz: Der Compiler muss sich lediglich merken, welche Typgleichungen deklariert wurden, und kann diese dann auflösen.

2.2.11 Ausdrücke

Ein *Ausdruck* (engl. *expression*) ist die Darstellung einer Berechnung und wird während der Laufzeit des Programms zu einem *Wert* ausgewertet. Alle Berechnungen, die Ihr Algorithmus durchführen soll, müssen Sie als Ausdrücke formulieren. Somit sind Ausdrücke eines der Kernkonzepte jeder Programmiersprache.

Ausdrücke bestehen aus atomaren Ausdrücken wie Konstanten, Variablen oder Funktionsaufrufen, aus zusammengesetzten Ausdrücken, die einen Operator enthalten, sowie aus geklammerten Ausdrücken. Während die syntaktische Erkennung von Ausdrücken relativ einfach ist, müssen wir uns in Kapitel 4 doch detaillierter damit auseinandersetzen, weil der generierte Code später die Teilausdrücke in der richtigen Reihenfolge zusammensetzen soll. Sehr plakativ sehen wir dies am Beispiel 2 + 3 × 4, bei dem aufgrund der Regel »Punkt- vor Strichrechnung« nicht 2 + 3 ausgerechnet und dann mit 4 multipliziert werden sollte. Um dies zu erreichen, müssen wir eine Darstellung der Ausdrücke finden, die solche Vorrangregeln zwischen den Operatoren berücksichtigt.

Beispiel 2.9

```
2+3*4                          // arithmetischer Ausdruck
(1-(1-(1-f(x)))                // Ausdruck mit Funktionsaufruf
(f(x)+g(x,y))*2.718+1.57*1E-15 // Ausdruck mit Fließkommazahlen
((a==0) && (b>-1045.67))       // boolescher Ausdruck
```

Ausdrücke sollen zur Laufzeit ausgewertet werden, und wir werden uns in Kapitel 8, »Codegenerierung«, intensiv damit beschäftigen, wie der Compiler dieses auf der Ziel-Hardware effizient und korrekt macht.

Dazwischen liegt noch die semantische Analyse (Kapitel 6), in der unser Compiler prüfen muss, ob a) die Typen der Teilausdrücke eines zusammengesetzten Ausdrucks und des Operators zusammenpassen und b) ob der Typ des gesamten Ausdrucks zur Verwendung passt: In einer Zuweisung muss der Typ der rechten Seite zu dem Typ der linken passen (oder dahin automatisch konvertierbar sein – siehe voriger Abschnitt!). In einer Bedingung in einem If-Then-Else oder in einer While-Schleife muss der Typ des Ausdrucks Boolean sein. (Anmerkung: Es liegt natürlich am Typsystem der jeweiligen Sprache, inwieweit dies so strikt gehandhabt wird.)

2.2.12 Anweisungen

Mit Anweisungen (engl. *statements*) geben Sie als Programmierer dem Computer Handlungsanweisungen, die bei imperativen Programmiersprachen entweder Änderungen des Zustands bewirken oder den nächsten auszuführenden Befehl auswählen.

Unter dem Zustand verstehen wir sowohl die Belegung des Speichers als auch Ein- und Ausgabe, zum Beispiel auf dem Bildschirm oder durch Dateien. Während der Speicher direkt durch Zuweisungen manipuliert werden kann, geschieht dies bei der Ein- und Ausgabe meist durch vordefinierte Routinen.

Alle anderen Anweisungsarten in imperativen Sprachen dienen zur Steuerung des Ablaufs des Programms: Bei einem If-Then-Else führt die Auswertung einer Bedingung zur Auswahl des Then- oder des Else-Zweigs; bei einer Schleife legt ebenfalls eine Bedingung fest, ob der Schleifenrumpf nochmals ausgewertet wird. Zu guter Letzt bieten Unterprogrammaufrufe die Möglichkeit, an bestimmte Stellen des Programms zu springen und danach wieder an die Aufrufstelle zurückzukehren.

Nicht in allen Sprachen gibt es eine strikte Trennung zwischen Ausdrücken und Anweisungen, so können zum Beispiel in Java einige Arten von Ausdrücken durch Anfügen eines Semikolons zu Anweisungen werden, zum Beispiel ++x oder x-- . Diese werden *Expression Statements* [Gosling et al., 2020] genannt. Das Ergebnis der Auswertung eines solchen Ausdrucks wird verworfen.

Offensichtlich sind Anweisungen das wichtigste Element einer imperativen Sprache, und demzufolge werden wir uns in allen folgenden Kapiteln mit der Behandlung von Anweisungen beschäftigen. Insbesondere müssen wir uns bei der Codegenerierung überlegen, wie wir die vielfältigen Arten von Anweisungen in die doch sehr beschränkten Möglichkeiten einer Maschinensprache übersetzen.

2.2.13 Unterprogramme

Das namensgebende Merkmal der *prozeduralen Programmierung* ist die Unterteilung von Programmen in Bausteine, die für sich alleine eine bestimmte, klar abgegrenzte Aufgabe übernehmen. Seit ALGOL werden solche Einheiten in der prozeduralen Welt als *Prozeduren* bezeichnet; in den objektorientierten Sprachen entsprechen ihnen die *Methoden*. Der Sonderfall einer Prozedur, die (zusätzlich) einen Wert zurückgibt, wird als *Funktion* bezeichnet. (Je nach Betrachtungswinkel könnte man aber auch eine Prozedur als einen Spezialfall einer Funktion ansehen, die keinen Rückgabewert hat.) Unterprogramme werden definiert und sind daher erst mal als eine syntaktische Einheit zu verstehen.

Beispiel 2.10 (Pascal)

```
procedure begruessung() ;
begin
  writeln("Guten Tag!");
end;
```

Listing 2.11 Beispiel einer Pascal-Prozedur

In dem Beispiel sehen Sie eine Prozedurdefinition mit dem Namen begruessung. In vielen Sprachen ist es aber möglich, sogenannte *anonyme Funktionen* zu definieren, denen kein Name zugeordnet wird. In Java beispielsweise geschieht dies durch sogenannte *Lambda-Funktionen*.

Beispiel 2.11 (Java)

```
List<Integer> liste = Arrays.asList(1,2,3);
liste.forEach((Integer x ) -> System.out.println(x+1));
```

Das Argument von `forEach` ist eine Lambda-Funktion, die einen Wert x vom Typ `Integer` nimmt und x+1 ausdruckt. Diese Funktion hat keinen Rückgabewert.

Im Falle einer nicht anonymen Prozedur, Methode oder Funktion wird ein Bezeichner (in dem Pascal-Beispiel: `begruessung`) an die Prozedurdefinition gebunden. Das bedeutet, dass in dem Programm dieser Bezeichner verwendet werden kann, um die Prozedur aufzurufen und dabei dann die Anweisungen der Prozedur auszuführen (hier nur die `writeln`-Anweisung). Zusätzlich können in einer Prozedur noch Variablen deklariert werden, deren Gültigkeitsbereich dann die Prozedur ist und die dann als *lokale Variablen* bezeichnet werden.

In den meisten Sprachen können Prozedurdefinitionen geschachtelt werden (nicht aber in unserer Beispielsprache SPL).

Der Austausch von Werten zwischen der aufrufenden und der aufgerufenen Prozedur wird über *Parameter* gestaltet:

Beispiel 2.12 (Pascal)

```
procedure inkrementiere( i : Integer; var res : Integer) ;
begin
  res := res + i;
end;
```

Listing 2.12 Pascal-Prozedur mit Parametern

Wird in dem Beispiel die Prozedur mittels `inkrementiere(2, x);` aufgerufen, werden die Argumente 2 und x im Aufruf (man nennt diese auch *aktuelle Parameter*) an die *formalen Parameter* i und res in der Prozedurdefinition gebunden. Wenn dann die Zuweisung im Rumpf von `inkrementiere` ausgeführt wird, hat i den Wert 2. Da der Wert des aktuellen Parameters kopiert und dem Parameter i zugewiesen wird, nennt man diese Art der Parameterübergabe *Call-by-Value* und bezeichnet einen solchen Parameter als *Wertparameter*.

Durch das Schlüsselwort ref vor dem zweiten Parameter wird in SPL angezeigt, dass es sich nicht um einen Wertparameter handeln soll, sondern um einen *Referenzparameter*. Man spricht dann von *Call-by-Reference*. Hierbei wird nicht der Wert des aktuellen Parameters übergeben, sondern seine Adresse im Hauptspeicher, sodass bei Verwendung von res in der Prozedur immer auf die Variable x im aufrufenden Unterprogramm zugegriffen wird. Der aktuelle Parameter muss in diesem Fall immer eine Variable sein. Auch vollständig oder teilweise indizierte Feldzugriffe sind möglich.

Warum wird in dem Beispiel i dem Argument 2 zugeordnet und res dem Argument x? In den meisten Sprachen entspricht die Zuordnung der Reihenfolge der Parameter – das ist ja auch am einfachsten zu verstehen. In einigen Sprachen ist es möglich, optionale Parameter anzugeben oder sogar, wie in C, Parameterlisten mit variabler Länge, worauf wir hier aber nicht detaillierter eingehen wollen.

Sollten Sie zum Beispiel mit Java arbeiten, werden Sie sich wahrscheinlich fragen, wie man dort angibt, ob Parameter Wert- oder Referenzparameter sind.

Java nutzt nur Wertparameter, aber wenn Sie Objekte übergeben wollen, wird lediglich eine Referenz auf das Objekt übergeben.

Funktionen unterscheiden sich von Prozeduren dadurch, dass ein Funktionsaufruf als Ausdruck aufgefasst wird und die Funktion durch eine Rückgabeanweisung (meistens durch das Schlüsselwort return eingeleitet) einen Wert an den Aufrufer zurückgibt.

Was sind nun die Anforderungen an den Compiler bei der Übersetzung von Prozeduren und Prozeduraufrufen? Neben den Prüfungen über die Typen der aktuellen und formalen Parameter ist vor allem die Bereitstellung von Speicherplatz wichtig, der zur Laufzeit die Aufrufargumente und die lokalen Variablen enthält. In Kapitel 7 werden wir betrachten, wie der Compiler berechnet, wie viel Speicher benötigt wird; und in Kapitel 8 sehen wir, welchen Code er erzeugen muss, damit dieser Speicher zur Laufzeit bereitgestellt wird. Des Weiteren müssen natürlich die aktuellen Parameter ausgewertet und an die richtigen Speicherplätze geschrieben werden, sodass der Code der aufgerufenen Prozedur darauf zugreifen kann.

2.3 Die Beispielsprache SPL

Die Beispielsprache, die uns das ganze Buch hindurch begleiten wird, heißt *SPL* (*Simple Programming Language*) und wurde von Hellwig Geisse an der Technischen Hochschule Mittelhessen entwickelt. Wir folgen in diesem Unterkapitel im Wesentlichen [Geisse, SPL – Sprachbeschreibung].

SPL ist eine prozedurale Programmiersprache, die neben Zuweisungen, If-Then-Else- und While-Schleifen auch Prozeduren bietet. Als primitive Datentypen stehen ganze Zahlen und Wahrheitswerte zur Verfügung. Der einzige zusammengesetzte Datentyp sind Felder, die auch mehrdimensional sein können.

Ziel ist es, dass Sie (mithilfe dieses Buchs) einen vollständigen Compiler für SPL entwickeln können, der also alle in Kapitel 1 genannten Phasen durchführt und zum Schluss Assembler-Code ausgibt, der auf einer virtuellen Ziel-Maschine ECO32 [Geisse & Geisse, 2020] ausgeführt werden kann.

Auf den nächsten Seiten werden wir SPL so detailliert beschreiben, dass wir daran in den nächsten Kapiteln die Aufgaben eines Compilers Schritt für Schritt entwickeln können.

Zunächst aber möchten wir Ihnen ein Beispiel vorstellen, das alle Sprachelemente von SPL enthält. Es handelt sich dabei um die Berechnung des größten gemeinsamen Teilers (ggT) – ein Beispiel, das in keinem Informatikbuch fehlen darf.

Beispiel 2.13 (SPL)

```
// ggT.spl
// Autor: Uwe Meyer
// Datum: 16.7.2020
// Der Typ werte stellt die Liste der Eingabewerte dar.
type werte = array [10] of int;
proc init(ref a : werte) {
  var i : int;
  i:=0;
  while (i<10) {
     readi(a[i]);   // Einlesen eines Wertes
     i:=i+1;
  }
}
// ggt berechnet den größten gemeinsamen Teiler
// von a und b und gibt ihn als Ergebnis r zurück.
proc ggt(a: int, b: int, ref r: int) {
  while (a # b) {
    if (a < b) {
      b := b - a;
    } else {
      a := a - b;
    }
```

```
  }
  r := a;
}

// Hauptprogramm
// Eingabe: 10 ganze Zahlen, von denen
// der ggT ausgegeben wird.
proc main() {
  var eingaben : werte;
  var i : int;
  var g : int;
  init(eingaben);
  i:=1;
  g:=eingaben[0];     // wir starten mit dem ersten Wert
  while (i<10) {
    ggt(g, eingaben[i], g);
    i:=i+1;
  }
  printi(g); printc('\n');
}
```

Listing 2.13 SPL-Programm »Größter gemeinsamer Teiler«

Um den Aufbau der einzelnen Elemente von SPL zu beschreiben, werden wir die sogenannte *Backus-Naur-Form* verwenden. Diese werden wir vollständig erst in Kapitel 4, »Syntaxanalyse«, erklären, hier sei nur vorweggenommen, dass konkrete Literale, Operatoren und Schlüsselwörter direkt aufgeschrieben werden, während alle anderen Sprachelemente »in Prosa« beschrieben werden und, um sie kenntlich zu machen, in spitze Klammern gefasst werden.

2.3.1 Trennzeichen

In SPL sind das Leerzeichen, das Tabulatorzeichen und Zeilenumbrüche sogenannter *Whitespace*, der Sprachelemente voneinander trennt, aber keine weitere Bedeutung besitzt.

Das bedeutet, das weder innerhalb eines Literals noch innerhalb eines Schlüsselwortes diese Zeichen auftreten dürfen. Eine Ausnahme bilden nur die Zeichenliterale, die in SPL in einfache Hochkommas gefasst werden.

Das Semikolon wird analog zu Java und C (und vielen weiteren Programmiersprachen) verwendet, um Anweisungen voneinander zu trennen. Dabei handelt es sich beim Semikolon im Gegensatz zum Whitespace aber um ein valides Zeichen.

2.3.2 Kommentare

Kommentare reichen in SPL immer bis ans Ende der Zeile. Blockkommentare, die über mehrere Zeilen gehen können, wie sie in Java und C durch /* ... */ angegeben werden, gibt es in SPL nicht, um die lexikalische Analyse etwas einfacher zu gestalten.

Kommentare beginnen – ebenfalls wie in Java oder C – mit zwei Schrägstrichen //.

Beispiel 2.14

// Hier könnte Ihr Kommentar stehen!

2.3.3 Literale

In SPL können Literale verschiedener Kategorien verwendet werden:

- **Ganze Zahlen im Dezimalsystem ohne Vorzeichen**

  Beispiele: 123 42

- **Ganze Zahlen im Hexadezimalsystem ohne Vorzeichen**

  Hexadezimalzahlen beginnen mit der Vorsilbe 0x, gefolgt von beliebig vielen Hexadezimalziffern (0-9, a, A, b, B, c, C, d, D, e, E, f, F).

  Beispiele: 0xFF00 0xfFF123AA

  Sowohl für Zahlen, die im Dezimalsystem angegeben werden, als auch für Zahlen im Hexadezimalsystem gilt, dass sie durch 32 Bit dargestellt werden und daher im Bereich $[0, 2^{32} - 1]$ liegen müssen. Zahlen außerhalb dieses Bereichs haben ein undefiniertes Verhalten.

- **Zeichen, die in einfache Anführungszeichen eingeschlossen werden** wie

  'a' und ' '.

  Des Weiteren kann man den Zeilenvorschub bei der Ausgabe als Zeichen angeben, indem man '\n' schreibt.

  Zeichen werden in SPL als ganze Zahlen dargestellt, entsprechend ihres ASCII-Wertes.

- **Bezeichner**

  Bezeichner in SPL beginnen mit einem Buchstaben oder einem Unterstrich und bestehen aus beliebig vielen Buchstaben, Zahlen oder Unterstrichen.

Beispiele: x1 Identifier_1 _ZaehlerAnzahlFelder

Die folgenden Schlüsselwörter sind reserviert und dürfen nicht als Bezeichner verwendet werden:

```
array if else while proc type var ref of
```

2.3.4 Typen

SPL besitzt nur zwei primitive Datentypen: int und boolean – Zeichen werden ja, wie eben erläutert, auch als ganze Zahlen dargestellt.

Der Typ int kann benutzt werden, um Variablen von diesem Typ zu deklarieren. Es ist aber nicht möglich, Variablen vom Typ boolean zu deklarieren, da boolean nur als Ergebnistyp bei der Auswertung von booleschen Ausdrücken auftreten darf.

Als einziger zusammengesetzter Datentyp sind Felder zugelassen.

SPL-Felder werden mit dem Schlüsselwort array deklariert, und Sie müssen die Indexgröße und den Basistyp angeben. Die Indexgröße ist eine ganze Zahl. Analog zu Java und C beginnen die Indizes immer mit dem Wert 0.

Mehrdimensionale Felder sind ebenfalls möglich, indem als Basistyp wieder ein Feld angegeben wird.

Beispiel 2.15

```
array [5] of int
array [8] of array [8] of int
```

Es ist in SPL auch möglich, Typen zu definieren – wir werden gleich auch sehen, an welcher Stelle das unbedingt notwendig ist.

Ein neuer Typ kann definiert werden, indem man nach dem Schlüsselwort type einen Bezeichner mit dem Typ gleichsetzt.

Beispiel 2.16

```
type spielfeld = array [8] of array [8] of int;
```

Nach dieser Typdefinition kann spielfeld anstelle von array [8] of array [8] of int benutzt werden.

Die rechte Seite (nach dem Gleichheitszeichen) bezeichnet man als *Typausdruck*.

Beispiele 2.17

```
type feldinhalt = int;
type zeile = array [8] of feldinhalt;
type spielfeld = array [8] of zeile;
```

Durch eine Typdefinition wird ein neuer Typ definiert.

Bei der Einführung in das Konzept der Typen in Programmiersprachen wurde schon ausgeführt, dass an verschiedenen Stellen – wie bei Zuweisungen oder Ausdrücken – der Compiler überprüfen muss, ob die Typen der verschiedenen Bestandteile der Zuweisung bzw. des Ausdrucks »zueinander passen«. Nun könnte man denken, dass das in SPL ja relativ simpel sei, weil es ja nur einen primitiven Datentyp gibt, mit dem man Variablen definieren kann. Das ist leider nicht ganz richtig, weil es ja die Feldtypen gibt und man Variablen eines Feldtyps als Parameter von Prozeduraufrufen benutzen kann, wie wir gleich noch sehen werden.

> **Namensäquivalenz in SPL**
>
> Zwei Typen in SPL sind gleich (äquivalent), wenn sie durch denselben Typausdruck definiert werden. Wie in Abschnitt 2.2.8 ausgeführt wurde, verwendet SPL also Namensäquivalenz.

Beispiel 2.18

```
type vektor = array [10] of int;
type zeile  = array [10] of int;
type spalte = zeile;
```

In SPL sind nur spalte und zeile typäquivalent.

2.3.5 Variablen

In SPL müssen Variablen deklariert werden, bevor sie verwendet werden dürfen. Deklarationen beginnen immer mit dem Schlüsselwort var und stehen der Einfachheit halber immer einzeln. Das heißt, es ist nicht möglich, durch Verwendung des Kommas mehrere Deklarationen aneinanderzureihen. Ebenso ist eine gleichzeitige Definition nicht erlaubt. Nach der zu deklarierenden Variablen folgen ein Doppelpunkt und danach ein Typausdruck.

Wichtig ist, dass es in SPL nur lokale Variablen gibt. Alle Variablendeklarationen müssen innerhalb einer Prozedur stehen, und zwar vor der ersten Anweisung der Prozedur.

Beispiele 2.19

```
var x : int;
var y : int;
var f : array [10] of int;
var v : vektor;
```

Sollte eine Variable von einem Feldtyp sein, kann man auf die einzelnen Elemente zugreifen, indem nach dem Namen der Variablen pro Dimension je ein Indexausdruck folgt, der in eckige Klammern gefasst ist. Jeder Indexausdruck muss vom Typ int sein, andernfalls gibt der Compiler einen Typfehler aus. Zur Laufzeit wird geprüft, ob der Indexausdruck im erlaubten Bereich liegt, also größer oder gleich 0 ist und kleiner als die Indexgröße ist.

Beispiele: f[0] f[x+1]

Lediglich die Übergabe eines Feldes an eine Prozedur als Referenzparameter ist erlaubt. Dabei ist es auch möglich, nur einzelne Dimensionen zu übergeben.

Beispiel 2.20

```
type vektor = array [5] of int;
type matrix = array [5] of int;
proc p(ref v : vektor) { }
proc main() {
   var m : matrix;
   p(m[1]);
   // ok, da m[1] vom Typ vektor ist
}
```

2.3.6 Ausdrücke

Ausdrücke in SPL repräsentieren einen Wert und sind entweder einfache oder zusammengesetzte Ausdrücke.

Einfache Ausdrücke sind ganze Zahlen, Zeichen oder Variablen, die entweder einfache Variablen vom Typ int oder Feldzugriffe sind.

Der Wert eines Zeichens ist sein ASCII-Wert.

Beispiel 2.21

```
42            // ganze Zahl
0xAAFF        // ganze Zahl
'a'           // entspricht 65
x             // einfache Variable
v[0][0]       // indiziertes Feld
v[x+y][3*x]   // indiziertes Feld
v[x>0][0]     // Fehler!
```

Die Verwendung von Feldern ohne vollständige Indizierung ist nur bei Prozeduraufrufen erlaubt, in Ausdrücken jedoch verboten.

Zusammengesetzte Ausdrücke werden mittels der arithmetischen Operatoren +, -, *, / oder durch Klammerung mit runden Klammern gebildet. Dabei ist zu beachten, dass das Minuszeichen auch als einstelliger Operator (unäres Minus) auftreten kann. Es gelten die üblichen Regeln, dass * und / Vorrang haben vor + und -. Tritt das Minus jedoch als einstelliger Operator auf, so besitzt es Vorrang vor * und /.

Beispiel 2.22

```
3*x+y
4 * -1        // ergibt -4
3 * 0x0A      // ergibt 30
1*2+3-4/8     // ergibt 5
-(1-2)        // ergibt +1
```

Die Division ist eine ganzzahlige Division, bei der abgerundet wird. Division durch 0 führt zu einem Laufzeitfehler.

Neben den arithmetischen Operatoren sind in den Bedingungen des If-Then-Else und der While-Schleife auch die relationalen Operatoren <, <=, >, >=, =, # möglich. Das Hash-Zeichen # steht dabei für »ungleich«. Das Ergebnis der Auswertung eines arithmetischen Ausdrucks ist vom Typ int.

Da es keine Konjunktion (*and*) oder Disjunktion (*or*) in SPL gibt, kann in einer Bedingung nur genau ein relationaler Operator auftreten. Das Ergebnis der Auswertung eines relationalen Ausdrucks ist vom Typ boolean.

Beispiel 2.23

```
x > 0
1+2*3 # x+y
1 = 2 > 3         // verboten !
```

Alle zweistelligen Operatoren sind linksassoziativ, lediglich das einstellige Minus ist nicht assoziativ.

Sollten die Operanden nicht vom Typ int sein, ist dies ein Fehler, den der Compiler entdecken muss.

2.3.7 Prozeduren

Durch eine Prozedurdefinition der Form

```
proc <Name> ( <Parameterliste> ) {
   <Variablendeklarationen>
   <Anweisungen>
}
```

wird eine Prozedur definiert und an den Bezeichner <Name> gebunden.

Die Parameterliste kann entweder leer sein oder besteht aus mehreren formalen Parametern, die durch Kommata getrennt sind.

SPL unterstützt sowohl Wert- als auch Referenzparameter:

- **Wertparameter** werden spezifiziert durch den Namen des Parameters, gefolgt von einem Doppelpunkt und dem Typ des Parameters.
- **Referenzparameter** werden durch das führende Schlüsselwort ref kenntlich gemacht.

Die formalen Parameter können innerhalb der Prozedur wie lokale Variablen verwendet werden. Formale Parameter dürfen die gleichen Namen besitzen wie bereits definierte Typen oder Prozeduren, die dann durch den formalen Parameter verdeckt werden, also nicht zugreifbar sind. Die Parameterliste wird aber als Ganzes untersucht, sodass innerhalb der Parameterliste ein Typ nicht verdeckt sein kann, wohl aber bei der nachfolgenden Deklaration der Variablen.

Ist der Typ des formalen Parameters ein zusammengesetzter Typ, so muss es sich um einen Referenzparameter handeln – es ist nicht möglich, ein Feld als Wertparameter zu übergeben.

Die Liste der Variablendeklarationen ist optional. Die in den Variablendeklarationen auftretenden Variablen dürfen nicht den gleichen Namen besitzen wie formale Parameter.

Die Anweisungsliste ist ebenfalls optional – obwohl eine Prozedur ohne Anweisungen natürlich nicht viel Sinn macht.

Beispiel 2.24

```
type vektor = array [10] of int;
proc add ( x : int, y : int, ref ergebnis : int ) {
   ergebnis := x + y;
}
proc vektorAdd ( ref x : vektor,
                 ref y : vektor,
                 ref ergebnis : vektor) {
  var i : int;
  i := 0;
  while ( i <= 10 ) {
    ergebnis[ i ] := x[ i ] + y[ i ];
  }
}
proc fehler1 (vektor : int, ref x : vektor) {
   var v1 : vektor;
   // x hat den Typ vektor, im Prozedurrumpf
   // ist aber der Typ vektor durch den Parameter
   // vektor verdeckt.
}
proc fehler2 ( ref x : vektor ) {
   var x : int;
   // Fehler, weil es bereits einen Parameter namens x gibt
}
```

Listing 2.14 Beispiel für Prozeduraufrufe

2.3.8 Anweisungen

In SPL stehen sechs verschiedene Arten von Anweisungen zur Verfügung:

- *Leere Anweisung*

  Diese Anweisung hat keinen Effekt und besteht nur aus einem Semikolon.

- *Zuweisung*

  Eine Zuweisung besteht syntaktisch aus einer Variablen, dem Token := und einem Ausdruck, gefolgt von einem Semikolon.

  Die Variable auf der linken Seite ist vom Typ int oder ein vollständig indexierter Feldzugriff vom Typ int. Auf der linken Seite können also auch Ausdrücke als Indizes des Feldes auftreten, und diese müssen vor dem Ausdruck auf der rechten Seite ausgewertet werden.

Der Ausdruck auf der rechten Seite muss den gleichen Typ besitzen wie der Ausdruck auf der linken Seite.

Beispiel 2.25

```
var x : int;
var v : array [10] of array [10] of int;
x := 2 + 3 * 5;       // o.k.
v[i][2*j+1] := 0;     // o.k.
x := v;               // Semantischer Fehler
v := v;               // Semantischer Fehler, da v nicht vom Typ int
v[1]:=v[2]            // Semantischer Fehler, da v[1] nicht vom Typ int
```

Bei einer Zuweisung wird zunächst der L-Value der Variablen auf der linken Seite bestimmt, wobei bei Feldzugriffen die Indexausdrücke ausgewertet werden (siehe Abschnitt 2.3.5). Der Speicherstelle mit der errechneten Adresse wird dann der Wert des Ausdrucks auf der rechten Seite zugewiesen.

▶ *Bedingte Anweisung*

In SPL – wie in fast allen anderen Programmiersprachen auch – existieren zwei Varianten der bedingten Anweisung: mit Else-Zweig und ohne.

Betrachten wir zunächst die Variante ohne Else-Zweig: Hinter dem Schlüsselwort if folgt ein in runde Klammern gefasster Ausdruck und danach eine Anweisung:

if (<Ausdruck>) <Anweisung>

Der Ausdruck muss vom Typ boolean sein und wird zur Laufzeit dann entweder zu wahr oder falsch ausgewertet. Wenn der Ausdruck zu wahr ausgewertet wird, wird die Anweisung ausgeführt und ansonsten nicht.

Die Variante mit Else-Zweig ist wie folgt aufgebaut:

if (<Ausdruck>) <Anweisung> else <Anweisung2>

Wird der Ausdruck zu wahr ausgewertet, wird Anweisung ausgeführt und ansonsten Anweisung2.

Dabei ist zu beachten, dass bei geschachtelten bedingten Anweisungen der Else-Zweig immer zum innersten If gehört.

Beispiel 2.26

```
if ( x > 0 )
  if ( y > 0 )
    a := 0;
  else
    a := 1;
```

Die Zuweisung a := 1 wird nur in dem Fall ausgeführt, dass x > 0 ist und nicht y > 0 gilt.

Nun werden Sie sich fragen, wie man mehrere Anweisungen in einem der Zweige angibt. Dies geschieht mit der zusammengesetzten Anweisung, die Sie gleich kennenlernen werden.

▶ *Schleife*

In SPL steht nur eine While-Schleife zur Verfügung, während Sie aus anderen Programmiersprachen sicherlich noch andere Typen wie die For-Schleife oder eine Repeat-Until- bzw. Do-While Schleife kennen. Das ist aber kein Nachteil, weil sich alle diese Arten auf die While-Schleife mit zusätzlichen bedingten Anweisungen zurückführen lassen (siehe die Übungsaufgaben).

Die While-Schleife ist syntaktisch wie folgt aufgebaut:

```
while ( <Ausdruck> ) <Anweisung>
```

Der Ausdruck muss wiederum vom Typ boolean sein. Während der Laufzeit wird zunächst der Ausdruck ausgewertet. Sollte die Auswertung den Wahrheitswert wahr ergeben, wird die Anweisung ausgeführt und danach der Ausdruck nochmals ausgewertet und so fort. Wenn die Auswertung des Ausdrucks den Wahrheitswert falsch ergibt, wird die Programmausführung hinter der Schleife fortgeführt.

Beispiel 2.27

```
while ( i < 100 )
    i := i + 1;
```

▶ *Zusammengesetzte Anweisung*

Mit der zusammengesetzten Anweisung ist es möglich, mehrere Anweisungen syntaktisch wie eine Anweisung zu behandeln.

Die Anweisungen werden dazu in Mengenklammern gefasst.

Beispiel 2.28

```
{ printi(i); i := i + 1; }
```

Vor allem bei bedingten Anweisungen und bei Schleifen sind die zusammengesetzten Anweisungen natürlich sehr nützlich.

Die enthaltenen Anweisungen werden der Reihenfolge nach ausgeführt.

▶ *Prozeduraufruf*

Ein Prozeduraufruf beginnt mit dem Namen der aufzurufenden Prozedur, gefolgt von der Liste der aktuellen Parameter, die in runde Klammern gefasst ist, gefolgt von einem Semikolon.

Die Liste der aktuellen Parameter ist entweder leer oder besteht aus mehreren durch Kommata getrennten Ausdrücken. Die Werte der aktuellen Parameter nennen wir Argumente [Friedman & Wand, 2008]. Da diese Unterscheidung sehr subtil ist, werden die Begriffe »aktueller Parameter« und »Argument« oft synonym verwendet.

Die Anzahl der aktuellen Parameter muss gleich der Anzahl der formalen Parameter sein. Ebenso müssen die Typen der aktuellen Parameter jeweils mit den Typen der entsprechenden formalen Parameter übereinstimmen.

Ist der zugehörige formale Parameter ein Referenzparameter, muss der aktuelle Parameter eine Variable sein.

Es ist möglich, innerhalb einer Prozedur diese auch wieder aufzurufen.

Zur Laufzeit werden die Ausdrücke von links nach rechts ausgewertet, die Parameter übergeben und die Anweisungen der Prozedur ausgeführt. Nach dem Ende der Prozedurausführung wird die auf den Prozeduraufruf folgende Anweisung ausgeführt.

Beispiel 2.29

```
add( x*2, y+1, z);
printi(z);
```

SPL stellt zur Interaktion mit dem Benutzer einige wenige Standardprozeduren zur Verfügung:

Definition	Bedeutung
printi (x : int)	Druckt die Zahl i aus.
printc (i : int)	Druckt das Zeichen mit dem ASCII-Code i.
readi (ref i : int)	Liest eine Zahl ein und weist sie der Variablen i zu.
readc (ref i : int)	Liest ein Zeichen ein und weist ihren ASCII-Code der Variablen i zu.
exit()	Beendet das laufende Programm.

Tabelle 2.2 Vordefinierte SPL-Prozeduren

2.3.9 Das Programm

Ein SPL-Programm besteht aus einer Folge von Typdeklarationen und Prozedurdefinitionen. Bezüglich der Reihenfolge wird lediglich verlangt, dass Typen vor ihrer Verwendung deklariert sind. Für Prozeduren ist dies nicht notwendig und auch nicht immer umsetzbar, da sich ja Prozeduren gegenseitig aufrufen dürfen.

Beim Start eines kompilierten SPL-Programms wird die Prozedur main aufgerufen. Jedes SPL-Programm muss daher eine Prozedur mit diesem Namen enthalten, und diese darf keine Parameter haben. Die Ausführung des Programms beginnt mit der Ausführung der ersten Anweisung der Prozedur main.

2.4 Zusammenfassung

Programmiersprachen stehen seit Mitte der 1950er-Jahre im Zentrum der Informatik. Seitdem sind nicht nur viele Programmiersprachen erfunden worden, sondern auch komplett neue Arten der Programmierung, sogenannte Paradigmen entstanden.

Das prozedurale Paradigma lehnt sich eng an das Von-Neumann-Modell an und hat in der Linie FORTRAN, COBOL – Algol – Pascal / C viele Nachfolger hervorgebracht und auch die objektorientierten Sprachen stark beeinflusst.

Charakteristisch für die prozeduralen Sprachen sind Zuweisung, Verzweigungen (If-Then-Else), Schleifen sowie natürlich Prozeduren und Prozeduraufrufe.

Mit LISP wurde 1960 die erste funktionale Sprache entwickelt, bei der nicht wie bei imperativen Sprachen das *Wie*, sondern das *Was* im Vordergrund stand. Funktionen sind sogenannte »first-class citizens« und können selbst auch Ergebnis und Parameter anderer Funktionen sein, wodurch es möglich ist, sehr kompakte, ausdrucksstarke Programme zu erstellen. In den letzten Jahren haben immer mehr funktionale Konzepte den Weg in imperative Sprachen gefunden, zum Beispiel in Java, Scala und Kotlin.

Logikbasierte Sprachen wie Prolog stellen ebenfalls das *Was* in den Mittelpunkt, drücken aber das zu lösende Problem nicht mithilfe von Funktionen, sondern mit Klauseln aus der Logik aus.

Objektorientierte Sprachen sind im Moment die wahrscheinlich populärsten Sprachen: Sie verwenden – genau wie die prozeduralen Sprachen – die Konzepte der imperativen Sprachen, bieten aber mit Klassen und Objekten eine zusätzliche Strukturierungsebene an.

Die einzelnen Elemente der Programmiersprachen haben wir in Abschnitt 2.2 eingehend untersucht. Dabei kam es darauf an, dass wir eine gemeinsame Benennung dieser einzelnen Konzepte nutzen, aber auch verstehen, wie wir als Compilerbauer mit ihnen umgehen müssen.

SPL, das uns als Beispielsprache für den Compiler dient, ist eine prozedurale Programmiersprache, die auf den Kern der imperativen/prozeduralen Programmierung reduziert ist. Dadurch können wir in ihr sinnvoll programmieren, aber gleichzeitig wird der Compiler nicht durch viele Varianten und Besonderheiten unnötig kompliziert. Unsere Intention ist, anhand von SPL die Grundlagen des Compilerbaus zu erklären und (in Ausschnitten) praktisch zu zeigen.

2.5 Übungsaufgaben

2.5.1 Funktionales Paradigma

1. Aufgabe: Betrachten Sie das LISP-Programm zur Berechnung der Fakultätsfunktion in Listing 2.2. Führen Sie das Programm für den Aufruf (fak 5) per Hand aus, und schreiben Sie auf, welche Berechnungen durchgeführt werden.
2. Aufgabe: In der Fakultätsfunktion wird ein formaler Parameter n verwendet. Überlegen Sie, was der Gültigkeitsbereich (siehe Abschnitt 2.2.6) von n ist. Wie viele »Versionen« von n werden verwendet, wenn Sie (fak 5) aufrufen?

2.5.2 Logikorientiertes Paradigma

3. Aufgabe: Gegeben sei folgendes Prolog-Programm:

```
f(1, E).
f(N, E) :- f(N-1, E * N).
```

Berechnen Sie per Hand die Ergebnisse von f(3,6), f(3, Y) und f(X, 24).

2.5.3 Prozedurales Paradigma

4. Aufgabe: Bei einer While-Schleife wird der Schleifenrumpf gar nicht ausgeführt, wenn die Bedingung nicht wahr ist. Bei der Repeat-Until-Schleife wird der Schleifenrumpf hingegen mindestens einmal ausgeführt, und die Schleife wird verlassen, wenn die Bedingung wahr ist.

   Beispiel:

```
i := 5;
repeat
  printi( i );
  i := i-1;
until ( i <= 0 );
```

   Schreiben Sie das Programm so um, dass es eine While-Schleife verwendet.

5. Aufgabe: Im Allgemeinen sei die Repeat-Until-Schleife syntaktisch definiert durch:

   repeat <Anweisung> until (<Ausdruck>);

   Schreiben Sie dies – analog zu 1. – in eine While-Schleife um.

2.5.4 Gültigkeitsbereiche

6. Aufgabe: Betrachten Sie folgendes Java-Programm. Geben Sie die Zeilennummern der Gültigkeitsbereiche aller vorkommenden Bezeichner an:

```
 1: public class Scopes {
 2:    public int x = 2;
 3:
 4:    public void m1(String x, int y) {
 5:       while (y>0) {
 6:          int z= 2*y+1;
 7:          System.out.println(z);
 8:          y = y - 1;
 9:       }
10:       System.out.println(x);
11:    }
12:
13:    public static void main(String[] args) {
14:       Scopes s = new Scopes();
15:       s.m1("x ist ein String", s.x);
16:    }
17: }
```

2.5.5 SPL

7. Aufgabe: Erstellen Sie eine SPL-Prozedur tausche, die zwei Zahlen vertauscht.
8. Aufgabe: Schreiben Sie ein SPL-Programm, das ein Feld mit 10 Elementen einliest, der Größe nach sortiert und ausgibt.
9. Aufgabe: Schreiben Sie ein Programm, das eine Zahl n einliest und dann *Fakultät(n)* sowohl rekursiv als auch iterativ berechnet.
10. Aufgabe: Implementieren Sie einen Ihnen bekannten Algorithmus zur Sortierung der Werte eines Feldes.

Kapitel 3
Lexikalische Analyse

Elementary, my dear Watson.
– Arthur Conan Doyle

Die Konzepte, die wir in diesem Kapitel einführen werden, sind für den Compilerbau und viele andere Informatikdisziplinen tatsächlich elementar.

3.1 Einleitung

Wir beginnen nun mit der ersten der im ersten Kapitel erläuterten Phasen, der lexikalischen Analyse, in der ein Quelltext in eine für den Compiler einfacher handhabbare Darstellung umgewandelt wird. Dies geschieht mithilfe der sogenannten *Tokens* (siehe Abbildung 3.1). Die Liste der Tokens wird von der nächsten Phase, der Syntaxanalyse, wiederverwendet werden.

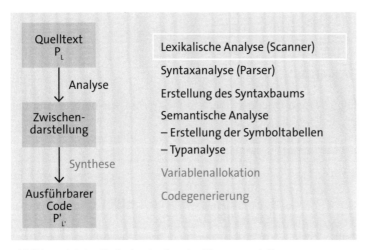

Abbildung 3.1 Lexikalische Analyse im Phasenmodell

Die Komponente des Compilers, die die lexikalische Analyse durchführt, wird *Scanner* genannt.

Ausgehend von einem typischen Quelltext arbeiten wir heraus, welche Aufgaben die lexikalische Analyse erfüllt und welche Ergebnisse sie zur Weiterarbeitung in den nächsten Phasen liefern muss.

Wir werden dabei zwei Arten Scanner kennenlernen: einen individuell programmierten Ad-hoc-Scanner und einen tabellengesteuerten Scanner.

Danach erläutern wir eine Methode, mit der man einen tabellengesteuerten Scanner aus einer Beschreibungssprache für Tokens, den regulären Ausdrücken, generieren kann. Dazu holen wir theoretisch etwas aus und definieren die endlichen Automaten, die genau das Gewünschte leisten: Ein endlicher Automat kann mit dem Thompson-Verfahren und der Potenzmengen-Konstruktion aus einer Liste von regulären Ausdrücken so erstellt werden, dass er genau alle Quelltexte akzeptiert, die sich mit diesen regulären Ausdrücken beschreiben lassen.

Nachdem wir uns die Theorie und Methoden, angereichert mit vielen Beispielen, angeeignet haben, steigen wir ein in die Praxis und werden mit einem frei verfügbaren Werkzeug, einem sogenannten *Scannergenerator*, einen Scanner für SPL erstellen.

Dazu geben wir Ihnen für Flex, einen Scannergenerator für die Sprache C, eine kurze Anleitung, wie Sie diesen benutzen können, ein kleines Beispiel für einen Teil von SPL sowie Tipps, wie man dabei Fehler vermeidet und schnell zum Ziel kommt.

Wer in Java programmiert, kann JFlex verwenden; auch hierfür sehen wir uns die wichtigsten Optionen und Parameter an. Anhand des gleichen Beispiels sehen Sie die Unterschiede zwischen Flex und JFlex.

3.2 Lexikalische Elemente

Betrachten wir in Listing 3.1 einen Quelltext, der ein Programm zur Berechnung der Fakultät in SPL darstellt:

```
proc fakultaet( n : int, ref result : int) {
  if (n=1)
    result :=     1;
  else {
    fakultaet(n-1, result); // rekursiver Aufruf
    result := result * n;
  }
}
proc main() {
```

```
  var i : int;
  i := 7;  fakultaet(i, res);

  printi(res);
}
```

Listing 3.1 Fakultätsprogramm

Was fällt auf, wenn wir das Programm jetzt nicht als Programmierer, sondern in unserer neuen Rolle als Compilerbauer betrachten? Als Programmierer hätten wir sicherlich viel Wert auf gute Lesbarkeit gelegt, zum Beispiel durch Einrückungen. Für Compilerbauer sind solche Aspekte allerdings unwichtig. (Wir wollen hier nicht verschweigen, dass es Programmiersprachen, wie zum Beispiel Haskell, gibt, bei denen falsche Einrückungen Fehler erzeugen – für unsere Betrachtungen in diesem Kapitel ignorieren wir so etwas im Moment.) Ebenso spielen die Zeilenumbrüche oder mehrfache Leerzeichen keine Rolle für den Compiler.

Die erste Beobachtung ist also, dass *Whitespace,* d. h. Leerzeichen, Tabulatoren und Zeilenumbrüche, offensichtlich nur als Trennzeichen zwischen den anderen lexikalischen Elementen dienen.

Das Programm enthält in der Prozedur fakultaet einen Kommentar:

```
// rekursiver Aufruf
```

Offensichtlich ist der Text hinter dem Trennzeichen // bis zum Zeilenende für den Compiler irrelevant, Kommentare können also ebenfalls überlesen werden.

Dann erkennen wir noch vier weitere Kategorien von Text in dem Beispiel:

- *Schlüsselwörter* (engl. *keywords*) wie proc, if, var
- *Operatoren* wie +, -, *, /, =, :=
- *Bezeichner* (engl. *identifier*) wie fakultaet, n, result, int, main
- Zahlen wie die 7 oder andere *Literale* wie in Hochkomma eingeschlossene Zeichen

Die lexikalische Analyse muss den Quelltext also nach Bereinigung um Whitespace und Kommentare in Einheiten zerlegen, die als *Tokens* bezeichnet werden. Diese sind die *konkreten,* erkannten Zeichenketten.

Beispielsweise sind in dem Text if if + *drei* Tokens enthalten – zweimal if und einmal +. Tokens mit gleicher Bedeutung fassen wir zu sogenannten *Tokenklassen* zusammen; in dem Beispiel kommen also *zwei* verschiedene Tokenklassen vor.

Diese Unterscheidung »Token – Tokenklasse« verschwimmt meist im Sprachgebrauch – sie ist aber analog zur Unterscheidung »Werte – Typen« in Programmiersprachen: `"abc"`, `"eins"`, `"zwei"` sind *drei* verschiedene Ausprägungen *eines* Typs, nämlich `String`.

Alle Tokenklassen, insbesondere die Schlüsselwörter und alle Operatoren werden als Konstanten mit möglichst sprechenden Namen definiert:

```
const COLON = 1;      // :
const COMMA = 2;      // ,
const PROC  = 3;      // proc
...
```

Listing 3.2 Beispieldefinitionen für Tokenklassen

Offensichtlich benötigen wir bei Bezeichnern und Literalen nicht nur die Tokenklasse, die zum Beispiel `IDENT` für Bezeichner/Identifier sein könnte, sondern auch den Namen des Bezeichners oder den Wert einer Zahl. Dieser Originaltext, in dem obigen Listing zum Beispiel `result` oder `7`, wird als *Lexem* bezeichnet. Das Token wird dann zusammengesetzt aus der Klasse, wie zum Beispiel `IDENT` oder `INTLIT`, und dem Lexem. In Listing 3.1 könnte dies zum Beispiel `IDENT(result)` sein.

Als Ergebnis der lexikalischen Analyse unseres Beispielprogramms erwarten wir also eine Aneinanderreihung von Tokens wie in Abbildung 1.3 gezeigt.

Es erweist sich als praktisch, zusätzlich zu den Tokens auch noch weitere Attribute, zum Beispiel die Position im Quelltext, also die Zeilen- und die Spaltennummer vorzusehen – dazu lesen Sie mehr in Abschnitt 3.5.

3.3 Reguläre Ausdrücke

Nachdem wir jetzt wissen, welche Ausgabe die lexikalische Analyse erzeugen soll, stellt sich natürlich die Frage nach dem *Wie*.

Zunächst müssen wir dafür den »Zeichenvorrat« als die Menge der zur Verfügung stehenden Symbole festlegen. Analog zu den natürlichen Sprachen bezeichnen wir diesen als *Alphabet*.

> **Definition 3.1: Alphabet**
> Ein Alphabet ist eine endliche Menge von Symbolen.

Beispiel 3.1

Das griechische Alphabet besteht aus den Buchstaben α bis ω.

Wiederum analog zu den natürlichen Sprachen lassen sich aus Symbolen *Wörter* bilden.

> **Definition 3.2: Wort**
>
> Ein *Wort* über einem Alphabet Σ ist eine Aneinanderreihung (Konkatention) von Symbolen des Alphabets Σ.
>
> ε bezeichnet das leere Wort, das heißt das Wort, das aus keinem Symbol besteht.
>
> $|w|$ bezeichnet die *Länge* des Wortes w, das heißt die Anzahl der Symbole, aus denen das Wort besteht.

Beispiel 3.2

Sei $\Sigma = \{0, 1\}$, dann sind 0,1,00,01, 10, ... Wörter über dem Alphabet Σ.

Wir führen nun noch eine nützliche, abkürzende Schreibweise ein für die Menge aller Wörter, die man aus einem Alphabet erzeugen kann:

> **Definition 3.3: Σ^+ und Σ^***
>
> Sei Σ ein Alphabet, dann bezeichnet Σ^+ die Menge aller (nichtleeren) Wörter, die durch Konkatenation von Symbolen aus Σ gebildet werden können.
>
> $\Sigma = \Sigma^+ \cup \{\varepsilon\}$ ist die Menge aller Wörter über Σ inklusive des leeren Wortes.

> **Ein kleiner Ausflug in die diskrete Mathematik**
>
> Natürlich kann man nicht nur Symbole konkatenieren, sondern auch Wörter. Dabei entsteht natürlich durch Konkatenation zweier Wörter aus Σ^+ wieder ein Wort aus Σ^+. Verknüpft man drei Wörter a, b und c miteinander, so ist es egal, ob wir erst a mit b und das Ergebnis dann mit c konkatenieren oder ob wir a mit der Konkatention von b und c verknüpfen: $(ab)c = a(bc) = abc$ (»Konkatenation ist assoziativ.«)
>
> Wie man leicht sieht, kann man ein beliebiges Wort w »von links« und auch »von rechts« mit ε konkatenieren, ohne dass sich das Ergebnis ändert: $\varepsilon w = w\varepsilon = w$ (»ε ist das neutrale Element.«)
>
> Die Mathematiker bezeichnen eine solche Menge mit einer Verknüpfung als Halbgruppe mit neutralem Element oder als *Monoid*.

Nun lässt sich der bisher informell gebrauchte Begriff »Sprache« definieren:

> **Definition 3.4: Sprache**
> Eine *Sprache* ist eine beliebige Menge von Wörtern über einem gegebenen Alphabet.

Diese Definition scheint zunächst unserem Verständnis von natürlichen Sprachen zu widersprechen: Niemand würde behaupten, dass »wilde« Zeichenketten wie »ghzduujek« oder »kdlwjchg« zu einer Sprache gehören, weil wir automatisch mit Sprache die Verwendung »korrekter« Wörter assoziieren. Wir werden gleich aber sehen, dass es nur einer Einschränkung der Definition bedarf, um diese Lücke zu schließen.

Auf diesen Mengen kann man verschiedene Mengenoperationen definieren:

> **Definition 3.5: Operationen auf Sprachen**
> Seien L und M Sprachen. Dann schreiben wir:
> $L \cup M = \{\, w \mid w \in L \text{ oder } w \in M \,\}$
> $LM = \{\, vw \mid v \in L \text{ und } w \in M \,\}$
> $L^i = \{w_1 \ldots w_i | w_i \in L\}, L^0 = \{\varepsilon\}$
> $L^+ = \cup L^i$
> $L^* = L^0 \cup L^+$
> Die Sprache L^* wird nach Stephen Kleene als *kleenesche Hülle* [Kleene, 1956] bezeichnet.

Wie hängen nun diese doch anscheinend eher theoretischen Grundlagen mit der lexikalischen Analyse zusammen? Die Definition einer Sprache beziehungsweise einer Programmiersprache bestimmt auch die Menge aller Wörter, die (aus lexikalischer Sicht) zu dieser Sprache gehören oder eben nicht gehören (analog zur obigen Ausführung).

Somit ist die lexikalische Analyse ein Verfahren, das entscheidet, ob ein Quelltext ein erlaubtes Wort dieser Programmiersprache ist oder nicht. Ein Scanner ist ein Werkzeug, das dieses Verfahren umsetzt, indem er Zeichen für Zeichen den Quelltext liest und versucht, eines der Token zu erkennen.

Abbildung 3.2 zeigt, wie der Scanner arbeiten soll.

Der erste Ansatz könnte nun sein, den Scanner als Java-Klasse oder als C-Funktion »per Hand« zu entwickeln, wie im Folgenden als Pseudo-Code skizziert:

```
public Token getToken() {
   while (whitespace(c)) c=getChar();
   switch (c) {
     case ':' : c=getChar();
            if (c=='=') { c=getChar(); return ASGN; }
              else return COLON;
     case '(' : c=getChar();
            return LPAREN;
     ...
     case isLetter(c) :
            String ident=c;
            while (isLetter(c )) {
               c =getChar();
               ident=ident+c;
            }
            return new Token(IDENT, ident);
     case isDigit(c) :
              ...
}
```

Listing 3.3 Ad-hoc-Scanner

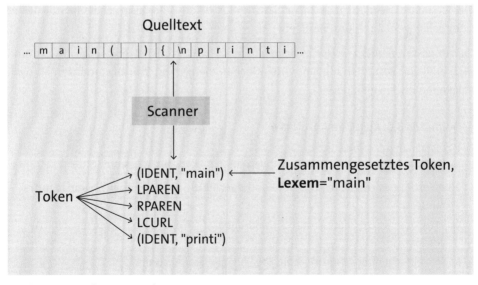

Abbildung 3.2 Arbeitsweise des Scanners

Quelltexte großer Programme können aus Millionen Tokens bestehen, und daher ist die Effizienz des Scanners sehr wichtig für die Geschwindigkeit des vollständigen Compilers – die »naive« Implementierung oben kann daher nur als Startpunkt dienen.

Zusammengesetzte Zeichen wie :=, >=, <= etc. oder Schlüsselwörter müssen Zeichen für Zeichen abgearbeitet werden. Dabei kann oft erst nach dem nächsten Zeichen festgestellt werden, ob das Token schon vollständig erkannt wurde. Beispielsweise kann man bei einem Doppelpunkt erst nach dem nächsten Zeichen entscheiden, ob das Token COLON (Doppelpunkt) ist oder das Token für die Zuweisung, falls dem Doppelpunkt ein Gleichheitszeichen folgt. In dem Fragment oben enthält die Variable c immer das erste Zeichen des nächsten Tokens, anhand dessen dann die Entscheidung getroffen werden kann.

Selbst bei einer einfacheren Programmiersprache wie SPL wird man schnell erkennen, dass ein so erstellter Scanner sehr lang wird und damit natürlich auch fehleranfällig ist. Wir suchen daher einen Mechanismus, der *nicht programmiert* werden muss, sondern *konfiguriert* wird.

Wenn wir das obige Programmfragment betrachten, stellen wir fest, dass neben dem Erkennen einzelner Zeichen (oder Schlüsselwörter), also von Zeichenketten fester Länge, auch Token erkannt werden, die offensichtlich beliebig lang sind und in Listing 3.3 mithilfe der While-Schleifen erkannt werden.

Der gesuchte Mechanismus muss demzufolge beide Fälle, also Zeichenketten fester oder beliebiger Länge, unterstützen.

Dieses leisten *reguläre Ausdrücke* (engl. *regular expressions*). Reguläre Ausdrücke sind eine endliche Beschreibung einer unendlichen Menge von Wörtern und werden nach folgenden Regeln gebildet:

> **Definition 3.6: Reguläre Ausdrücke**
> 1. ε ist ein regulärer Ausdruck.
> 2. Wenn a ein Zeichen aus Σ ist, dann ist a ein *regulärer Ausdruck*.
> 3. Wenn r_1 und r_2 reguläre Ausdrücke sind, dann ist die Konkatenation $r_1 r_2$ ein regulärer Ausdruck.
> 4. Wenn r_1 und r_2 reguläre Ausdrücke sind, dann ist die Auswahl $r_1 \mid r_2$ ein regulärer Ausdruck.
> 5. Sei r ein regulärer Ausdruck, dann ist r^* ein regulärer Ausdruck.

Da reguläre Ausdrücke mittels verschiedener Operatoren (*, | und Konkatenation) miteinander verknüpft werden können, muss man noch definieren, welche dieser Operatoren vor anderen Operatoren angewandt werden, also, wie in Abschnitt 2.2.3 beschrieben, wie die Präzedenzen und Assoziativitäten definiert sind:

Dabei gilt folgende Verabredung:

▶ * hat Vorrang vor den anderen Operatoren.
▶ Die Konkatenation hat Vorrang vor der Alternative |.

Des Weiteren kann man reguläre Ausdrücke klammern.

Beispiel 3.3

Sei $\Sigma = \{x, y\}$, dann ist $r = (x|y)^*xy$ ein regulärer Ausdruck. Vollständig geklammert lautet er: $(((x|y)^*)x)y$.

Dieser reguläre Ausdruck beschreibt alle Wörter, die aus den Zeichen x und y gebildet werden und die mit xy enden.

Beispiel 3.4

proc ist ein regulärer Ausdruck, der das Schlüsselwort proc beschreibt.

Beispiel 3.5

$(0|1|2|3|4|5|6|7|8|9)^*$ ist ein regulärer Ausdruck, der ganze Zahlen oder das leere Wort darstellt.

Das letzte Beispiel zeigt die Notwendigkeit, die Notation zu erweitern, sodass lange Aufzählungen vieler Zeichen vermieden werden können – sonst müssten wir zum Beispiel bei Bezeichnern alle 52 Groß- und Kleinbuchstaben aufzählen!

Solche Abkürzungen gibt es unter anderem im UNIX-Betriebssystem, das bei vielen Kommandos die Möglichkeit bietet, reguläre Ausdrücke anzugeben. So lassen sich zum Beispiel Dateinamen mittels regulärer Ausdrücke angeben (ein Beispiel folgt unten).

Sehr gebräuchlich ist das Programm grep, das mittels regulärer Ausdrücke in Dateien suchen kann. GNU-grep unterstützt sogenannte *Basic Regular Expressions* (BRE) und *Extended Regular Expressions* (ERE):

Notation	Bedeutung
a	Einzelnes Zeichen (a steht hier für ein beliebiges Zeichen.)
rs	Konkatenation zweier regulärer Ausdrücke r und s
r|s	Alternative (r oder s)

Tabelle 3.1 Unix-Notation für reguläre Ausdrücke

Notation	Bedeutung
[abc]	Ein Zeichen aus einer endlichen Menge (a, b, c stehen für drei beliebige Zeichen.)
[a-z]	Ein Zeichen aus dem Bereich von a bis z oder entsprechend für andere Zeichen.
[^abc]	Ein Zeichen, das nicht in der Menge enthalten ist
.	Ein beliebiges Zeichen
r?	Optional (Zeichen kann 0- oder 1-mal vorkommen)
r*	Wiederholung (0-mal, 1-mal oder beliebig oft)
r+	Wiederholung (1-mal oder beliebig oft)
r{n}	Wiederholung (genau *n*-mal)
r{n,}	Wiederholung (mindestens *n*-mal)
r{,n}	Wiederholung (höchstens *n*-mal)
r{m,n}	Wiederholung (mindestens *m*-mal, höchstens *n*-mal)
^	Beginn der Zeile
$	Ende der Zeile
(r)	Gruppierung

Tabelle 3.1 Unix-Notation für reguläre Ausdrücke (Forts.)

Die Zeichen +, ^, $, [,], (,), {, }, *, | und \ haben eine spezielle Bedeutung, wie in Tabelle 3.1 erklärt wurde, und werden *Meta-Symbole* genannt. Um diese Symbole in ihrer Bedeutung als Zeichen zu erkennen, müssen sie »escaped«, d. h. durch Voranstellen eines Backslashs \ markiert werden.

Beispiel 3.6

grep '\\' meinedatei sucht nach einem (!) Backslash als Zeichen in der Datei meinedatei.

Überlegen Sie, warum der Backslash in dem regulären Ausdruck zweimal vorkommt.

Beispiel 3.7

man grep | grep [BE]RE sucht nach BRE oder ERE in der Manpage des Kommandos grep.

Die Mächtigkeit von regulären Ausdrücken zeigt sich besonders bei den Standard-Unix-Kommandos grep, awk und sed, die reguläre Ausdrücke nutzen, um administrative Aufgaben deutlich zu vereinfachen.

Die verschiedenen Shells, wie zum Beispiel die *bash*, verwenden *File Globbing*, eine etwas abweichende Notation, bei der der Stern und das Fragezeichen als Wildcards benutzt werden, um ein oder viele Zeichen zu matchen.

Beispiel 3.8

`ls -l | grep '^d'` listet Detailinformationen zu allen Verzeichnissen auf.

Die regulären Ausdrücke bieten also eine komfortable Methode, um die Tokens einer Programmiersprache zu spezifizieren, und werden daher in den Compilerbau-Werkzeugen verwendet, die Sie gleich kennenlernen werden.

Wir müssen nun noch formal den Bezug zwischen den regulären Ausdrücken und der »Sprache« definieren. Das erlaubt uns dann, genau zu sagen, wann ein Wort (= ein Quelltext) zu einer Sprache (= einer Programmiersprache) gehört:

> **Definition 3.7: Reguläre Sprache**
>
> Sei Σ ein Alphabet und r ein regulärer Ausdruck über Σ. Die durch diesen Ausdruck repräsentierte *reguläre Sprache* $L(r)$ ist eine Teilmenge von Σ^* und ist wie folgt definiert:
>
> Besteht r aus einem Zeichen $a \in \Sigma$, dann ist $L(r) = \{a\}$.
>
> Ist $r = \varepsilon$, dann ist $L(r) = \{\ \}$.
>
> Besteht r aus der Konkatenation von r_1 und r_2, dann ist $L(r) = L(r_1)L(r_2)$.
>
> Ist r eine Alternative $r_1|r_2$, dann ist $L(r) = L(r_1) \cup L(r_2)$.
>
> Ist r eine Wiederholung s^*, dann ist $L(r) = \bigl(L(s)\bigr)^*$.

Wie wir sehen, entspricht der Aufbau der Definition von regulären Sprachen dem Aufbau der Definition von regulären Ausdrücken. Daher können wir nun zu jedem regulären Ausdruck die reguläre Sprache bestimmen.

Beispiel 3.9

$\Sigma = \{0, 1\}, r = (0|1)^*00$.

Um $L(r)$ zu bestimmen, zerlegen wir r in seine Bestandteile gemäß Definition:

$r = r_1 r_2$, wobei $r_1 = (0|1)^*$ und $r_2 = 00$

r_1 wird nun wiederum zerlegt: $r_1 = r_3^*$, wobei $r_3 = (0|1)$.

Dann gilt: $L(r_3) = \{0\} \cup \{1\} = \{0, 1\}$,

$L(r_1) = L(r_3)^* = \{0, 1\}^*$,

$L(r_2) = \{00\}$ und schlussendlich:

$L(r) = L(r_1)L(r_2) = \{0,1\}^*\{00\}$

$L(r)$ enthält also alle Binärzahlen, die aus keiner oder beliebigen vielen Nullen und Einsen bestehen und mit 00 enden.

In den Übungsaufgaben werden Sie einige typische reguläre Ausdrücke erstellen, um Elemente der Programmiersprache SPL abzubilden.

Wir beenden diesen Abschnitt mit zwei immer wieder vorkommenden regulären Ausdrücken:

Beispiel 3.10

`[[a-zA-Z][a-zA-Z0-9]]*` ist ein regulärer Ausdruck für Bezeichner, die mit einem Buchstaben beginnen und danach beliebig viele Buchstaben oder Zahlen enthalten.

Hinweis: Widerstehen Sie der Versuchung, `[a-Z]` zu schreiben! Sehen Sie in der ASCII-Tabelle nach, welche Zeichen zwischen `z` und `A` liegen.

Beispiel 3.11

`[+-]?[0..9]+` ist ein regulärer Ausdruck für die Menge aller Ganzzahlen mit optionalem Vorzeichen.

Für unseren Compiler würde der reguläre Ausdruck aus dem letzten Beispiel allerdings ein Problem darstellen: Der Ausdruck `1-2` würde (ohne weitere Ergänzungen) in zwei Tokens zerlegt, nämlich `INTLIT(1) INTLIT(-2)`. Die folgende Syntaxanalyse würde zwei Integer-Literale hintereinander als Syntaxfehler zurückweisen, weil der Operator fehlt.

Demzufolge ist es ratsam, Integer-Literale immer ohne Vorzeichen zu behandeln und sowohl das Vorzeichen als auch die Operatoren + und − stets als einzelne Token zu erkennen. In beiden Fällen wird die Syntaxanalyse aufgrund des Kontextes erkennen, welche Bedeutung + oder − haben.

Beispiel 3.12

`[0..9]+` ist ein regulärer Ausdruck für die Menge aller Ganzzahlen ohne Vorzeichen.

3.4 Endliche Automaten

»*Endlich, ein Automat*« – der Begriff *endlicher Automat* ist zwar nicht so gemeint, aber tatsächlich war die »Entdeckung« der Automatentheorie und deren Nutzung im Compilerbau ein echter Durchbruch – sozusagen »elementar«, wie Sherlock Holmes sagen würde.

Wie in der Einleitung erläutert, war die Programmierung der ersten Compiler ein sehr aufwendiges Unterfangen, weil eben die Theorie und die daraus entwickelten Werkzeuge noch nicht existierten. In diesem Abschnitt werden wir das Konzept des endlichen Automaten vorstellen und es anwenden, um damit einen Scanner zu erstellen.

Was ist ein endlicher Automat?

Beispiel 3.13

Abbildung 3.3 Beispiel eines endlichen Automaten

Der in Abbildung 3.3 gezeigte Automat ist ein Fahrkartenautomat, an dem Reisende ein Zugticket laufen können.

Initial ist der Automat in einem Zustand, in dem er wartet, bis jemand den Bildschirm berührt. Bei Auswahl des Kommandos »Verbindung suchen« wechselt der Automat wiederum den Zustand und wartet nun auf Auswahl des Zielortes. Nach Bestätigung des Zielortes wird der Benutzer aufgefordert, durch Eingabe von Geldscheinen oder einer Kreditkarte zu bezahlen. Abhängig vom Ergebnis der Prüfung des Geldes oder der Karte wird der Automat danach die Fahrkarte drucken oder den Geldschein bzw. die Karte zurückgeben. Nach dem Druck oder wenn der Nutzer auf die ABBRUCH-Taste drückt, kehrt der Automat in seinen Anfangszustand zurück.

Warum heißt der Automat »endlich«? Die Menge der Zustände (in dem Beispiel »Warten auf Ausweis«, »Warten auf Eingabe«, »Warten auf Geldeingabe« etc.) ist endlich. In unseren Beispielen werden wir nur mit einer kleinen Menge von Zuständen arbeiten, aber in echten Compilern kann die Anzahl der Zustände einige Hundert oder Tausend betragen.

Um einen endlichen Automaten in einem Algorithmus zu verwenden, muss man ihn zunächst modellieren. Das obige Beispiel enthält schon alle Elemente, die wir dafür benötigen:

- eine endliche Menge von Zuständen
- einen Anfangszustand
- eine Menge von Eingabesymbolen (in unserem Beispiel sind dies die Aktionen des Benutzers). Wenn wir uns an den vorigen Abschnitt erinnern, stellen wir fest, dass die Eingabesymbole ein Alphabet bilden!
- einen Zustandsübergang, der abhängig vom aktuellen Zustand und der Eingabe des Benutzers den nächsten Zustand auswählt
- einen oder mehrere Endzustände, die das Ende der Interaktion mit einem Benutzer kennzeichnen.

Im Beispiel des Fahrkartenautomaten haben wir diese Elemente informell beschrieben, was sicherlich etwas unübersichtlich ist. Zur Visualisierung bietet es sich an, den Automaten als *Graphen* (auch *Zustandsübergangsgraph* genannt) darzustellen wie in Abbildung 3.4.

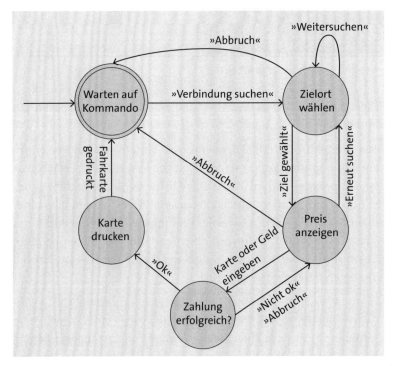

Abbildung 3.4 Darstellung eines Automaten als Graph am Beispiel eines Fahrkartenautomaten

Zur Notation:

- Zustände sind als Kreise dargestellt.
- Der Anfangszustand hat einen eingehenden Pfeil ohne Beginn.
- Zustandsübergänge sind Pfeile zwischen Zuständen. Die Kantenmarkierungen (= Beschriftungen der Pfeile) sind die Eingaben des Benutzers, die dazu führen, dass der Automat von einem Zustand in einen anderen Zustand wechselt. In dem Fall, dass es zwischen zwei Übergängen zwei verschieden beschriftete Kanten gibt, zeichnen wir nur einen Pfeil und versehen diesen mit zwei Beschriftungen.
- Endzustände (hier nur einer) sind durch einen doppelten Rand gekennzeichnet. In unserem Beispiel ist der Anfangszustand auch zugleich Endzustand.

Diese Darstellung erlaubt es, auf einfache Art und Weise die Funktion des Automaten nachzuvollziehen.

3.4.1 Nichtdeterministische Automaten

Formalisieren lässt sich das im vorigen Abschnitt erklärte Konzept durch eine verallgemeinerte Definition:

> **Definition 3.8: Nichtdeterministischer endlicher Automat**
>
> Ein *nichtdeterministischer endlicher Automat* (abgekürzt: NEA) ist ein 5-Tupel $(S, \Sigma, \Delta, s_0, F)$, bestehend aus:
>
> - einer endlichen Zustandsmenge S
> - einem Alphabet Σ
> - einer Übergangsrelation Δ, die einem Zustand und einem Symbol oder ε einen oder mehrere Zustände zuordnet: $\Delta \subseteq S \times (\Sigma \cup \{\varepsilon\}) \times S$
> - einem Anfangszustand $s_0 \in S$
> - einer Menge F von Endzuständen mit $F \subseteq S$

Ein solcher endlicher Automat führt eine Folge von Schritten aus: Ausgehend vom Startzustand werden jeweils einzelne Eingabezeichen oder ε gelesen, und mit ihnen wird gemäß der Übergangsrelation Δ ein nächster Zustand bestimmt. Dort wird wieder das nächste Zeichen oder ε gelesen und so fort.

Wir lassen bei einem NEA auch das leere Wort als Eingabe zu. Was bedeutet das?

Der nichtdeterministische Automat darf mit einer leeren Eingabe (ε) den Zustand wechseln. Bei dem Fahrkartenautomaten wollen wir das natürlich nicht: Stellen Sie sich vor, der Automat würde ohne unser Zutun zum Beispiel von »Zielort suchen« wieder zurück zu »Warten auf Kommando« springen. Die Benutzer wären über einen so erratisch reagierenden Automaten sehr verärgert. Sie werden aber im nächsten Abschnitt sehen, dass es sehr praktisch ist, wenn wir solche ε-Übergänge zulassen.

Des Weiteren fällt auf, dass der Zustandsübergang keine Funktion ist, sondern eine Relation, die von *einem* Zustand mit *einem* Eingabesymbol in *verschiedene* Zustände übergehen kann. In unserem Beispiel würde das bedeuten, dass der Automat beispielsweise von »Zielort suchen« und Eingabe von »Ziel gewählt« nicht nur zu »Preis anzeigen«, sondern auch zu »Warten auf Kommando« springen könnte! Hoffentlich begegnen Sie in der realen Welt nicht Automaten, die so willkürlich mit der Eingabe des Nutzers umgehen!

Schauen wir uns diese Fälle nochmals an den Beispielen aus Abbildung 3.5 und Abbildung 3.6 an:

Beispiel 3.14

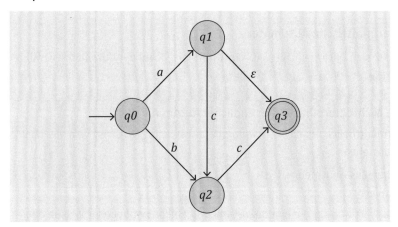

Abbildung 3.5 Nichtdeterministischer endlicher Automat – Fall 1

Im Zustand $q1$ kann der Automat willkürlich durch einen ε-Übergang in den Endzustand $q3$ wechseln.

Beispiel 3.15

Im Zustand $q1$ kann dieser Automat mit einem c sowohl in den Zustand $q2$ als auch in den Zustand $q3$ wechseln.

In beiden Fällen kann der Automat sich mal für den einen und mal für den anderen Übergang entscheiden. Lautet zum Beispiel die Eingabe in Fall 1 ac, so könnte der Automat schon nach dem Lesen des Zeichens a und dem ε-Übergang den Endzustand erreichen. Wenn der Automat aber den ε-Übergang nicht nutzt, würde nach ac der Zustand q2 erreicht, der aber kein Endzustand ist. Die gleiche Eingabe kann also zu verschiedenen Zuständen führen.

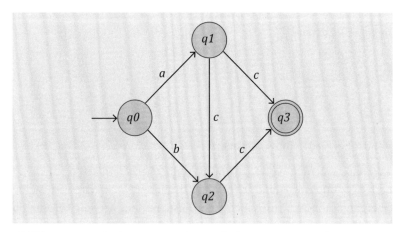

Abbildung 3.6 Nichtdeterministischer endlicher Automat – Fall 2

Wenn es (mindestens) eine mögliche Folge von Zustandsübergängen beginnend mit dem Startzustand gibt, bei der nach dem Lesen des gesamten Eingabeworts ein Endzustand erreicht wurde, dann war der Automat erfolgreich und wir sagen: »Das Eingabewort wurde akzeptiert.«

Wenn nach dem Lesen des gesamten Eingabeworts kein Endzustand erreicht werden konnte, so sagen wir, dass das Wort nicht akzeptiert wurde.

Beispiel 3.16

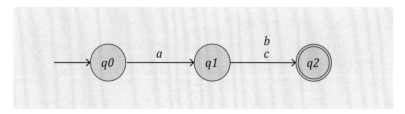

Abbildung 3.7 Beispiel für einen endlichen Automaten

Formal ist der Automat wie folgt definiert:

$A = (S, \Sigma, \Delta, q0, F)$ mit

$S = \{q0, q1, q2\}$

$\Sigma = \{a, b, c\}$

$F = \{q2\}$

Δ ist durch folgende Tabelle definiert:

Zustand	Symbol	Zustand
q0	a	q1
q1	b	q2
q1	c	q2

Alle anderen Zustandsübergänge sind undefiniert.

Dieser Automat erkennt die beiden Wörter ab und ac, weil er nach dem Lesen von *a* und danach einem *b* oder *c* zum Endzustand *q2* gelangt. In diesem Automaten ist Δ eine Funktion und ε-Übergänge kommen auch nicht vor. Diese spezielle Art von Automaten werden wir im übernächsten Abschnitt detailliert untersuchen.

> **Definition 3.9: Sprache**
>
> Ein NEA $A = (S, \Sigma, \Delta, s_0, F)$ *akzeptiert* eine Eingabe $w \in \Sigma^*$ genau dann, wenn ein Pfad $k_0, \ldots, k_n$ mit Kantenmarkierungen $x_1, \ldots, x_n$ im Übergangsgraphen von *A* existiert, sodass:
>
> $k_0 = s_0$ und $k_n \in F$ und $x_1 \ldots x_n = w$
>
> Die Menge aller von *A* akzeptierten Wörter ist die von *A akzeptierte Sprache*.
>
> Die erkannte Sprache des Automaten aus Abbildung 3.7 ist $L = \{ab, ac\}$.

> **Definition 3.10: Äquivalenz von Automaten**
>
> Zwei nichtdeterministische endliche Automaten *A* und *A'* heißen *äquivalent*, wenn sie die gleiche Sprache erkennen, also $L(A) = L(A')$.

Trotzdem ist diese allgemeinere Definition eines NEA sinnvoll, weil sie uns erlaubt, auf elegante Art und Weise endliche Automaten für reguläre Ausdrücke zu erstellen:

1. Für den regulären Ausdruck $r = \varepsilon$ wird folgender NEA erstellt:

2. Für $r = a \in \Sigma$ wird folgender NEA erstellt:

3. Sind r_1 und r_2 reguläre Ausdrücke und $A(r_1)$ und $A(r_2)$ die Automaten für diese, dann wird für $r = r_1 r_2$ folgender NEA erstellt, indem der Endzustand des Automaten $A(r_1)$ mit dem Anfangszustand des Automaten $A(r_2)$ durch einen ε-Übergang verbunden wird:

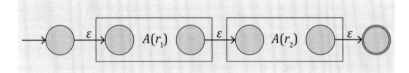

4. Sind r_1 und r_2 reguläre Ausdrücke und $A(r_1)$ und $A(r_2)$ die Automaten für diese, dann wird für $r = r_1 \mid r_2$ folgender NEA erstellt, wobei die Verknüpfung analog zu 3. geschieht:

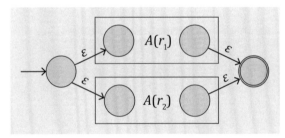

5. Ist r_1 ein regulärer Ausdruck und $A(r_1)$ der Automat für diesen, dann wird für $r = r_1^*$ folgender NEA erstellt, wobei die Verknüpfung analog zu 3. geschieht:

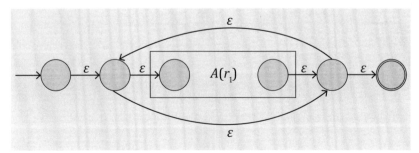

Beachten Sie, dass ein so konstruierter Automat genau einen Endzustand besitzt.

Da wir für jeden möglichen regulären Ausdruck eine Konstruktionsvorschrift angegeben haben, gilt folgender Satz:

> **Satz 3.1**
> Zu jedem regulären Ausdruck r gibt es einen NEA A, sodass gilt:
> $L(r) = L(A)$

Beispiel 3.17

Sei $r = (a|b)^*$. Die Automaten für $r_1 = a$ und $r_2 = b$ können mit der Regel 2 konstruiert werden:

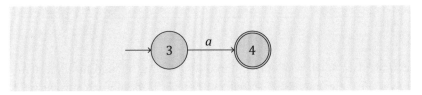

Abbildung 3.8 Beispielkonstruktion mit Thompson-Algorithmus (I)

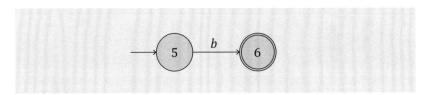

Abbildung 3.9 Beispielkonstruktion mit Thompson-Algorithmus (II)

Mithilfe der Vereinigungsregel 4 ergibt sich der NEA für $(a|b)$:

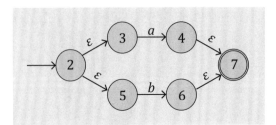

Abbildung 3.10 Beispielkonstruktion mit Thompson-Algorithmus (III)

Und schließlich der NEA für *r* nach Anwendung der Regel 5:

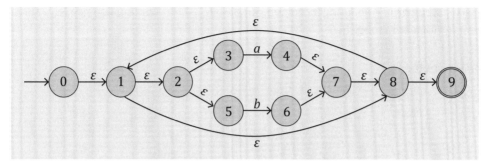

Abbildung 3.11 Beispielkonstruktion mit Thompson-Algorithmus (IV)

Verfahren zur Konstruktion eines NEA zu einem regulären Ausdruck

Zerlege den regulären Ausdruck so lange in seine Bestandteile, bis Regel 1 oder Regel 2 angewandt werden können.

Füge die so erzeugten Automaten mithilfe der Regeln 3, 4 und 5 zusammen.

Dieser Algorithmus, um aus einem regulären Ausdruck einen endlichen Automaten zu erzeugen, der die gleiche Sprache erkennt, heißt *Thompson-Konstruktion* [Thompson, 1968].

3.4.2 Elimination von ε-Übergängen

Betrachten wir den kompletten Automaten aus dem letzten Beispiel, so sehen wir, dass die Thompson-Konstruktion viele ε-Übergänge erzeugt, wenn durch die Regeln 3, 4 und 5 (Teil-)Automaten zusammengefügt werden. Von den 12 Übergängen insgesamt sind 10 ε-Übergänge!

Der Automat aus Abbildung 3.12 erkennt die gleiche Sprache und kommt mit einem einzigen Zustand aus:

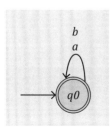

Abbildung 3.12 Äquivalenter Automat zu Abbildung 3.11

Wie aber können wir systematisch ε-Übergänge entfernen?

Betrachten wir in Abbildung 3.13 einen Automaten zur Erkennung von ganzen Zahlen mit optionalem Vorzeichen:

Beispiel 3.18

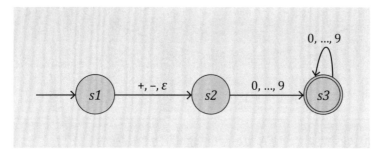

Abbildung 3.13 Automat zur Erkennung von ganzen Zahlen mit optionalem Vorzeichen

Der ε-Übergang von *s1* nach *s2* bedeutet, dass im Zustand *s1* auch direkt eine Ziffer gelesen werden könnte (oder ein Vorzeichen). Das heißt, dass wir eine zusätzliche Kante von *s1* nach *s3* einfügen müssen, die mit 0, ..., 9 beschriftet wird (siehe Abbildung 3.14):

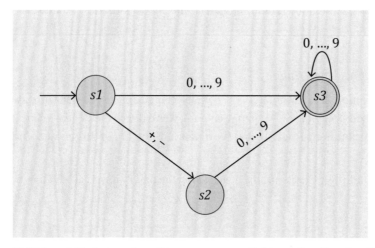

Abbildung 3.14 Automat zur Erkennung ganzer Zahlen mit optionalem Vorzeichen ohne ε-Übergang

Der Algorithmus zum Entfernen der ε-Übergänge funktioniert nach dem Muster, das wir eben in dem Beispiel gesehen haben:

3.4 Endliche Automaten

Algorithmus zum Entfernen von ε-Übergängen [3.1]

Sei $A = (S, \Sigma, \Delta, s_0, F)$ ein nichtdeterministischer endlicher Automat mit ε-Übergängen, dann ist $A' = (S', \Sigma, \Delta', s_0, F')$ ein äquivalenter nichtdeterministischer Automat ohne ε-Übergänge, der wie folgt konstruiert wird:

Setze $S' = S$, $\Delta' = \Delta$, $F' = F$.

Für alle Zustände $p, q, r \in S$, sodass q von p aus mit ε-Übergängen erreichbar ist und ein $z \in \Sigma$ existiert mit $r \in \Delta(q, z)$ gilt, füge (p, z, r) zu Δ' hinzu. (Das heißt, dass ein Zustandsübergang von p zu r mit der Beschriftung z hinzugefügt wird.)

Für alle Zustände $p \in S$, $f \in F$, sodass f von p aus nur mit ε-Übergängen erreichbar ist, füge p zu F' hinzu.

Entferne alle ε-Übergänge und alle dann unerreichbaren Zustände.

Beispiel 3.19

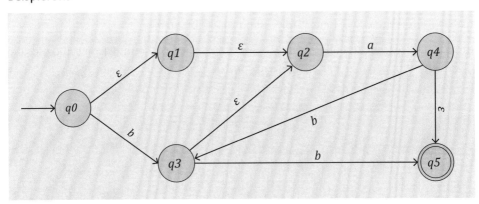

Abbildung 3.15 Beispiel für das Entfernen von ε-Übergängen (I)

In Schritt 1 wird der Automat »kopiert«; In Schritt 2 werden zwei Tripel p, q, r von Zuständen gefunden:

a) $p = q0, q = q2, r = q4$ und $z = a$.

Dann wird ein neuer Übergang von $q0$ nach $q4$ eingefügt mit der Beschriftung a.

b) $p = q3, q = q2, r = q4$ und $z = a$.

Dann wird ein neuer Übergang von $q3$ nach $q4$ eingefügt mit der Beschriftung a.

Es ergibt sich nach Schritt 1 somit der Automat aus Abbildung 3.16:

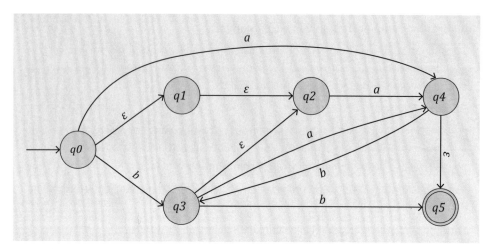

Abbildung 3.16 Beispiel für das Entfernen von ε-Übergängen (II)

In Schritt 3 erkennen wir, dass der Endzustand q5 von q4 mit einem ε-Übergang erreichbar ist. Daher wird q4 ein neuer Endzustand zusätzlich zu q5.

In Schritt 4 werden jetzt alle ε-Übergänge eliminiert. In unserem Beispiel sind dies die Übergänge von q0 zu q1, q1 zu q2, q3 zu q2 und q4 zu q5 und wir erhalten:

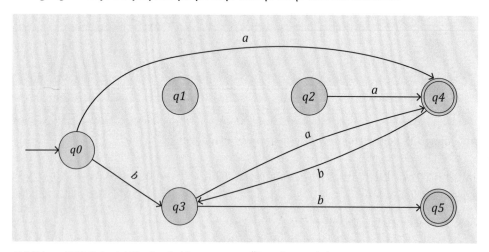

Abbildung 3.17 Beispiel für das Entfernen von ε-Übergängen (III)

Wie man in Abbildung 3.17 sieht, können die Zustände q1 und q2 nicht mehr erreicht werden, weil sie keine eingehenden Kanten mehr besitzen. In Schritt 4 werden daher diese beiden Zustände entfernt (siehe Abbildung 3.18):

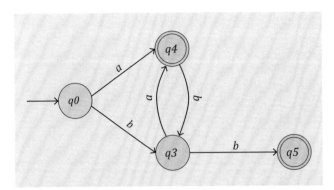

Abbildung 3.18 Beispiel für das Entfernen von ε-Übergängen (IV)

Auch ohne ε-Übergänge kann sich ein Automat willkürlich verhalten. Der Automat aus Abbildung 3.6 kann ja mit einem c von $q1$ sowohl zu $q2$ als auch zu $q3$ gelangen.

3.4.3 Deterministische Automaten

Wenn wir neben den ε-Übergängen auch den Fall 2 aus Abbildung 3.6 eliminieren können, erhalten wir einen endlichen Automaten, der sich nicht mehr willkürlich verhalten kann. Wir sprechen dann von einem *deterministischen endlichen Automaten*:

> **Definition 3.11: Deterministischer endlicher Automat**
>
> Ein *deterministischer endlicher Automat* (abgekürzt: *DEA*) ist ein nichtdeterministischer Automat, bei dem Δ jedem Paar aus einem Zustand und einem Symbol (ohne ε) höchstens einen Zustand zuordnet.
>
> Δ ist dann eine Funktion, $\Delta : S \times \Sigma \to S$.

Gibt es zu jedem nichtdeterministischen endlichen Automaten auch immer einen äquivalenten deterministischen Automaten?

Dana Scott und Michael Rabin haben 1959 [Rabin & Scott, 1959] gezeigt, dass dies tatsächlich möglich ist:

> **Satz 3.2: Satz von Rabin und Scott**
>
> Zu jedem nichtdeterministischen endlichen Automaten A existiert ein äquivalenter deterministischer endlicher Automat A', sodass A und A' die gleiche Sprache akzeptieren.

Der Beweis dieses Satzes liefert gleichzeitig ein Verfahren zur Konstruktion des DEA aus dem NEA. Die grundlegende Idee ist, die Zustände zusammenzufassen, die bei gleichem Eingabesymbol (inkl. ε) zum gleichen Folgezustand führen.

Betrachten wir dazu nochmals den Automaten aus Abbildung 3.6:

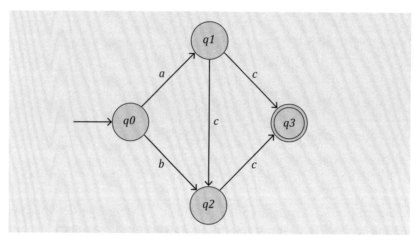

Abbildung 3.19 Nichtdeterministischer endlicher Automat – Fall 2

Vom Zustand $q1$ gelangt man mit einem c zu den Zuständen $q2$ oder $q3$. Der folgende Algorithmus fasst nun diese beiden neuen Zustände zu einer (Teil-)Menge $\{q2, q3\}$ zusammen, sodass ein Zustandsübergang von $\{q1\}$ mit c zu $\{q2, q3\}$ entsteht.

Jetzt müssen wir noch eine Notation einführen für die Menge der Zustände, die man ausgehend von einer Menge von Zuständen T mit einem Eingabesymbol x erreichen kann. Diese Menge nennen wir $move(T, x)$.

> **Definition 3.12: move-Funktion**
>
> Sei T eine Menge von Zuständen und $x \in \Sigma$, dann ist
>
> $move(T, x) = \{\, s \in S \mid \exists t \in T : (t, x, s) \in \Delta \,\}$.

Beispiel 3.20

Für den Automaten in Abbildung 3.19 ist die Funktion $move$ wie folgt definiert:

$move(\{q0\}, a)$ = $\{q1\}$

$move(\{q0\}, b)$ = $\{q2\}$

$move(\{q1\}, c)$ = $\{q2, q3\}$

$move(\{q1, q2\}, c)$ = $\{q2, q3\}$

etc.

Alle möglichen Teilmengen von Zuständen des NEA sind also mögliche Zustände des DEA. Besitzt der NEA n Zustände, so gibt es 2^n Teilmengen. Die Menge aller Teilmengen einer Menge S wird nach Ernst Zermelo *Potenzmenge* genannt und als $\wp(S)$ notiert.

Beispiel 3.21

Sei $S = \{a, b, c\}$, dann ist
$\wp(S) = \{\emptyset, \{a\}, \{b\}, \{c\}, \{a,b\}, \{a,c\}, \{b,c\}, \{a,b,c\}\}$

Der Algorithmus zur Konstruktion eines DEA aus einem NEA wird daher auch *Potenzmengen-Algorithmus* oder *Teilmengen-Algorithmus* genannt.

Um auch ε-Übergänge zu entfernen (Fall 1, Abbildung 3.5), führen wir noch eine Funktion ein, die es uns erlaubt zu bestimmen, welche Zustände man von einem gegebenen Zustand aus nur durch ε-Übergänge erreichen kann.

Dazu führen wir zuerst eine Hilfsdefinition ein:

> **Definition 3.13: ε-Zustandsübergänge**
>
> Seien $s_1, \ldots, s_n \in S$, wobei $n \geq 1$. Dann schreiben wir $s_1 \xrightarrow{\epsilon} \ldots \xrightarrow{\epsilon} s_n$, wenn für alle i von 1 bis $n-1$ gilt: $(s_i, \epsilon, s_{i+1}) \in \Delta$.
>
> Es ist also möglich, nur durch ε-Übergänge von s_1 zu s_n zu gelangen.

> **Definition 3.14: ε-Abschluss**
>
> Sei $s \in S$ ein Zustand, dann ist der ε-Abschluss von s die Menge der Zustände, die man von s aus allein durch ε-Übergänge erreichen kann:
> $\varepsilon\text{-Abschluss}(s) = \left\{s' \in S \mid s' = s \text{ oder } s \xrightarrow{\varepsilon} \ldots \xrightarrow{\varepsilon} s'\right\}$
>
> Sei T eine Menge von Zuständen aus S. Der ε-Abschluss von T ist die Vereinigungsmenge aller ε-Abschlüsse der Elemente von T.
> $$\varepsilon\text{-Abschluss}(T) = \bigcup_{t \in T} \varepsilon\text{-Abschluss}(t)$$

Intuitiv entspricht der ε-Abschluss dem Vorgehen bei der Elimination der ε-Übergänge: Wenn wir einen Zustand erreicht haben, verfolgen wir alle ε-Übergänge von dort aus weiter und merken uns die Zustände, die wir so erreichen können. Sollte es keinen ε-Übergang ausgehend von einem Zustand s geben, so ist der ε-Abschluss$(s) = \{s\}$ – wir »denken« uns also einen ε-Übergang von s zu sich selbst.

Beispielsweise sei der NEA aus Abbildung 3.20 gegeben:

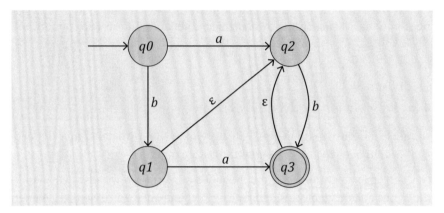

Abbildung 3.20 NEA mit ε-Übergängen

Dann ergibt sich für die ε-Abschlüsse:

ε-Abschluss($q0$) = \{$q0$\}
ε-Abschluss($q1$) = \{$q1, q2$\}
ε-Abschluss($q2$) = \{$q2$\}
ε-Abschluss(\{$q1, q3$\}) = \{$q1, q2, q3$\}

etc.

[3.2] **Potenzmengen-Algorithmus**

Sei $A = (S, \Sigma, \Delta, s_0, F)$ ein nichtdeterministischer endlicher Automat, dann bestimmt der folgende Algorithmus einen äquivalenten deterministischen endlichen Automaten $A' = (S', \Sigma, \Delta', s'_0, F')$:

1. Der neue Startzustand s'_0 ergibt sich aus dem ε-Abschluss des alten Startzustandes:

   $s'_0 := \varepsilon$-Abschluss(s_0)

2. Die neue Zustandsmenge wird initial auf die Menge gesetzt, die nur den neuen Startzustand enthält:

   $S' := \{ s'_0 \}$

3. In einer Schleife werden alle neuen Zustände in S' durchlaufen. Für jedes Eingabesymbol x wird bestimmt, welche Zustände man mit diesem Eingabesymbol und ε-Übergängen erreichen kann:

Wiederhole
  Wähle eine beliebige Teilmenge $T \in S'$
  Für alle $x \in \Sigma$:
  $U := \varepsilon\text{-Abschluss}(move(T, x))$
  Wenn $U \notin S'$, dann setze $S' := S' \cup \{U\}$
  $\Delta'(T, x) := U$
  So lange, bis keine neuen Zustände in S' mehr entstehen.
4. Jeder neue Zustand f', der einen Endzustand f aus dem NEA enthält, wird zu einem Endzustand im DEA:
$F' := \{f' \in S' \mid \exists f \in f' : f \in F\}$

Da f ein Endzustand des nichtdeterministischen Automaten ist, kann dieser dort die bis dahin gelesene Eingabe akzeptieren. Bei der gleichen Eingabe wird der mit diesem Verfahren konstruierte deterministische Automat zu einem neuen Zustand f' kommen, der f enthält. Da beide Automaten die gleiche Sprache erkennen, muss demzufolge dieser Zustand f' auch ein Endzustand des deterministischen Automaten sein.

Beispiel 3.22

Wir betrachten nochmals den Automaten der beiden vorigen Beispiele:

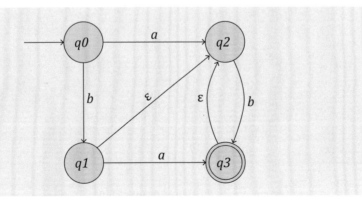

Abbildung 3.21 Nichtdeterministischer Automat

Praktischerweise schreibt man die Zwischenergebnisse nach den Schritten 1 und 2 sowie nach jedem Durchlauf durch die »Wiederhole«-Schleife in einer Tabelle auf:

	T	$x \in \Sigma$	$move(T, x)$	ε-Abschluss($move(T, x)$)
ε-Abschluss(q_0) = {{q_0}}	{q_0}	a	{q_2}	{q_2}
		b	{q_1}	{q_1, q_2}
{{q_0}, {q_2}, {q_1, q_2}}	{q_2}	a	$\emptyset$	$\emptyset$
		b	{q_3}	{q_2, q_3}
{{q_0}, {q_2}, {q_1, q_2}, {q_2, q_3}}	{q_1, q_2}	a	{q_3}	{q_2, q_3}
		b	{q_3}	{q_2, q_3}
{{q_0}, {q_2}, {q_1, q_2}, {q_2, q_3}}	{q_2, q_3}	a	$\emptyset$	$\emptyset$
		b	{q_3}	{q_2, q_3}

Tabelle 3.2 Beispiel für die Anwendung des Potenzmengen-Algorithmus

Bei der Ausführung des Schritts 3 für die Menge {$q2, q3$} ergeben sich keine neuen Teilmengen. Daher terminiert der Algorithmus hier und der DEA besteht aus vier Zuständen: {$q0$}, {$q2$}, {$q1, q2$} und {$q2, q3$}. Die Zustandsübergänge können Sie direkt Tabelle 3.2 entnehmen:

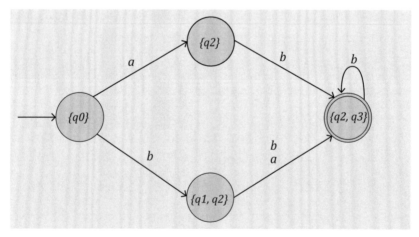

Abbildung 3.22 DEA als Ergebnis des Potenzmengen-Algorithmus

Da $q3$ der einzige Endzustand des NEA war, wird nur der Zustand {$q2, q3$} zum Endzustand des DEA, da nur dieser $q3$ enthält.

Wie kann man sich klarmachen, dass der so erzeugte DEA D und der ursprüngliche NEA äquivalent sind, also die gleiche Sprache erkennen?

Zunächst ist jeder DEA auch ein NEA, weil ja die Zustandsübergangsfunktion bei einem DEA eine Einschränkung der Zustandsübergangsrelation eines NEA ist.

Für den umgekehrten Fall sehen wir an dem Automaten in Abbildung 3.22, dass der konstruierte DEA eben genau die Zustände zusammenfasst, aus denen der NEA »auswählen« kann. Ist N ein NEA, dann kann man per Induktion über die Länge eines Wortes $w \in L(N)$ zusammen mit der Definition der neuen Endzustände zeigen, dass auch der DEA D das Wort w erkennt, also $w \in L(D)$ gilt.

Was bedeutet das nun für die lexikalische Analyse?

Wir beschreiben die Tokens von SPL durch reguläre Ausdrücke und schalten diese mit dem Auswahloperator | *parallel*. SPL enthält 34 verschiedene Token und der Automat, besteht demzufolge aus 34 kleinen Teilautomaten, die jeweils ein Token erkennen und alle mit | verknüpft sind.

3.4.4 Minimierung von DEAs

Wenn wir einen NEA mit n Zuständen betrachten, hat die Potenzmenge der Zustandsmenge 2^n Elemente. Da die leere Menge aber nicht als Zustand vorkommen kann, ist die maximale Zahl an Zuständen $2^n - 1$.

Der nächste Abschnitt aus [Meyer & Fischer, 1971] zeigt ein Beispiel für einen NEA mit drei Zuständen, dessen äquivalente DEAs alle mindestens $2^3 - 1 = 7$ Zustände haben:

Beispiel 3.23

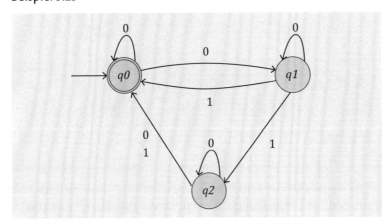

Abbildung 3.23 NEA aus Meyer und Fischer 1971

Der Automat ist so konstruiert, dass vom Zustand q_i mit einer 1 der Zustand q_{i+1} erreicht wird und mit einer 0 wiederum zu q_i, aber auch zu q_0 gesprungen wird. Man kann also den Automaten leicht auf den allgemeinen Fall mit n Zuständen erweitern.

Der Potenzmengen-Algorithmus liefert folgenden DEA:

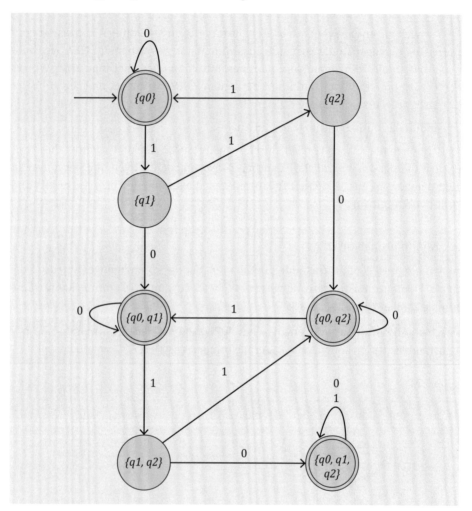

Abbildung 3.24 DEA zum Beispiel von Meyer und Fischer

Stellen wir uns nun SPL vor mit seinen 34 Tokens, die teilweise aus mehreren Eingabezeichen bestehen. Wenn wir darauf den Thompson-Algorithmus anwenden, werden wir vielleicht 100 Zustände erhalten. Die Potenzmenge enthielte dann ungefähr 10^{30} Zustände!

Auch wenn diese Anzahlen in der Praxis nicht vorkommen werden, ist klar, dass wir eine Methode benötigen, um die Menge der Zustände zu verkleinern. Hopcroft [Hopcroft, 1971] gibt einen Algorithmus an, um den DEA mit minimaler Anzahl von Zuständen zu berechnen.

Die Idee des Algorithmus ist, die Zustände zusammenzufassen, die bei gleicher Eingabe zu gleichen Endzuständen führen.

Wenn wir den DEA aus Abbildung 3.25 betrachten, so erkennen wir, dass wir sowohl von $q1$ als auch von $q2$ mit einem a den Endzustand $q3$ erreichen können:

Beispiel 3.24

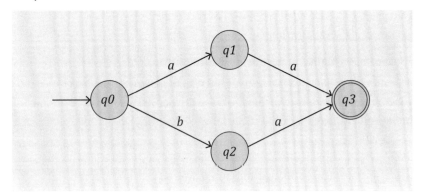

Abbildung 3.25 Beispiel für die Minimierung von Automaten (I)

Wir nennen diese beiden Zustände daher äquivalent und können sie zu einem neuen Zustand $q12$ zusammenfassen:

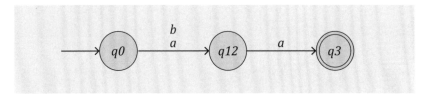

Abbildung 3.26 Beispiel für die Minimierung von Automaten (II)

Der Algorithmus zur Minimierung der Zustände bildet Äquivalenzklassen von Zuständen. Initial sind dies die Endzustände und alle anderen Zustände. Dann arbeitet der Algorithmus iterativ von den Endzuständen in Richtung Anfangszustand, indem er prüft, welche Klassen von diesen Zuständen aus erreichbar sind.

Der Algorithmus benötigt eine totale Zustandsübergangsfunktion, d. h., für jeden Zustand muss es Übergänge für jedes Eingabezeichen geben. Dies erreichen wir, indem wir einen neuen Zustand E (wie *Error*) einfügen und die fehlenden Zustandsübergänge alle zu diesem Zustand leiten.

[3.3] **Algorithmus zur Minimierung von Automaten**

Bestimme alle Paare von Zuständen (q, r) mit $q \neq r$.

Markiere alle Paare (q, r), sodass $q \in F$ und $r \notin F$ oder umgekehrt.

Wiederhole

  Für alle unmarkierten Paare (q, r):

  Wenn es ein $x \in \Sigma$ gibt, sodass $(\Delta(q, x), \Delta(r, x))$ oder $(\Delta(r, x), \Delta(q, x))$

  markiert sind, dann markiere auch das Paar (q, r).

Solange, bis keine neuen Markierungen mehr hinzukommen.

Bilde neue Zustände, indem paarweise nicht disjunkte unmarkierte Zustände verschmolzen werden. Die Zustandsübergänge von und zu den einzelnen Zuständen des verschmolzenen Zustands werden genauso wie die Zustandsübergänge zwischen den übrigen Zuständen übernommen.

Die neuen Endzustände sind alle neuen Zustände (also die Paare), von denen mindestens ein Zustand ein Endzustand im Ausgangsautomaten war.

Beispiel 3.25

Gegeben sei folgender Automat mit totaler Übergangsfunktion:

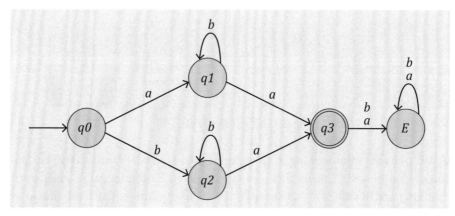

Abbildung 3.27 Beispiel für die Anwendung des Minimierungsalgorithmus (I)

Es empfiehlt sich, eine Tabelle aller Paare aufzustellen, in der man die Markierung eintragen kann. Da Schritt 2 und Schritt 3 symmetrisch bzgl. q und r sind, reicht es, nur eine Hälfte der Tabelle aller möglichen Paare zu betrachten. Die Diagonale bleibt ebenfalls leer, da wir nur Paare verschiedener Zustände betrachten müssen.

In Schritt 2 werden nun alle Paare markiert, von denen ein Zustand Endzustand ist.

	q0	q1	q2	q3	E
q0					
q1					
q2					
q3	x	x	x		
E				x	

In Schritt 3 werden jetzt alle nicht markierten Paare *(q,r)* betrachtet, und für alle Eingabezeichen x wird geprüft, ob das Paar $(\Delta(q,x), \Delta(r,x))$ (oder umgekehrt) bereits markiert ist. Dies ist hier der Fall für *(q0, q1)*, *(q0, q2)*, *(q1, E)* und *(q2, E)*. Zum Beispiel erreicht man von *q0* aus mit einem *a* *q1* und von *q1* aus erreicht man *q3*. Das Paar *(q1, q3)* ist aber bereits markiert, und daher wird auch *(q0, q1)* markiert. Es ergibt sich nach der ersten Wiederhole-Schleife:

	q0	q1	q2	q3	E
q0					
q1	x				
q2	x				
q3	x	x	x		
E		x	x	x	

Da sich in diesem Durchlauf neue Markierungen ergeben haben, gehen wir nochmals alle unmarkierten Markierungen durch. Dabei wird *(q0, E)* markiert, weil mit $\Delta(q0, a) = q1$ und $\Delta(E, a) = E$ das Paar *(q0, E)* bereits markiert ist:

	q0	q1	q2	q3	E
q0					
q1	x				
q2	x				
q3	x	x	x		
E	x	x	x	x	

Im nächsten Schleifendurchlauf ändert sich nichts mehr, sodass Schritt 3 beendet wird. Nur das Paar *(q1, q2)* ist nicht markiert, und diese beiden Zustände werden verschmolzen. Es ergibt sich dann:

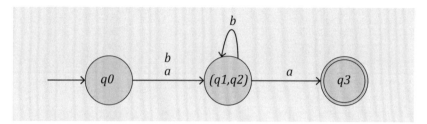

Abbildung 3.28 Beispiel für die Anwendung des Minimierungsalgorithmus (II)

3.5 Scanner-Generatoren

Nachdem wir nun gesehen haben, wie aus einem regulären Ausdruck ein deterministischer Automat abgeleitet werden kann, der die Sprache des Ausdrucks erkennt, wollen wir damit einen Scanner implementieren. Dafür stehen viele Tools zur Verfügung. Wir werden uns Lex bzw. Flex ansehen, die C-Code generieren, und JFlex, das die Java-Alternative zu Flex ist.

3.5.1 Lex bzw. Flex

Bereits in den Anfängen von UNIX zu Beginn der 1970er-Jahre wurde *Lex* entwickelt, um zusammen mit *Yacc* (siehe Kapitel 4) Compiler (bzw. Teile davon) zu generieren. Mit GNU Flex entstand bald eine Open-Source-Variante. Beide Werkzeuge sind miteinander kompatibel. Das Diagramm aus Abbildung 3.29 zeigt die prinzipielle Arbeitsweise von Lex und Flex zur Compile-Zeit:

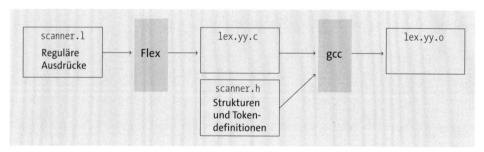

Abbildung 3.29 Lex/Flex zur Compile-Zeit

Benötigt wird zunächst eine Eingabedatei *scanner.l* (der Dateiname ist natürlich frei wählbar), die von Flex verarbeitet wird und aus der ein C-Programm *lex.yy.c* generiert wird (auch hier kann man den Namen frei wählen). Diese C-Datei enthält in Form von Tabellen die Zustände und Zustandsübergänge des DEA und den Algorithmus, der die Eingabe zeichenweise liest und entsprechend der Tabelleneinträge die Zustandsübergänge durchführt.

Diese *.c*-Datei wird zusammen mit einer Include-Datei *scanner.h*, die die Definition der Token enthält, kompiliert.

Zur Laufzeit wird (zum Beispiel von einem `main`-Programm) die Funktion `yylex()`, die den oben beschrieben Algorithmus darstellt, immer wieder aufgerufen, bis das Ende der Eingabedatei erreicht ist (siehe Abbildung 3.30). Endet ein Aufruf von `yylex()` in einem Endzustand, so wurde ein Token erkannt, und dieses kann dann zum Beispiel ausgegeben werden.

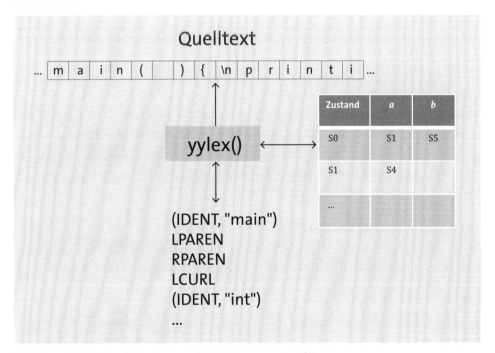

Abbildung 3.30 Ablauf des Scanners bei Nutzung von Lex/Flex

Die Eingabedatei für Flex muss ein bestimmtes Format einhalten, das wie folgt strukturiert ist:

```
Definitionen
%%
Reguläre Ausdrücke mit Aktionen; die Aktionen sind C-Code
%%
Benutzerdefinierter Code und Datenstrukturen, die ebenfalls in die C-Datei
übernommen werden
```

Listing 3.4 Eingabeformat für Lex/Flex

Betrachten wir die Einzelteile der Eingabedatei.

Definitionen

In diesem Abschnitt stehen Hilfsausdrücke oder C-Deklarationen. Hilfsausdrücke sind beispielsweise:

```
LETTER     [A-Za-z_]
DIGIT      [0-9]
```

Diese können dann in den folgenden regulären Ausdrücken als Abkürzungen für Buchstaben (LETTER) und Ziffern (DIGIT) benutzt werden. Hier muss man beachten, dass Flex lediglich den Text ersetzt. Dessen muss man sich bewusst sein, wenn man auf diese Abkürzungen Operatoren (zum Beispiel *) anwendet. So würde der Hilfsausdruck A 0|1 in dem regulären Ausdruck A* zu 0|1* expandiert – gemeint war sicher aber (0|1)*!

Innerhalb von %{ und %} dürfen C-Deklarationen stehen. Hier werden normalerweise INCLUDE-Anweisungen (*stdio.h*, *stdlib.h* etc.) angegeben, zugleich kann man aber auch Initialisierungen durchführen.

Reguläre Ausdrücke und Aktionen

In diesem Abschnitt werden für jedes zu erkennende lexikalische Element der entsprechende reguläre Ausdruck und eine Aktion angegeben, und zwar in der Form:

```
Regex    Aktion
```

Dabei muss der reguläre Ausdruck am Zeilenanfang stehen und die Aktion *muss* in der gleichen Zeile beginnen.

Die zur Verfügung stehenden Möglichkeiten, um reguläre Ausdrücke zu beschreiben, entsprechen Tabelle 3.1, wobei bei Lex/Flex der Punkt das Zeichen Newline (\n) nicht abdeckt. Weitergehende Dokumentation zu Flex finden Sie im *Flex Repository* [Flex Repository, 2020]; Information zu Lex finden Sie auf [Lesk & Schmidt, 2021].

Der von Lex bzw. Flex generierte Scanner versucht, den Eingabetext durch einen der regulären Ausdrücke zu erkennen. Dabei wird folgendermaßen vorgegangen: Wird mehr als ein regulärer Ausdruck gefunden, auf den der Eingabetext passt, so wird derjenige ausgewählt, der den größten Teil des Eingabetextes erkennt. Wie in Abschnitt 3.4.3 erklärt wurde, wird aus der »Parallelschaltung« aller regulären Ausdrücke ein NEA und dann ein DEA erzeugt.

Erreicht der DEA einen Endzustand, so merkt sich der DEA den bisher erkannten Text und den erreichten Endzustand. Dann wird aber der Text weitergelesen. Gibt es für das nächste Zeichen keinen Übergang mehr, ist das Token das längstmögliche und wurde vollständig erkannt. Das gelesene Zeichen ist dann das erste Zeichen des nächsten Tokens. (Der Automat beginnt damit wieder von vorn.)

Gibt es jedoch einen Übergang und kommen wir eventuell nach dem Lesen weiterer Zeichen zu einem neuen Endzustand, so haben wir ein längeres Token gefunden.

Der Scanner-Generator merkt sich zu jedem regulären (Teil-)Ausdruck den Endzustand, und ein Endzustand im DEA entspricht ja einer Menge von Zuständen im NEA, die mindestens einen Endzustand des NEA enthält. Der Endzustand, den sich der DEA zuletzt gemerkt hat, kann also mindestens einem regulären Ausdruck zugeordnet werden. Wir wissen damit also, welche der regulären Ausdrücke den größtmöglichen Teil des Eingabetextes abgedeckt haben.

Sollten zwei oder mehr reguläre Ausdrücke gleich lange Teile erkennen, wird von diesen derjenige reguläre Ausdruck ausgewählt, der in der Datei, in der die regulären Ausdrücke aufgeführt sind, vor den anderen steht.

Die Reihenfolge der regulären Ausdrücke ist also wichtig. Insbesondere muss man sicherstellen, dass Schlüsselwörter nicht als Bezeichner erkannt werden – dies erreicht man, indem man die regulären Ausdrücke für die Schlüsselwörter *vor* den Ausdruck für die Bezeichner stellt.

Beispiel 3.26

In SPL sind : und := zwei verschiedene Token (das erste steht für den Doppelpunkt, der Variablen und Parameter vom Typ trennt, das zweite dient als Zeichen für eine Zuweisung). Der NEA zur Erkennung der beiden entsprechenden regulären Ausdrücke nach dem Thompson-Algorithmus ist:

3 Lexikalische Analyse

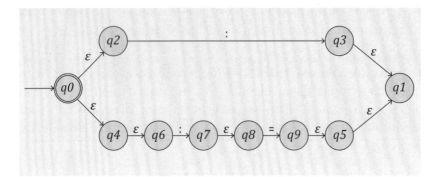

Abbildung 3.31 NEA für die Erkennung von : und :=

Der Scanner-Generator merkt sich also $q3$ als Endzustand des Teilautomaten zur Erkennung des Doppelpunktes und $q5$ für das Zuweisungszeichen.

Im DEA gibt es nur noch drei Zustände, die wir der Einfachheit mit den Nummern der zusammengefassten Zustände benennen:

Abbildung 3.32 DEA für die Erkennung von : und :=

Bei Eingabe von :int endet die Erkennung nach dem Doppelpunkt im Zustand $q1378$, der aber den NEA-Endzustand $q3$ des oberen Teilautomaten enthält, zu dem wir uns den regulären Ausdruck : gemerkt hatten. Bei Eingabe von :=x erreicht der DEA aber nach dem Lesen der ersten beiden Zeichen den Endzustand $q159$ und »weiß« daher, dass das Token := erkannt wurde.

Der Scannergenerator wandelt also die mit | verknüpften regulären Ausdrücke in einen deterministischen endlichen Automaten, der wiederum den oben skizzierten Algorithmus verwendet, um das »richtige« Token zu erkennen.

Für die Weiterverarbeitung der Tokens müssen wir diese strukturiert zurückgeben:

▶ Die Tokenklasse wird, wie schon in Abschnitt 3.2 erläutert, als Konstante vereinbart, und die Klasse des erkannten Tokens wird als Rückgabewert von yylex() angegeben.

▶ Das Lexem, also die erkannte Zeichenkette, wird von Lex/Flex in der Variablen yytext bereitgestellt; die Länge von yytext ist als Variable yyleng verfügbar.

- Für alle zusätzlichen Attribute, zum Beispiel die Zeilennummern, wird eine Variable yylval bereitgestellt.

Wie werden diese nun verwendet?

Wenn der Scanner ein Token erkannt hat, wird zusätzlich der erkannte Eingabetext automatisch in die Variable yytext kopiert.

Der Datentyp von yytext kann vom Benutzer durch Optionen in der Flex-Eingabedatei definiert werden: Wird als Option %pointer (das ist auch gleichzeitig der Default) angegeben, ist yytext vom Typ char*. Wird hingegen %array angegeben, so ist yytext ein Character-Array der Länge YYLMAX. YYLMAX ist laut Flex-Manual »fairly large«, und man kann den Wert im ersten Abschnitt mit einem define ändern. Trotzdem könnte natürlich ein Buffer-Overflow auftreten, und das Kopieren eines Zeigers geht auch schneller als das Kopieren aller Zeichen. Daher empfiehlt es sich, den Default nicht zu ändern und mit yytext als char* zu arbeiten. Zu beachten ist, dass bei Benutzung von %pointer der Inhalt von yytext bei Ausführung der nächsten Aktion überschrieben wird. Im folgenden längeren Beispiel werden wir sehen, wie dies aussehen kann.

Falls kein regulärer Ausdruck den Eingabetext erkennt, wird eine Standardregel angewandt: Das erste Zeichen wird auf die Standardausgabe (stdout) geschrieben. Dieses Verhalten ist einem Compiler in den meisten Fällen wahrscheinlich unbrauchbar, weil der Compiler stattdessen eine Fehlermeldung ausgeben sollte. Daher empfiehlt es sich, als letzte Regel Folgendes einzufügen:

```
. { illegalCharacter(lineNumber, yytext[0]); }
```

Listing 3.5 Flex-Regel zur Ausgabe einer Fehlermeldung bei unbekannten Zeichen

Dabei ist illegalCharacter() eine vom Compilerbauer zu erstellende Funktion, die eine Fehlermeldung ausgibt und mit einem definierten exit-Code den Compiler beendet:

```
void illegalCharacter(int line, char character) {
  fprintf(stderr, "An error occured:\n");
  fprintf(stderr, "Line: %d, "Illegal character 0x%02x", line,
          (unsigned char) character);
  exit(100);  // oder ein beliebiger anderer exit-Code
}
```

Listing 3.6 C-Funktion für Fehlermeldungen in der lexikalischen Analyse

Eine Aktion bezieht sich auf einen regulären Ausdruck und wird ausgeführt, wenn der reguläre Ausdruck einen Teil des Eingabetextes erkannt hat.

Aktionen sind beliebige C-Anweisungen. Bei nur einer Anweisung benötigt man zwar streng genommen keine Mengenklammern, es ist aber übersichtlicher und weniger fehleranfällig, welche zu setzen. Üblicherweise enthalten die Aktionen `return`-Anweisungen, um den Rückgabewert der Funktion `yylex()` zu definieren.

Daneben gibt es eine Reihe von besonderen Anweisungen, die innerhalb von Aktionen benutzt werden können – im Normalfall sollte es aber nicht notwendig sein, diese einzusetzen. Die wichtigsten sind:

> **Besondere Flex-Anweisungen**
> - `yyterminate()` – Beendet den Scanner und liefert 0 zurück.
> - `input()` – Liest das nächste Zeichen.
> - `unput(c)` – Legt das Zeichen `c` zurück in die Eingabe. Das nächste danach gelesene Zeichen ist `c`.
> - `ECHO` – Kopiert `yytext` auf `stdout`.
> - `REJECT` – Statt dieser Regel wird die zweitbeste Regel angewandt.

Benutzerdefinierter Code (User-Code)

Dieser Teil ist optional. Wenn er vorhanden ist, wird sein Inhalt 1:1 in den generierten Scanner kopiert.

Im Folgenden verraten wir noch ein paar Tipps und Tricks für den Umgang mit Flex.

Beim Erzeugen des Scanners können sehr unerwartet Fehlermeldungen auftreten, die man aber leicht beheben kann:

- »`yywrap` undefined«

  `yywrap` ist eine Funktion, mit der man steuern kann, ob nach dem Dateiende eine weitere Datei gelesen werden soll. Da wir das für unseren Compiler nicht benötigen, setzen wir im ersten Abschnitt »Definitionen« die Option `%noyywrap`.

- »Implicit declaration of `isatty`«

  Die Funktion `isatty` (»is a TTY«) wird im Scanner benutzt, aber nicht deklariert. Hier hilft die Option:

  `%option never-interactive`

- Zeilen- und Spaltennummern

  Unser Compiler sollte bei Fehlermeldungen die Zeilen- und die Spaltennummern der Position des Fehlers angeben. Das ist leider in Flex nicht so einfach, weil Flex nur die Möglichkeit lässt, selbst die Zeilen und Spalten mitzuzählen. Bei Zeilen ist das einfach, indem wir in der Aktion für den regulären Ausdruck, der Zeilenumbrüche erkennt, eine globale int-Variable wie zum Beispiel lineNo jedes Mal um eins erhöhen:

```
\n       { lineNo++; }
```

Um die Spaltennummern mitzuzählen, müsste man eine weitere globale Variable wie zum Beispiel charNo einführen, jeweils um die Länge des erkannten Textes erhöhen und bei einem Zeilenumbruch wieder auf 0 setzen:

```
\n       { lineNo++; charNo=0; }
{DIGIT}+ { charNo += yyleng; ... }
...
```

- Kommentare sind in C-Syntax mit /* und */ möglich. Zu beachten ist dabei, dass in dem Abschnitt der regulären Ausdrücke Kommentare nicht am Zeilenanfang stehen dürfen, da sie sonst ja als reguläre Ausdrücke interpretiert würden.

In Listing 3.7 und Listing 3.8 finden Sie als Beispiel einen Ausschnitt aus dem Scanner für SPL:

```
%{
/*
 * scanner.flex -- SPL-Scanner (Ausschnitt)
 */
#define YY_NO_UNISTD_H
#include <stdio.h>
#include <stdlib.h>
#include <string.h>
#include "scanner.h"
YYSTYPE yylval;
static int lineNumber = 1;
void illegalCharacter(int line, char character) {
    printf("Illegal character 0x%02x in line %d", (unsigned char) character,
           line);
}
%}

%option noyywrap
%option never-interactive
%%
\/\/.*      {
              /* Kommentar überlesen */
            }
[\ \t\r]    {
```

```
                        /* Whitespace überlesen */
                    }
\n                  {
                        /* Zeilenumbruch: lineNo erhöhen */
                        lineNo++;
                    }
array               {
                        yylval.noVal.line = lineNo;
                        return ARRAY;
                    }
\(                  {
                        yylval.noVal.line = lineNo;
                        return LPAREN;
                    }
[A-Za-z_][A-Za-z0-9_]*      {
                        yylval.stringVal.line = lineNo;
                        yylval.stringVal.val =
                          (char *) malloc(strlen(yytext) + 1);
                        strcpy(yylval.stringVal.val, yytext);
                        return IDENT;
                    }
[0-9]+              {
                        yylval.intVal.line = lineNo;
                        yylval.intVal.val = strtol(yytext, NULL, 10);
                        return INTLIT;
                    }
.                   {
                            illegalCharacter(lineNo, yytext[0]);
                    }
%%
void main(argc, argv)
int argc;
char **argv;
{
  int token;
  if (argc>1)
    yyin = fopen(argv[1], "r");
  else
      yyin = stdin;
  if (yyin == NULL)  fprintf(stderr, "cannot open input file");
  else
```

```
    do {
      token = yylex();
      switch (token) {
        case ARRAY  :
            printf("ARRAY in line %d\n", yylval.noVal.line); break;
         case LPAREN :
            printf("LPAREN in line %d\n", yylval.noVal.line);
            break;
        case IDENT  :
            printf("IDENT %s in line %d\n", yylval.stringVal.val,
                   yylval.stringVal.line);
            break;
         case INTLIT :
             printf("INTLIT %d in line %d\n", yylval.intVal.val,
                yylval.intVal.line);
             break;
      }
    } while (token != 0);
  fclose(yyin);
}
```

Listing 3.7 Auszug aus der Flex-Datei für SPL

Dazu gehört noch die Include-Datei *scanner.h*:

```
typedef struct {
  int line;
} NoVal;
typedef struct {
  int line;
  int val;
} IntVal;
typedef struct {
  int line;
  char *val;
} StringVal;
typedef union
{
  NoVal noVal;
  IntVal intVal;
  StringVal stringVal;
} YYSTYPE;
```

```
#define    ARRAY    1
#define    LPAREN   17
#define    IDENT    27
#define    INTLIT   28
```

Listing 3.8 Include-Datei für Flex

In den Listings sehen Sie, dass bei zusammengesetzten Tokens die schon erwähnte, aber noch nicht erklärte Variable yylval verwendet wird.

Zu Beginn dieses Abschnitts hatten wir über einfache Token (wie zum Beispiel die Schlüsselwörter) und über zusammengesetzte Token für Bezeichner und Zahlen gesprochen. In den Aktionen sieht man, dass Lex/Flex zwei verschiedene Modi benutzen:

- Mithilfe der return-Anweisung wird – entsprechend der Signatur der Funktion yylex() – ein int zurückgegeben. Die möglichen Werte dafür werden am Ende der Include-Datei mit define definiert und sind die erwähnten Konstanten für die Tokenklassen.

- Zusätzlich wird in der Variable yylval die Zeilennummer und bei zusammengesetzten Tokens der Wert gespeichert. yylval ist vom Typ YYSTYPE, der ebenfalls in *scanner.h* definiert wird. YYSTYPE ist eine Union von den drei Strukturen NoVal, IntVal und StringVal. Wird durch den regulären Ausdruck [0-9]+ eine Zahl erkannt, wird der in yytext enthaltene Text mit der Standardfunktion strtoi() in eine Zahl umgewandelt und in der IntVal-Struktur abgelegt.

  Wird ein Bezeichner erkannt, wird mit malloc() dynamisch Speicherplatz angelegt und ein Zeiger auf den kopierten Text in StringVal abgelegt.

In der main()-Funktion wird ein File-Pointer namens yyin definiert und für lesende Zugriffe mit fopen() geöffnet. Der generierte Scanner liest als Default von diesem File-Pointer.

3.5.2 JFlex

JFlex ist die Java-Variante von Flex und erzeugt daher keinen C-Code, sondern Java-Code.

Die prinzipielle Arbeitsweise von JFlex unterscheidet sich nicht von der von Lex/Flex, jedoch gibt es einige Abweichungen beim Format, den Optionen und den Aktionen. Auf diese Punkte werden wir daher in diesem Abschnitt eingehen.

Das Eingabeformat von JFlex besteht ebenfalls aus drei Abschnitten:

```
Abschnitt 1
%%
Abschnitt 2
%%
Abschnitt 3:
Reg. Ausdruck AKTION
. .
. .
. .
Reg. Ausdruck AKTION
```

Abschnitt 1 enthält Java-Definitionen, die 1:1 in den generierten Scanner kopiert werden. Typischerweise beginnt dieser Abschnitt mit einer `package`-Definition, gefolgt von `import`-Anweisungen:

```
package compiler.scanner;
import java.cup.runtime.*;
...
```

Abschnitt 2 enthält Optionen und Java-Methoden, die ebenfalls in den generierten Code übernommen werden.

Die wichtigsten Optionen sind:

- `%class <Klassenname>` – Definiert den Namen der Java-Klasse, die JFlex generiert.
- `%public` – Die generierte Datei soll `public` sein.
- `%line` – JFlex soll Zeilennummern mitzählen. Die aktuelle Zeilennummer wird in der Variablen `yyline` gespeichert.
- `%column` – JFlex soll Spaltennummern mitzählen. Die aktuelle Spaltennummer wird in der Variablen `yycolumn` gespeichert.
- `%type` – Definiert den Typ des Rückgabewerts des Scanners.
- `%eofval{ ... %eofval}` – In den Mengenklammern wird die Aktion definiert, die ausgeführt werden soll, wenn der Scanner das Ende der Eingabedatei erreicht hat.

Im dritten Abschnitt schließlich werden analog zu Lex/Flex die regulären Ausdrücke und die Aktionen spezifiziert. Dabei ist zu beachten, dass die Mengenklammern hier immer stehen müssen.

Das analoge Beispiel zu Listing 3.7 lautet für JFlex wie folgt:

```
package compiler.scanner;
import compiler.utils.CompilerError;
import compiler.scanner.Symbol;
%%
%class Scanner
%public
%line
%column
%type Symbol
%eofval{
    return symbol(Sym.EOF);
%eofval}
%{
    private Symbol symbol(int type) {
      return new Symbol(type, yyline + 1, yycolumn + 1);
    }
    private Symbol symbol(int type, Object value) {
      return  new Symbol(type, yyline + 1, yycolumn + 1, value);
    }
%}
%%
\s      {}        // Whitespace ignorieren
\/\/.*  {}        // Kommentare (zwei Backslashes) bis zum Zeilenende ignorieren
array   {return symbol(Sym.ARRAY);}
\(      {return symbol(Sym.LPAREN);}
[a-zA-Z_][a-zA-Z_0-9]* {return symbol(Sym.IDENT, yytext());}
[0-9]+              {return symbol(Sym.INTLIT,
                                   Integer.parseInt(yytext()));}
[^]     { throw CompilerError.IllegalCharacter(yyline + 1, yycolumn + 1,
                                    yytext().charAt(0)); }
```

Listing 3.9 Auszug aus der JFlex-Spezifikation für den SPL-Scanner

Der Scanner wird durch

`java -jar ~/lib/jflex-full-1.8.1.jar spl0.jflex`

generiert. Dabei müssen Sie natürlich den Pfad und den Namen des *.jar*-Files anpassen.

Die Hilfsklasse Sym enthält lediglich die Aufzählung der Tokenklassen:

```
package compiler.scanner;
public interface Sym {
  public static final int EOF    = 0;
  public static final int ARRAY  = 4;
  public static final int LPAREN = 8;
  public static final int IDENT  = 27;
  public static final int INTLIT = 28;
  ...
}
```

Listing 3.10 Auszug aus der Hilfsklasse »Sym« für den SPL-Scanner

Für die Rückgabe der Token steht unter Java natürlich ein objektorientierter Weg zur Verfügung: Die Klasse Symbol (diese ist mittels %type in der JFlex-Datei als Typ des Rückgabewertes angegeben!) enthält alle notwendigen Attribute als Member. In C hatten wir dafür YYSTYPE genutzt und diesen Typ als Union definiert.

Symbol definieren wir entsprechend mit zwei Konstruktoren, sodass wir entweder nur ein einzelnes Token vom Typ int oder ein aus einem int und einem Object zusammengesetztes Token übergeben können. Zusätzlich werden bei beiden noch Zeilen- und Spaltennummern übertragen.

Um die Weitergabe der Zeilen- und Spaltennummern yyline und yycolumn nicht doppelt machen zu müssen, sind in Listing 3.9 in Abschnitt 2 zwei Methoden definiert, die die entsprechenden Konstruktoren aufrufen und yyline und yycolumn mitübergeben. Da JFlex bei 0 zu zählen beginnt, addieren wir jeweils 1 dazu.

```
package compiler.scanner;
public class Symbol {
  public int sym;
  public int left;
  public int right;
  public Object value;
  public Symbol(int sym, int left, int right){
    this.sym = sym;
    this.left = left;
    this.right = right;
    this.value = null;
  }
  public Symbol(int sym, int left, int right, Object value){
    this.sym = sym;
    this.left = left;
```

```
    this.right = right;
    this.value = value;
  }
}
```

Listing 3.11 Die Hilfsklasse »Symbol« für den SPL-Scanner

Die Erstellung der beiden Hilfsklassen Sym und Symbol erscheint Ihnen wahrscheinlich mühsam, da der Code keinerlei Logik enthält. Im nächsten Kapitel werden Sie sehen, dass es bei Verwendung eines Parsergenerators für die Syntaxanalyse auch gar nicht notwendig ist, die beiden Klassen zu erstellen, da Sym automatisch generiert wird und Symbol in der Bibliothek des Parsergenerators vordefiniert ist.

Mit dem Hauptprogramm aus Listing 3.12 kann man den Scanner ausführen:

```
package compiler;
import compiler.scanner.*;
import java.io.*;
class Main {
  public static void main(String[] args) {
    String filename;
    if (args.length == 1)
      filename = args[0];
    else
      throw new RuntimeException("No input file given");
    try {
      FileReader source = new FileReader(filename);
      Scanner scanner = new Scanner(source);
      Symbol token;
      do {
        token = scanner.yylex();
        System.out.println(token.sym + " " + scanner.yytext());
      } while (token.sym != Sym.EOF);
    } catch (Exception ex) {
      System.err.println(ex.getMessage());
      System.exit(-1);
    }
  }
}
```

Listing 3.12 Hauptprogramm zum Ausführen des SPL-Scanners

> **Eine Anmerkung zu den Code-Beispielen**
>
> Der Code in den letzten vier Listings ist ausführbar (lediglich die Klasse `CompilerError` muss analog zu dem C-Beispiel noch geschrieben werden). Jedoch ist zum Beispiel die Fehlerbehandlung hier nur rudimentär, um das Prinzip zu verdeutlichen, aber gleichzeitig den Code nicht zu lang werden zu lassen. Bei der Entwicklung eines »echten« Compilers werden Sie sicherlich detaillierter vorgehen.
>
> Ebenso benötigen Sie – allein schon zur Fehlersuche – eine bessere Ausgabe der erkannten Tokens.

3.6 Zusammenfassung

Wir haben reguläre Ausdrücke als Beschreibungssprache für die lexikalische Analyse in einem Compiler kennengelernt und mithilfe der Automatentheorie herausgefunden, wie Compilerbau-Werkzeuge wie Lex/Flex und JFlex funktionieren: Die regulären Ausdrücke werden in einen nichtdeterministischen Automaten umgewandelt (Thompson-Konstruktion), der wiederum mit dem Potenzmengen-Algorithmus in einen deterministischen Automaten transformiert wird. Minimiert man die Zustandsmenge dieses Automaten, erhält man einen »handlichen« Automaten. Der generierte Scanner für unser Beispiel hat bei 7 regulären Ausdrücken 17 Zustände, die als komprimierte Matrix direkt im generierten Code sichtbar sind. Der Scanner simuliert nun diesen Automaten und gibt jedes gefundene Token zurück.

Wo stehen wir nun mit unserem Compiler? Die lexikalische Analyse ist beendet, und wir können die Ergebnisse, also die Liste der Tokens, verwenden, um in der nächsten Phase, der Syntaxanalyse, die grammatikalische Korrektheit zu verifizieren.

Erinnern wir uns an das Schaubild der Phasen, so erkennen wir, dass die Tokens die Eingabe für den Parser sind. Das schauen wir uns im nächsten Kapitel genauer an!

3.7 Übungen

3.7.1 Reguläre Ausdrücke

In diesen Übungen können Sie selbst reguläre Ausdrücke erstellen. Der Schwierigkeitsgrad wächst mit der Nummer der Aufgabe.

Testen Sie Ihre Lösungen im Internet, zum Beispiel auf *regexr.com* oder *regex101.com*.

3 Lexikalische Analyse

1. Aufgabe: Geben Sie einen regulären Ausdruck an für die Sprache, die aus allen Wörtern über dem Alphabet {a, b} besteht, die mit einem *a* beginnen und mit zwei *b* enden.
2. Aufgabe: Ermitteln Sie alle Binärzahlen, die aus einer geraden Anzahl von Ziffern bestehen.
3. Aufgabe: Ermitteln Sie alle Dateinamen, die auf *.txt* enden und die vor dem Punkt mindestens drei Kleinbuchstaben oder Ziffern enthalten.
4. Aufgabe: Finden Sie alle Kommentare, die mit /* beginnen und mit dem nächsten */ enden.
5. Aufgabe: Finden Sie alle Kommentare, die mit /* beginnen und mit */ enden, aber dazwischen die Zeichenfolge */ enthalten dürfen, wenn diese in doppelte Anführungszeichen eingeschlossen ist.
6. Aufgabe: Ermitteln Sie alle Fließkommazahlen mit optionalem Vorzeichen und Exponent.
   Beispiele: 123   123.456   -0.654   .345   123E-53   123.456E+789

3.7.2 Reguläre Sprachen

Hier geht es darum, zu einem gegebenen regulären Ausdruck die erzeugte Sprache zu beschreiben.

7. Aufgabe: (a|b)c*(a|b)
8. Aufgabe: 0((0|1)(0|1))*1

3.7.3 Nichtdeterministische Automaten

Erstellen Sie zu den regulären Ausdrücken mithilfe der Thompson-Konstruktion aus Abschnitt 3.4.1 den erkennenden nichtdeterministischen Automaten.

9. Aufgabe: (a|b)*
10. Aufgabe: (+|-)?(0|1|2|3|4|5|6|7|8|9)*

3.7.4 Deterministische Automaten

Wenden Sie den Potenzmengen-Algorithmus an, um aus den gegebenen nichtdeterministischen Automaten deterministische Automaten zu erstellen.

11. Aufgabe:

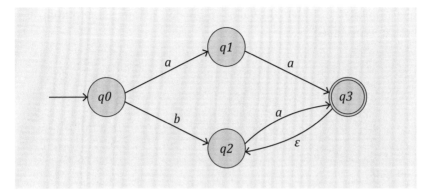

12. Aufgabe:

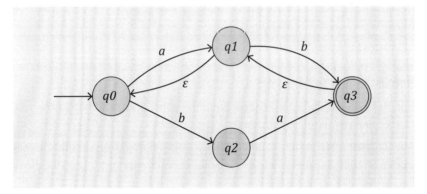

13. Aufgabe:

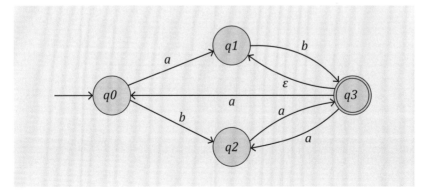

3.7.5 Minimierung von endlichen Automaten

14. Aufgabe: Minimieren Sie den folgenden Automaten. (Hinweis: Der minimale Automat besitzt 5 Zustände.)

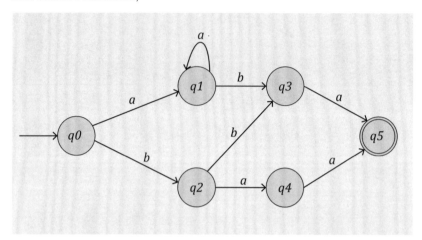

3.7.6 Vervollständigung des Codes

15. Aufgabe: Sehen Sie sich die Sprachbeschreibung von SPL an, und bestimmen Sie die noch fehlenden regulären Ausdrücke.

16. Aufgabe: Ergänzen Sie in den Flex- oder JFlex-Beispielprogrammen diese regulären Ausdrücke. Mit den Beispielen aus der SPL-Sprachbeschreibung können Sie die Funktionsweise Ihres Scanners testen.

Kapitel 4
Syntaxanalyse

Zur Logik verhält sich die Grammatik wie das Kleid zum Leibe.
– Artur Schopenhauer

Und wie verhält sich die Grammatik zur Programmiersprache? Fragen über Fragen ...

4.1 Einleitung

Den ersten Abschnitt unserer Reise durch den Compilerbau, die lexikalische Analyse, haben wir erfolgreich absolviert. In diesem Kapitel werden wir uns mit der nächsten Phase beschäftigen: der Syntaxanalyse.

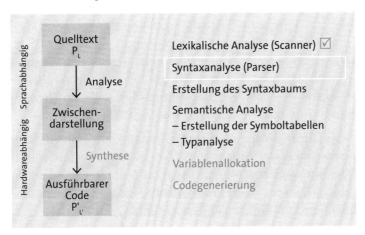

Abbildung 4.1 Überblick über die Phasen – Syntaxanalyse

Für die lexikalische Analyse haben wir als Hilfsmittel die regulären Ausdrücke und die endlichen Automaten verwendet. Reicht das aus, um eine Syntaxanalyse durchzuführen?

Sehen wir uns einen Abschnitt aus der SPL-Sprachbeschreibung an:

Ausdrücke können geklammert werden, indem sie in runde Klammern »(« und »)« eingeschlossen werden.

So ist (((42))) ein zulässiger Ausdruck, ((37) aber nicht, weil zwei öffnende Klammern vorkommen, aber nur eine schließende.

Wie würden Sie das mit regulären Ausdrücken darstellen?

`(*[a-zA-z0-9\+\-\*/]*)*` kann zwar den ersten Ausdruck (((42))) erkennen, aber ((37) würde fälschlicherweise auch erkannt werden, weil nicht ausgedrückt wird, dass genauso viele öffnende wie schließende Klammern gefordert sind.

Tatsächlich kann man zeigen – und das tun wir in dem Abschnitt über das *Pumping-Lemma* auch –, dass ein endlicher Automat keine Möglichkeit hat, »mitzuzählen«, also in unserem Beispiel nicht sicherstellen kann, dass das Wort genauso viele öffnende wie schließende Klammern hat.

Dieser zitierte Absatz aus der SPL-Sprachbeschreibung lässt sich demzufolge nicht mit regulären Ausdrücken abbilden. Der Mechanismus der regulären Sprachen und Ausdrücke ist dafür nicht mächtig genug.

Im folgenden Abschnitt führen wir die Theorie der formalen Sprachen und Grammatiken ein, die uns einen Formalismus gibt, mit dem wir entscheiden können, ob ein Quelltext syntaktisch richtig ist oder nicht.

Das Programm, das diese Entscheidung trifft, heißt *Parser*.

In der Einleitung haben wir davon gesprochen, dass die Erstellung des ersten FORTRAN-Compilers über drei Jahre gedauert hat, während die gleiche Aufgabe heute wahrscheinlich in wenigen Monaten möglich wäre. Nach diesem Kapitel werden Sie verstehen, warum! Zwar müssen wir nochmals in die Theorie einsteigen, aber ohne diese Theorie gäbe es vermutlich überhaupt nicht so viele Programmiersprachen und Compiler, weil die Erstellung eines Compilers immer noch viele Jahre dauern würde.

Im Rest dieses Kapitels beschäftigen wir uns mit der Frage, wie wir effizient einen Parser erstellen können, der syntaktisch korrekte Programme akzeptiert und syntaktisch falsche ablehnt. Dabei werden wir sechs verschiedene Verfahren besprechen, von denen das erste, der rekursive Abstiegsparser, ähnlich wie der Ad-hoc-Scanner durch den Compilerbauer direkt implementiert wird. Viele »echte« Parser sind so geschrieben.

Genau wie bei der lexikalischen Analyse wollen wir aber ein tabellengesteuertes Verfahren benutzen und starten mit einem einfachen Verfahren, genannt LL(1), bei dem wir »von oben nach unten« arbeiten.

Bei den mächtigeren LR-Verfahren arbeiten wir von unten nach oben und begründen, warum es von diesen vier Varianten gibt: LR(0), LR(1), SLR(1) und LALR(1). Für alle Verfahren erläutern wir detailliert und an Beispielen, wie man die Tabelle zur Steuerung des Parsers errechnet und wie der Parser damit arbeitet, um die Syntax eines Programms zu prüfen.

Das LALR(1)-Verfahren kann eine große Sprachklasse erkennen und erzeugt relativ kompakte Tabellen, so dass Parsergeneratoren wie Bison und CUP dieses Verfahren anwenden und eine Sprachbeschreibung in einen in C oder Java geschriebenen Parser übersetzen. Damit Sie für den SPL-Compiler einen Parser erstellen können, besprechen wir die Verwendung und die Programmierung der beiden Werkzeuge im Detail und geben für eine Teilmenge von SPL jeweils eine Eingabedatei an.

Der populäre Parsergenerator ANTLR verwendet eine Variante des LL-Verfahrens und erlaubt eine komfortable Art der Eingabe der Sprachbeschreibung. Auch für ANTLR werden wir die Benutzung erklären und das gleiche Beispiel, das wir für Bison und CUP angegeben haben, auch in ANTLR vorstellen.

4.2 Grammatiken

In der Einleitung haben wir schon gesehen, dass natürliche Sprachen eine »Grammatik« besitzen.

Ein Satz wie »Eats John fish« besteht zwar vollständig aus korrekten englischen Wörtern – das heißt also nach Kapitel 3, dass die lexikalische Analyse den Text erkannt hat –, aber es ist noch lange kein englischer Satz, weil grammatikalische Regeln der englischen Sprache verletzt sind.

Noam Chomsky, ein amerikanischer Linguist, beschäftigte sich in den 1950er-Jahren mit einer Formalisierung der natürlichen Sprachen. Der Mechanismus, den er fand, beruht auf einer mathematischen Darstellung von Grammatiken [Chomsky, 1956].

Schauen wir uns eine sehr verkürzte Grammatik für Englisch an:

- Ein Satz besteht aus einem Subjekt, einem Prädikat und einem Objekt.
- Ein Subjekt ist ein Nomen, eine Nominalphrase oder ein Pronomen.
- Ein Objekt ist entweder ein Nomen oder ein Artikel mit einem Nomen.
- Ein Prädikat ist ein Verb.
- Eine Nominalphrase ist ...

Dazu kommen noch lexikalische Regeln, die in einem Wörterbuch definiert sind:

- Folgende Wörter sind Verben: ...
- Folgende Wörter sind Nomen: ...
- Folgende Wörter sind Artikel: ...
- Folgende Wörter sind Pronomen: ...

In dem obigen Beispiel sind `John` und `fish` Nomen, und `eats` ist ein Verb. Nach der ersten Regel wäre damit `John eats fish` ein grammatikalisch korrekter Satz, da `John` das Subjekt ist, `eats` ein Prädikat und `fish` ein Objekt. `Eats John fish` ist aber kein gültiger Satz, da `Eats` kein Nomen und daher kein Subjekt ist.

Offensichtlich brauchen wir also für eine Grammatik folgende Dinge:

- ein Alphabet, das Wörter und Satzzeichen definiert
- eine Menge von »Konstruktionen«, wie oben zum Beispiel »Satz«, »Objekt« oder »Prädikat«.
- einen Anfang (Das Beispiel beginnt mit »Satz«.)

Die Leistung von Noam Chomsky besteht darin, diese Anforderungen formalisiert zu haben. Ab sofort benutzen wir das Wort »Grammatik« nicht mehr für natürliche Sprachen, sondern für formale Sprachen:

> **Definition 4.1: Kontextfreie Grammatik**
>
> Eine *kontextfreie Grammatik G* ist ein 4-Tupel (N, T, P, S):
>
> - N ist eine endliche Menge von Nichtterminalsymbolen.
> - T ist ein endliches Alphabet (»Terminalsymbole«), das verschieden ist von N: $N \cap T = \emptyset$
> - P ist eine endliche Menge von *Produktionsregeln* $X \rightarrow \alpha$, wobei $X \in N$, $\alpha \in (N \cup T)^*$.
> - $S \in N$ ist das Startsymbol.

Kontextfrei bedeutet, dass auf der linken Seite einer Produktionsregel immer **genau ein Nichtterminalsymbol** steht. Bei einer *kontextsensitiven Grammatik* können auf der linken Seite noch weitere Nichtterminalsymbole oder Terminalsymbole stehen, X steht gewissermaßen in deren »Kontext«.

In natürlichen Sprachen spielt der Kontext eine große Rolle: Das Wort »Schule« beispielsweise hat in dem Kontext eines Textes über Kindeserziehung eine völlig andere Bedeutung als in dem Kontext eines Textes über Delfine.

Wir als Menschen sind in der Lage, die Bedeutung eines Wortes innerhalb eines Kontextes zu erfassen; für Compiler ist es aber einfacher, mit einer kontextfreien Grammatik umzugehen. Wir wollen hier nicht verschweigen, dass es zum Beispiel für einen C-Compiler unmöglich ist, vollständig kontextfrei zu arbeiten. Durch die Möglichkeit, `typedefs` zu definieren, muss der Compiler sich schon bei der Syntaxanalyse die definierten Typen merken, um Fehler zu erkennen.

Betrachten wir ein Beispiel:

Beispiel 4.1

Gegeben sei die Grammatik $G = (N, T, P, S)$, wobei:

$T = \{ a, b, c, \}$

$N = \{ S, A, B \}$

$P = \{ S \rightarrow AB, A \rightarrow aA, A \rightarrow \varepsilon, B \rightarrow bBb, B \rightarrow c \}$

G ist kontextfrei, wie man an den Produktionsregeln sieht.

Man generiert mit einer Grammatik Wörter, indem man vom Startsymbol ausgehend die Produktionsregeln auf die Nichtterminalsymbole anwendet, bis nur noch Terminalsymbole auftreten.

Die mehrmalige Anwendung der Regeln beschreibt die folgende Definition:

> **Definition 4.2: Ableitung**
>
> Seien $\gamma_1, \gamma_2, \alpha, \beta \in (N \cup T)^*$ und $\alpha \rightarrow \beta \in P$, dann bezeichnet $\gamma_1 \alpha \gamma_2 \Rightarrow \gamma_1 \beta \gamma_2$ die direkte Ableitung des Wortes $\gamma_1 \alpha \gamma_2$ zu $\gamma_1 \beta \gamma_2$.
>
> Seien $w_0, \ldots, w_n \in (N \cup T)^*$, sodass $w_0 \Rightarrow w_1 \Rightarrow \ldots \Rightarrow w_n$, dann lässt sich w_n aus w_0 ableiten und wir schreiben $w_0 \stackrel{*}{\Rightarrow} w_n$.

Beispiel 4.2

Für die Grammatik aus Beispiel 4.1 ergeben sich

$S \Rightarrow AB \Rightarrow aAB \Rightarrow a\varepsilon B \Rightarrow aB \Rightarrow ac$

oder

$S \Rightarrow AB \Rightarrow \varepsilon B \Rightarrow bBb \Rightarrow bbBbb \Rightarrow bbcbb$

...

Damit können beispielsweise folgende Wörter generiert werden:

$c, bcb, ac, abcb, aac, \ldots$

> **Definition 4.3: Satzform**
>
> Sei $G = (N, T, P, S)$ und $\gamma \in (N \cup T)^*$ und $S \stackrel{*}{\Rightarrow} \gamma$, dann nennen wir γ eine *Satzform* der Grammatik G.

Definition 4.4: Sprache

Sei $G = (N, T, P, S)$, dann ist die von G erzeugte Sprache $L(G)$ die Menge aller Terminalwörter, die sich von S ableiten lassen:

$$L(G) = \{w \in T^* \mid S \stackrel{*}{\Rightarrow} w\}$$

Das entspricht der Intuition (siehe Beispiel 4.2!) und sieht aber doch anders aus als die Definition von Sprache in Kapitel 3. Diesen scheinbaren Widerspruch werden wir später auflösen.

Beispiel 4.3

Sei $G = (N, T, P, S)$ eine Grammatik mit

$T = \{a, b, c\}$

$N = \{S, A, B\}$

$P = \{S \rightarrow AB, A \rightarrow aA, A \rightarrow \varepsilon, B \rightarrow bBb, B \rightarrow c\}$

Ein Wort *aabcb* lässt sich wie folgt aus S ableiten:

$S \Rightarrow AB \Rightarrow aAB \Rightarrow aaAB \Rightarrow aa\varepsilon B \Rightarrow aabBb \Rightarrow aabcb$

Es gibt aber noch eine zweite Ableitung des gleichen Wortes:

$S \Rightarrow AB \Rightarrow AbBb \Rightarrow Abcb \Rightarrow aAbcb \Rightarrow aaAbcb \Rightarrow aa\varepsilon bcb = aabcb$

Bei der ersten Ableitung wurde zuerst das am weitesten links stehende Nichtterminalsymbol ersetzt, bei der zweiten Ableitung das am weitesten rechts stehende.

Definition 4.5: Linksableitung, Rechtsableitung

Eine Ableitung, bei der in jedem Ersetzungsschritt das äußerst linke (rechte) Nichtterminalsymbol ersetzt wird, heißt *Linksableitung* (bzw. *Rechtsableitung*).

Bei kontextfreien Grammatiken ist es üblich, nur die Produktionsregeln anzugeben, weil man daraus die Nichtterminalsymbole ablesen kann (da nur diese auch auf einer linken Seite einer Regel auftreten) sowie auch die Terminalsymbole (diese treten eben nicht auf den linken Seiten der Regeln auf). Per Vereinbarung ist das Symbol auf der linken Seite der ersten Regel das Startsymbol.

Als abkürzende Schreibweise nutzt man auch bei den Produktionsregeln das schon bei den regulären Ausdrücken verwendete Symbol | für die Alternative, wenn ein Nichtterminalsymbol mehrere zugehörige Regeln hat.

Beispiel 4.4

$E \to x$

$ | \; 0$

$ | \; 1$

$ | \; E + E$

$ | \; (E)$

Nebenbei sehen wir auch, dass das zu Beginn dieses Kapitels erwähnte Problem des »Mitzählens« der öffnenden und schließenden Klammern der regulären Ausdrücke bei kontextfreien Grammatiken einfach gelöst werden kann (letzte Unterregel), indem die Klammern immer paarweise erzeugt werden. Anscheinend sind kontextfreie Grammatiken mächtiger als reguläre Ausdrücke.

Dazu betrachten wir einen regulären Ausdruck *(a|b)b*a*.

Der minimale endliche Automat, der die Sprache dieses regulären Ausdrucks erkennt, ist:

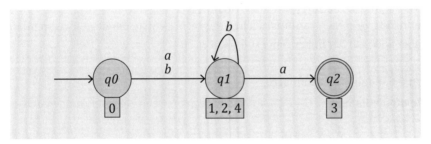

Abbildung 4.2 Automat für den regulären Ausdruck (a|b)b*a

Die Sprache des regulären Ausdrucks ist:

$L = \{w \mid w = xb^n a, \text{wobei } n \geq 0, \quad x \in \{a, b\}$

Kann man diese Sprache auch mit einer kontextfreien Grammatik erzeugen?

Das geht sogar ziemlich einfach: Wir beginnen mit einem neuen Startsymbol *Q0* und erzeugen für jedes Terminalsymbol ausgehend vom Startzustand *q0* des Automaten eine Regel, deren linke Seite *S* ist und deren rechten Seite mit diesem Terminalsymbol beginnt. Da wir mit den Übergängen den Zustand *q1* erreichen, führen wir ein neues Nichtterminalsymbol *Q1* ein und ergänzen *Q1* auf den rechten Seiten der beiden eben erstellten Regeln.

Es ergeben sich die beiden Regeln:

$Q0 \to aQ1$ und $Q0 \to bQ1$

Nun führen wir dieses Verfahren mit Q1 fort und erhalten:

$Q1 \to bQ1$ und $Q1 \to aQ2$

Da Q2 keine ausgehenden Übergänge hat, lautet die letzte Regel:

$Q2 \to \varepsilon$

Diese Grammatik ist, wie man sofort sieht, kontextfrei.

Was ist das Besondere an dieser Grammatik und an allen Grammatiken, die wir mit dieser Methode erzeugen? Ausgehend von einem Zustand (= linke Seite einer Regel), gehen wir mit *einem* Terminalsymbol zu einem nächsten Zustand. Die Grammatikregeln haben nach diesem Verfahren auf der rechten Seite daher höchstens ein Nichtterminalsymbol und genau ein Terminalsymbol, wobei das Nichtterminalsymbol rechts vom Terminalsymbol steht.

Solche Grammatiken sind ein Untertyp der kontextfreien Grammatiken und heißen logischerweise *reguläre Grammatiken*. Wir haben in dem Beispiel oben das Terminalzeichen immer rechts vom Nichtterminalzeichen der rechten Seite der Regeln verwendet, es könnte aber auch auf der linken Seite stehen.

> **Definition 4.6: Reguläre Grammatik**
>
> Eine kontextfreie Grammatik $G = (N, T, P, S)$ heißt *regulär*, wenn alle Produktionen entweder die Form
>
> (i) $A \to wB$ oder $A \to w$, mit $A, B \in N$, $w \in T^*$ (rechtsregulär)
>
> oder
>
> (ii) $A \to Bw$ oder $A \to w$, mit $A, B \in N$, $w \in T^*$ (linksregulär)
>
> besitzen.

Bei einer regulären Grammatik ist auf der rechten Seite einer Produktion *höchstens* ein Nichtterminalsymbol. Beachten Sie bitte auch, dass entweder alle Regeln linksregulär sind oder alle rechtsregulär.

Nun haben wir die verschiedenen Konzepte, die wir für die lexikalische Analyse benötigen, alle miteinander verknüpft:

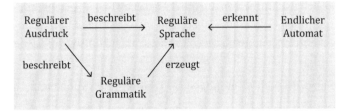

Abbildung 4.3 Verknüpfung der Konzepte der lexikalischen Analyse

Eine reguläre Sprache kann also durch eine reguläre Grammatik und durch einen regulären Ausdruck beschrieben werden. Für die kontextfreien Grammatiken gibt es kein Analogon zu den regulären Ausdrücken.

Warum nutzt man für die lexikalische Analyse reguläre Ausdrücke und nicht auch eine kontextfreie Grammatik?

- Wie wir erkannt haben, sind kontextfreie Grammatiken in der Lage, eine mächtigere Sprachklasse zu beschreiben als reguläre Ausdrücke. Umgekehrt bedeutet das aber auch, dass der Algorithmus für das Erkennen einer kontextfreien Sprache komplizierter sein wird als der Algorithmus für reguläre Sprachen.
- Aus dem gleichen Grund sind Scanner effizienter als Parser (auch wenn wir noch nicht erklärt haben, wie wir eigentlich einen Parser erstellen).
- Reguläre Ausdrücke sind eine kompaktere Darstellung als äquivalente Grammatiken (siehe die Grammatik für Abbildung 4.2 in diesem Abschnitt).

> **Warnhinweis**
>
> Wenn eine Sprache von einer regulären Grammatik erzeugt wird, dann ist die Sprache auch regulär.
>
> Der Umkehrschluss gilt nicht: Nicht jede Grammatik, die eine reguläre Sprache erzeugt, ist regulär!
>
> Beispiel: Die Sprache { bc }, die nur aus dem Wort bc besteht, ist offensichtlich regulär, da sie von dem regulären Ausdruck bc erzeugt wird.
>
> Die Grammatik
>
> $A \rightarrow BC$
>
> $B \rightarrow b$
>
> $C \rightarrow c$
>
> erzeugt dieselbe Sprache, ist aber nicht regulär!
>
> Eine mögliche reguläre Grammatik für diese Sprache ist $A \rightarrow bc$.

Wie wir schon an dem Beispiel der geklammerten Ausdrücke gesehen haben, gibt es Sprachen, die sich mit einer kontextfreien Grammatik, aber nicht mit einer regulären Grammatik erzeugen lassen. Umgekehrt ist jede reguläre Grammatik auch kontextfrei (siehe Definition 4.6).

Die regulären Sprachen sind also eine echte Teilmenge der kontextfreien Sprachen.

Chomsky hat noch zwei weitere Typen von Grammatiken eingeführt. Die nach ihm benannte *Chomsky-Hierarchie* umfasst somit vier Typen:

▶ **Typ-3: Reguläre Grammatik**

Die Produktionen der Grammatik sind alle rechtsregulär oder alle linksregulär (siehe Definition 4.6).

▶ **Typ-2: Kontextfreie Grammatik**

Auf den linken Seiten der Produktionen steht immer genau ein Nichtterminalsymbol. Es gibt keine Einschränkung der rechten Seiten.

▶ **Typ-1: Kontextsensitive Grammatik**

Regeln sind von der Art:

$\alpha A \beta \rightarrow \alpha \gamma \beta$ mit $\alpha, \beta \in (N \cup T)^*$, $\gamma \in (N \cup T)^+$, $A \in N$, oder $S \rightarrow \varepsilon$.

Das Nichtterminal A auf der linken Seite einer Produktion steht also in einem Kontext (α und β).

▶ **Typ-0: Beliebige Grammatik**

Regeln sind von der Art: $\alpha \rightarrow \beta$.

Die vier entsprechenden Sprachklassen sind echte Teilmengen voneinander, wie Abbildung 4.4 zeigt:

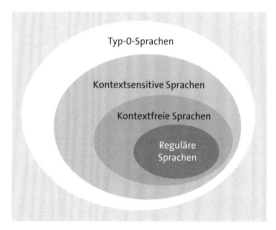

Abbildung 4.4 Sprachklassen der Chomsky-Hierarchie

Ein Beispiel für eine Sprache, die von einer kontextsensitiven, aber nicht von einer kontextfreien Grammatik erzeugt wird, ist:

$$L = \{a^n b^n c^n, n \geq 1\}$$

Ein Beispiel für eine Sprache, die von einer kontextfreien, aber nicht von einer regulären Grammatik erzeugt wird, ist:

$$L = \{a^n b^n, n \geq 0\}$$

(Das letzte Beispiel ähnelt dem Beispiel der geklammerten Ausdrücke – a und b entsprächen den öffnenden und den schließenden Klammern.

4.3 Pumping-Lemma für reguläre Sprachen

Wir werden jetzt kurz eine Methode besprechen, mit der man herausfinden kann, ob eine Sprache nichtregulär ist. Mit dieser Methode werden wir dann auch beweisen, dass die Sprache $L = \{a^n b^n, n \geq 0\}$ nichtregulär ist.

Offensichtlich ist jede endliche Sprache regulär, weil wir dann einfach alle Wörter dieser Sprache aufzählen können.

Ein Beispiel haben wir im vorangegangenen Warnhinweis genannt.

Mit den Operatoren * und + können wir ja aber beliebig lange Wörter erzeugen, die Anzahl der Zustände des deterministischen endlichen Automaten ist aber endlich. Das bedeutet, dass in dem »Ablauf« eines Automaten, der ein Wort erkennt, das aus mindestens so vielen Zeichen besteht, wie der Automat Zustände hat, mindestens ein Zustand zweimal erreicht wird.

Betrachten wir dazu ein Beispiel.

Beispiel 4.5

Die Sprache des regulären Ausdrucks ba^*b ist $L = \{ba^n b, n \geq 0\}$, und der folgende Automat erkennt diese Sprache:

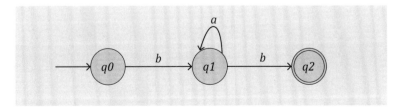

Abbildung 4.5 Automat für »ba*b«

Um das Wort *baab* zu erkennen, durchläuft der Automat die Zustände *q0, q1, q1, q1, q2*:

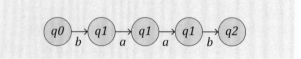

Abbildung 4.6 Ablauf beim Wort »baab«

Der Automat durchläuft den Zustand *q1* also mehrmals.

Für den Zustandsgraphen eines Automaten, der eine nichtendliche Sprache erkennt, bedeutet dies, dass es einen Zyklus geben muss, über den der Automat einen Zustand mehrfach erreichen kann. In dem obigen Beispiel ist dieser Zyklus der Übergang von *q1* nach *q1*.

Im allgemeinen Fall nehmen wir an, dass *qk* mehrfach durchlaufen wird, also der Zustand in dem Zyklus ist, über den dieser betreten und auch wieder verlassen wird:

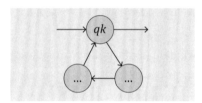

Abbildung 4.7 Ausschnitt aus dem Zustandsgraph für das Pumping-Lemma

Nun kann aber dieser Zyklus gar nicht oder beliebig oft durchlaufen werden, da irgendwann von *qk* ein Übergang auftritt, der nicht wieder in den Zyklus führt, wenn das Eingabewort zur Sprache gehört.

In dem vorigen Beispiel ist es egal, wie oft der Zyklus von *q1* zu *q1* durchlaufen wird (also wie viele *a* gelesen werden).

Wir können also ein Eingabewort *w*, das mindestens so lang ist wie die Anzahl der Zustände, in Teilworte zerlegen, sodass *w* = *xyz*, wobei *x* der Teil ist, der *vor* dem Zyklus durchlaufen wird, *y* der Teil, der *im* Zyklus durchlaufen wird, und *z* der Teil, der *nach* dem Zyklus durchlaufen wird:

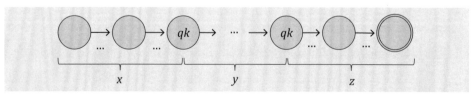

Abbildung 4.8 Zerlegung in Teilworte

Das *Pumping-Lemma* besagt nun, dass, wenn w zur Sprache gehört, auch xy^iz für alle $i \geq 0$ zur Sprache gehören muss, also jedes Wort, bei dem der Zyklus beliebig oft durchlaufen wird.

> **Pumping-Lemma für reguläre Sprachen**
>
> Wenn L eine reguläre Sprache ist, dann gibt es eine Zahl p, sodass es für alle Wörter $w = xyz$ mit $|w| \geq p$ eine Zerlegung $w = xyz$ gibt mit:
>
> 1. $|xy| \leq p$
> 2. $y \neq \varepsilon$
> 3. Für alle $i \geq 0$ gehört auch xy^iz zu L.

Der mittlere Teil y des Wortes wird also gewissermaßen »aufgepumpt«. Bedingung 1 besagt, dass beim Erkennen von xy der Zyklus mindestens einmal durchlaufen werden muss, bevor p Zeichen gelesen wurden. Die Länge von xy muss mindestens p sein.

Die Zahl p heißt *Pumping-Zahl* der Sprache L.

Beachten Sie, dass in dem Lemma kein Automat vorkommt: Das Pumping-Lemma bezieht sich nur auf eine Sprache. In dem Beweis wird dann angenommen, dass es einen erkennenden Automaten gibt, der p Zustände hat.

Vorsicht ist geboten: Das Pumping-Lemma formuliert eine *notwendige* Bedingung für reguläre Sprachen, aber keine *hinreichende*! Es gibt nichtreguläre Sprachen, die das Pumping-Lemma erfüllen.

Damit ist auch klar, dass wir das Pumping-Lemma nicht benutzen können, um zu zeigen, dass eine Sprache regulär ist, aber sehr wohl, um das Gegenteil zu zeigen.

Beispiel 4.6

Wir wollen jetzt zeigen, dass $L = \{a^n b^n, n \geq 0\}$ nichtregulär ist. Dazu nehmen wir an, dass L regulär sei. Dann gibt es nach dem Pumping-Lemma eine Pumping-Zahl p. Diese Zahl kennen wir zwar nicht, aber wir wissen, dass wenn $w = a^p b^p$ ist, wir dann w zerlegen können: $w = xyz$ (die Länge von w ist $2p$, also mindestens so groß wie p).

Das Pumping-Lemma besagt, dass es diese Zerlegung mit den geforderten Eigenschaften gibt, aber wir wissen nicht, ob y nur aus a's, nur aus b's oder aus beiden besteht. Daher müssen wir alle drei Fälle betrachten:

1. Fall: y besteht nur aus k mal a ($k \geq 1$):

    Dann ist $x = a^{p-k}, y = a^k, z = b^p$, xy hat die Länge p.

    Nach dem Pumping-Lemma muss jetzt auch $a^{p-k}a^{2k}b^p$ in L sein, was aber nicht sein kann, da $(p - k) + 2k = p + k > p$.

2. *Fall:* y besteht aus k mal b ($k \geq 1$).

   Da dann $w = a^p b^k b^{p-k}$, ist $|xy| = p + k > p$, was die Bedingung 1 verletzt.

3. *Fall:* y besteht aus mindestens einem a und mindestens einem b. Analog zu Fall 2 ist dann Bedingung 1 verletzt.

In allen drei Fällen ergibt sich ein Widerspruch, und daher ist die Annahme, dass L regulär ist, falsch.

Für kontextfreie Sprachen existiert ebenfalls ein Pumping-Lemma, siehe dazu beispielsweise [Vossen & Witt, 2016].

4.4 Backus-Naur-Form

Die Backus-Naur-Form ist nach John W. Backus, dem schon erwähnten maßgeblichen Entwickler der Sprache FORTRAN, und dem dänischen Informatiker Peter Naur benannt. John Backus benutzte sogenannte *metalinguistic formulas*, um die Syntax der Sprache IAL zu beschreiben, die später in ALGOL-58 umbenannt wurde [Backus J. W., 1959]. Im Rahmen der Entwicklungen hin zu ALGOL-60 wurde diese Notation von Peter Naur erweitert und wird heute *BNF* genannt. Mit dieser Notation war es erstmals möglich, die Syntax einer Programmiersprache formal zu beschreiben statt nur textuell.

BNF ist eine andere Schreibweise von kontextfreien Grammatiken:

- Nichtterminalsymbole werden in spitze Klammern < > eingeschlossen.
- Statt des Pfeils → wird ::= verwendet.
- Alternativen werden auch durch senkrechte Striche | voneinander getrennt.
- Wiederholungen werden durch Rekursion abgebildet (wie bei kontextfreien Grammatiken auch).

Backus [Backus J. W., 1959] definiert so zum Beispiel:

< digit > ::= 0 | 1 | 2 | 3 | 4 | 5 | 6 | 7 | 8 | 9

Die sogenannte *erweiterte Backus-Naur-Form* (*EBNF*) wurde von Niklaus Wirth für das *Pascal User Manual and Report* [Jensen & Wirth, 1974] eingeführt.

- Statt ::= wird ein einfaches Gleichheitszeichen benutzt.
- Das Ende einer Regel wird explizit kenntlich gemacht (bei Wirth mit einem Punkt, aber oft auch mit einem Semikolon).
- Terminalsymbole werden in doppelte Anführungszeichen " " gesetzt.
- Die spitzen Klammern bei Nichtterminalsymbolen entfallen.

Die rechten Seiten der Regeln sind nun Ausdrücke, die wie folgt zusammengesetzt sein können:

- | trennt Alternativen.
- Zusätzlich zur BNF gibt es die Möglichkeit, in eckigen Klammern [ ] optionale Elemente anzugeben.
- Durch geschweifte Klammern { } können Wiederholungen (kein Mal oder mehrmals) angegeben werden.
- Runde Klammern ( ) können zur Gruppierung genutzt werden.

Beispiel (aus [Jensen & Wirth, 1974]):

IfAnweisung ="if" *BoolescherAusdruck* "then" *Anweisung*
　　　　　　　　["else" *Anweisung*]

Für unsere Sprache SPL würde man zum Beispiel definieren:

Programm={ *TypDeklaration* | *ProzedurDeklaration* }
TypDeklaration="type" *Bezeichner* "=" *Typ* ";"

und so weiter.

> **Tipp: Nutzen Sie EBNF**
>
> Wenn Sie zum ersten Mal vor der Aufgabe stehen, aus einer textuellen Beschreibung einer Programmiersprache eine Grammatik zu erstellen, sollten Sie zuerst probieren, die Syntax der Sprache in EBNF aufzuschreiben.
>
> Danach können Sie die EBNF direkt in eine kontextfreie Grammatik umwandeln, indem Sie folgende Regeln anwenden:
>
> - Alternativen werden in einzelne Regeln übersetzt.
> - Optionale Elemente, wie zum Beispiel ["else" *Anweisung*], ersetzen Sie durch ein neues Nichtterminalsymbol *ElseAnweisung* und definieren dieses durch:
>   *ElseAnweisung* → "else" *Anweisung* | ε
> - Wiederholungen, wie zum Beispiel { *Statement* }, ersetzen Sie durch ein neues Nichtterminalsymbol *StatementListe* und definieren:
>   *StatementListe* → *Statement StatementListe* | ε
> - Geklammerte Elemente ersetzt man ebenfalls durch ein neues Nichtterminalsymbol.

Beispiel 4.7

Die Teil-EBNF von oben kann man so umformen in:

Programm → *GlobaleDeklarationsListe*

GlobaleDeklarationsListe → *GlobaleDeklaration GlobaleDeklarationsListe* | ε

GlobaleDeklaration → *TypDeklaration* | *ProzedurDeklaration*

TypeDeklaration → "type" *Bezeichner* "=" *Typ* ";"

4.5 Ableitungsbäume

Bei der lexikalischen Analyse liefert uns der Scanner die Aussage, ob das Eingabewort zu der durch die regulären Ausdrücke spezifizierten Sprache gehört oder nicht. Gleichzeitig gibt der Scanner die Liste der erkannten Tokens zurück.

Wir wissen schon, dass der Parser erkennt, ob das Eingabewort zu der durch die Grammatik erzeugten Sprache gehört oder nicht. Was aber entspricht der Liste der Tokens?

4.5.1 Ableitungsbäume

Sehen wir uns nochmals das vorige Beispiel an:

Beispiel 4.8

$S \rightarrow AB, A \rightarrow aA \mid \varepsilon, \quad B \rightarrow bBb \mid c$ und $w = aabcb$

Es gibt zwei verschiedene Ableitungen für das Wort w:

$S \Rightarrow AB \Rightarrow aAB \Rightarrow aaAB \Rightarrow aaB \Rightarrow aabBb \Rightarrow aabcb$

und

$S \Rightarrow AB \Rightarrow AbBb \Rightarrow Abcb \Rightarrow aAbcb \Rightarrow aaAbcb \Rightarrow aabcb$

Wir erstellen aus der ersten Ableitung einen Baum, indem wir mit der Wurzel *S* beginnen und mit jedem Ableitungsschritt an dem ersetzten Nichtterminalsymbol die Symbole der rechten Seite der Produktion als Unterknoten einsetzen, und zwar so lange, bis keine Nichtterminalsymbole mehr in der Satzform vorkommen. Der Baum baut sich so von oben nach unten auf und wir erhalten die Darstellung aus Abbildung 4.9.

Wenn wir diesen Baum betrachten, so erkennen wir, dass die Blätter von links nach rechts gelesen dem Eingabewort entsprechen und dass alle anderen Knoten Nichtterminale sind. Einen solchen Baum nennen wir *Ableitungsbaum*.

Probieren Sie bitte als Übung, den Ableitungsbaum für die zweite Ableitung von w aufzuzeichnen. In diesem Fall erhalten Sie den gleichen Baum – das muss aber nicht sein, wie wir gleich sehen werden.

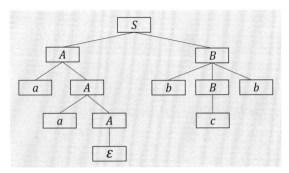

Abbildung 4.9 Ableitungsbaum

> **Definition 4.7: Ableitungsbaum**
>
> Ein *Ableitungsbaum* ist ein Baum, der aus einer Ableitung eines Worts w bezüglich einer Grammatik $G = (N, T, P, S)$ wie folgt konstruiert wird:
>
> Der Wurzelknoten wird mit dem Startsymbol S markiert.
>
> Wenn bei der Ableitung auf einen mit X markierten Knoten eine Regel $X \to x_1 \ldots x_n$ angewendet wird, dann erhält dieser Knoten n Nachfolgerknoten, die mit $x_1, \ldots, x_n$ markiert werden.
>
> Die Blätter ergeben, von links nach rechts angeordnet, das abgeleitete Wort w.

Wenn wir also mithilfe einer Grammatik ein Eingabewort erkennen, bekommen wir den Ableitungsbaum quasi als Aufzeichnung der durchgeführten Ableitungsschritte geschenkt.

Lesen wir den Baum von unten nach oben, können wir zu jedem Terminalsymbol feststellen, zu welchem Nichtterminal es gehört. Bei dem Beispiel der englischen Grammatik vom Anfang dieses Kapitels hängt das Terminalsymbol »fish« am Nichtterminalsymbol »Nomen«, das wiederum unter »Objekt« hängt.

4.5.2 Mehrdeutigkeit

Natürlich wollen wir, dass zu einem gegebenen Wort nur ein Ableitungsbaum existiert. Wenn das nicht so wäre, würde es ja bedeuten, dass wir den Terminalsymbolen unterschiedliche Bedeutungen im Sinne der Grammatik zuordnen würden und dass das Eingabeprogramm auf unterschiedliche Arten abgearbeitet würde.

Das folgende Beispiel verdeutlicht, dass die Existenz verschiedener Ableitungsbäume zu fehlerhaften Ergebnissen führen kann:

Beispiel 4.9

Die Grammatik G_E sei definiert als:

$Expr \rightarrow Expr\ Op\ Expr \mid (\ Expr\ ) \mid INTLIT$

$Op \rightarrow +\mid *$

Dabei soll *INTLIT* als Tokenklasse für ganze Zahlen (Integer) definiert sein.

$w = 3 * 1 + 2$

Nach Anwendung der Regel $Expr \rightarrow Expr\ Op\ Expr$ kann man noch mal dieselbe Regel anwenden. Aber je nachdem, auf welches der beiden *Expr*'s man die Regel anwendet, ergeben sich zwei verschiedene Ableitungsbäume in Abbildung 4.10:

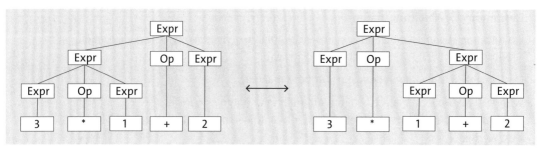

Abbildung 4.10 Ableitungsbäume einer mehrdeutigen Grammatik

Im linken Baum würde (richtigerweise) die Berechnung (3×1)+2 (=5) durchgeführt, während im rechten 3×(1+2) (=9) gerechnet würde.

> **Definition 4.8: Mehrdeutige und eindeutige Grammatiken**
>
> Eine Grammatik G heißt *mehrdeutig*, wenn ein Wort $w \in L(G)$ existiert, für das es zwei verschiedene Linksableitungen gibt.
>
> Eine Grammatik heißt *eindeutig*, wenn sie nicht mehrdeutig ist.
>
> Eine Sprache heißt eindeutig, wenn sie von einer eindeutigen Grammatik erzeugt wird.

Für die Praxis sind mehrdeutige Grammatiken schwierig, weil sie zunächst keine eindeutige Weiterverarbeitung erlauben – wie ja das Beispiel in Abbildung 4.10. plakativ zeigt. Oft behilft man sich damit, dass durch zusätzliche Festlegungen die Mehrdeutigkeiten aufgelöst werden – diesen Punkt werden wir in Abschnitt 4.9 behandeln. Für Ausdrücke mit Operatoren können wir aber eine eindeutige Grammatik finden, wie wir im nächsten Abschnitt zeigen.

4.5.3 Präzedenzen

Die Grammatik im vorigen Abschnitt ist mehrdeutig, weil sie Operatoren enthält, für die aber nicht geregelt wurde, welcher Operator »Vorrang« hat. In der Mathematik lernen wir die Regel »Punkt- vor Strichrechnung« – so eine Regel bräuchte unsere Grammatik auch!

In der Mathematik wird dieser »Vorrang« mit dem entsprechenden lateinischen Begriff *Präzedenz* bezeichnet und definiert die Reihenfolge der Bindung der Operatoren.

Beispiel 4.10

- * und / haben höhere Präzedenz als + und –.
- In Java haben [ ], ( ) und . die höchste Präzedenz.
- In C++ hat der Scope-Operator :: die höchste Präzedenz.

Dann ist noch zu definieren, in welcher Richtung die Operatoren angewandt werden:

Assoziativität definiert bei Operatoren gleicher Präzedenz, in welcher einheitlichen »Richtung« diese untereinander ausgewertet werden. Sind • und ♦ Operatoren gleicher Präzedenz, so definiert man:

- • und ♦ sind *linksassoziativ*, wenn A • B ♦ C = (A • B) ♦ C.
- • und ♦ sind *rechtsassoziativ*, wenn A • B ♦ C = A • (B ♦ C).
- • und ♦ sind *nichtassoziativ*, wenn A • B ♦ C nicht erlaubt ist.

Beispiel 4.11

- Java: 5 – 1 + 2 entspricht (5 – 1) + 2 (Ergebnis = 6), weil + und – linksassoziativ sind.
- Java: *a = b = c* entspricht *a = (b = c)*, weil die Zuweisungsoperatoren rechtsassoziativ sind.
- SPL: 1 < 2 < 3 ist nicht erlaubt, weil der Operator < nicht assoziativ ist.

Die Angabe der Präzedenzen wie auch der Assoziativitäten für die jeweilige Programmiersprache finden Sie in der jeweiligen Sprachbeschreibung (für SPL beispielsweise in Abschnitt 2.3.6).

Die Grammatik, die der Compilerbauer für Ausdrücke erstellt, definiert zugleich die Präzedenzen und Assoziativitäten der darin enthaltenen Operatoren:

Beispiel 4.12

1. Die Grammatik G_E ist mehrdeutig, es sind keine Assoziativitäten oder Präzedenzen festgelegt.

2. $Expr \rightarrow Expr + Term \mid Term$

   $Term \rightarrow (Expr) \mid INTLIT$

   Diese Grammatik ist eindeutig; + ist linksassoziativ.

3. $Expr \rightarrow Term + Expr \mid Term$

   $Term \rightarrow (Expr) \mid INTLIT$

   Diese Grammatik ist eindeutig; + ist rechtsassoziativ.

4. $Expr \rightarrow Expr + Term \mid Term$

   $Term \rightarrow Term * Faktor \mid Faktor$

   $Faktor \rightarrow (Expr) \mid INTLIT$

   Diese Grammatik ist eindeutig; + und * sind linksassoziativ; die Klammern haben höhere Präzedenz als *, und * hat höhere Präzedenz als +.

> **Warnhinweis**
>
> Erfahrungsgemäß scheitern viele Studierende bei der Syntaxanalyse zunächst am Aufstellen einer Grammatik für Ausdrücke, weil ihnen die Auswirkungen von Präzedenz und Assoziativität nicht klar sind.
>
> Nehmen Sie den Ausdruck 1 + 2 + 3, und erstellen Sie den Ableitungsbaum mit den Grammatiken 2. und 3. aus Beispiel 4.12 und verifizieren Sie die oben gemachten Aussagen zur Assoziativität.
>
> Nehmen Sie den Ausdruck 3 × (1 + 2) und leiten Sie ihn mit 4. ab. Ist hier Punkt- vor Strichrechnung richtig?

Glücklicherweise gibt es ein Standardschema, um eine Grammatik für Ausdrücke korrekt aufzustellen.

Dazu betrachten wir zuerst eine Hilfsdefinition:

> **Definition 4.9: Linksrekursiv**
>
> Eine Regel $X \rightarrow X\alpha$ heißt *linksrekursiv*.
>
> Eine Grammatik heißt linksrekursiv, wenn es ein Nichtterminal A und eine Ableitung $A \Rightarrow A\alpha$ mit $\alpha \in (N \cup T)^*$ gibt.

In Beispiel 4.12 sind die Grammatiken 2. und 4. linksrekursiv. Die Linksrekursion kann sowohl direkt durch eine linkrekursive Regel $A \rightarrow A\alpha$ entstehen als auch indirekt durch mehrere Regeln, wie zum Beispiel in der Grammatik $A \rightarrow Ba \mid b, B \rightarrow Ab \mid c$.

> **Schema für die Erstellung von Grammatiken für Ausdrücke**
>
> Jeder Präzedenzstufe *i* wird ein eigenes Nichtterminalsymbol E_i zugeordnet.
>
> Ein linksassoziativer Operator *Op* auf Präzedenzstufe *i* wird durch eine linksrekursive Regel $E_i \to E_i\ Op\ E_{i+1}$ abgebildet.
>
> Ein rechtsassoziativer Operator *Op* auf Präzedenzstufe *i* wird durch eine rechtsrekursive Regel $E_i \to E_{i+1}\ Op\ E_i$ abgebildet.

Beispiel 4.13 (entspricht der Grammatik 4. aus dem vorigen Beispiel)

$E_1 \to E_1 + E_2 \mid E_2$

$E_2 \to E_2 * E_3 \mid E_3$

$E_3 \to (E_1) \mid INTLIT$

Für die Operatoren – und / fügt man einfach analoge Regeln für E_1 und E_2 ein.

4.6 Top-Down-Parser

Noam Chomsky hat Grammatiken eingeführt, um damit Wörter zu generieren. Im Compilerbau stellt sich aber das entgegengesetzte Problem: Wir wollen erkennen, ob ein Wort zu der durch die Grammatik generierten Sprache gehört.

Ein Programm, das zu einer gegebenen kontextfreien Grammatik G und einem Eingabewort w entscheidet, ob das Wort zu der von G erzeugten Sprache gehört ($w \in L(G)$), heißt *Parser*. Das Eingabewort, also der Quelltext, ist genau dann grammatikalisch korrekt, wenn es vom Parser als zur Sprache gehörig erkannt wird.

Für die weiteren Phasen reicht uns die bloße Information, ob das Programm syntaktisch korrekt ist oder nicht, aber nicht aus. Wir müssen wissen, welche Anweisungen im Quelltext vorkommen, welche Variablen deklariert wurden, welche Ausdrücke zu berechnen sind etc. Damit werden wir uns aber erst im nächsten Kapitel beschäftigen, und daher blenden wir diesen Aspekt in diesem Kapitel aus.

Wir betrachten nun ein Verfahren, mit dem ein Parser konstruiert werden kann, indem man versucht, vom Startsymbol ausgehend das Eingabewort zu erzeugen. Dieser Typ Parser heißt daher *Top-Down-Parser*.

Der Algorithmus eines Top-Down-Parsers ist relativ simpel:

4 Syntaxanalyse

[4.1] **Algorithmus für einen Top-Down-Parser**

Eingabe: Grammatik $G = (N, T, P, S)$, Eingabewort $w \in T^*$

Ausgabe: Syntaxbaum zu w

Markiere Wurzel mit S

Wenn mit Nonterminalsymbol markierter Blattknoten vorhanden

  Wiederhole

    Wähle unter diesen einen mit einem Nonterminalsymbol A markierten

      Blattknoten

    Wähle zu A eine Regel $A \to \alpha_1 \dots \alpha_n$

      Erzeuge Knoten $\alpha_1, \dots, \alpha_n$ als Nachfolger des mit A markierten Knotens

  Wenn Blattmarkierungen mit w übereinstimmen, **dann**

    ist der konstruierter Baum der Syntaxbaum zu w;

    die in der Schleife ausgewählten Regeln bilden eine Ableitung für w

  sonst Syntaxfehler.

Betrachten wir ein Beispiel, um die Funktionsweise des Algorithmus' zu verstehen:

Beispiel 4.14

Gegeben ist $w = ac$ und folgende Grammatik:

$S \to AB$

$A \to aA$

$A \to c$

$B \to b$

$B \to \varepsilon$

Wir beginnen mit der Wurzel S und ersetzen, da es nur eine Produktionsregel für S gibt, S durch die rechte Seite, also AB:

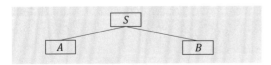

Abbildung 4.11 Ableitungsbaum 1. Schritt

Wir können jetzt einen der beiden Blattknoten *A* oder *B* auswählen. Für *A* gibt es zwei Regeln. Der Algorithmus lässt uns die Wahl, welche der beiden Regeln wir anwenden. Probieren wir es mit $A \rightarrow aA$:

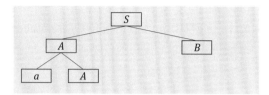

Abbildung 4.12 Ableitungsbaum 2. Schritt

Wieder können wir zwischen zwei Blattknoten *A* und *B* wählen. Falls wir wieder *A* selektieren und die Regeln $A \rightarrow aA$ anwenden, erhalten wir:

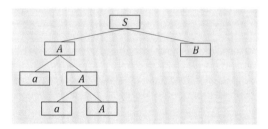

Abbildung 4.13 Ableitungsbaum 3. Schritt

Nun könnten wir wieder *A* auswählen und mit derselben Regel ersetzen und so weiter … wir sind in einer Endlosschleife!

Außerdem erkennen wir, dass der Baum bereits zwei Blätter mit der Markierung *a* enthält, das zu erkennende Wort *w* = *ac* aber nur eines. Die benutzte Auswahl von Regeln wird also nicht zum Ziel führen, obwohl ja das Wort offensichtlich zu der Sprache gehört, die durch die Grammatik erzeugt wird.

Woran liegt das? Die Anweisungen des Algorithmus, die mit »Wähle« beginnen, sind nichtdeterministisch! In der einfachen Form, d. h. ohne zusätzliche Heuristiken, garantiert der Algorithmus nicht für jede Grammatik die Terminierung und ist außerdem ineffizient.

Wir müssen uns also auf die Suche nach einem deterministischen Algorithmus machen.

4.6.1 Rekursiver Abstiegs-Parser

Bei der lexikalischen Analyse hatten wir anfangs einen Ad-hoc-Scanner betrachtet, ein Programm, das für eine gegebene Menge an regulären Ausdrücken die Logik zur Erkennung eines Wortes »festverdrahtet« hat. Genauso können Sie bei der Syntaxanalyse vorgehen.

Beispiel 4.15

Für die Grammatik $S \rightarrow AB, A \rightarrow a \mid b, B \rightarrow bB \mid \varepsilon$ zeigt Listing 4.1 einen in C geschriebenen Top-Down-Parser.

```c
void S();
void A();
void B();
void check(char);
void ausgabe(char*);
char token;
void parser() {
   scanner(); // Vorausschau-Token lesen
   S();       // Eingabe analysieren
}
void S() {
   ausgabe("S -> AB");
   A(); B();
}
void A() {
  switch(token) {
    case 'a':
       ausgabe("A -> a"); check('a');
      break;
    case 'b':
      ausgabe("A -> b"); check('b');
      break;
    default:
      fehler("a oder b erwartet");
   }
}
void B() {
  if (token=='b') {
   ausgabe ("B -> bB"); check('b'); B();
  }
  else
   ausgabe("B -> epsilon");
}
void ausgabe(char *s){
```

```
  printf("%s\n", s);
}
void check(char expected){
  if ( token != expected ){
     fehler("Token %c gelesen, %c erwartet", token, expected);
     exit(1);
   }
  else scanner();     // nächstes Token lesen
}
int main() {
  parser();
}
```

Listing 4.1 Top-Down-Parser in C

Die Funktion scanner() ist hier nicht aufgeführt; in diesem Beispiel reicht es, wenn scanner() einfach nur die C-Standardfunktion getchar() aufruft und das nächste Zeichen in der Variablen token ablegt.

Wie läuft das Programm ab? Die Funktion parser() ruft die Funktion S() auf, die die Regel für das Startsymbol umsetzt, die nacheinander dann A() und B() aufruft. In den Regeln, in denen Alternativen vorhanden sind, wird in der entsprechenden Funktion (A() und B()) eine Fallunterscheidung aufgrund des nächsten Tokens getroffen.

Die Rekursion in den Grammatikregeln wird einfach durch rekursive Aufrufe der Funktionen umgesetzt. Entsprechend nennt man einen solchen Parser auch *rekursiver Abstiegs-Parser* oder auf Englisch *recursive-descent parser*.

Rekursive Abstiegs-Parser wurden bereits zu Beginn der 1960er-Jahre von Peter Lucas von der TH Wien [Lucas, 1961] und Melvin Conway [Conway, 1963] beschrieben.

Diese Art, Top-Down-Parser zu implementieren, ist sehr populär, und viele Compiler nutzen den rekursiven Abstieg.

Trotzdem sind mit der Erstellung eines rekursiven Abstiegs-Parsers einige Schwierigkeiten verbunden, auf die wir jetzt eingehen wollen.

Zum einen führt Linksrekursion in der Grammatik zu Endlosschleifen!

Ersetzen Sie in obigem Beispiel einmal die Regel $B \to bB$ durch $B \to Bb$: Die Funktion B() würde sich endlos selbst aufrufen. Wir werden gleich aber sehen, dass das Problem durch geschickte Transformation der Grammatik umgangen werden kann.

Zum anderen kann es notwendig sein, in bereits begonnenen Regeln weitere Fallunterscheidungen zu treffen.

Betrachten wir dazu die leicht abgewandelte Grammatik

$S \to AB, A \to ax \mid a, B \to bB \mid \varepsilon$.

Die Funktion A() für diese Grammatik sehen Sie in Listing 4.2:

```
void A() {
  if (token=='a') {
    check('a');
    if (token == 'x') {
      ausgabe("A->ax");
      check('x');
    }
    else {
      ausgabe("A->a");
    }
  }
}
```

Listing 4.2 Rekursiver Abstiegs-Parser – Beispiel 2

Hier wird beim Eingabewort $w = abb$ zunächst in der Funktion A() das a gelesen und dann das nächste Zeichen mit x verglichen. Da das nächste Zeichen aber ein b ist, wird der Versuch, die Regel $A \to ax$ anzuwenden, eingestellt und »nur« die Regel $A \to a$ angewandt. Das Token x wird gewissermaßen zurückgelegt.

Schlussendlich gilt das Gleiche wie für den Ad-hoc-Scanner aus Kapitel 3: Die direkte Programmierung ist fehleranfällig und daher besonders für den Anfang schwierig.

4.6.2 Grammatiktransformationen

Im vorigen Abschnitt haben wir gesehen, dass der rekursive Abstiegs-Parser linksrekursive Produktionsregeln nicht verarbeiten kann, weil er dann in Endlosschleifen gerät. Glücklicherweise kann man diese aber eliminieren, indem man ein neues Nichtterminalsymbol einführt:

Regel zur Elimination von direkter Linksrekursion

Eine linksrekursive Produktion $X \to X\alpha \mid \beta$ kann man ersetzen durch:

$X \to \beta X'$

$X' \to \alpha X' \mid \varepsilon$

Beispiel 4.16

$A \rightarrow Aax \mid bb$

Das Anwenden der obigen Regel führt zu:

$A \rightarrow bb\,A'$

$A' \rightarrow axA' \mid \varepsilon$

Das Wort $w = bbax$ lässt sich durch die ursprüngliche linksrekursive Regel ableiten: $A \Rightarrow Aax \Rightarrow bbax$. Mit der neuen, nicht mehr linksrekursiven Regel lässt es sich ableiten durch: $A \Rightarrow bbA' \Rightarrow bbaxA' \Rightarrow bbax$.

Neben der direkten Linksrekursion wie im Beispiel, bei dem das Nichtterminalsymbol A als erstes Symbol einer Regel A auftritt, gibt es noch zwei weitere Situationen, in denen Linksrekursion vorkommen kann:

Bei der *versteckten Linksrekursion* tritt eine Regel $A \rightarrow \alpha A$ auf, und α kann zu ε abgeleitet werden.

In diesem Fall wenden wir *Substitution* an: Die Nichtterminalsymbole B, die in α vorkommen, werden durch die rechten Seiten der Regeln ersetzt, bei denen B auf der linken Seite vorkommt. Gibt es mehrere Alternativen für B, wird jede Alternative eingesetzt und so α entsprechend oft ersetzt.

Beispiel 4.17

$A \rightarrow BAx \mid a$

$B \rightarrow b \mid \varepsilon$

Das Nichtterminal B in der ersten Regel soll ersetzt werden, dann entstehen stattdessen zwei Regeln für A:

$A \rightarrow bAx \mid Ax \mid a$

In dem Beispiel liegt eine versteckte Linksrekursion vor, weil B zu ε abgeleitet werden kann. Die durch Substitution entstehende Grammatik ist in der zweiten Alternative direkt linksrekursiv und mit der obigen Regel kann diese jetzt eliminiert werden.

Mit dem gleichen Trick können Sie auch den zweiten Fall, die *indirekte Linksrekursion* eliminieren.

Beispiel 4.18

$A \rightarrow Bx \mid a$

$B \to C \mid b$

$C \to A \mid c$

Durch Substitution von B ergibt sich:

$A \to Cx \mid bx \mid a$

$C \to A \mid c$

Und nach Substitution von C ergibt sich:

$A \to Ax \mid cx \mid bx \mid a$

Wie eben können wir jetzt die Regel für die Elimination der direkten Linksrekursion anwenden. In den Übungsaufgaben werden Sie aufgefordert, diese Elimination durchzuführen.

Bei der Diskussion des rekursiven Abstiegs-Parsers haben wir eine Grammatik betrachtet, die die Regel $A \to ax \mid a$ enthielt. Diese Regel führte dazu, dass der Parser zunächst das Token a verarbeitete, um dann zu testen, ob das nächste Token x ist. Man sieht leicht, dass man auch diese Komplikation aufheben kann, indem man das Token a aus der Regel »herausfaktorisiert«:

Regel zur Faktorisierung von Grammatiken

Eine Regel $A \to x\,\alpha \mid x\beta$, bei der die beiden rechten Seiten mit dem gleichen Terminalsymbol x beginnen, kann durch Faktorisierung umgeformt werden zu:

$A \to x\,A'$

$A' \to \alpha \mid \beta$

4.6.3 LL(1)-Parser

Was ist die Alternative zu dem selbst programmierten rekursiven Abstiegs-Parser?

Auch hier gilt die gleiche Antwort wie in Kapitel 3: Wir brauchen ein Verfahren, das wir (zum Beispiel wieder mit einer Tabelle) konfigurieren können und das einen immer gleichen Algorithmus ausführt.

Wir haben aber bereits gesehen, dass endliche Automaten nicht mächtig genug sind, um kontextfreie Sprachen zu erkennen. Also brauchen wir ein stärkeres Verfahren.

Um besser zu verstehen, warum endliche Automaten, die reguläre Sprachen erkennen können, nicht geeignet sind, um kontextfreie Sprachen zu erkennen, betrachten wir noch mal die Grammatik $S \rightarrow AB, A \rightarrow a \mid b, B \rightarrow bB \mid \varepsilon$.

Ein endlicher Automat müsste sich für die erste Regel »merken«, dass nach der Abarbeitung des Nichtterminals A noch B abgeleitet werden muss. Das kann ein endlicher Automat aber nicht, weil der aktuelle Zustand die einzige ihm zur Verfügung stehende Information ist.

Warum reichen dann endliche Automaten für reguläre Sprachen?

Erinnern Sie sich noch an die Definition der regulären Grammatiken? In einer regulären Grammatik sind alle Regeln von der Form $A \rightarrow wB$ oder $A \rightarrow w$ (rechtsregulär) oder $A \rightarrow Bw$ oder $A \rightarrow w$ (linksregulär).

Das bedeutet, dass es bei regulären Grammatiken überhaupt nicht die Notwendigkeit gibt, sich ein weiteres Nichtterminalsymbol zu merken, weil in den Regeln maximal ein Nichtterminalsymbol auftreten kann!

Denken Sie darüber bitte noch einen Moment nach.

Der rekursive Abstiegs-Parser »merkt« sich die weiteren Nichtterminalsymbole, indem die Aufrufe der Funktionen im Code hintereinander angeordnet sind:

```
void S() {
   ausgabe("S -> AB");
   A(); B();
}
```

Listing 4.3 Ausschnitt aus dem rekursiven Abstiegs-Parser

Wir benötigen also einen Automaten, der die Möglichkeit hat, sich das Nichtterminal B in einem Speicher zu merken und nach der Ableitung von A darauf zuzugreifen.

Dazu benutzen wir einen *Keller* (engl. *stack*), eine Datenstruktur, die die Verwaltung von Daten nach dem Prinzip *Last-In, First-Out* (LIFO) erlaubt. Wie bei einem Stapel Bücher beispielsweise kann man immer nur das letzte Element wieder entfernen; das zuunterst liegende Element ist das erste, das abgelegt wurde.

Das Ablegen eines Elements wird mit *push* bezeichnet, das Entnehmen des obersten Elements mit *pop*. Abbildung 4.14 verdeutlicht das Prinzip.

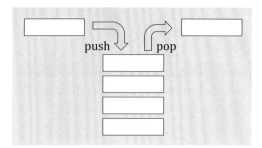

Abbildung 4.14 Das Prinzip eines Kellers bzw. Stacks

Ein tabellengesteuerter Top-Down-Parser benötigt also neben einer Tabelle auch einen Stack, in dem die noch zu behandelnden Nichtterminalsymbole abgelegt werden und auf den er mit Push und Pop zugreift.

Damit können wir den tabellengesteuerten Top-Down-Parser skizzieren:

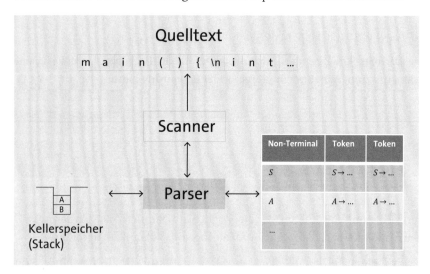

Abbildung 4.15 Tabellengesteuerter Top-Down-Parser

Die Tabelleneinträge sind jetzt die Grammatikregeln, die der Parser auf das zuoberst auf dem Stack liegende Nichtterminalsymbol anwenden soll, wenn ein bestimmtes Token vorliegt. Die Nichtterminalsymbole werden in die Zeilen und die Terminalsymbole in die Spalten der Tabelle eingetragen.

Das nächste Token, das der Parser »sehen« kann, nennen wir den *Lookahead* (auf Deutsch: *Vorausschau*). Es ist natürlich möglich, dass der Parser auch mehrere Tokens vorausschauen kann; bei *k* Tokens sprechen wir von »Lookahead k«.

Im Folgenden beziehen wir uns auf den in der Praxis eigentlich ausschließlich vorkommenden Fall $k = 1$.

Diese Art Parser wird *LL(1)-Parser* genannt: Dabei steht das erste »L« für »links«, weil das Eingabewort von links nach rechts gelesen wird, und das zweite »L« steht ebenfalls für »links«, weil wir eine *Linksableitung* finden wollen. Die »1« gibt an, dass wir mit einem Lookahead von 1 arbeiten, also ein Zeichen weit vorausschauen können.

Die LL(k)-Verfahren gehen auf Lewis und Stearns [Lewis & Stearns, 1968] und Donald Knuth [Knuth D. E., 1971] zurück.

Wie werden die Grammatikregeln in den Einträgen der Tabelle bestimmt?

In dem rekursiven Abstiegs-Parser (siehe Listing 4.1) gab es für A zwei Regeln: $A \to a \mid b$, und die Funktion A() vergleicht das nächste Token mit a und b.

In diesem einfachen Fall ist klar, dass für das Nichtterminal A für das Token a die Regel $A \to a$ und im anderen Fall die Regel $A \to b$ eingetragen werden muss.

Was aber, wenn die Regel beispielsweise $A \to Ba \mid b$ lautet? Jetzt hängt die Auswahl der Regel davon ab, welches das erste Zeichen der rechten Seite der Regel für B ist.

Diese ersten möglichen Zeichen bezeichnet man als die *First-Menge*.

> **Definition 4.10: First-Menge**
>
> Sei α eine Folge von Terminal- und Nichtterminalzeichen, also $\alpha \in (T \cup N)^*$, dann ist $First(\alpha)$ die Menge der führenden Terminalzeichen aller Wörter, die sich aus α ableiten lassen:
>
> $$First(\alpha) = \{t \in (T \cup \{\varepsilon\}) \mid \alpha \stackrel{*}{\Rightarrow} t\beta \land (t\beta = \varepsilon \lor t \in T)\}$$

Wenn sich also aus α eine Satzform $t\beta$ ableiten lässt, bei der t ein Terminalsymbol ist, dann gehört t zu $First(\alpha)$. Ist jedoch $t\beta = \varepsilon$, dann gehört ε zu $First(\alpha)$.

Wie können wir die First-Menge berechnen? Dazu überlegen wir uns, welche Grammatikregeln auftreten können:

> **Algorithmus zur Berechnung der First-Mengen** [4.2]
>
> **Wiederhole**
>
>   **Für alle** Nichtterminalsymbole $A \in N$ betrachte alle Regeln für A:
>
>   **Wenn** die Regel die Form $A \to \varepsilon$ hat, dann füge ε zu $First(A)$ hinzu.
>
>   **Wenn** die Regel die Form $A \to a\beta$ hat, dann füge a zu $First(A)$ hinzu.

> Wenn die Regel die Form $A \to \alpha_1 \ldots \alpha_n$ hat, dann untersuchen wir die First-Mengen von α_1 bis α_n von links nach rechts:
>
> **Wenn** $\varepsilon \in First(\alpha_1)$ und $\ldots \varepsilon \in First(\alpha_n)$, **dann** ist $\varepsilon \in First(A)$.
>
> **Sonst:**
>
> Für alle $1 \leq i \leq n$: $First(A) := First(A) \cup (First(\alpha_i) \setminus \{\varepsilon\})$,
>
> so lange, bis $\varepsilon \notin First(\alpha_i)$
>
> **So lange,** bis sich die First-Mengen nicht mehr ändern.

Beispiel 4.19

Gegeben sei die Grammatik:

$S \to AB$

$A \to b \mid cB \mid \varepsilon$

$B \to dd$

Um die First-Mengen der Nichtterminalsymbole S, A und B zu berechnen, beginnt man »unten«, das heißt bei den Nichtterminalsymbolen, in deren Regeln die wenigsten Nichtterminalsymbole auf der rechten Seite auftreten.

Dies ist hier der Fall bei B, bei dessen einziger Regel gar kein Nichtterminalsymbol auf der Seite auftritt.

Wir wenden den zweiten Fall ($A \to a\beta$) auf die Regel $B \to bb$ an und erhalten $d \in First(B)$. Da es keine weitere Regel für B gibt, ist somit $First(B) = d$.

A hängt nur von B ab, und die First-Menge von B haben wir gerade bestimmt. Gehen wir die einzelnen Regeln für A durch:

- $A \to b$: Auch hier ist der zweite Fall anwendbar, und somit ist dann $b \in First(A)$.
- $A \to \varepsilon$: Nach dem ersten Fall ist $\varepsilon \in First(A)$.
- $A \to cB$: Nach dem zweiten Fall ist daher $c \in First(A)$.

Da es für A nur diese drei Regeln gibt, können wir die drei Ergebnisse zusammenfassen und erhalten:

$$First(A) = \{b, c, \varepsilon\}$$

Es bleibt noch S mit der Regel $S \to AB$ übrig. Hierfür passt der dritte Fall mit $\alpha_1 = A$ und $\alpha_2 = B$. Da zwar ε in $First(A)$ auftritt, aber nicht in $First(B)$, müssen wir den »Sonst«-Fall anwenden:

$i = 1: First(S) := First(A)\setminus\{\varepsilon\} = \{b, c\}$

$i = 2: First(S) = First(S) \cup (First(B)\setminus\{\varepsilon\}) = \{b, c\} \cup \{d\} = \{b, c, d\}$

Hier terminiert die letzte »Für alle«-Schleife, da $First(B)$ nicht mehr ε enthält.

Einige kurze Bemerkungen dazu:

Kann für eine Satzform $\alpha \in \{N \cup T\}^*$ $First(\alpha) = \emptyset$ sein?

Theoretisch ja: Falls die Grammatik nutzlose [Zima, 1984] Nichtterminalsymbole enthält – das heißt, solche, zu denen es keine Ableitungen gibt, die zu Terminalwörtern $w \in T^*$ führen oder die gar nicht erst vom Startsymbol aus erreicht werden können –, dann ist die First-Menge dieser Terminalsymbole leer. Kontextfreie Grammatiken, bei denen es keine nutzlosen Symbole gibt, nennt man *reduzierte Grammatiken*.

Zu jeder kontextfreien Grammatik kann man eine äquivalente *reduzierte kontextfreie Grammatik* erstellen, indem man erst diejenigen Nichtterminalsymbole eliminiert, die nicht zu Terminalwörtern führen, und dann die nicht nichterreichbaren entfernt. Daher nehmen wir ab jetzt an, dass die Grammatiken, die wir betrachten, reduziert sind.

Reicht es, zu jedem Nichtterminal die First-Menge zu berechnen, damit der Parser eindeutig die anzuwendende Regel bestimmen kann?

Betrachten wir eine Grammatik, bei der es zwei Regeln $A \to \alpha$ und $A \to \alpha'$ gibt, dann können wir dies wie in Abbildung 4.16 darstellen. (Achtung: Dies ist kein Ableitungsbaum!)

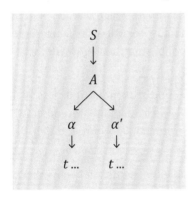

Abbildung 4.16 First-Menge

In diesem Beispiel gehört t zu $First(\alpha)$ und zu $First(\alpha')$, sodass der Parser nicht bestimmen kann, ob A zu α oder zu α' abgeleitet werden soll.

Daher fordern wir für die Grammatiken, die wir mit einem Top-Down-Parser parsen wollen:

4 Syntaxanalyse

> **Anforderung 1**
>
> Wenn es für ein Nichtterminalsymbol A zwei Regeln $A \to \alpha$ und $A \to \alpha'$ gibt, dann muss $First(\alpha) \cap First(\alpha') = \emptyset$ sein.

Damit ist eine Situation wie in Abbildung 4.16 ausgeschlossen.

Das reicht allerdings auch noch nicht! Was passiert, wenn zum Beispiel α' zu ε abgeleitet werden kann? Dann kommt es darauf an, was in der aktuellen Satzform rechts von A steht:

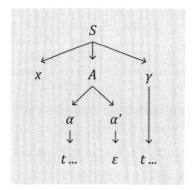

Abbildung 4.17 Follow-Menge

Das nächste Token, das der Parser sieht, ist t, allerdings kann t erreicht werden, indem entweder die Regel $A \to \alpha$ oder die Regel $A \to \alpha'$ angewandt wird, wobei bei Letzterer α' zu ε abgeleitet wird und aus dem Symbol γ, das rechts von A steht, auch ein Wort abgeleitet werden kann, das mit t beginnt.

Es könnte also vorkommen, dass die First-Mengen von α und α' disjunkt sind, dass aber trotzdem keine eindeutige Regelauswahl möglich ist, weil sich aus γ ein führendes Terminalzeichen ableiten lässt, das auch in der First-Menge von α vorkommt und sich aus $\alpha'\varepsilon$ ableiten lässt.

Die Menge der Terminalzeichen, die sich aus Worten ableiten lassen, die rechts von A stehen können, wird als *Follow-Menge* von A bezeichnet.

> **Definition 4.11: Follow-Menge**
>
> Die Follow-Menge von A, also *Follow(A)*, ist die Menge aller Terminalsymbole, die rechts von A in einer Satzform vorkommen können.
>
> $Follow(A) = \{\, t \in T \mid S \stackrel{*}{\Rightarrow} xA\gamma \text{ und } t \in First(\gamma)\,\}$.

Follow-Mengen werden nur für Nichtterminalsymbole benötigt.

Der Algorithmus zur Berechnung der Follow-Mengen durchläuft alle Nichtterminalsymbole und die Regeln, bei denen dieses Nichtterminal auf der *rechten* Seite vorkommt.

Nun könnte es ja vorkommen, dass das Eingabewort (also die Eingabedatei) zu Ende ist, sodass der Parser kein Zeichen danach mehr lesen kann. Um dieses kenntlich zu machen, verwenden wir das Symbol $.

> **Algorithmus zur Berechnung der Follow-Mengen** [4.3]
>
> // Initialisierung
> $Follow(S) := \{\$\}$
> **Für alle** $A \in N$ und $A \neq S$: $Follow(A) := \emptyset$
> // Erste Iteration
> **Für alle** $A \in N$
>   **Für alle** $B \rightarrow xA\gamma \in P : Follow(A) := Follow(A) \cup (First(\gamma) \setminus \{\varepsilon\})$
> // Zweite Iteration
> **Wiederhole**
>   **Für alle** $A \in N$
>   **Für alle** $B \rightarrow xA\gamma \in P$ mit $\varepsilon \in First(\gamma)$
> $Follow(A) := Follow(A) \cup Follow(B)$
> **So lange,** bis sich an den Follow-Mengen nichts mehr ändert.

Das sieht deutlich komplizierter aus als der Algorithmus zur Berechnung der First-Mengen, lässt sich aber leicht verstehen.

Zunächst wird *Follow(S)* mit {$} initialisiert, weil *S* ja das Startsymbol ist und die Ableitung von *S* das gesamte Eingabewort ergibt (falls dieses zur Sprache der Grammatik gehört) und somit danach das Eingabewort beendet ist. Alle anderen Mengen werden mit der leeren Menge initialisiert.

In der ersten Iteration werden die First-Mengen von γ einbezogen, wenn γ in einer Regel (direkt!) rechts von *A* steht. Dabei lassen wir ε weg, falls es in $First(\gamma)$ vorkommt.

In der zweiten Iteration müssen wir noch den Fall betrachten, dass γ zu ε abgeleitet werden kann. In diesem Fall müssen wir eine Ebene nach oben gehen und einbeziehen, was rechts von *B* steht:

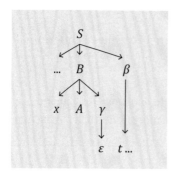

Abbildung 4.18 Iteration 2 bei der Berechnung der Follow-Mengen

Wenn also β in einer Satzform rechts von B steht und sich γ zu ε ableiten lässt, dann müssen wir die First-Menge von β einbeziehen. Oder anders gesagt: Wir fügen die Follow-Menge von B zur Follow-Menge von A hinzu.

Beispiel 4.20

$S \rightarrow Aa$

$A \rightarrow b \mid cB \mid \varepsilon$

$B \rightarrow bb$

- Initialisierung:

    $Follow(S) := \{\$\}$

    $Follow(A) := \emptyset$

    $Follow(B) := \emptyset$

- Erste Iteration:

    Für A auf der rechten Seite gibt es nur die Regel $S \rightarrow Aa$, und daher setzen wir: $Follow(A) := Follow(A) \cup First(a) = \emptyset \cup \{a\} = \{a\}$.
    Beachten Sie, dass $Follow(A)$ mit der leeren Menge initialisiert wurde und dass daher die Änderung von $Follow(A)$ möglich ist.

    Für B trifft die Regel $A \rightarrow cB$ zu. Da hier nichts rechts von B steht, wird $Follow(B)$ nicht verändert, bleibt also leer.

- Zweite Iteration:

    In der Regel $A \rightarrow cB$ steht hinter B nur das leere Wort ε, also müssen wir die Folge-Menge des Nichtterminals auf der linken Seite der Regel (also A) hinzunehmen:
    $Follow(B) := Follow(B) \cup Follow(A) = \emptyset \cup \{a\} = \{a\}$.

Danach ändern sich die Mengen nicht mehr und es ergibt sich:

$Follow(S) = \{\$\}, \ Follow(A) = Follow(B) = \{a\}$.

Kehren wir zurück zu der Frage, welche Anforderungen die Grammatik erfüllen muss, damit der Parser eindeutig eine Regel A → α oder A → α' auswählen kann. Offensichtlich – betrachten Sie dazu noch mal Abbildung 4.17 – lautet die zweite Anforderung wie folgt:

> **Anforderung 2**
>
> Wenn es für ein Nichtterminalsymbol A zwei Regeln $A \to \alpha$ und $A \to \alpha'$ gibt und $\varepsilon \in First(\alpha')$, dann muss $First(\alpha) \cap Follow(A) = \emptyset$.

Wenn die Grammatik diese beiden Anforderungen erfüllt, kann man den Algorithmus für die Erstellung der Parsertabelle aufstellen:

> **Algorithmus zur Erstellung der LL(1)-Parsertabelle** [4.4]
>
> **Eingabe**: Grammatik G = (N, T, P, S), die die beiden Anforderungen erfüllt.
>
> **Ausgabe**: Parsertabelle T, bei der die Spalten die Terminalzeichen inklusive $ sind und die Zeilen die Nichtterminalsymbole.
>
> **Für alle** $A \to \alpha \in P$:
>
>   **Für alle** Terminale $a \in First(\alpha)$:
>
> $T(A, a) = A \to \alpha$.
>
>   **Wenn** $\varepsilon \in First(\alpha)$, dann setze für jedes Terminal $b \in Follow(A)$:
>
> $T(A, b) = A \to \alpha$.
>
> Alle übrigen Tabelleneinträge bleiben leer. Sie zeigen an, dass das Eingabewort nicht durch die Grammatik erzeugt werden kann. Leere Einträge bedeuten also »Syntaxfehler«.

Der Algorithmus spiegelt also die Fälle in Abbildung 4.16 und Abbildung 4.17 wider.

Beispiel 4.21

$S \to aA$

$A \to B \mid cAd \mid \varepsilon$

$B \to bb$

Zunächst müssen wir die First- und die Follow-Mengen berechnen. Rechnen Sie diese als Übungsaufgabe nach!

$First(A) = \{b, c, \varepsilon\}$

$First(B) = \{b\}$

$First(S) = \{a\}$

Und für die Follow-Mengen:

$Follow(S) = \{\$\}$

$Follow(A) = \{d, \$\}$

$Follow(B) = \{d, \$\}$

Jetzt wenden wir den Algorithmus Produktion für Produktion (1. Spalte) an. Dabei notieren wir in der zweiten Spalte die First-Menge der rechten Seite der Regel und in der dritten Spalte analog die Follow-Menge, falls diese benötigt wird. In der letzten Spalte vermerken wir den gefundenen Tabelleneintrag:

Regel	First	Follow	T
$S \to aA$	$First(aA) = \{a\}$		$T(S, a) = S \to aA$
$A \to B$	$First(B) = \{b\}$		$T(A, b) = A \to B$
$A \to cAd$	$First(cAd) = \{c\}$		$T(A, c) = A \to cAd$
$A \to \varepsilon$	$First(\varepsilon) = \{\varepsilon\}$	$Follow(A) = \{d, \$\}$	$T(A, d) = A \to \varepsilon$ $T(A, \$) = A \to \varepsilon$
$B \to bb$	$First(bb) = \{b\}$		$T(B, b) = B \to bb$

Tabelle 4.1 Berechnung der LL(1)-Parsertabelle

Damit ergibt sich folgende Parsertabelle:

	a	b	c	d	$
S	$S \to aA$				
A		$A \to B$	$A \to cAd$	$A \to \varepsilon$	$A \to \varepsilon$
B		$B \to bb$			

Tabelle 4.2 LL(1)-Parsertabelle

Die meisten Tabelleneinträge sind leer. Was bedeutet das?

An der Startregel $S \to aA$ sieht man sofort, dass jedes Wort der Sprache, die durch diese Grammatik erzeugt wird, mit a beginnen muss. Sollte also das Eingabewort mit einem anderen Zeichen beginnen, gehört das Wort nicht zur Sprache und der Parser soll einen Fehler ausgeben. Daher sind alle anderen Felder in der Zeile S leer, weil sie nicht vorkommen. Das heißt, alle leeren Tabelleneinträge signalisieren Syntaxfehler – der Übersichtlichkeit halber verzichten wir daher darauf, die Fehlerfälle einzutragen.

Der umgekehrte Fall wäre, dass der Algorithmus für die gleiche Zelle zwei verschiedene Regeln einträgt. Das kann aber nicht passieren, weil wir ja vorausgesetzt haben, dass die Grammatik die beiden Anforderungen zur Überschneidungsfreiheit der First-Mengen von α und α' und der First-Menge von α mit der Follow-Menge von A erfüllt. Solche Grammatiken führen also zu einer eindeutigen Tabelle T.

Eine Grammatik G, die die Anforderungen 1 und 2 erfüllt, nennen wir LL(1)-Grammatik.

Betrachten wir aber nochmals Abbildung 4.16 und Abbildung 4.17, dann erkennen wir, dass wir in beiden Fällen herausfinden müssen, ob es zwei Wege (via α und α') gibt, um t zu finden. t ist aber sowohl in Abbildung 4.16 als auch in Abbildung 4.17 das erste Terminalzeichen, das sich aus $A\gamma$ ableiten lässt. Nach Definition ist dieses erste Terminalzeichen aber ja auch in $First(A\gamma)$ enthalten!

Daher können wir eine kürzere Formulierung für die Definition einer LL(1)-Grammatik angeben:

> **Definition 4.12: LL(1)-Grammatik**
> Eine Grammatik $G = (N, T, P, S)$ heißt LL(1), genau dann, wenn aus
> 1. $S \stackrel{*}{\Rightarrow} x A \gamma \Rightarrow x \alpha \gamma \stackrel{*}{\Rightarrow} x y$, und
> 2. $S \stackrel{*}{\Rightarrow} x A \gamma \Rightarrow x \alpha' \gamma \stackrel{*}{\Rightarrow} x y'$, und
> 3. $First(y) = First(y')$
>
> stets $y = y'$ folgt.

Nach der Überlegung oben ist diese Aussage äquivalent dazu, dass es in der LL(1)-Parsertabelle T höchstens einen Eintrag pro Zelle gibt.

Die grundlegende Eigenschaft von LL(1)-Grammatiken ist also, dass es beim Parsen eines Wortes $w = xy$ zur eindeutigen Bestimmung der nächsten Regel ausreichend ist, wenn wir bei Erreichen der Linkssatzform $xA\gamma$ das erste Zeichen von γ kennen. Das Anfangswort x ist an dieser Stelle irrelevant!

Um das Zusammenspiel zwischen der Tabelle, dem Lookahead und dem anfangs erwähnten Kellerspeicher zu verstehen, betrachten wir die ersten Schritte der Ableitung des Wortes $w = acbbd$:

$S \Rightarrow aA \Rightarrow acAd$

Der Parser hat also den Anfang *ac* gelesen – das interessiert uns nicht mehr, da wir ja nur von links nach rechts arbeiten. Er muss noch *Ad* verarbeiten – das merken wir uns im Stack/Kellerspeicher. Der Rest des Eingabewortes ist *bbd* und das aktuelle Token ist *b*.

Setzen wir das in die schematische Abbildung 4.15 ein, so erhalten wir das Ergebnis aus Abbildung 4.19:

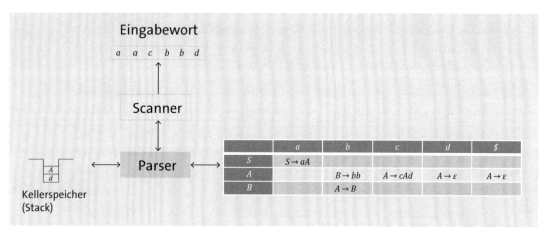

Abbildung 4.19 LL(1)-Parser

Der LL(1)-Parser nimmt sich nun das oberste Symbol vom Stack, liest das aktuelle Token und sieht dann in der Tabelle nach, welche Regel in dieser Zeile und Spalte anzuwenden ist.

In unserem Fall müssen wir also in Zeile A nachsehen, weil dies das oberste Symbol auf dem Stack ist, und in Spalte b, da dieses das nächste Token ist. Wie wir vorhin ausgerechnet haben, steht an dieser Stelle die Regel $A \rightarrow B$.

Die Ableitung lautet dann:

$S \Rightarrow aA \Rightarrow acAd \Rightarrow acBd$

Klar ist, dass wir jetzt noch *Bd* ableiten müssen: Wenn wir *A* vom Stack entfernen, weil wir die Regel $A \rightarrow B$ anwenden, müssen wir die Symbole auf der rechten Seite, also hier nur *B* auf dem Stack ablegen.

Was passiert mit dem aktuellen Token?

Versuchen Sie sich vorzustellen, was passiert, wenn wir jetzt das erste *b* als verarbeitet ansehen und das zweite *b* das aktuelle Token wäre. Nach der Tabelle würden wir dann die Regel $B \rightarrow bb$ anwenden, aber das Resteingabewort enthält ja nur noch ein *b* und nicht zwei wie in der Regel.

Also dürfen wir das aktuelle Token nicht nach rechts schieben, wenn das oberste Symbol ein Nichtterminalsymbol ist. Umgekehrt: Nur wenn auf dem Stack das oberste Symbol ein Terminalsymbol ist, dann »lesen« wir ein Zeichen der Eingabe und das nächste Zeichen wird das aktuelle Token. Dabei muss natürlich das Terminalsymbol auf dem Stack mit dem aktuellen Token übereinstimmen, ansonsten kann das Wort nicht zu der Sprache gehören.

Somit können wir den LL(1)-Parser-Algorithmus angeben:

Algorithmus für den LL(1)-Parser [4.5]

Annahmen:

Sei $G = (N, T, P, S)$ eine LL(1)-Grammatik und T die nach [4.4] bestimmte LL(1)-Parsertabelle.

w ist das zu parsende Eingabewort.

Zu jedem Zeitpunkt bezeichnet X das oberste Symbol auf dem Stack und push() und pop() die Funktionen zur Manipulation des Stacks.

Algorithmus:

push(S)

c sei das aktuelle Token

Wiederhole

  Wenn Stack leer und c = $, **dann**

    ausgabe("$w \in L(G)$")

    halt

  sonst

    Wenn X = c, **dann**

      pop()

      lies nächstes Token und weise es c zu

    sonst

      Wenn $X \in N$ und $T(X, c) = X \rightarrow \alpha_1 \ldots \alpha_n$, **dann**

        pop()

        push(α_n); ...; push(α_1)

          // Achtung: Die Symbole werden in umgekehrter

          // Reihenfolge auf den Stack geschoben, sodass α_1 oben liegt!

        ausgabe($X \rightarrow \alpha_1 \ldots \alpha_n$)

```
        sonst
            ausgabe("w∉L(G)")
            halt
```

Der Parser hält also entweder mit einer Erfolgsmeldung oder einer Fehlermeldung an.

Beispiel 4.22

Für die Grammatik aus Tabelle 4.1 und Tabelle 4.2 parsen wir das Eingabewort $w = acbbd$:

Inhalt des Stacks (Oberstes Symbol ist links.)	Restliches Eingabewort	Aktion
S	acbbd	$S \to aA$
aA	acbbd	pop, lies nächstes Token
A	cbbd	$A \to cAd$
cAd	cbbd	pop, lies nächstes Token
Ad	bbd	$A \to B$
Bd	bbd	$B \to bb$
bbd	bbd	pop, lies nächstes Token
bd	bd	pop, lies nächstes Token
d	d	pop, lies nächstes Token
	$	$w \in L(G)$

Tabelle 4.3 LL(1)-Parsing

Der Parser liest jedes Eingabezeichen genau einmal und benötigt daher $O(n)$ Schritte, wobei n die Länge des Eingabewortes ist. Wenn Sie mit der sogenannten »Groß-O«-Notation nicht vertraut sind: Die Anzahl der Schritte, die der Algorithmus benötigt, ist eine lineare Funktion über der Länge des Eingabewortes. Wir haben also einen »guten« Algorithmus!

Wir schließen dieses Unterkapitel mit einigen Bemerkungen zu LL(1)-Grammatiken:

▶ Für jede Grammatik G kann man entscheiden, ob sie LL(1) ist oder nicht.

Der Algorithmus in [4.4] konstruiert die Parsertabelle. Sollte in einer Zelle mehr als eine Regel stehen, ist die Grammatik nicht LL(1).

- LL(1)-Grammatiken sind nicht linksrekursiv.

  Zum Beweis siehe zum Beispiel [Zima, 1984], Seite 121.

- Zu jeder linksrekursiven Grammatik existiert eine äquivalente nicht linksrekursive Grammatik.

- LL(1)-Grammatiken sind eindeutig.

  Beweis analog zur ersten Bemerkung.

- Es gibt kontextfreie Grammatiken, die nicht LL(1) sind.

  Das bekannteste Beispiel für eine solche Grammatik ist das berüchtigte *Dangling-Else* [Aho, Sethi & Ullman, 1986].

  $S \rightarrow iEtSS' \mid a$

  $S' \rightarrow eS \mid \varepsilon$

  $E \rightarrow b$

  i steht hier für if, t für then, e für else, E für einen Ausdruck, S für ein Statement und b für einen booleschen Ausdruck (a ist lediglich ein Platzhalter für andere Arten von Anweisungen). Ein Beispiel ist das Wort *ibtaea* (if b then a else a).

  Ein anderes Beispiel zeigt das ganze Dilemma:

  ibtibtaea (if b then if b then a else a). Wohin gehört das arme else? Gehört es zum »inneren« if oder zum »äußeren«? Mit dieser Grammatik wäre beides möglich.

  Ist die Grammatik überhaupt LL(1)? Dazu berechnen wir die First- und Follow-Mengen:

  $First(E) = \{b\}, Follow(E) = \{t\}$

  $First(S) = \{a, i\}, Follow(S) = \{\$, e\}$

  $First(S') = \{\varepsilon, e\}, Follow(S') = \{e, \$\}$

  Für die Regel $S' \rightarrow eS$ ist $First(eS) = \{e\}$, und daher setzen wir $T(S', e) = S' \rightarrow eS$.

  Für die Regel $S' \rightarrow \varepsilon$ müssen wir die Follow-Menge von S' $\{e, \$\}$ betrachten und daher zweimal die Regel eintragen: $T(S', e) = S' \rightarrow \varepsilon$ und $T(S', \$) = S' \rightarrow \varepsilon$.

  Wir haben also an der Stelle $T(S', e)$ beide Regeln für S' eingetragen! Das spiegelt genau die Frage von oben wider: Gehört das else zum inneren if (dann müssen wir die Regel $S' \rightarrow eS$ anwenden) oder zum äußeren (dann müssen wir zuerst die Regel $S' \rightarrow \varepsilon$ anwenden und danach die andere Regel).

  Die Anforderung 2 ist also verletzt und die Grammatik ist nicht LL(1).

  Kann man durch Grammatiktransformationen eine äquivalente LL(1)-Grammatik finden? Das ist für viele kontextfreie Sprachen möglich, aber für die Sprache, die durch die If-Then-Else-Grammatik oben erzeugt wird, ist das nicht der Fall. Jede Transformation führt nach wenigen Schritten wieder auf eine Grammatik, die erneut transformiert werden muss.

Tatsächlich kommt dieses Beispiel bei Programmiersprachen vor (so auch in SPL). Bei der nächsten Klasse von Parsern, die wir im folgenden Abschnitt besprechen, werden wir auf dieses Beispiel zurückkommen.

4.7 Bottom-Up-Parser

Bei den Top-Down-Parsern haben wir versucht, vom Startsymbol aus das Eingabewort abzuleiten, und mit dem LL(1)-Parser eine Methode gefunden, um das Eingabewort in linearer Zeit zu erkennen.

Wozu also ein alternatives Verfahren?

Betrachten wir dazu noch einmal die Grammatik für einfache Ausdrücke, diesmal aber mit Subtraktion statt Addition:

$E \to E - T \mid T$

$T \to (E) \mid IntLit$

Offensichtlich ist die Grammatik linksrekursiv, und nach der Elimination der Linksrekursion mit der Methode aus Abschnitt 4.6.2 erhalten wir:

$E \to T\ E'$

$E' \to - T\ E' \mid \varepsilon$

$T \to (E) \mid IntLit$

Sicherlich finden Sie auch die linksrekursive Ausgangsgrammatik »natürlicher« als die untere Grammatik, die aber LL(1) ist.

Leiten wir einmal das Wort 0 − 2 − 5 mit beiden Grammatiken ab:

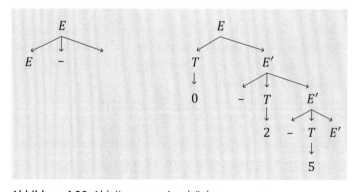

Abbildung 4.20 Ableitung von Ausdrücken

Ich denke, Sie sehen den Unterschied: Der linke Baum in Abbildung 4.20 spiegelt korrekt die Linksassoziativität wider, aber was ist bei dem rechten los?

Zumindest ist unklar, wie $-T\,E'$ zu interpretieren ist: Fasst man es als $T - E'$ auf, wäre das Minus rechtsassoziativ, also falsch.

Die in diesem Abschnitt beschriebenen Bottom-Up-Parser können mit Linksrekursion umgehen, sodass eine Transformation wie oben nicht notwendig ist.

Starten wir mit einem Beispiel:

Beispiel 4.23

$S \rightarrow ABC$,

$A \rightarrow aa \mid b$,

$B \rightarrow bbB \mid \varepsilon$

$C \rightarrow c$

$w = aabbc$

Wir beginnen mit dem Eingabewort w und wollen von diesem ausgehend den Ableitungsbaum konstruieren: Im ersten Schritt wenden wir die Regel $A \rightarrow aa$ rückwärts an. Einen solchen Schritt nennen wir *Reduktion* (engl. *reduce*). Die so entstehende Satzform ist dann *Abbc*, und darin reduzieren wir ε zu B. Dann reduzieren wir bbB zu B, womit wir *ABc* erhalten. Über *ABC* erhalten wir schließlich S:

$aabbc \rightarrow Abbc \rightarrow AbbBc \rightarrow ABc \rightarrow ABC \rightarrow S$

Da wir S erreichen konnten, gehört das Wort zur Sprache.

Schreiben wir diese Folge umgekehrt auf, sehen wir, dass es sich um eine Rechtsableitung handelt:

$S \Rightarrow ABC \Rightarrow ABc \Rightarrow AbbBc \Rightarrow Abbc \Rightarrow aabbc$

Aus diesem Grund sprechen wir daher von *LR-Verfahren*, wobei das L für das Lesen des Eingabewortes von links nach rechts steht und R für *Rechtsableitung*. Erstaunlicherweise sind LR-Parser älter als LL-Parser, sie gehen ebenfalls auf Knuth [Knuth D. E., 1965] zurück, obwohl sie schwieriger zu konstruieren sind.

Der grundlegende Unterschied zu LL-Parsern ist, dass LR-Parser von unten nach oben arbeiten und daher schon die rechte Seite einer Produktion vollständig gelesen haben (im Beispiel oben haben wir aa gelesen und dann mit der Regel $A \rightarrow aa$ reduziert). So wurde in dem Beispiel eben zuerst die Zeichenkette aa gelesen, bevor die Produktion

$A \to aa$ angewandt wurde. Ein LL-Parser hätte mit Vorausschau schon beim ersten a bestimmen müssen, ob diese Produktion anwendbar ist.

Dadurch steht dem LR-Parser mehr Information zur Verfügung und wir sollten erwarten, dass LR-Parser mächtiger sind und daher eine größere Sprachklasse als die LL-Parser abdecken können. Ob diese Erwartung richtig ist, werden wir am Ende dieses Abschnitts auflösen.

4.7.1 LR(0)-Parser

Der Parser-Algorithmus muss, da es sich ja immer noch um kontextfreie Grammatiken handelt, genau wie der Top-Down-Parser einen Stack als Speicher benutzen. Allerdings müssen wir jetzt den Stack nutzen, um Satzformen aufzubauen, die wir dann reduzieren (engl. *reduce*) können. Dieses Aufbauen geschieht dadurch, dass wir jeweils das nächste Zeichen des Eingabewortes auf den Stack »schieben« (engl. *shift*).

Tabelle 4.4 zeigt das Verfahren anhand des Beispiels in der Art und Weise, wie wir dies in Tabelle 4.3 für den LL(1)-Parser getan haben:

Inhalt des Stacks (Oberstes Symbol ist rechts.)	Restliches Eingabewort	Aktion
	aabbc	Schiebe a
a	abbc	Schiebe a
aa	bbc	Reduziere $aa \to A$
A	bbc	Schiebe b
Ab	bc	Schiebe b
Abb	c	Schiebe ε
Abbε	c	Reduziere $\varepsilon \to B$
AbbB	c	Reduziere $bbB \to B$
AB	c	Schiebe c
ABc		Reduziere $c \to C$
ABC		Reduziere $ABC \to S$
S		akzeptiere

Tabelle 4.4 Das LR-Verfahren

Immer, wenn die obersten Symbole auf dem Stack der rechten Seite einer Grammatikregel entsprechen und die Reduktion zu dem Nichtterminal der linken Seite der Regel umgekehrt einer Rechtsableitung entspricht, sprechen wir von einem *Handle* (der deutsche Terminus »Griff« ist eher unüblich). In Tabelle 4.4 sind die Handles hervorgehoben: *aa*, *ε*, *bbB*, *c* und *ABC*.

Damit können wir den Algorithmus nun auch formal aufschreiben:

> **Algorithmus für den LR-Parser** [4.6]
>
> **Solange** Dateiende nicht erreicht
>
>   **Wenn** das oberste Stacksymbol das rechte Ende eines Handles ist, gehe im Stack nach unten, bis ein Handle β vollständig erkannt ist. Ersetze (reduce) dann das Handle durch das Nichtterminalsymbol A, wobei $A \rightarrow \beta \in P$.
>
>   **Sonst**   Shift

Wenn Sie sich den Algorithmus ansehen und noch mal auf das Beispiel anwenden, werden Sie auf (mindestens) ein Problem stoßen: In der Zeile, die mit *Ab* beginnt, hatten wir uns entschlossen, als Nächstes noch ein *b* zu schieben. Aber warum? *b* ist die rechte Seite der Regel $A \rightarrow B$ und somit ein Handle. Es wäre also möglich gewesen, statt eines Shift auch eine Reduce-Aktion durchzuführen. In einem solchen Fall sprechen wir von einem *Shift-Reduce-Konflikt* – sowohl ein Shift als auch ein Reduce wären für den LR-Parser valide Aktionen an dieser Stelle gewesen.

Ebenso unangenehm sind die *Reduce-Reduce-Konflikte*, bei denen zwei verschiedene Reduktionen möglich wären. Die Parsergeneratoren, die Sie in Abschnitt 4.9 kennenlernen werden, bieten Heuristiken, um solche Konflikte aufzulösen.

Im Rest dieses Kapitels werden wir annehmen, dass das Startsymbol S nicht auf der rechten Seite einer Produktion vorkommt. Das ist keine Restriktion, weil wir, falls erforderlich, einfach ein neues Startsymbol S' definieren und eine zusätzliche Produktion $S' \rightarrow S$ hinzufügen können. Eine solche Grammatik heißt *erweiterte Grammatik*.

Um zu einem Parser-Algorithmus und einer Berechnung der Parsertabelle zu gelangen, benötigen wir etwas Vorarbeit:

> **Definition 4.13: Lebensfähiges Präfix**
>
> Ein *lebensfähiges Präfix* (engl. *viable prefix*) ist der Beginn einer Satzform, die durch eine Rechtsableitung aus dem Startsymbol entstanden ist, die aber nicht über das rechte Ende des am weitesten rechts stehenden Handles hinausragt.
>
> δ ist also ein lebensfähiges Präfix, wenn es eine Rechtsableitung
> $S \stackrel{*}{\Rightarrow} \beta A \gamma \Rightarrow \beta A y$ gibt, sodass δ Präfix von $\beta\alpha$ ist.

Beispiel 4.24

$S \to A \mid B$

$A \to aa \mid b$

$B \to bbB \mid c$

Die möglichen Rechtsableitungen sind:

$S \Rightarrow A \Rightarrow aa$ oder

$S \Rightarrow A \Rightarrow b$ oder

$S \Rightarrow B \Rightarrow bbB \Rightarrow ... \Rightarrow b^{2i}B \Rightarrow b^{2i}c$ mit $i \geq 1$ oder

$S \Rightarrow B \Rightarrow c$

Die Handles sind daher: S, A, B, aa, b, bbB, c. Die Menge der lebensfähigen Präfixe ist $\{S, A, B, \varepsilon\} \cup \{a, aa\} \cup \{b\} \cup \{b^{2i} \mid i \geq 1\} \cup \{b^{2i}c \mid i \geq 1\} \cup \{c\}$.

Der LR(0)-Parser ist ein deterministischer *Kellerautomat*, der neben einer endlichen Zustandsmenge einen Keller (Stack) besitzt und dessen Überführungsfunktion aufgrund des aktuellen Zustandes und mithilfe eines Eingabezeichens und des obersten Stacksymbols den nächsten Zustand bestimmt und ggf. den Stackinhalt ändert. Auf dem Stack werden wir nicht nur Symbole ablegen, sondern auch Zustände, wie Sie später sehen werden.

Bei dem tabellengesteuerten LL(1)-Parser handelt es sich auch um einen Kellerautomaten, der aber nur einen Zustand besitzt, den wir daher immer weggelassen haben.

Um diese Idee weiter zu erkunden, benötigen wir eine Darstellung der Inhalte der Zustände:

> **Definition 4.14: LR(0)-Elemente**
>
> Ein *LR(0)-Element* einer Grammatik G ist eine Produktion von G mit einem Punkt an irgendeiner Stelle der rechten Seite.

Beispiel 4.25

Zu der Produktion $S \to ABC$ gibt es vier LR(0)-Elemente: $S \to .ABC$, $S \to A.BC$, $S \to AB.C$, $S \to ABC.$

Die LR(0)-Elemente zeigen an, welche Symbole sich bereits auf dem Stack befinden können, nämlich die, die links vom Punkt stehen.

Da der Parser von links nach rechts arbeitet, müssen die Symbole links vom Punkt eines LR(0)-Elements, das während des Parsens auftritt, lebensfähige Präfixe des Eingabeworts sein.

> **Definition 4.15: Kollektion**
>
> Eine Menge von LR(0)-Elementen heißt *Kollektion*.

> **Definition 4.16: Gültige LR(0)-Elemente**
>
> Ein LR(0)-Element $A \rightarrow \alpha_1 . \alpha_2$ heißt *gültig* für ein Präfix δ, wenn es eine Rechtsableitung $S \stackrel{*}{\Rightarrow} \beta A y \Rightarrow \beta \alpha_1 \alpha_2 y$ gibt und $\delta = \beta \alpha_1$.

Jetzt müssen wir »nur noch« die gültigen LR(0)-Elemente bestimmen, um die Zustände des Automaten zu erhalten.

Das leistet der Algorithmus in [4.7], für den wir aber noch zwei Hilfsfunktionen benötigen.

> **Definition 4.17: Hülle**
>
> Sei *I* eine Menge von LR(0)-Elementen. *Hülle(I)* für eine erweiterte Grammatik *G* ist die Menge von Elementen, die aus *I* durch eine der folgenden Regeln konstruiert wird:
>
> 1. Jedes Element aus *I* gehört zu Hülle(*I*).
> 2. Wenn $C \in N, A \rightarrow \alpha . C\beta \in$ Hülle(I) und $C \rightarrow \gamma \in P$, dann ist $C \rightarrow . \gamma \in$ Hülle(I).

Der zweite Teil der Definition bedeutet, dass in einer Menge von LR(0)-Elementen diejenigen herausgesucht werden, bei denen ein Nichtterminalsymbol *C* direkt rechts neben dem Punkt steht. In diesem Fall werden aus den Produktionen für *C* LR(0)-Elemente gebildet, die mit einem Punkt beginnen.

Während des Parsens können wir uns das – vereinfacht – wie folgt vorstellen:

Wenn $A \rightarrow \alpha . C\beta \in$ Hülle(I), dann wird der Parser versuchen, als Nächstes ein Teilwort zu lesen, das aus $C\beta$ ableitbar ist.

Da sich *C* zu γ ableiten lässt, können wir $C \rightarrow . \gamma$ zu der Hülle hinzunehmen, denn das Teilwort, das aus $C\beta$ ableitbar ist, wird mit einem Wort beginnen, das sich aus γ ableiten lässt.

Wir steigen also so lange im möglichen Ableitungsbaum »nach unten«, wie wir Nichtterminalsymbole direkt rechts neben dem Punkt finden.

> **Definition 4.18: Sprungfunktion für LR(0)**
> Sei I_j eine Menge von LR(0)-Elementen und X ein Terminal- oder Nichtterminalsymbol, dann ist Sprung(I_j, X) die Hülle der Menge aller Elemente $A \rightarrow \alpha X.\beta$, sodass $A \rightarrow \alpha.X\beta$ in I_j ist.

Ein Sprung von der Menge I_j bei Symbol X ist nur möglich, wenn I_j Elemente enthält, die einen Punkt direkt vor X haben. I_j ist dabei der oberste Zustand auf dem Stack, und X ist das Symbol, zu dem im gleichen Schritt reduziert wurde. Sprung(I_j, X) berechnet dann die nächste Kollektion. Die Kollektionen sind die Zustände des Automaten und lassen sich mit folgendem Algorithmus berechnen. Dabei beginnen wir mit der Hülle der Startregel der erweiterten Grammatik mit dem Punkt links.

[4.7]
Algorithmus zur Berechnung der kanonischen Kollektion K

$I_0 := $ Hülle($\{S' \rightarrow .S\$\}$)   // Startzustand

$K := \{I_0\}$

Wiederhole
  Für jeden Zustand I_j in K
    Für jedes Element $A \rightarrow \alpha.X\beta$ in I_j
      Wenn Sprung$(I_j, X) \neq \emptyset$ und Sprung$(I_j, X) \notin K$, dann
        füge Sprung(I_j, X) zu K hinzu
So lange, bis sich nichts mehr an K ändert.

Die Menge K heißt *kanonische Kollektion* von G, die Elemente von K (also die Ergebnisse der Berechnung von Sprung(I_j, X)) sind die Zustände des Automaten.

Beispiel 4.26

$S' \rightarrow S$

$S \rightarrow AB$

$A \rightarrow aA \mid c$

$B \rightarrow bb$

Wie in dem Algorithmus in [4.7] angegeben wurde, beginnen wir mit der Hülle des LR(0)-Elements der Startregel mit dem Punkt ganz links. Dies wird der Ausgangspunkt des Parsers und somit der Startzustand des Kellerautomaten sein. Wir erinnern uns, dass die Symbole links vom Punkt angeben, was bereits auf dem Stack liegt – zu Beginn ist der Stack leer und wir wollen zum Startsymbol reduzieren. Durch die Vorschrift zur Hüllenberechnung wird zuerst $S \to .AB$ hinzugefügt, weil die rechte Seite von $S´ \to S$ mit S beginnt. Dann wird in der rechten Seite der Produktion $S \to AB$ das Nichtterminal A ersetzt.

Es ergibt sich daher:

$I_0 = \text{Hülle}(\{S' \to .S\}) = \{S' \to .S, S \to .AB, A \to .aA, A \to .c\}$

Im nächsten Schritt sehen wir uns I_0 an und suchen nach Symbolen, die direkt rechts vom Punkt stehen. Das sind hier S, A und a. Für alle diese berechnen wir $\text{Sprung}(I_0, X)$. Beginnen wir mit A:

$I_1 = \text{Sprung}(I_0, A) = \text{Hülle}(\{S \to A.B\}) = \{S \to A.B, B \to .bb\}$

Dieser Zustand bedeutet, dass A vollständig erkannt wurde (daher »wandert« es auf die linke Seite des Punktes) und B noch erkannt werden muss.

$I_2 = \text{Sprung}(I_0, S) = \text{Hülle}(\{S' \to S.\}) = \{S' \to S.\}$

Hier wird kein weiteres LR(0)-Element hinzugefügt, weil nach dem Punkt kein Symbol mehr folgt. Der Kellerautomat stellt fest, dass S (weil es links vom Punkt steht) schon erkannt wurde und nichts mehr zu tun ist (weil rechts vom Punkt nichts mehr steht). Der Kellerautomat wird dann gemäß der Produktion $S' \to S$ reduzieren.

$I_3 = \text{Sprung}(I_0, a) = \text{Hülle}(\{A \to a.A\}) = \{A \to a.A, A \to .aA, A \to .c\}$ und

$I_4 = \text{Sprung}(I_0, c) = \text{Hülle}(\{A \to .c\}) = \{A \to c.\}$

Wir haben also 4 neue Zustände gefunden, die wir wiederum auf Nichtterminalsymbole direkt rechts vom Punkt untersuchen, und es ergeben sich:

$I_5 = \text{Sprung}(I_1, B) = \text{Hülle}(\{S \to AB.\}) = \{S \to AB.\}$

Analog zu I_1 zeigt dieser Zustand, dass AB vollständig erkannt wurde und zu S reduziert werden kann.

Damit ist auch klar, dass der Kellerautomat nach einem Reduce zu S in den Zustand I vor dem Erkennen von S zurückkehren muss (in dem Beispiel wird das der Zustand I_0 sein) und dass er danach von diesem mit S zu $\text{Sprung}(I,S)$ springt. Der Kellerautomat merkt sich jeden besuchten Zustand auf dem Stack und kann daher ermitteln, zu welchem Zustand er »zurückspringen« muss.

$I_6 = \text{Sprung}(I_1, b) = \text{Hülle}(\{B \to b.b\}) = \{B \to b.b\}$

Damit ist I_1 »abgearbeitet«, und wir fahren mit I_3 fort, da I_2 kein Element mit einem Nichtterminal direkt rechts neben dem Punkt hat.

$I_7 = \text{Sprung}(I_3, A) = \text{Hülle}(\{A \to aA.\}) = \{A \to aA.\}$

$\text{Sprung}(I_3, a) = \text{Hülle}(\{A \to a.A\}) = \{A \to a.A, A \to .aA, A \to .c\} = I_3$

Hier entsteht also kein neuer Zustand, sondern der schon bekannte Zustand I_3.

$\text{Sprung}(I_3, c) = \text{Hülle}(\{A \to c.\}) = \{A \to c.\} = I_4$, also auch ein schon bekannter Zustand.

I_4 und I_5 besitzen kein Element mit einem Symbol rechts neben dem Punkt, und wir fahren mit I_6 fort:

$I_8 = \text{Sprung}(I_6, b) = \text{Hülle}(\{B \to bb.\}) = \{B \to bb.\}$

Nun gibt es keine Zustände mehr, die Elemente mit Nichtterminalen direkt rechts vom Punkt enthalten.

Mit diesen Zuständen erstellen wir nun einen *endlichen Automaten* (als Ausschnitt aus dem Kellerautomaten). Die Zustandsübergänge ergeben sich automatisch durch die Herleitung der Zustände: So zum Beispiel haben wir eben $I_1 = \text{Sprung}(I_0, A)$ berechnet – der Automat muss daher einen Zustandsübergang von I_0 zu I_1 mit Markierung A enthalten. Normalerweise benennt man die Zustände als I_0, I_1 usw. Um den Zusammenhang zwischen den LR(0)-Elementen und den Zuständen klarzumachen, sind hier die Kollektionen direkt eingetragen.

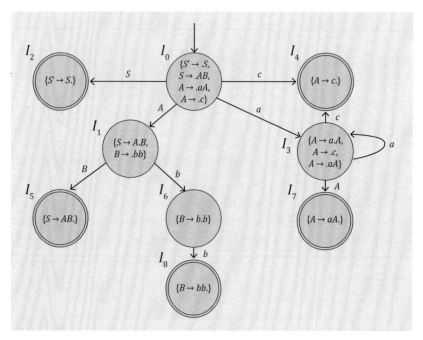

Abbildung 4.21 Automat des LR(0)-Parsers

Wie steuert nun der Kellerautomat den Parser?

Überlegen wir, was zu tun ist, wenn ein Zustand I' durch einen Sprung(I, X) erreicht wird und X ein Terminalsymbol ist. Dazu sehen wir uns als Beispiel
$I_5 = \text{Sprung}(I_1, b) = \text{Hülle}(\{B \rightarrow b.b\}) = \{B \rightarrow b.b\}$ an:

I_1 ist der Zustand, der nach dem Erkennen von A erreicht wird, was sich in den beiden LR(0)-Elementen $S \rightarrow A.B$ und $B \rightarrow .bb$ widerspiegelt: Der Automat erwartet jetzt also, dass sich das restliche Eingabewort auf B reduzieren lässt, was wiederum bedeutet, dass bb erkannt wird. Wenn nun ein b gelesen wird, »springt« der Automat zum Zustand $I_5 = \{B \rightarrow b.b\}$. Das bedeutet, dass der Automat jetzt ein b gelesen hat und noch ein b erwartet – was ja der Produktion $B \rightarrow bb$ entspricht. Der Kellerautomat muss sich daher die Zustände auf dem Stack merken.

Das heißt: b wird auf die linke Seite des Punktes geschoben – es findet also ein Shift statt.

Wir hatten vorhin schon erkannt, dass ein Reduce stattfindet, wenn eine rechte Seite einer Produktion $A \rightarrow \alpha$ vollständig »abgearbeitet« wurde, also das LR(0)-Element $A \rightarrow \alpha.$ mit einem Punkt endet. Das Handle α befindet sich also vollständig auf dem Stack. Da es durch das Symbol A der linken Seite der Produktion ersetzt wird, müssen wir genauso viele Pop-Operationen durchführen, wie das Handle lang ist, und somit zum Zustand I vor dem Erkennen von A dieser Produktion zurückkehren.

Jetzt merken wir uns, dass A vollständig erkannt wurde, indem wir es auf den Stack schieben (= »links vom Punkt«).

Was ist der nächste Zustand? Ganz einfach: Wir springen jetzt von I mit dem Symbol A!

Hier sehen Sie noch den oben schon erklärten Algorithmus zum Finden der Reduktionen:

Algorithmus zur Ermittlung der Reduktionen [4.8]

Initialisiere *Red* mit der leeren Menge

Für jeden Zustand I_j in der kanonischen Kollektion K

  Für jedes Element $A \rightarrow w.$ in I_j

    Füge $(I_j, A \rightarrow w)$ zu *Red* hinzu

In dem Automaten in Abbildung 4.21 sind die Zustände, die Reduktionen enthalten, als Endzustände markiert.

Diese Erkenntnisse setzen wir jetzt zu dem LR(0)-Parser-Algorithmus zusammen. Der Parser benutzt eine Tabelle Action und eine Tabelle Goto, die beide die Zustände als Zeilen enthalten. Bei der Action-Tabelle sind die Spalten die Terminalsymbole und $; bei der Goto-Tabelle sind die Nichtterminalsymbole die Spalten.

Die Tabelleneinträge sind die Aktionen oder Sprünge, die der Automat durchführen muss, also die Shift- oder die Reduce-Aktionen. Da wir die Reduktionen nur pro Zustand ermitteln können (siehe [4.8]), werden diese für alle Terminalsymbole eingetragen. Die Reduktion zum Startsymbol wird als *accept* verzeichnet.

[4.9] **Algorithmus: Erstellen der LR(0)-Parsertabellen »Action« und »Goto«**

Die Zeilen der Parsertabelle sind die Elemente der kanonischen Kollektion K, also die Zustände des Automaten.

Die Spalten sind die Nichtterminalzeichen für die Goto-Tabelle und die Terminalzeichen und $ für die Action-Tabelle.

- Ist $a \in (T \cup \{\$\})$ und $I_k = \text{Sprung}(I_j, a)$, dann setze Action$[I_j, a] = I_k$.
- Ist $X \in N$ und $I_k = \text{Sprung}(I_j, X)$, dann setze Goto$[I_j, X] = I_k$.
- Ist $(I_j, S \to \beta.) \in \text{Red}$, dann setze Action$[S, \$]$=accept
- Ist $(I_j, A \to \beta.) \in \text{Red}$ $(A \neq S)$, dann trage in der gesamten Zeile I_j (eventuell zusätzlich) reduce$(A \to \beta)$ ein.

In dem Beispiel hatten wir 9 Zustände gefunden, aber nur wenige Sprünge zwischen diesen; die Tabelle wird also nicht vollständig gefüllt sein. Was bedeuten die leeren Zellen? Sollte der Parser beim Lesen eines Eingabewortes in einem Zustand auf ein Zeichen treffen, für das es in dieser Zeile (= in diesem Zustand) keinen Eintrag gibt, so bedeutet das, dass dieses Zeichen an dieser Stelle nicht abgeleitet werden kann – also ein Syntaxfehler!

Der Einfachheit halber lassen wir die undefinierten Zellen leer und definieren diese als *error*.

Wie schon erwähnt, müssen wir zusätzlich auch die Zustände auf dem Stack speichern. Der Übersichtlichkeit halber trennen wir diesen in einen *Symbolstack* und einen *Zustandsstack*. Wenn wir von der Theorie der Kellerautomaten ausgehen, wäre es korrekter, nur einen Stack zu haben, in dem sowohl Symbole als auch Zustände gespeichert sind. Dieses Modell findet sich auch oft in der Literatur wieder. Durch die Auftrennung werden natürlich die beiden Stacks nicht voneinander unabhängig – inhaltlich gehören sie immer noch zusammen.

[4.10] **Algorithmus für den LR(0)-Parser**

Lege den Anfangszustand auf dem Zustandsstack ab

Symbolstack ist leer

akzeptiert := falsch

err := falsch

a ist das nächste Token

Solange (akzeptiert = falsch) und (err = falsch)

  Sei l_j der Zustand oben auf dem Stack

  Wenn Action[l_j, a] gleich shift(l_k) ist,

    dann push l_k auf Zustandsstack

      push a auf Symbolstack

      lies das nächste Token und weise es a zu

  sonst, wenn Action[l_j, a] gleich reduce(A → β),

    dann sei k die Länge von β

      rufe auf beiden Stacks k-mal pop auf

      sei danach l_m der Zustand oben auf dem Zustandsstack

      push A auf den Symbolstack

      push Goto[l_m, A] auf den Zustandsstack

  sonst, wenn Action[l_j, a] gleich accept

    dann akzeptiere das Wort und setze akzeptiere := wahr

  sonst, wenn Action[l_j, a] gleich error

    dann gib einen Fehler aus und setze err := wahr

Da die Zeilen beider Tabellen gleich sind, schreiben wir die Tabellen einfach nebeneinander.

Beispiel 4.27

Für die Grammatik des Automaten aus Abbildung 4.21 ergibt sich folgende Parsertabelle:

	Action				Goto		
	a	b	c	$	A	B	S
I_0	shift(I_3)		shift(I_4)		I_1		I_2
I_1		shift(I_6)				I_5	
I_2				accept			

Tabelle 4.5 LR(0)-Parsertabelle

4 Syntaxanalyse

	Action				Goto		
	a	b	c	$	A	B	S
I_3	shift(I_3)		shift(I_4)		I_7		
I_4	reduce $A \to c$	reduce $A \to c$	reduce $A \to c$	reduce $A \to c$			
I_5	reduce $A \to AB$	reduce $A \to AB$	reduce $A \to AB$	reduce $A \to AB$			
I_6		shift(I_8)					
I_7	reduce $A \to aA$	reduce $A \to aA$	reduce $A \to aA$	reduce $A \to aA$			
I_8	reduce $B \to bb$	reduce $B \to bb$	reduce $B \to bb$	reduce $B \to bb$			

Tabelle 4.5 LR(0)-Parsertabelle (Forts.)

Beispiel 4.28

Mit dieser Tabelle wollen wir nun das Wort *aacbb* parsen. Wie schon beim LL(1)-Parser benutzen wir eine Tabelle, in die wir die Inhalte des Symbolstacks, des Zustandsstacks (wir kürzen die Zustände ab, indem wir nur den Index hinschreiben), des restlichen Eingabewortes und der auszuführenden Aktion eintragen.

Symbolstack (oberstes Symbol rechts)	Zustandsstack (oberster Zustand rechts)	Restliches Eingabewort	Aktion
	0	aacbb	shift(3)
a	0 3	acbb	shift(3)
aa	0 3 3	cbb	shift(4)
aac	0 3 3 4	bb	reduce $A \to c$ gehe zu Zustand I_7
aaA	0 3 3 7	bb	reduce $A \to aA$ gehe zu Zustand 7
aA	0 3 7	bb	reduce $A \to aA$ gehe zu Zustand 1
A	0 1	bb	shift(6)

Tabelle 4.6 Beispiel für den LR(0)-Parser

Symbolstack (oberstes Symbol rechts)	Zustandsstack (oberster Zustand rechts)	Restliches Eingabewort	Aktion
Ab	0 1 6	b	shift(8)
Abb	0 1 6 8	$	reduce $B \to bb$ gehe zu Zustand 5
AB	0 1 5	$	reduce $S \to AB$ gehe zu Zustand 2
S	0 2	$	accept

Tabelle 4.6 Beispiel für den LR(0)-Parser (Forts.)

Machen Sie sich bitte die Mühe, anhand der Parsertabelle Schritt für Schritt nachzuvollziehen, welche Aktion durchzuführen ist und zu welchem Ergebnis diese Aktionen führen.

Lassen Sie uns zur Vertiefung noch auf die 4. Zeile eingehen, in der die erste Reduce-Aktion passiert:

Der Automat befindet sich im Zustand I_4 und laut Tabelle kann jetzt ein Reduce $A \to c$ durchgeführt werden. Da die Länge der rechten Seite 1 ist – lesen Sie im Algorithmus bitte nach, warum wir die Länge hier benötigen –, führen wir jeweils einen Pop auf den beiden Stacks durch. Somit bleiben *aa* bzw. 0 3 3 auf den Stacks. Dann pushen wir *A* auf den Symbolstack. Der oberste Zustand auf dem Zustandsstack ist also I_3, und wir haben zu *A* reduziert, daher muss laut Tabelle I_7 der nächste Zustand sein, da dies der Eintrag in Zeile I_3 und Spalte *A* ist.

Im nächsten Schritt wird wieder reduziert, aber diesmal hat die rechte Seite die Länge 2, und wir entfernen jeweils 2 Elemente von den Stacks.

Anmerkung: Natürlich könnte man auch mit nur einem Stack auskommen, auf dem man dann Zustände und Symbole mischt. Der Algorithmus bleibt aber der gleiche.

Die Erstellung der Parsertabelle ist beim LR(0)-Verfahren deutlich aufwendiger als beim LL(1)-Verfahren, aber wir hatten ja erhofft, dass dadurch, dass mehr Information bereitsteht, mehr Sprachen erkannt werden können.

Ist dem so?

Wenn Sie aufmerksam gelesen haben, wird Ihnen aufgefallen sein, dass das LR(0)-Verfahren ohne Lookahead arbeitet. Leider ist das ein großer Nachteil, weil nicht alle eindeutigen kontextfreien Sprachen erkannt werden können!

Beispiel 4.29

Wir ändern die Grammatik der letzten Beispiele leicht ab:

$S' \to S$

$S \to AB$

$A \to aB \mid a$

$B \to bb$

Statt $A \to c$ lautet die Produktion jetzt $A \to a$, beide Produktionen für A beginnen also mit a.

Was bedeutet das für einen LR(0)-Parser? Wenn zum Beispiel bereits ein a gelesen wurde, könnte der Parser dieses shiften, weil er erwartet, dass danach ein a kommt, daher die Regel $A \to aA$ angewandt werden kann; oder er könnte das a direkt zu A reduzieren, weil er danach ein b erwartet. In der LR(0)-Tabelle ist diese Unterscheidung aber nicht möglich, weil pro Zeile nur eine Reduce-Aktion (unabhängig vom nächsten Zeichen) und nicht zusätzlich noch eine Shift-Aktion möglich ist. Hier liegt also ein Shift-Reduce-Konflikt vor und die Grammatik ist daher keine LR(0)-Grammatik.

Wir brauchen also eine Möglichkeit, die Reduce-Aktionen nur für »die richtigen« Terminalzeichen einzutragen.

4.7.2 SLR(1)-Parser

Das »S« in SLR steht für »simpel« – und das ist auch die Idee hinter diesem Verfahren: Die LR(0)-Analyse, die wir mit den beiden Funktionen *Hülle* und *Sprung* definiert haben, wird lediglich erweitert.

Betrachten wir nochmals die Grammatik aus dem letzten Beispiel für das Eingabewort *aabb*: Nach dem Shift des Zeichens *a* »sieht« der Parser im Lookahead das Zeichen *a*. Wenn jetzt das *a* auf dem Stack zu *A* reduziert würde, entspräche das einer Ableitung $S \overset{*}{\Rightarrow} Aabb$.

Nach A würde also ein a folgen.

Die Follow-Menge von A ist aber $\{\,b\,\}$ (wie man an der Grammatik leicht sieht)! Die Reduktion würde also zu einer Satzform führen, die gar nicht möglich ist. Also muss der Parser ein Shift durchführen, und nun steht aa auf dem Symbolstack, das restliche Eingabewort ist bb.

Das Lookahead ist jetzt b, und nun ergibt eine Reduktion zu A Sinn, weil ja b in der Follow-Menge von A vorkommt und daher die Satzform $aAbb$ möglich ist.

Damit haben wir auch schon den SLR(1)-Parser erklärt: Wir wenden das gleiche Verfahren an wie bei LR(0) – mit dem einzigen Unterschied, dass wir die Reduktionen nicht für die ganze Zeile eintragen, sondern nur für die Terminalzeichen, die in der Follow-Menge des Symbols enthalten sind, zu dem reduziert wird.

Damit ergibt sich für die Grammatik aus dem Beispiel 4.29 die folgende Tabelle mit den Zuständen:

$I_0 = \{S' \to .S, S \to .AB, A \to .aA, A \to .a\}$

$I_1 = \text{Sprung}(I_0, A) = \text{Hülle}(\{S \to A.B\}) = \{S \to A.B, B \to .bb\}$

$I_2 = \text{Sprung}(I_0, S) = \text{Hülle}(\{S' \to S.\}) = \{S' \to S.\}$

$I_3 = \text{Sprung}(I_0, a) = \text{Hülle}(\{A \to a.A, A \to a.\})$
$\quad\quad = \{A \to a.A, A \to .aA, A \to .a, A \to a.\}$

$I_4 = \text{Sprung}(I_1, B) = \text{Hülle}(\{S \to AB.\}) = \{S \to AB.\}$

$I_5 = \text{Sprung}(I_1, b) = \text{Hülle}(\{B \to b.b\}) = \{B \to b.b\}$

$I_6 = \text{Sprung}(I_3, A) = \text{Hülle}(\{A \to aA.\}) = \{A \to aA.\}$

$I_7 = \text{Sprung}(I_5, b) = \text{Hülle}(\{B \to bb.\}) = \{B \to bb.\}$

	a	b	$	A	B	S
I_0	shift(I_3)			I_1		I_2
I_1		shift(I_5)			I_4	
I_2			accept			
I_3	shift(I_3)	reduce $A \to a$		I_6		
I_4			reduce $S \to AB$			
I_5		shift(I_7)				
I_6		reduce $A \to aA$				
I_7			reduce $B \to bb$			

Tabelle 4.7 SLR(1)-Parsertabelle

Wir können die Argumentation von eben jetzt leicht nachvollziehen: Wir starten in I_0, und ein a bringt uns zu Zustand I_3. Nur ein b als nächstes Zeichen kann zu einem Reduce führen, ein weiteres a wird wieder geschoben. Das ist das erwünschte Verhalten!

Parsen wir nun als Beispiel das Wort *aabb* mit der Tabelle 4.7.

Beispiel 4.30

Symbolstack (oberstes Symbol rechts)	Zustandsstack (oberster Zustand rechts)	Restliches Eingabewort	Aktion
	0	aabb	shift(3)
a	0 3	abb	shift(3)
aa	0 3 3	bb	reduce $A \to a$ gehe zu Zustand I_6
aA	0 3 6	bb	reduce $A \to aA$ gehe zu Zustand I_1
A	0 1	bb	shift(5)
Ab	0 1 5	b	shift(7)
Abb	0 1 5 7	$	reduce $B \to bb$ gehe zu Zustand I_4
AB	0 1 4	$	reduce $S \to AB$ gehe zu Zustand I_2
S	0 2		accept

Tabelle 4.8 SLR(1)-Parser

Wir haben also ein relativ einfaches Verfahren gefunden, das eine größere Sprachklasse erkennen kann als das LR(0)-Verfahren. Aber wir groß ist diese Sprachklasse? Umfasst sie alle eindeutigen kontextfreien Sprachen?

Sie können sich wahrscheinlich schon denken, dass die Antwort »Nein« lautet. Aber warum?

Leider erhält der Parser nicht genug Kontextinformationen, um in jedem Fall eindeutig entscheiden zu können, welche Regel anzuwenden ist. Dazu betrachten wir ein Beispiel.

Beispiel 4.31 [Jäger, 2019]

$S \to aXa \mid bXb$

$X \to a \mid \varepsilon$

Wir ersparen uns hier die Herleitung und zeigen in Abbildung 4.22 direkt den Automaten:

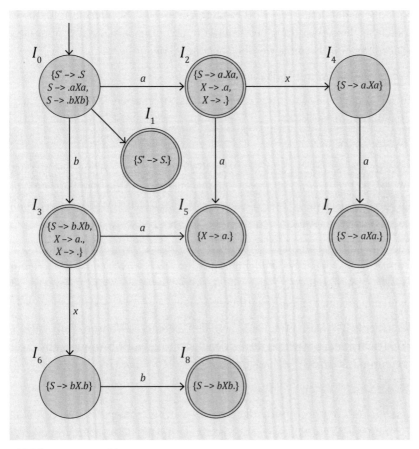

Abbildung 4.22 SLR(1)-Automat

Nachdem der Automat ein a geschoben hat, geht er zu I_2 und kann wegen der beiden Elemente $X \rightarrow .a$ und $X \rightarrow .$ jetzt nochmals a schieben oder gemäß $X \rightarrow \varepsilon$ reduzieren. Das wäre noch nicht weiter schlimm, jedoch sieht man leicht, dass $Follow(X) = \{a, b\}$ – beide Aktionen müssten also an der gleichen Stelle eingetragen werden! Das SLR(1)-Verfahren kann also solche Shift-reduce-Konflikte nicht verhindern.

Wir stellen also fest, dass die Klasse der SLR(1)-Sprachen zwischen den LR(0)-Sprachen und den kontextfreien Sprachen liegt:

$L(LR(0)) \subsetneq L(SLR(1)) \subsetneq L(KFG)$

4.7.3 LR(1)-Parser

Die Idee beim LR(1)-Parser ist, dass Reduktionen nicht für alle Terminale aus der Follow-Menge des Symbols, zu dem reduziert wird, eingetragen werden, sondern nur für diejenigen, die wirklich bei der Anwendung der Produktionen hinter dem Nichtterminal stehen können. Diese Terminalsymbole werden *Lookahead-Menge* genannt.

LR(1) ist also ein LR-Verfahren mit Lookahead 1.

Als Beispiel betrachten wir eine Grammatik, die nicht SLR(1) ist, aber LR(1). Dazu betrachten wir zunächst die Grammatik $G0$:

$S \rightarrow Ax \mid Ay \mid ax \mid ay, A \rightarrow a$

$G0$ erzeugt zwar nur eine Sprache aus zwei Wörtern $L(G0) = \{ax, ay\}$, aber es handelt sich nicht um eine SLR(1)-Grammatik, weil $Follow(A) = \{x, y\}$ und der Parser nicht unterscheiden kann, ob nach dem Lesen eines a das nächste Zeichen x oder y geschoben werden soll oder ob nach der Regel $A \rightarrow a$ reduziert werden soll.

Leider kann auch der LR(1)-Parser diesen Konflikt nicht auflösen, weil die Reduktion $A \rightarrow a$ die Lookahead-Menge $\{x, y\}$ besitzt. Weder bei Lookahead x noch bei Lookahead y kann entschieden werden, ob geschoben oder reduziert werden muss. Die Grammatik ist mehrdeutig, wie man an den beiden Ableitungen $S \rightarrow Ax \rightarrow ax$ und $S \rightarrow ax$ sieht.

Um ein unterschiedliches Verhalten zwischen den beiden Verfahren aufzuzeigen, ergänzen wir $G0$ leicht, indem wir einer der beiden Regeln, die mit A beginnen, ein z voranstellen. Die Grammatik $G1$ sieht wie folgt aus:

$S \rightarrow zAx \mid Ay \mid ax, A \rightarrow a$

Der SLR(1)-Parser hat mit dieser Grammatik (fast) das gleiche Problem wie mit $G0$: Wieder gehören x und y beide zur Follow-Menge von A, und nach dem Lesen von a kann entweder x geschoben oder a reduziert werden. Beide Reduktionen werden wieder für x und y eingetragen und der Konflikt entsteht für x.

Der LR(1)-Parser umgeht dieses Problem, weil er »weiß«, dass ax nur durch die Regel $S \rightarrow ax$ entstanden sein kann, aber dann hinter S nichts mehr folgen kann. Das heißt, die Reduktion wird nur für $ entgetragen.

Demgegenüber kann ay nur durch $S \rightarrow Ay \rightarrow ay$ erreicht werden. Daher ist die Lookahead-Menge $\{y\}$, und die Reduktion wird nur für y eingetragen. Für x verschwindet der Konflikt, da jetzt das z in der ersten Regel dazu führt, dass eine andere Lookahead-Menge entsteht.

Abbildung 4.23 zeigt die beiden Ableitungsbäume, die in den Zuständen getrennt sind, wohingegen die Reduktion $A \rightarrow a$ bei SLR(1) für x und y eingetragen werden. Der LR(1)-

Parser erkennt aber, dass der rechte Ableitungsbaum kein A enthält und somit die Lookahead-Menge von $S \rightarrow a.x$ relevant ist, die aber nur $ enthält.

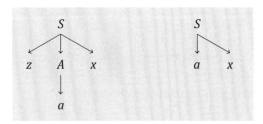

Abbildung 4.23 Ableitungsbäume mit Lookahead »x«

Der SLR(1)-Parser »vergisst« sozusagen den Kontext, der zur Aufnahme des LR(0)-Elements in den Zustand geführt hat, und betrachtet die Follow-Menge als Ganzes, ohne dabei zu berücksichtigen, welcher Kontext zu den Elementen der Follow-Menge geführt hat. Diese Information wird beim LR(1)-Parser durch die Lookahead-Mengen transportiert.

Finden sich in der Parsertabelle keine Konflikte, ist immer klar, ob eine Reduktion durchzuführen ist und welche. Das bedeutet aber auch, dass es nicht verschiedene Ableitungsbäume geben kann: Eine Sprache, die von einem LR(1)-Parser erkannt wird, ist somit eindeutig – die Umkehrung gilt nicht [Knuth D. E., 1965]! Es gibt allerdings kontextfreie Sprachen, die nicht durch LR(1)-Parser erkannt werden können, was aber für die Praxis kaum eine Einschränkung ist: Grammatiken lassen sich oft transformieren, sodass sie eindeutig sind; oder man legt Regeln fest, anhand derer der Parser einen Konflikt entscheidet (dazu kommen wir in Abschnitt 4.9).

Damit können wir die Beziehungen zwischen den Sprachklassen ergänzen:

$$L(\text{LR}(0)) \subsetneq L(\text{SLR}(1)) \subsetneq L(\text{LR}(1)) \subsetneq L(\text{KFG})$$

Knuth [Knuth D. E., 1965] zeigt ebenfalls, dass LR(1) in linearer Zeit arbeitet.

Beweise und viele weitere Details zu den LR-Sprachen finden sich unter anderem in [Heilbrunner, 1981].

Natürlich kann man auch mehr als ein Zeichen als Lookahead verwenden, aber man kann jede LR(k)-Grammatik mit $k > 1$ in eine äquivalente LR(k-1)-Grammatik umwandeln [Knuth D. E., 1965]. Somit sind alle LR(k)-Sprachen mit $k > 1$ zu LR(1) äquivalent, und daher reicht es, LR(1)-Parser zu betrachten.

Korenjak gab 1969 ein Verfahren an, mit dem sich LR(k)-Parser konstruieren lassen [Korenjak, 1969]:

4 Syntaxanalyse

> **Definition 4.19: LR(1)-Element**
>
> Ein *LR(1)-Element* einer Grammatik $G = (N, T, P, S)$ ist ein Paar, das aus einer Produktion aus P mit einem Punkt an irgendeiner Stelle der rechten Seite und aus einer Menge von Zeichen $a \in T \cup \{\$\}$ besteht.
>
> Das erste Element dieses Paares heißt *Kern*, das zweite Element *Lookahead-Menge*.

LR(1)-Elemente werden üblicherweise mit eckigen Klammern geschrieben:
$[A \to \alpha.\beta, \{a, b, \dots\}]$.

Zuerst betrachten wir noch eine Hilfsdefinition, um die First-Mengen einer Konkatenation von Symbolen und einer Lookahead-Menge zu bilden:

> **Definition 4.20: Berechnung der First-Mengen bei Lookahead-Mengen**
>
> Sei $\alpha \in (N \cup T)^*$ und sei $M = \{x_1, \dots, x_n\}$ eine Menge von Zeichen aus $(T \cup \{\$\})$, dann ist $First(\alpha M) = First(\alpha x_1) \cup \dots First(\alpha x_n)$.

Wir konkatenieren also α mit jedem Zeichen der Lookahead-Menge und bilden dann die Vereinigungsmenge der First-Mengen.

Analog zu LR(0) benötigen wir die beiden Hilfsfunktionen Hülle und Sprung, wobei die Lookahead-Mengen dazukommen:

[4.11]
> **Algorithmus zur Berechnung der Hülle(I_j) im LR(1)-Parser**
>
> I_j sei eine Menge von LR(1)-Elementen.
>
> Die Hülle(I_j) berechnet sich wie folgt:
>
> **Jedes** Element aus I_j ist auch in Hülle(I_j).
>
> **Wiederhole**
>
>   **Für jedes** Element $[A \to \alpha.B\beta, M] \in$ Hülle(I_j)
>
>   **Für jede** Produktion $B \to \gamma$
>
>   Hülle(I_j) := Hülle(I_j) $\cup$ $\{[B \to .\gamma, First(\beta M)]\}$
>
> **So lange**, bis sich an Hülle(I_j) nichts mehr ändert.

In einem Zustand werden die LR(1)-Elemente mit gleichem Kern zusammengefasst.

Sollte γ nicht vorhanden sein, wird die Lookahead-Menge M des Zustandes I_j weitergegeben.

Der Algorithmus für die Sprungfunktion ist nahezu identisch mit der Sprungfunktion für LR(0); es wird lediglich die Weitergabe der Lookahead-Menge ergänzt:

> **Definition 4.21: Sprung(I_j, X) im LR(1)-Parser**
> Sei I_j eine Menge von LR(1)-Elementen und X ein Terminal- oder Nichtterminalsymbol, dann ist Sprung(I_j, X) die Hülle der Menge aller Elemente $[A \rightarrow \alpha X.\beta, M]$, sodass $[A \rightarrow \alpha.X\beta, M]$ in I_j ist.

Beispiel 4.32

Die Zustände für die am Anfang dieses Abschnitts besprochene Grammatik G1 mit den Produktionen $S \rightarrow zAx \mid Ay \mid ax, A \rightarrow a$ sind:

$I_0 = \{[S' \rightarrow .S, \{\$\}], [S \rightarrow .Ay, \{\$\}], [S \rightarrow .zAx, \{\$\}], [S \rightarrow .ax, \{\$\}], [A \rightarrow .a, \{y\}]\}$

$I_1 = \text{Sprung}(I_0, S) = \{[S' \rightarrow S., \{\$\}]\}$

$I_2 = \text{Sprung}(I_0, A) = \{[S \rightarrow A.y, \{\$\}]\}$

$I_3 = \text{Sprung}(I_0, z) = \{[S \rightarrow z.Ax, \{\$\}], [A \rightarrow .a, \{x\}]\}$

$I_4 = \text{Sprung}(I_0, a) = \{[S \rightarrow a.x, \{\$\}], [A \rightarrow a., \{y\}]\}$

$I_5 = \text{Sprung}(I_2, y) = \{[S \rightarrow A.y, \{\$\}]\}$

$I_6 = \text{Sprung}(I_3, A) = \{[S \rightarrow zA.x, \{\$\}]\}$

$I_7 = \text{Sprung}(I_3, a) = \{[A \rightarrow a., \{x\}]\}$

$I_8 = \text{Sprung}(I_4, x) = \{[S \rightarrow ax.\{\$\}]\}$

$I_9 = \text{Sprung}(I_6, x) = \{[S \rightarrow zAx., \{\$\}]\}$

4.7.4 LALR(1)-Parser

Warum noch ein fünftes Parser-Verfahren? Gegenüber LR(0) und dem SLR(1)-Verfahren, bei denen ja die Zustandsmengen identisch sind, benötigen LR(1)-Parser deutlich mehr Zustände, weil ja nicht nur der Kern, sondern auch die Lookahead-Menge betrachtet werden muss. Durch einen Sprung kann eine Menge entstehen, die im Kern gleich einer vorigen Menge ist, aber sich in der Looakahead-Menge unterscheidet.

In der Praxis werden die Zustandsmengen von LR(1)-Parsern daher sehr groß. In einer Untersuchung von 2011 beschreiben Chen und Pager [Chen & Pager, 2011], dass die Grammatik für Java 1.1 aus 96 Terminalsymbolen, 97 Nichtterminalsymbolen und 266

Produktionsregeln besteht. Der LR(0)-Parser enthält 428 Zustände, der LR(1)-Parser aber schon 2.479!

Die Idee von LALR(1) ist, diese Unterschiede wieder aufzuheben, indem man die Mengen mit gleichem Kern zusammenfasst.

»LALR« steht für »Look Ahead Left Right« – ein sehr unglücklicher Name, weil in SLR(1) und LR(1) ja auch ein Lookahead verwendet wird.

Für die Herstellung der Parsertabelle kann man entweder von den LR(0)- oder den LR(1)-Elementen ausgehen. Anstatt die Verfahren hier formal zu definieren, sehen wir uns ein Beispiel mit einer fast schon trivialen Grammatik an, das die prinzipielle Vorgehensweise zeigt:

Beispiel 4.33

$S' \rightarrow S$

$S \rightarrow AaA$

$A \rightarrow a$

Die LR(1)-Zustände sind:

$I_0 = \{[S' \rightarrow .S, \{\$\}], [S \rightarrow .AaA, \{\$\}], [A \rightarrow .a, \{a\}]\}$

$I_1 = \text{Sprung}(I_0, S) = \{[S' \rightarrow S., \{\$\}]\}$

$I_2 = \text{Sprung}(I_0, A) = \{[S \rightarrow A.aA, \{\$\}]\}$

$I_3 = \text{Sprung}(I_0, a) = \{[A \rightarrow a., \{a\}]\}$

$I_4 = \text{Sprung}(I_2, a) = \{[S \rightarrow Aa.A, \{\$\}], [A \rightarrow .a, \{\$\}]\}$

$I_5 = \text{Sprung}(I_4, A) = \{[S \rightarrow AaA., \{\$\}]\}$

$I_6 = \text{Sprung}(I_4, a) = \{[A \rightarrow a., \{\$\}]\}$

Wir stellen fest, dass I_3 und I_6 im Kern übereinstimmen, lediglich die Lookahead-Mengen unterscheiden sich.

Wir fassen daher diese beiden Zustände zu einem neuen Zustand I_{36} zusammen: $I_{36} = \{[A \rightarrow a., \{a, \$\}]\}$

In der Parsertabelle werden die Einträge entsprechend angepasst: Aus zum Beispiel *shift 3* wird *shift 36*, für den neuen Zustand werden die Einträge beider Ausgangszustände zusammengefasst.

Das wirft natürlich eine Frage auf: Können dadurch neue Konflikte entstehen?

Zunächst beobachten wir, dass keine zusätzlichen Shift-Reduce-Konflikte auftreten können, weil ja die Kerne der Zustände, die zusammengefasst werden, gleich sind. Enthielte ein neuer, zusammengefasster Zustand einen Shift-Reduce-Konflikt, muss er in den ursprünglichen LR(1)-Elementen bereits enthalten gewesen sein und die Grammatik kann daher keine LR(1)-Grammatik gewesen sein.

Jedoch kann es vorkommen, dass jetzt Reduce-Reduce-Konflikte auftreten, weil die Lookahead-Mengen, die ja anzeigen, wo die Reduktionen eingetragen werden, zusammengefasst werden.

Glücklicherweise kann man bei den Grammatiken von Programmiersprachen diese Konflikte oft vermeiden, indem man die Grammatik umstellt.

Kommen wir nun zur der Parsertabelle für das vorige Beispiel:

	a	$	S	A
I_0	shift(I_{36})		I_1	I_2
I_1		accept		
I_2	shift(I_4)			
I_{36}	reduce $A \to a$	reduce $A \to a$		
I_4	shift(I_{36})			I_5
I_5		reduce $S \to AaA$		

Tabelle 4.9 LALR(1)-Parsertabelle

Vergleicht man den Ablauf beim Parsen eines Wortes (siehe Übungsaufgabe 22), so stellt man fest, dass das LR(1)- und das LALR(1)-Verfahren gleich viele Schritte benötigen, wenn das Wort erkannt wird.

Beim Parsen eines Wortes, das nicht erkannt wird, also zu einem Syntaxfehler führt, kann der LALR(1)-Parser noch einige Reduktionen durchführen, bevor er den Fehler findet. Allerdings wird er den Fehler »an der gleichen Stelle« finden, also keine weiteren Eingabezeichen lesen und schieben.

Betrachten wir das Wort *aaaa*, das nicht zu der Sprache der Grammatik gehört:

Symbolstack (oberstes Symbol rechts)	Zustandsstack (oberster Zustand rechts)	Restliches Eingabewort	Aktion
	0	aaaa	shift 36
a	0 36	aaa	reduce $A \to a$ gehe zu Zustand I_2
A	0 2	aaa	shift 4
Aa	0 2 4	aa	shift 36
Aaa	0 2 4 36	a	reduce $A \to a$ gehe zu Zustand I_5
AaA	0 2 4 5	a	error

Tabelle 4.10 LALR(1)-Parser

Der LR(1)-Parser hätte die letzte Reduktion nicht mehr durchgeführt, weil im Zustand $I_6 = \{[A \to a., \{\$\}]\}$ die Reduktion nur für \$, nicht aber für *a* erlaubt ist.

Wir halten also fest:

▶ LALR(1)-Parser haben weniger Zustände als LR(1)-Parser.
▶ LALR(1)-Parser entdecken einen Fehler an der frühestmöglichen Stelle.
▶ LALR(1)-Parser arbeiten – genau wie LR-Parser – in linearer Zeit.

Bei Grammatiken typischer Programmiersprachen benötigen LALR(1)-Parser deutlich weniger Zustände als LR(1)-Parser, daher ist LALR(1) das Parser-Verfahren, das viele Parsergeneratoren verwenden (wie Yacc/Bison oder CUP, die Sie in Kürze kennenlernen werden).

4.8 Fehlerbehandlung

Wir haben schon angesprochen, dass die leeren Einträge in der Parsertabelle Fehlereinträge sind – nur bei einem Syntaxfehler können diese erreicht werden. Dies ist nicht ganz korrekt, weil Fehlereinträge nur in der linken Hälfte, das heißt dem Shift/Reduce-Teil vorkommen können, jedoch nicht in der Sprungtabelle.

Warum? Wir erinnern uns, dass ein Sprung nur nach einer Reduktion ausgeführt wird. Die Reduktion kann aber nur durchgeführt werden, wenn auf dem Stack ein lebensfähiges Präfix steht, dessen rechtes Ende ein Handle ist. Das heißt aber, dass das Eingabewort bis dahin korrekt ist.

Die Parsing-Algorithmen dieses Kapitels terminieren, wenn ein leerer Tabelleneintrag gefunden wird, also beim ersten Syntaxfehler. Das ist in der Praxis natürlich unbrauchbar, weil Quelltexte im Allgemeinen zunächst mehrere Syntaxfehler enthalten, die Programmiererin bzw. der Programmierer also mehrere Compiler-Läufe bräuchte, bis sie/er alle Fehler gefunden hat.

Beim sogenannten *Panikmodus* wird die Eingabe weitergelesen, bis ein Zeichen gefunden wird, nach dem der Parser »weiß«, welches Konstrukt als nächstes kommt. So kann zum Beispiel ein Java-Parser bis zum nächsten Semikolon springen, weil das nächste Konstrukt vermutlich eine Anweisung ist. Ebenso sind eine schließende Mengenklammer oder ein `else` mögliche Punkte zur Synchronisation.

Der Panikmodus ist leicht zu implementieren, hat aber den Nachteil, dass der Fehler genau durch ein fehlendes Synchronisationszeichen oder falsch platziertes Symbol, das zur Synchronisation benutzt wird, hervorgerufen sein kann. Dann muss der Parser größere Teile des Programms überlesen, in denen auch Syntaxfehler stecken könnten.

Besser ist es, in den leeren Einträgen der Parsertabelle Referenzen auf Methoden einzutragen, die für die Ausgabe einer Fehlermeldung und die Erstellung eines Stacks sorgen, auf dem der Parser weiterarbeiten kann.

4.9 Parsergeneratoren

4.9.1 Yacc/Bison

Yacc (Yet Another Compiler-Compiler) wurde von Stephen Johnson [Johnson, 1975] von den Bell Laboratories als Teil des UNIX-Betriebssystems entwickelt und ist der wohl bekannteste Parsergenerator.

Bison [BISON-Summary, 2019] ist die Open-Source-Variante von Yacc und wurde in den 1980er-Jahren als Teil des GNU-Projekts entwickelt. Bison ist aufwärtskompatibel mit Yacc: Alle Yacc-Dateien lassen sich auch mit Bison verarbeiten. Wir konzentrieren uns im Folgenden auf die für unseren Compiler wichtigsten Aspekte von Bison; detaillierte Informationen zu Bison finden Sie im Bison-Manual [BISON Manual, 2020] und in [Levine, 2009].

Bison und Yacc basieren auf dem LALR(1)-Verfahren. Das heißt, sie transformieren eine Beschreibung einer kontextfreien Grammatik in C-Code, der einen LALR(1)-Parser implementiert.

Eine Yacc- oder Bison-Eingabedatei besteht aus drei Teilen (wie bei Lex/Flex), die jeweils durch %% getrennt sind:

```
    Bison Deklarationen
%%
    Grammatik
%%
    Epilog
```

Die Bison-Deklarationen enthalten Angaben, die für die Generierung des Parsers benötigt werden, und können gemischt werden mit sogenannten Prolog-Sektionen, die Include-Anweisungen, Definitionen von Makros und C-Funktionen enthalten, die in %{ und %} geklammert sind (ein Beispiel sehen Sie in Listing 4.4). Die Prolog-Sektionen werden 1:1 in den generierten Code eingefügt.

Im Folgenden sehen wir uns die wichtigsten Deklarationen an und betrachten dann die Nutzung von Bison.

Token-Deklarationen

Die Terminalsymbole der Grammatik müssen deklariert werden, damit der Generator sie von den Nichtterminalsymbolen unterscheiden kann. In dem Fall, dass wir zwischen einfachen und zusammengesetzten Token unterscheiden wollen (siehe das Kapitel 3 über die lexikalische Analyse) – der Typ in C also als union deklariert ist, muss man angeben, welche Variante der union verwendet werden soll.

Das Format lautet:

```
%token [<Tag>] name
```

(Dabei bedeuten die eckigen Klammern, dass das Tag optional ist – es muss jedoch in spitze Klammern gesetzt werden.)

Da wir von unserem Parser im Moment nur die Information erwarten, ob das Eingabewort zur Sprache gehört, benötigen wir diese Typinformationen vorerst nicht.

Für unseren SPL-Parser lauten die Token-Deklarationen beispielsweise:

```
%token IF ELSE WHILE ...
%token INTLIT
%token IDENT
```

Aus diesen Deklarationen wird die Aufzählung der Tokens für die lexikalische Analyse generiert.

Union-Deklaration

Hier wird die eben besprochene union deklariert. Vorausschauend auf das nächste Kapitel soll hier erwähnt werden, dass nicht nur die Typen der Werte der Terminalsymbole deklariert werden können, sondern auch die der Nichtterminalsymbole. Im Moment benötigen wir dies noch nicht, sodass wir wie bisher schreiben können:

```
%union{
    NoVal     noval;
    StringVal stringVal;
    IntVal    intVal;
}
```

Typ-Deklarationen

Wie erwähnt, können auch die Nichtterminalsymbole Werte haben, und deren Typ muss deklariert werden. Erst im nächsten Kapitel werden wir davon Gebrauch machen.

Start-Deklaration

Mit %start NT wird das Nichtterminalsymbol NT als Startsymbol der Grammatik festgelegt.

Lässt man diese Deklaration aus, wird das Nichtterminal auf der linken Seite der ersten Produktion der Grammatik im zweiten Abschnitt automatisch als Startsymbol angenommen.

Konflikt-Deklaration

Hier können Sie dem Parsergenerator mitteilen, wie viele Shift-Reduce-Konflikte Sie erwarten. Zum Beispiel würde der Parsergenerator nach %expect 1 einen Konflikt tolerieren und nur einen Fehler ausgeben, wenn die Anzahl der entdeckten Shift-Reduce-Konflikte davon abweicht.

Meldungen zu Reduce-Reduce-Konflikten können nicht unterdrückt werden – solche Konflikte müssen Sie durch Umstellen der Grammatik auflösen.

Shift-Reduce-Konflikte werden vom Parsergenerator »in favour of shifting« aufgelöst, d. h., die Reduce-Aktion wird ignoriert.

Assoziativitäten und Präzedenzen

Wie wir an dem Beispiel des Dangling-Else gesehen hatten, gibt es Situationen, in denen eine Mehrdeutigkeit in der Grammatik nicht einfach aufzulösen ist. Bei den Ausdrücken (siehe Abschnitt 4.5.2) konnten wir diese Mehrdeutigkeiten durch Änderungen an der Grammatik hingegen leicht beheben.

Bison und Yacc bieten die Möglichkeit, die Assoziativität und die Präzedenz von Operatoren explizit anzugeben:

- %left OP1 OP2 ... OPn deklariert die Operatoren OP1 bis OPn als linksassoziativ,
- %right OP1 OP2 ... OPn deklariert sie als rechtsassoziativ,
- %nonassoc OP1 OP2 ... OPn deklariert sie als nichtassoziativ.

Die Operatoren, die in einer Zeile stehen, haben dabei die gleiche Präzedenz, während Operatoren in einer späteren Assoziativitätsdeklaration höhere Präzedenz haben. So zum Beispiel könnte man die arithmetischen Operatoren wie folgt ordnen:

```
%left PLUS, MINUS
%left MUL, DIV
```

Für Nicht-Operatoren wie das Dangling-Else kann man ohne die Angabe von Assoziativitäten (die ja für Nicht-Operatoren auch keinen Sinn machen) Präzedenzen festlegen:

```
%precedence then
%precedence else
```

Nutzung von Bison

Wie wird Bison nun benutzt? Der generierte Parser kann mit über die Funktion int yyparse() aufgerufen werden. Dabei wird die Ihnen schon aus Kapitel 3 bekannte Funktion yylex() aufgerufen, um das nächste Token zu liefern. Diese Funktion muss also entweder durch Sie oder durch Lex oder Flex bereitgestellt werden.

yyparse() liefert im Fall eines Syntaxfehlers 1 zurück und im Erfolgsfall 0.

Im Fall eines Syntaxfehlers wird der Parser die Funktion void yyerror(const char*) aufrufen, die von Ihnen bereitgestellt werden muss. Der Parameter ist ein String, der im Normalfall »syntax error« lautet – sehen Sie im Beispielcode unten nach, wie Sie diese Funktion definieren können.

```
%{
/*
 * parser.y -- Mini SPL parser specification
 */
#include <stdio.h>
#include "scanner.h"
int yylex (void);
```

```
void yyerror (char const *);
extern int yylineno;
extern char* yytext;
%}
%union {
  NoVal noVal;
  IntVal intVal;
  StringVal stringVal;
}
%token ASGN SEMIC
%token PLUS MINUS STAR SLASH
%token IDENT
%token INTLIT
%%
program:           statement_list;      /* Startproduktion */
statement_list:    /* epsilon */
                   | statement_list statement;
statement:         assign_statement;
assign_statement:  IDENT ASGN expression SEMIC;
expression:        expression PLUS term
                   | expression MINUS term
                   | term;
term:              term STAR factor
                   | term SLASH factor
                   | factor;
factor:            IDENT
                   | INTLIT;
%%
void yyerror (char const *s)
{
  fprintf (stderr, "%s at line %d, token: %s\n", s, yylineno, yytext);
}
```

Listing 4.4 Bison-Eingabedatei für einen Ausschnitt aus SPL

Den Parser können Sie mit yyparse() aufrufen. Wenn Sie den Scanner, wie in Kapitel 3 beschrieben, mit Lex oder Flex implementiert haben, müssen Sie die Eingabedatei öffnen und dem File-Pointer yyin zuweisen.

```
/*
 * main.c -- Mini-SPL compiler
 */
```

```c
#include <stdio.h>
#include <stdlib.h>
#include <string.h>
#include "scanner.h"
extern int yyparse(void);
extern int yydebug;
int main(int argc, char *argv[]) {
  int token;
  char* inputFile = argv[1];
  yydebug = 0;                    // auf 1 setzen für Debug-Ausgaben
  yyin = fopen(inputFile, "r");
  if (yyin == NULL) {
    fprintf(stderr, "cannot open input file");
    exit(1);
  }
  yyparse();
  fclose(yyin);
  return 0;
}
```

Listing 4.5 Hauptprogramm für den Aufruf des Parsers (C)

Bison besitzt eine große Menge von Optionen, die in der Kommandozeile mitgegeben werden können. Die wichtigsten sind:

Option	Bedeutung	Beispiel
-d	Generiert eine Include-Datei *name.tab.h*, wobei *name* der Name der Bison-Eingabedatei ist. Diese Datei enthält die Definition der Tokens als Aufzählungstyp und wird dann vom Scanner inkludiert.	
--defines[=name]	Wie -d, jedoch kann hier der Name der Include-Datei angegeben werden.	--defines=defns.h
-v	»verbose«; erzeugt eine Datei *name.output*, die u. a. eine Beschreibung der Parsertabelle enthält (siehe das Beispiel unten).	
-o name	Der generierte Parser wird in die Datei *name* geschrieben.	-o splparser.c

Tabelle 4.11 Wichtigste Bison-Optionen

Option	Bedeutung	Beispiel
--debug oder -t	Schaltet den Debug-Modus an (siehe unten).	
--graph	Erzeugt eine Grafik des Zustandsautomaten (analog zum Beispiel aus Abbildung 4.22) in der Datei *name.dot*. Mit dem Werkzeug GraphViz können Sie sich diese Datei ansehen.	

Tabelle 4.11 Wichtigste Bison-Optionen (Forts.)

Die Datei parser.output enthält unter anderem die Beschreibung der Parsertabelle des generierten Automaten:

Beispiel 4.34

```
state 9
    6 assign_statement: IDENT ASGN . expression SEMIC
    IDENT      shift, and go to state 10
    INTLIT     shift, and go to state 11
    expression go to state 12
    term       go to state 13
    factor     go to state 14
```

Listing 4.6 Ausschnitt aus »parser.output« für Listing 4.4

Sie sehen sehr anschaulich, dass der von Bison generierte Parser wirklich ein Parser nach einem LR-Verfahren ist; state 9 enthält das LR-Element:

```
assign_statement:   IDENT ASGN . expression SEMIC
```

Sollte der Lookahead IDENT sein, wird er geschoben und zu Zustand 10 gegangen.

Sollte der Lookahead INTLIT sein, wird er geschoben und zu Zustand 11 gegangen.

Für den Zustand 9 enthält die Sprungtabelle Sprünge für die Nichtterminalzeichen expression, term und factor.

Bei größeren Grammatiken wird das schnell unübersichtlich, kann aber trotzdem gut bei der Fehlersuche benutzt werden.

Um während der Laufzeit die Aktionen des Parsers mitverfolgen zu können, muss man Bison mit der Option --debug aufrufen oder in der Eingabedatei im Prolog das Makro YYDEBUG setzen:

#define YYDEBUG 1

Damit generiert Bison zunächst nur den notwendigen Code in die C-Datei. Sie können das Mitverfolgen des Automaten zur Laufzeit einschalten, indem Sie der Variablen yydebug den Wert 1 zuweisen. Es bietet sich an, dieses im Hauptprogramm main.c zu tun (gesteuert durch zum Beispiel ein Argument auf der Kommandozeile), sodass Sie es nur bei Bedarf einschalten können. Natürlich können Sie auch den Debugger (zum Beispiel gdb) nutzen und mit diesem die Variable per Hand auf 1 setzen. Da der Code des Parsers aber nicht unbedingt leicht lesbar ist, empfehlen wir das nicht – schließlich gehen wir davon aus, dass Bison korrekten Code erzeugt hat, aber unsere Grammatik einen Fehler hat. Die Debug-Ausgabe ist ausreichend, um solche Fehler zu finden.

Wir empfehlen, die Option --debug immer zu setzen und immer eine Möglichkeit vorzusehen, yydebug »einzuschalten«, sodass man nicht im Fehlerfall jedes Mal das Projekt neu bauen muss.

Der Parser schreibt die Debug-Ausgaben auf stderr, sodass Sie diese einfach in eine Datei umleiten können.

Hier folgt der Beginn einer Debug-Ausgabe für das oben gezeigte Beispiel 4.34. Die Eingabedatei beginnt mit a := 3+4*5.

```
Starting parse
Entering state 0
Reducing stack by rule 2 (line 34):
-> $$ = nterm statement_list ()
Stack now 0
Entering state 2
Reading a token: Next token is token IDENT ()
Shifting token IDENT ()
Entering state 5
Reading a token: Next token is token ASGN ()
Shifting token ASGN ()
Entering state 9
Reading a token: Next token is token INTLIT ()
Shifting token INTLIT ()
Entering state 11
Reducing stack by rule 14 (line 44):
```

```
   $1 = token INTLIT ()
-> $$ = nterm factor ()
```

Listing 4.7 Debug-Ausgabe des Mini-SPL-Parsers

Nun ist es oft nicht zielführend, nur den ersten erkannten Syntaxfehler auszugeben. Man wünscht sich, dass der Parser nach einem Fehler »geordnet« weiterarbeitet und alle Fehler findet. Bison besitzt ein spezielles Token error, das Sie in eine dedizierte Regel einbauen können. Der Parser wird im Fehlerfall das Token erzeugen und dieses kann dann durch die Regel erkannt werden. Es bietet sich an (siehe die Diskussion in Abschnitt 4.8), diese Regel für ein Nichtterminal einzufügen, dessen Ende ein guter Punkt zum Wiederaufsetzen ist. Für SPL bietet sich dafür statement an:

```
statement:   assign_statement | error SEMIC;
```

Im Fehlerfall wird der Parser alles bis zum nächsten Semikolon überlesen und danach fortfahren.

Wie geht man nun vor bei der Entwicklung der Bison-Eingabedatei (oder einer CUP- oder ANTLR-Eingabedatei)?

> **Tipps für die Entwicklung einer Grammatik**
>
> Erfahrungsgemäß ist es gerade für den Einstieg unmöglich, die Grammatik fehlerfrei »in einem Rutsch« zu schreiben. Beginnen Sie *nicht* top-down, also nicht gleich mit dem Startknoten der Grammatik. Viel einfacher ist es, bottom-up zu entwickeln, also am »unteren Ende« der Grammatik zu starten, d. h., mit den Nichtterminalen zu beginnen, die möglichst wenige weitere Nichtterminale enthalten. So könnten Sie zum Beispiel mit einfachen Anweisungstypen wie der leeren Anweisung oder der Zuweisung starten, wie oben im Beispiel gezeigt. Fügen Sie dann weitere Arten von Anweisungen hinzu, wie If-Then-Else oder While. Dafür müssen Sie in der Datei oben nicht nur die Anweisungstypen ergänzen, sondern sich auch überlegen, wie Sie Bedingungen mit den relationalen Operatoren (<, <=, >, >=, #, =) erkennen.
>
> Hier werden Sie vermutlich auf das Problem des Dangling-Else stoßen, das wir in Abschnitt 4.6.3 besprochen haben. Berichtet Bison einen Konflikt? Sehen Sie sich bitte noch mal den Abschnitt in 4.6.3 an, und versuchen Sie, anhand Ihrer Grammatik nachzuvollziehen, wie der Konflikt entsteht. Sie können den Konflikt akzeptieren, indem Sie Bison mit der Option expect=1 anweisen, diesen zu ignorieren.
>
> SPL lässt auch Feldzugriffe zu (zum Beispiel a[0]) – denken Sie daran, dass Felder mehrdimensional sein können.
>
> Ebenfalls einfach zu implementieren sind Typ- und Variablendeklarationen. Zuletzt bauen Sie Prozedurdeklarationen und Prozeduraufrufe ein.

> Wichtig ist, dass Sie jede größere Änderung mit korrekten Programmen testen *und* mit Programmen, die Syntaxfehler enthalten. Dazu können Sie zum Beispiel das Programm aus Listing 4.5 benutzen. Nur so können Sie sicher sein, dass Ihr Parser genau die korrekten SPL-Programme erkennt und nicht mehr oder weniger.

4.9.2 CUP

CUP ist ein in Java geschriebener LALR(1)-Parsergenerator, der Java-Code erzeugt und gut mit JFlex zusammenarbeitet.

Entwickelt wurde CUP von Scott Hudson, Frank Flannery, C. Scott Ananian und Michael Petter. Das CUP-Handbuch finden Sie unter *http://www2.cs.tum.edu*. Siehe dazu auch: [Ananian, Flannery, Wang, Appel & Petter, 2020]

Wir werden hier die Version 0.11b betrachten, um die Ähnlichkeit zu Bison zu betonen. Inzwischen existiert eine Version CUP2 [Petter, 2020], die zwar zusätzlich andere Verfahren beherrscht, aber einen völlig anderen Ansatz wählt als CUP 0.11b, weil sie kein eigenes Eingabeformat à la Yacc und Bison nutzt, sondern Java-Code. So werden zum Beispiel die Terminalsymbole als Aufzählungstyp definiert und die Grammatik durch den Aufruf der `grammar`-Methode der Parser-Klasse.

Trotz der niedrigen Versionsnummer handelt es sich bei CUP 0.11b um das Ergebnis einer langen Entwicklungsphase und um eine sehr stabile Software.

Das Eingabeformat von CUP unterscheidet sich von Yacc/Bison [Ananian, Flannery, Wang, Appel & Petter, 2020]:

```
Package- und Import-Anweisungen
Benutzerdefinierter Code
Symbollisten
Präzedenz- und Assoziativitätsregeln
Grammatik
```

Listing 4.8 Struktur einer CUP-Eingabedatei

Wie man sieht, fehlen die Yacc/Bison-spezifischen Trennzeichen.

Package- und Import-Anweisungen

In Java-Syntax können Sie hier einen (optionalen) Package-Namen angeben. In diesem Package wird CUP dann die generierten Klassen ablegen.

Mindestens die Klassen der CUP-Laufzeitumgebung müssen Sie importieren:

`import java_cup.runtime.*;`

Des Weiteren können Sie den Namen der Klasse angeben, die den generierten Parser enthält. Standardmäßig generiert CUP die Klasse `parser` für den Parser und die Klasse `sym`, die die Definitionen der Token enthält (siehe unten).

Die Angabe des Package-Namens und des Klassennamens kann auch durch Kommandozeilenoptionen erfolgen (siehe unten).

Benutzerdefinierter Code

Ebenfalls optional und meistens nicht notwendig, aber oft hilfreich ist die Angabe von Methoden und Variablen, die in die generierte Parser-Klasse kopiert werden:

`parser code {: ... :};`

Im Beispiel sehen Sie, dass wir hier eine Methode `syntax_error` definiert haben – dazu gleich mehr.

Symbollisten

Analog zu Bison erfordert CUP, dass die Terminalsymbole und die Nichtterminalsymbole deklariert werden:

```
terminal [<Klassenname>] name1, name2, ... ;
non terminal [<Klassenname>] name1, name2, ...;
```

Der Klassenname ist optional und wird von uns erst im nächsten Kapitel benötigt.

Präzedenz- und Assoziativitätsregeln

Genau wie bei Bison können Regeln für die Präzedenz und Assoziativität von Operatoren (oder allgemeiner: Terminalsymbolen) angegeben werden. Die Syntax ist dabei leicht anders als bei Bison:

`precedence <Typ>  t1, t2, ...;`

Der `<Typ>` ist dabei `left`, `right` oder `nonassoc`.

Grammatik

Das Format für die Grammatikregeln orientiert sich wiederum an Bison, jedoch wird statt `:` das Zeichen `::=` verwendet.

Ebenfalls optional ist die Angabe des Startsymbols der Grammatik durch

```
start with <name>;
```

Fehlt die Angabe des Startsymbols, wird das Nichtterminal auf der linken Seite der ersten Produktion als Startsymbol angenommen.

SPLO-Parser in CUP

Für den SPLO-Parser ergibt sich somit:

```
import java_cup.runtime.*;
import compiler.utils.CompilerError;
parser code {:
  public void syntax_error(Symbol token) {
    throw CompilerError.SyntaxError(token.left, token.right);
  }
:}
terminal   ASGN, SEMIC;
terminal   PLUS, MINUS, STAR, SLASH;
terminal   IDENT;
terminal   INTLIT;
non terminal program;
non terminal statement_list, statement;
non terminal assign_statement;
non terminal expression, term, factor;
program::=            statement_list;     /* Startproduktion */
statement_list::=     /* epsilon */
                    | statement_list statement;
statement::=          assign_statement;
assign_statement::=   IDENT ASGN expression SEMIC;

expression::=         expression PLUS term
                    | expression MINUS term
                    | term;
term::=               term STAR factor
                    | term SLASH factor
                    | factor;
factor::=             IDENT
                    | INTLIT;
```

Listing 4.9 SPL-Parserspezifikation in CUP

Aus der Eingabedatei kann man durch Aufruf von CUP eine Java-Datei erzeugen, die den Parser beinhaltet:

`java -jar java-cup-11b.jar -package compiler.parser -parser Parser -symbols Sym parser.cup`

Die Generierung des Parsers kann man durch Kommandozeilenoptionen steuern. Die wichtigsten sind:

Option	Bedeutung	Beispiel
-parser <name>	Der Parser wird als Klasse <name> generiert.	Durch den obigen Befehl wird eine Java-Klassendatei *Parser.java* erzeugt.
-symbols <name>	Die in der Eingabedatei deklarierten Terminal-symbole werden als Konstanten in der Klasse <name> definiert. Diese Klasse wird vom Scanner benutzt, um die erkannten Tokens zurückzugeben.	-symbols Sym erzeugt eine Datei *Sym.java*, die für jedes Terminalsymbol eine Konstante (static final int) enthält.
-package <name>	Generiert die Parserklasse und die Symbol-Klasse in dem Package <name>	-package compiler.Parser Die generierten Klassen werden im Package compiler.parser generiert.
-expect <zahl>	<zahl> gibt die Anzahl der erwarteten Konflikte an.	-expect 1
-dump	Gibt die Grammatik, die LALR(1)-Zustände und die Parsertabelle aus.	Siehe Beispiel unten.

Tabelle 4.12 CUP-Kommandozeilenoptionen (Auszug)

Durch die Option -dump erhält man einen guten Überblick über den erzeugten Parser:

Beispiel 4.35

Ausgabe beim Aufruf mit der Option -dump (Auszug):

```
lalr_state [7]: {
  [assign_statement ::= IDENT (*) ASGN expression , {SEMIC }]
}
```

```
transition on ASGN to state [8] ...
-------- ACTION_TABLE --------
From state #7
 [term 2:SHIFT(to state 8)]
...
-------- REDUCE_TABLE --------
From state #7
```

(Kein Eintrag, da in diesem Zustand keine Reduktion möglich ist.)

Etwas einfacher als bei Yacc/Bison ist das Debugging bei CUP gelöst: Neben der Methode parse() stellt die erzeugte Parserklasse auch eine Methode debug_parse() bereit, die die beim Parsen ausgeführten Aktionen ausgibt:

Beispiel: Ausgabe des Parsers beim Parsen von a:=3+4*5;

```
# Initializing parser
# Current Symbol is #8
# Reduce with prod #2 [NT=1, SZ=0]
# Reduce rule: top state 0, lhs sym 1 -> state 1
# Goto state #1
...
```

Listing 4.10 CUP-Debug-Ausgabe

Der SPL0-Parser in Listing 4.9 wirft beim ersten erkannten Syntaxfehler eine Exception, aber CUP bietet auch eine Möglichkeit zum Wiederaufsetzen nach Fehlern: Das spezielle Symbol error, analog zum gleichnamigen Symbol bei Bison kann in die Grammatik eingesetzt werden.

So wird zum Beispiel durch

```
statement::=  assign_statement SEMIC
            | error SEMIC;
```

Listing 4.11 Errorhandling in CUP

definiert, dass CUP nach einem Fehler nach dem nächsten Semikolon als Synchronisationspunkt wieder aufsetzt.

Wirft der Parser allerdings wie im Beispiel oben bei jedem Syntaxfehler eine Exception, nützt das natürlich nichts, weil das Parser-Programm damit nach dem ersten Fehler endet.

Mit einer leicht veränderten syntax_error()-Methode, die nur eine Fehlermeldung ausdruckt, führt das folgende SPL-Programm zu zwei Fehlermeldungen im Parser:

```
ghg := fg ++ 23;     // Zeile 1: Fehler in Ausdruck
a:=1;                // Zeile 2: ok
goto l1;             // Zeile 3: Fehler ":=" erwartet
```

Listing 4.12 Fehlerhaftes SPL-Programm

Syntax Error at line 1, row 12

Syntax Error at line 3, row 6

> **Tipps zum Umgang mit CUP**
>
> Die Fehlermeldungen und Warnungen, die CUP beim Generieren des Parsers ausgibt, sind für den Einstieg nicht leicht zu interpretieren und führen manchmal zu langwierigen Fehlersuchen.
>
> Die wichtigsten Meldungen sind:
>
> ```
> Error: Syntax error @ Symbol: STAR (unknown:19/0(-1) - unknown:19/1(-1))
> Error : Internal error: Unexpected exception
> ```
>
> CUP hat ein Zeichen in der Eingabedatei gefunden, das er an dieser Stelle nicht erwartet hat. Dieses Zeichen ist hier ein STAR (*) und steht in Zeile 19.
>
> ```
> Warning : *** Reduce/Reduce conflict found in state #12
>   between assign_statement ::= IDENT ASGN IDENT (*)
>   and     factor ::= IDENT (*)
>   under symbols: {SEMIC}
>   Resolved in favor of the first production.
>
> Error : *** More conflicts encountered than expected --
>  parser generation aborted
> ```
>
> Durch Einfügen einer zweiten Regel, nämlich assign_statement ::= IDENT ASGN IDENT, haben wir einen Reduce-Reduce-Konflikt erzeugt, den CUP dadurch auflöst, dass die *First Production*, also die erste der beiden Regeln berücksichtigt wird, die miteinander in Konflikt stehen. Das ist natürlich willkürlich – wenn Sie einen solchen Konflikt in der von Ihnen erstellten Grammatik haben, müssen Sie ihn auflösen!
>
> CUP bricht hier die weitere Generierung ab, weil beim Aufruf der Option -expect nicht gesetzt wurde (siehe oben).
>
> ```
> Warning : LHS non terminal "X" has not been declared
> ```

> Das ist ein häufiger Fehler: Ein Nichtterminal X kommt auf der linken Seite einer Produktion vor, wurde aber nicht in der Symbolliste deklariert.
>
> ```
> java_cup.runtime.Symbol "X" has not been declared
> ```
>
> Ein Symbol X kommt auf der rechten Seite einer Produktion vor, wurde aber nicht in der Symbolliste deklariert. Beachten Sie: CUP kann nicht beurteilen, ob es sich um ein Terminal- oder ein Nichtterminalsymbol handelt.

4.9.3 ANTLR

ANTLR wurde von Terence Parr von der University of San Francisco entwickelt und ist ein sehr beliebter Parsergenerator, der *Adaptive LL(*)*-Grammatiken nutzt [Parr, Harwell & Fisher, Adaptive LL(*) parsing: the power of dynamic analysis, 2014]. Die *Definitive ANTLR 4 Reference* [Parr, The Definitive ANTLR4 Reference, 2012] beschreibt ANTLR in großer Tiefe und ist jedem Entwickler zu empfehlen, der mit ANTLR einen Parser schreiben möchte. Die Website *antlr.org* [Parr, antlr.org, 2020] bietet die aktuelle Version als Download sowie Beispiele und Dokumentation.

Wir beschränken uns daher hier auf ein kurzes Beispiel und einige Hinweise zur Nutzung von ANTLR.

Was ist Adaptive LL(*)? ANTLR generiert einen LL(1)-Parser, wendet aber einige Transformationen an, um direkte Linksrekursion zu eliminieren; indirekte Linksrekursionen kann ANTLR nicht behandeln. Im Gegensatz zu LL(1)-Parsern verwendet ANTLR eine Funktion `adaptivePredict` [Parr, Harwell & Fisher, Adaptive LL(*) parsing: the power of dynamic analysis, 2014], die *zur Laufzeit* berechnet wird, um zu bestimmen, welche von möglicherweise mehreren anwendbaren Produktionen auszuwählen ist.

Die folgende Grammatik [Parr, Harwell & Fisher, Adaptive LL(*) parsing: the power of dynamic analysis, 2014] zeigt das Problem von LL(1)-Parsern:

Beispiel 4.36

$S \rightarrow xB \mid yC$

$B \rightarrow aA$

$C \rightarrow Aba$

$A \rightarrow b \mid \varepsilon$

Diese Grammatik ist zwar nicht linksrekursiv, aber auch nicht LL(1), weil bei Lookahead b beide Regeln $A \rightarrow b$ und $A \rightarrow \varepsilon$ in der Tabelle in die Zeile A einzutragen sind.

Sieht man sich die Grammatik genauer an, so erkennt man aber, dass der Parser trotzdem die richtige Entscheidung treffen kann, wenn er weiß, wie S abgeleitet wurde. Startet das Eingabewort mit x, dann muss B zu aA abgeleitet worden sein. Demzufolge muss bei Lookahead b an dieser Stelle die Regel $A \to b$ angewendet werden.

Wenn jedoch zuerst die Regel $S \to yC$ angewendet wurde, muss C zu Aba abgeleitet worden sein. Jetzt ist das Lookahead wieder b, aber es ist völlig klar, dass nur die Regel $A \to \varepsilon$ infrage kommen kann.

Die Funktion adaptivePredict im ANTLR4-Parser trifft zur Laufzeit des Parsers die Entscheidung, welche von beiden Regeln anzuwenden ist, indem das Lookahead-Symbol und der aktuelle Inhalt des Stacks analysiert werden.

ANTLR4 bietet noch einige weitere Features, die es für Entwickler attraktiv machen:

- keine Notwendigkeit, Terminale und Nichtterminale zu deklarieren
- direkte Eingabe der lexikalischen Regeln, d. h., ein separater Scanner ist nicht notwendig.

Sehen wir uns das Äquivalent des Mini-SPL-Parsers in ANTLR an:

```
grammar spl;

program:            statement_list;     /* Startproduktion */

statement_list:     statement+ ;

statement:          empty_statement
                  | assign_statement;

empty_statement:    ';' ;

assign_statement:   IDENT ':=' expression ';';

expression:         expression '+' term
                  | expression '-' term
                  | term;

term:               term '*' factor
                  | term '/' factor
                  | factor;

factor:             IDENT
                  | INTLIT;
```

```
IDENT: ('a' .. 'z' | 'A' .. 'Z') ('a' .. 'z' | 'A' .. 'Z' | '0' .. '9' | '_')*;

INTLIT: ('0' .. '9')+ ;

WHITESPACE: [ \t\r\n] -> skip;
```

Listing 4.13 SPLO-Parser mit ANTLR

Es ist mit ANTLR möglich, die Grammatik deutlich zu verkleinern, indem wir ANTLRs Fähigkeiten zum eigenständigen Transformieren von Grammatiken ausnutzen. Um die Ähnlichkeit zur Bison- und CUP-Grammatik zu erhalten und um zu betonen, wie wichtig es ist, sich über Präzendenzen und Assoziativität der Operatoren Gedanken zu machen, haben wir hier darauf verzichtet.

Mit dem Kommando

```
java -jar antlr-4.8-complete.jar -package compiler.parser spl.g4
```

generieren wir aus der obigen Grammatik den Parser.

Es fällt nicht nur auf, dass wir die Tokens direkt in der Grammatik definieren können – entweder als Literale (wie zum Beispiel ':=') in den Produktionen oder einzeln definiert wie zum Beispiel IDENT –, sondern auch, dass Metasymbole wie der kleenesche Stern-Operator, den Sie ja aus Kapitel 3, »Lexikalische Analyse«, kennen, verwendet werden (siehe beispielsweise die Produktion statement_list).

ANTLR erlaubt es, innerhalb von Grammatikregeln sogenannte Unterregeln zu definieren, von denen es vier Formen gibt. Sie müssen jeweils in runde Klammern eingeschlossen werden:

1. Alternativen:

    (a | b)

2. Optionale Elemente:

    (a | b)?

3. Wiederholung einmal oder mehrfach:

    (a | b)+

4. Wiederholung keinmal oder mehrfach:

    (a | b)*

5. Damit könnten wir die Regel für statement_list umschreiben zu:

    statement_list: (empty_statement | assign_statement)+;

4.9 Parsergeneratoren

Hier ist ein Wort der Warnung angebracht: Es geht *nicht* darum, eine Grammatik auf möglichst platzsparende Weise zu definieren, sondern darum, dass Sie eine korrekte Grammatik entwickeln, die Sie auch danach noch erweitern oder ändern können. Legen Sie also mehr Wert auf Lesbarkeit als auf Kürze!

Auch ohne Hauptprogramm können wir diese Grammatik testen, indem wir das sogenannte *TestRig* von ANTLR benutzen:

```
java -cp ".;antlr-4.8-complete.jar" org.antlr.v4.gui.TestRig spl program -tree
test.spl
```

```
(program (statement_list (statement (assign_statement a := (expression
(term (factor 3)) + (expression (term (factor 4) * (term (factor 5))))) ;))
(statement (assign_statement x := (expression (term (factor y)) +
(expression (term (factor y)) + (expression (term (factor y)) -
(expression (term (factor y)))))) ;))))
```

Das TestRig erwartet den Namen der Grammatik (spl), den Namen des Startsymbols (program) und (optional) den Namen einer Datei mit dem Eingabewort (test.spl).

Die wichtigsten Optionen des TestRigs sind:

Option	Bedeutung
-tree	Gibt den Syntaxbaum als geklammerte Liste aus (siehe oben).
-gui	Grafische Ausgabe des Syntaxbaums
-tokens	Gibt die Liste der erkannten Tokens aus.
-trace	Gibt den Ablauf des Parsers aus.

Tabelle 4.13 Optionen des ANTLR-TestRigsv

Üblicherweise testet man die Grammatik zuerst mit den Testtools, bevor man den Parser in einem Java-Programm aufruft.

Neben dem Parser in der Datei *splParser.java* generiert ANTLR unter anderem einen Scanner mit Namen splLexer.

Der Aufruf des Parsers geschieht ähnlich wie bei CUP:

```java
public class Main {
    public static void main(String[] args) throws Exception {
        CharStream in = CharStreams.fromFileName(args[0]);
        splLexer lexer = new splLexer(in);
```

```
        CommonTokenStream tokens = new CommonTokenStream(lexer);
        splParser parser = new splParser(tokens);
        parser.program();
    }
}
```

Listing 4.14 Main-Programm zum Aufruf des generierten ANTLR-Parsers

4.10 Zusammenfassung

Das Schwierigste ist geschafft!

Syntaxanalyse ist der Teil des Compilerbaus, dessen Theorie am umfangreichsten und schwierigsten ist, weil die Verfahren, mit denen die Generatoren die Parser erzeugen, sehr detaillierte Informationen berechnen müssen (in Form der Zustände), um ein so mächtiges Konstrukt wie kontextfreie Grammatiken behandeln zu können. Andererseits machen es uns aber diese Generatoren einfach, in der Praxis einen Parser zu erstellen.

Wir sind in diesem Kapitel in die Welt der *kontextfreien Grammatiken* eingestiegen und haben gelernt, wie Grammatiken genutzt werden können, um Sprachen zu erzeugen.

Die *regulären Ausdrücke* aus der lexikalischen Analyse haben sich als eine alternative Darstellungsform regulärer Grammatiken entpuppt, die wiederum eine Spezialisierung der kontextfreien Grammatiken sind.

Um das zu vertiefen, haben wir uns mit der Mächtigkeit von regulären Sprachen beschäftigt und das *Pumping-Lemma* für reguläre Sprachen verwendet, um zu beweisen, dass bestimmte kontextfreie Sprachen nicht regulär sind. Für die Sprache $\{a^n b^n | n \geq 0\}$ haben wir mit dem Pumping-Lemma gezeigt, dass sie nicht regulär ist. Reguläre Sprachen sind also eine deutlich kleinere Sprachklasse als die kontextfreien Sprachen und untauglich, um »echte« Programmiersprachen zu beschreiben.

Die *Backus-Naur-Form* (bzw. die erweitere Variante) eignet sich gut, um die Syntax von Programmiersprachen formal zu beschreiben, und findet sich daher oft in Büchern über Programmiersprachen. Eine (erweiterte) Backus-Naur-Form kann man leicht in eine kontextfreie Grammatik überführen.

Da uns die pure Aussage »Programm ist syntaktisch richtig« bzw. »falsch« nicht reicht, um die nächsten Phasen des Compilers durchzuführen, müssen wir die erkannten syntaktischen Einheiten strukturiert ausgeben. Das Ergebnis ist der *Ableitungsbaum*.

Das erste Parserverfahren, das wir uns angesehen haben, beginnt mit dem Startsymbol S der Grammatik und versucht, das Eingabewort abzuleiten. Da der Parser den Ableitungsbaum von oben nach unten erstellt, spricht man von *Top-Down-Parsern*. Ein solcher Parser kann direkt implementiert werden, indem für jedes Nichtterminalsymbol eine Funktion definiert wird, die (eventuell mit Lookahead) entscheidet, welche Regel anzuwenden ist. Ein solches Programm wird *rekursiver Abstiegsparser* genannt.

Analog zum Vorgehen bei der lexikalischen Analyse kann man aber auch wieder tabellengesteuerte Parser erzeugen, die sogenannten *LL(k)-Parser*, die das Eingabewort von links nach rechts lesen und in jedem Schritt das am weitesten links stehende Nichtterminalsymbol ableiten, also eine Linksableitung durchführen. k steht für die Anzahl der Lookahead-Zeichen.

Aufgrund der Tatsache, dass bei nichtregulären Grammatiken mehr als ein Nichtterminalsymbol auf der rechten Seite einer Produktionsregel stehen kann, muss der Parser sich »merken«, was er noch abarbeiten muss. Das kann ein endlicher Automat nicht, und daher benötigt ein Parser einen *Kellerspeicher* (Stack), um sich zu merken, was noch zu tun ist. Um in der Tabelle angeben zu können, welche Regeln für ein Nichtterminalsymbol abhängig vom nächsten Eingabezeichen anzuwenden sind, haben wir uns hergeleitet, dass wir die First- und die Follow-Mengen benötigen, und für diese Algorithmen angegeben.

Mithilfe dieser Mengen berechnet der Algorithmus in [4.4] die LL(1)-Parsertabelle für diejenigen kontextfreien Grammatiken, die den Anforderungen 1 und 2 (siehe Abschnitt 4.6.3) genügen. Das Parsen geschieht in linearer Zeit, bezogen auf die Länge des Eingabewortes.

Bei der zweiten Klasse von Parsern, den *Bottom-Up-Parsern*, wird der Ableitungsbaum von unten nach oben aufgebaut und immer das am weitesten rechts stehende Nichtterminalsymbol reduziert. Es handelt sich also um eine Rechtsableitung. Daher nennt man diese Klasse von Parser-Verfahren *LR(k)-Parser*. Der Parser »merkt« sich alles, was er vor diesem Nichtterminal schon gelesen hat, und speichert zusätzlich in Zuständen die Information zwischen, wie »weit« der Reduktionsprozess schon ist.

Die Zustände werden mithilfe der Funktionen *Sprung* und *Hülle* berechnet und dienen dazu, die LR(0)-Parsertabelle aufzubauen, die den Ablauf des Parsers mithilfe von Aktionen (*Shift* oder *Reduce*) steuert.

Ein einfaches Beispiel hat uns gezeigt, dass die Klasse der LR(0)-Sprachen zu »klein« ist und der Parser oft nicht entscheiden kann, ob er eine Shift- oder eine Reduce-Aktion durchführen soll. Durch Hinzunahme eines Lookaheads in den *SLR(1)-Parsern* und durch das Eintragen der Reduktionen nur für die Terminalsymbole in der Follow-Menge des Nichtterminalsymbols, zu dem reduziert wurde, kann der Parser viele dieser Konflikte auflösen – aber leider nicht alle, weil SLR(1)-Parser vergessen, welchen Weg sie eingeschlagen haben (siehe den Automaten in Abbildung 4.22).

LR(1)-Parser führen daher die sogenannte *Lookahead-Menge* mit, mithilfe derer sie die Reduktionen nur für die Terminalsymbole eintragen, die nach der bisherigen Ableitung auch wirklich vorkommen können.

LR(1)-Parser sind sehr mächtig, haben leider aber sehr viele Zustände, sodass die Parsergeneratoren oft *LALR(1)* verwenden. Bei diesem Verfahren werden »ähnliche« Zustände zusammengefasst, sodass der Automat mit weniger Zuständen auskommt.

Yacc bzw. Bison arbeiten beide mit LALR(1)-Grammatiken und erzeugen den Kellerautomaten in Form von C-Code. *CUP* ähnelt Yacc/Bison, generiert aber Java-Code.

ANTLR ist ein sehr populärer Parsergenerator, der mit einer Erweiterung der LL-Grammatiken funktioniert und eine sehr komfortable Darstellung der Grammatiken erlaubt.

4.11 Übungen

4.11.1 Grammatiken

Gegeben sei folgende Grammatik G_0:

$S \to AB$

$A \to aAc \mid x$

$B \to BbB \mid bb$

1. Aufgabe: Leiten Sie das Wort *xbb* ab.
2. Aufgabe: Leiten Sie das Wort *axcbbbbb* ab.
3. Aufgabe: Geben Sie die drei kürzesten Wörter der Sprache $L(G_0)$ an.
4. Aufgabe: Geben Sie eine Grammatik G an, die die Sprache $L(G) = \{x^n z y^n \mid n \geq 0\}$ erzeugt.
5. Aufgabe: Werten Sie den Ausdruck $3 \otimes 4 \oplus 5$ aus, wobei $\otimes$ die Multiplikation der natürlichen Zahlen und $\oplus$ die Addition ist. Dabei soll allerdings $\oplus$ eine höhere Präzedenz haben als $\otimes$.
6. Aufgabe: Seien $\otimes$ und $\oplus$ die Operatoren aus der vorigen Aufgabe, die beide linksassoziativ sein sollen. Geben Sie eine Grammatik an, um solche Ausdrücke richtig erkennen zu können.
7. Aufgabe: Sei G_1 die folgende Grammatik:

    $S \to Ax$

    $A \to Aa \mid b$

    Eliminieren Sie die Linksrekursion.

8. Aufgabe: Sei G_2 die folgende Grammatik:

   $S \rightarrow xAc \mid xBd$

   $A \rightarrow aa$

   $B \rightarrow bb$

   Führen Sie eine Linksfaktorisierung durch.

4.11.2 First- und Follow-Mengen

9. Aufgabe: Sei G_3 die Grammatik

   $S \rightarrow AB$

   $A \rightarrow aA$

   $A \rightarrow \varepsilon$

   $B \rightarrow BbB$

   $B \rightarrow b$

   Berechnen Sie die First- und Follow-Mengen.

10. Aufgabe: Sei G_4 die Grammatik

    $S \rightarrow AB$

    $A \rightarrow aA$

    $A \rightarrow \varepsilon$

    $B \rightarrow BaB$

    $B \rightarrow \varepsilon$

    Berechnen Sie die First- und Follow-Mengen.

4.11.3 LL(1)-Parser

11. Aufgabe: Erstellen Sie die LL(1)-Parsertabelle für die Grammatik G_5:

    $S \rightarrow aA$

    $A \rightarrow C \mid bcA \mid \varepsilon$

    $C \rightarrow dd \mid e$

12. Aufgabe: Parsen Sie das Wort *abcdd* mit der Parsertabelle aus Aufgabe 11.

13. Aufgabe: Ändern Sie die Grammatik G_5 so ab, dass die Startregel nun $S \rightarrow aAb$ lautet.

    Diese Grammatik ist nicht LL(1) – warum?

    Erstellen Sie die Parsertabelle und identifizieren Sie die Stelle, an der ein Konflikt eintritt.

4.11.4 LR(0)-Parser

14. Aufgabe: Erstellen Sie die LR(0)-Parsertabelle für die Grammatik G_5.
15. Aufgabe: Parsen Sie das Wort *abcbce* mit der Parsertabelle aus Aufgabe 14.

4.11.5 SLR(1)-Parser

16. Aufgabe: Erstellen Sie die SLR(1)-Parsertabelle für die Grammatik G_6.

    $S' \to S$

    $S \to aAb$

    $A \to cdA \mid d \mid \varepsilon$

17. Aufgabe: Parsen Sie das Wort *acddb* mit der Parsertabelle aus Aufgabe 15.

4.11.6 LR(1)-Parser

18. Aufgabe: Erstellen Sie eine Parsertabelle für die Grammatik G_7:

    $S \to aAa$

    $A \to a$

19. Aufgabe: Erstellen Sie eine LR(1)-Parsertabelle für die Grammatik G_8:

    $S' \to S$

    $S \to aAb$

    $A \to bcA \mid C \mid \varepsilon$

    $C \to dd \mid e$

20. Aufgabe: Parser Sie mit der Parsertabelle aus Aufgabe 16 das Wort *abcddb*.
21. Aufgabe: In Aufgabe 12 haben Sie herausgefunden, welche Regeln dazu führen, dass die Grammatik nicht LL(1) ist. Warum sind diese Regeln für den LR(1)-Parser kein Problem?

4.11.7 LALR(1)-Parser

22. Aufgabe: Verwenden Sie die LALR(1)-Parsertabelle wie in Tabelle 4.9 gegeben, um das Wort *aaa* zu parsen. Wie viele Schritte benötigen Sie?

    Vergleichen Sie den Ablauf des Parsers mit dem des LR(1)-Parsers aus Aufgabe 18.

4.11.8 Parsergeneratoren

23. Aufgabe: Komplettieren Sie den SPL-Parser mit Bison, CUP oder ANTLR.
24. Aufgabe: Wir wollen eine Repeat-Until-Schleife in SPL einbauen, beispielsweise so:

```
i := 0;
repeat
  printi(i);
  i := i+1;
until (i>=10);
```

Welche Erweiterungen müssen Sie dafür an Ihrem Scanner und Ihrem Parser durchführen?

Kapitel 5
Abstrakter Syntaxbaum

Je abstrakter die Kunst wird, desto mehr wird sie Kunst.
– Robert Musil

Ist ein abstrakter Baum Kunst? Was ist denn ein abstrakter Syntaxbaum überhaupt?

5.1 Einleitung

Im vorigen Kapitel haben wir erläutert, wie wir mit den verschiedenen Parser-Verfahren entscheiden können, ob das Eingabewort zur Sprache gehört oder nicht. Reicht uns das für die restlichen Phasen des Compilers? Wie Sie vermutlich leicht erraten können, lautet die Antwort: »Nein!«

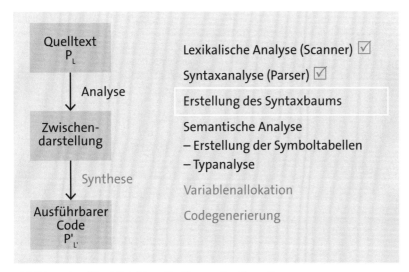

Abbildung 5.1 Überblick über die Phasen des Compilers

In dieser Phase bauen wir auf der Syntaxanalyse auf und erzeugen eine Darstellung des Syntaxbaums, die alle für die folgenden Phasen notwendigen Informationen enthält.

5 Abstrakter Syntaxbaum

Das Verfahren, die Analyse und die Synthese durch die Syntax der Programmiersprache zu steuern, heißt *syntaxgesteuerte Übersetzung* – alle Berechnungen, die wir dafür brauchen, hängen wir an die Nichtterminalsymbole der kontextfreien Grammatik der Programmiersprache.

Welche Informationen benötigen denn die späteren Phasen? Alle? Sehen wir uns zu einem SPL-Prozedurrumpf mit zwei Zuweisungen den Syntaxbaum an:

```
{
  x:=0;
  y:=x+1;
}
```

Listing 5.1 SPL-Fragment

Der Syntaxbaum könnte – abhängig natürlich von der von Ihnen implementierten Grammatik – wie folgt aussehen:

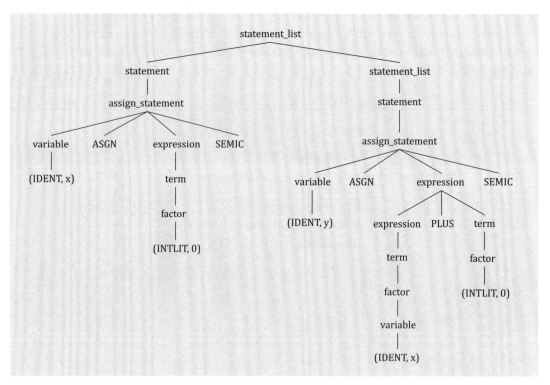

Abbildung 5.2 Syntaxbaum zu einem SPL-Fragment

Wie Sie sehen, ist der Syntaxbaum für so ein kleines Stück Code sehr groß. Wie erkennen aber auch, dass zum Beispiel in dem linken Teilbaum unterhalb des Knotens *assign_statement* die beiden Blätter *ASGN* und *SEMIC* redundant sind: Der Parser hat aufgrund des Tokens *ASGN* erkannt, dass es sich um ein *assign_statement* handelt; und aufgrund des Tokens *SEMIC* wurde das Ende der Anwendung korrekt erkannt. Warum bewahren wir diese beide Tokens auf? Sie sind nur für die Syntax notwendig – für die weiteren Phasen sind sie ohne Belang!

Ebenso ist die 1:1-Ableitung zum Beispiel im rechten Teilbaum unterhalb von *expression* unnötig – Präzedenzen und Assoziativitäten sollte der Parser richtig erkennen und abbilden; für die späteren Phasen sind die Zwischenebenen wie *term* und *factor* irrelevant.

Zusammengefasst: Der Syntaxbaum enthält viel »syntaktischen Zierrat«, der nach der Syntaxanalyse nicht mehr benötigt wird. Aus diesem Grund reden wir auch von einem *abstrakten Syntaxbaum* (Abstract Syntax Tree, AST). Wir lassen die Terminal- und Nichtterminalsymbole, die wir nicht mehr brauchen, einfach weg!

Donald Knuth ist die Erkenntnis zu verdanken, dass die Erzeugung eines abstrakten Syntaxbaums direkt während des Parsens erfolgen kann. In [Knuth D. E., 1968] führt er den Begriff der *attributierten Grammatik* ein. Die Nutzung von attributierten Grammatiken ist ein Standardverfahren im Compilerbau.

Das Ziel dieser Phase ist es also, während des Parsens einen abstrakten Syntaxbaum zu erzeugen, auf dem wir in den folgenden Kapiteln weiterarbeiten. Der Parser liefert dann also nicht nur die Aussage »Quelltext syntaktisch richtig/falsch«, sondern gibt auch den kompletten abstrakten Syntaxbaum zurück.

5.2 Attributierte Grammatiken

Bevor wir erklären, wie der Parser den abstrakten Syntaxbaum erzeugt, benötigen wir noch etwas Theorie.

Betrachten wir nochmals die Grammatik für arithmetische Ausdrücke, die wir im vorangegangenen Kapitel 4 verwendet haben.

Beispiel 5.1

Expr → *Expr + Term | Term*

Term → *Term * Factor | Factor*

Factor → *(Expr) | IntLiteral*

Der Syntaxbaum für den Ausdruck 2 + 3 × 4 sieht wie folgt aus:

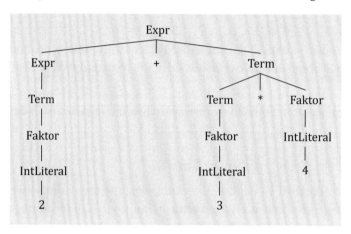

Abbildung 5.3 Syntaxbaum für den Ausdruck »2+3*4«

Schon in der Einleitung hatten wir festgestellt, dass die Unterscheidung zwischen Ausdruck (*Expr*), *Term* und *Faktor* im Parser notwendig ist, um die Assoziativitäten und Präzedenzen richtig abbilden zu können. Da dies aber jetzt durch die Baumstruktur gegeben ist, können wir diese drei Ebenen durch den einheitlichen Begriff *Expr* ersetzen:

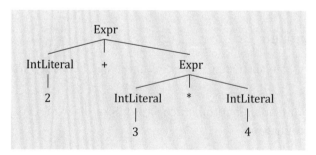

Abbildung 5.4 AST für den Ausdruck »2+3*4«

Man könnte nun diesen Baum benutzen, um den Wert des Ausdrucks zu berechnen, indem man den Wert als Attribut an jeden Nichtterminalknoten einfach dazuschreibt (siehe Abbildung 5.5).

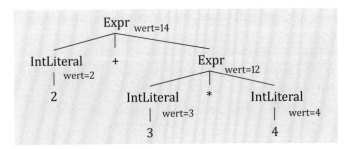

Abbildung 5.5 Attributierter AST

Wie haben wir die Werte ausgerechnet? Nun, wenn wir an den Blättern beginnen, ist klar, dass die Werte der *IntLiterale* »nach oben« gegeben werden müssen. Die *Expr*-Knoten berechnen nun aus den Werten ihrer Nachfolger ihren eigenen Wert.

Eine Information (in dem Beispiel oben: *wert*), die wir an die Knoten anhängen, nennen wir *Attribute*. Jeder Knoten kann mehrere Attribute besitzen. Die Idee der attributierten Grammatiken ist, die Menge der Attribute an die Terminale und Nichtterminale zu hängen und die Regeln für die Berechnung der Attribute zusammen mit den entsprechenden Produktionen der Grammatik anzugeben.

In dem Beispiel oben werden die Werte von unten nach oben berechnet – wir sprechen dann von *synthetisierten Attributen*. Die Information wird synthetisiert, also erzeugt, aus den Attributen der Nachfolger des Knotens im Baum.

Umgekehrt können auch Informationen von oben nach unten weitergeleitet werden – beispielsweise um Kontextinformationen weiterzugeben. In diesem Fall spricht man von *ererbten Attributen*. Attribute der Nachfolger des Knotens »erben« also Attribute des Knotens selbst.

Donald Knuth beschreibt in [Knuth D. E., 1990] sehr detailliert, dass die Idee zu ererbten Attributen eigentlich von Peter Wegner stammt, der Knuth fragte: »Why can't attributes be defined from the top down as well as from the bottom up?« Knuth schreibt: »A shocking idea!« [Knuth D. E., 1990]. Offensichtlich war die Idee trotzdem gut ...

> **Definition 5.1: Attributierte Grammatik**
>
> Eine *attributierte Grammatik* [Knuth D. E., 1968] ist eine erweiterte Grammatik $G = (N, T, P, S)$ mit folgenden Erweiterungen:
>
> 1. Jedem Symbol $\alpha \in N \cup T$ ist eine endliche Menge von Attributen $A(\alpha)$ zugeordnet. Wir unterscheiden zwischen synthetisierten Attributen $A_s(\alpha)$ und ererbten Attributen $A_i(\alpha)$, die disjunkt sind. Weiterhin gilt: $A_i(S) = \emptyset$ und $A_i(t) = \emptyset$ für jedes Terminalsymbol t.

2. Zu jeder Produktion $X \rightarrow \beta_1 ... \beta_m$ ($m \geq 0$) werden die Berechnungsvorschriften für die
   - ... synthetisierten Attribute aus $A_s(X)$ angegeben als Regeln $y_j := f(a_1, ..., a_k)$, wobei $0 \leq k \leq m$ und jedes a_i ein Attribut eines der Terminal- oder Nichtterminalsymbole $\beta_1, ..., \beta_m$ ist und $\{y_1, ..., y_r\} = A_s(X)$.

   Das heißt, jedem synthetisierten Attribut des Nichtterminalsymbols auf der linken Seite wird eine Berechnungsvorschrift als Funktion f auf einer Teilmenge der Attribute der Terminal- oder Nichtterminalsymbole auf der rechten Seite der Produktion zugeordnet.
   - ... ererbten Attribute angegeben als Regeln $z_j = g(b_1, ..., b_p)$, wobei die z_j Attribute aus $A_i(\beta_1) \cup ... \cup A_i(\beta_m)$ und die b_i Attribute aus $A(X)$ sind.

   Die Werte der ererbten Attribute der Nichtterminalsymbole auf der rechten Seite der Regel werden also berechnet als Funktion der Attribute des Nichtterminals auf der linken Seite der Produktion.

Eine attributierte Grammatik ist also eine Grammatik, bei der jedes Terminal- oder Nichtterminalsymbol Attribute haben kann. Diese Attribute sind entweder synthetisiert oder ererbt. Dabei fordern wir, dass das Startsymbol (das ja bei einer erweiterten Grammatik nur auf der linken Seite vorkommen kann) keine Attribute erbt (von wem auch?) und dass Terminalsymbole keine synthetisierten Attribute besitzen. Auch die letzte Forderung ist einleuchtend, weil die Terminalsymbole keine Nachfolger im Baum haben. Die Attributwerte der Terminalsymbole werden von Scanner bereitgestellt – so wie wir dies in Abschnitt 3.5 bereits gesehen haben.

Die Berechnungsvorschriften werden an die Produktionen angehängt. Dabei werden die Werte der synthetisierten Attribute des Nichtterminalsymbols auf der linken Seite der Produktion aus den Werten der Attribute der Symbole der rechten Seite berechnet.

Bei ererbten Attributen ist es genau umgekehrt: Die Werte der ererbten Attribute der Symbole auf der rechten Seite werden aus den Attributen des Nichtterminals auf der linken Seite berechnet.

Das Attribut a eines Symbols X wird als $X.a$ geschrieben.

Natürlich könnte es vorkommen, dass ein Attribut v von einem anderen Attribut w abhängt. In diesem Fall muss w natürlich vor v berechnet werden. Es stellt sich dann die Frage, in welcher Reihenfolge die Knoten des Syntaxbaums (und seine Berechnungsregeln) ausgewertet müssen, sodass die Abhängigkeiten berücksichtigt werden. Eine Reihenfolge, die dies leistet, heißt *topologische Sortierung*. Sollte eine wechselseitige Abhängigkeit bestehen (hängt zum Beispiel v von w ab und umgekehrt), dann gibt es natürlich keine solche Reihenfolge.

Die Parsergeneratoren machen jedoch keine Abhängigkeitsanalyse, sondern schränken die Verwendung der Attribute ein, wie wir im nächsten Abschnitt sehen werden.

Beispiel 5.2

Erweitern wir die Grammatik aus dem vorangegangenen Beispiel 5.1 um ein neues Startsymbol:

Ausdruck → *Expr*
Expr → *Expr* + *Term* | *Term*
Term → *Term* * *Factor* | *Factor*
Factor → *(Expr)* | *IntLiteral*

Um das Ergebnis der Auswertung des Ausdrucks zu berechnen, erstellen wir für jedes Nichtterminal ein Attribut *wert*:

$A_s(Ausdruck) = A_s(Expr) = A_s(Term) = A_s(Factor) = A_s(IntLiteral) = \{wert\}$

Ererbte Attribute werden nicht benötigt.

In den Produktionen treten gleiche Symbole wie *Expr* und *Term* teilweise doppelt auf. Zur Unterscheidung nummerieren wir in diesen Fällen diese Symbole von links nach rechts durch. Die Produktionen mit ihren Berechnungsregeln sind dann:

Ausdruck → *Expr* { *Ausdruck.wert* = *Expr.wert* }
Expr → *Expr* + *Term* { $Expr_1.wert$ = $Expr_2.wert$ + *Term.wert* }
Expr → *Term* { *Expr.wert* = *Term.wert* }
Term → *Term* * *Factor* { $Term_1.wert$ = $Term_2.wert$ * *Factor.wert* }
Term → *Factor* { *Term.wert* = *Factor.wert* }
Factor → (*Expr*) { *Factor.wert* = *Expr.wert* }

IntLiteral erhält den Wert durch die lexikalische Analyse.

Lassen Sie uns diese Erkenntnisse nun mit den Ausführungen zu abstrakten Syntaxbäumen in Abschnitt 5.1 zusammenführen.

Wir gehen aus von einer kontextfreien Grammatik für unsere Programmiersprache SPL und müssen beim Parsen eines Eingabeprogramms nicht nur entscheiden, ob dieses zur Sprache gehört (siehe Kapitel 4), sondern auch den abstrakten Syntaxbaum erstellen.

Dafür sind die attributierten Grammatiken bestens geeignet: Die Nichtterminalsymbole erhalten ein synthetisiertes Attribut, das dem abstrakten Syntaxbaum des entsprechenden Teilbaums entspricht. Der Startknoten enthält dann schlussendlich den gesamten abstrakten Syntaxbaum. Die Berechnungsfunktionen sind die »Konstruktoren« der Knoten des abstrakten Syntaxbaums.

Betrachten wir dazu zunächst noch mal das Beispiel in Abbildung 5.2 und daraus den linken Teilbaum, der der Zuweisung x:=0 entspricht:

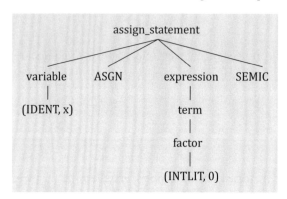

Abbildung 5.6 Teilbaum des Syntaxbaums

Wie schon besprochen, sind die Terminalzeichen ASGN und SEMIC nur syntaktisch notwendig, übrig bleiben nur die Variable und der Ausdruck. Somit lautet die attributierte Produktion:

assign_statement → *variable ASGN expression SEMIC*

{ *assign_statement.ast* = "Assign_statement(" +
                variable.ast +
                "," +
                expression.ast +
                ")"
}

Die Produktionen für *variable* und *expression* müssen Sie entsprechend definieren.

Die Zuweisung x:=0 wird also als die folgende Zeichenkette repräsentiert: *Assign_statement(Variable(x),IntLiteral(0))*

Anmerkung: Die Darstellung eines abstrakten Syntaxbaums als Zeichenkette eignet sich zwar gut zur textuellen Darstellung – zur Weiterverarbeitung ist sie jedoch eher »unhandlich«. Wir werden im nächsten Unterkapitel sehen, welche Datenstrukturen gut geeignet sind, um die Informationen zu speichern.

Wie aber geschieht die Berechnung der Attribute im Parser?

Bei Top-Down-Parsern wird ja anhand des Lookahead-Tokens die anzuwendende Produktion $X \rightarrow Y_1 \dots Y_k$ ausgewählt (dabei sei X das oberste Symbol auf dem Stack). Die ererbten Attribute der Y_i werden zugewiesen, und wenn die rechte Seite der Produktion »abgearbeitet« ist, werden die Berechnungsfunktionen angewandt, um die synthetisierten Attribute von X zu berechnen.

Hierbei könnte natürlich eines der Y_i wiederum ein Nichtterminalsymbol sein, auf das eine Produktion mit zugeordneten Berechnungsfunktionen angewendet wird. Daher muss sich der Parser die Berechnungsvorschriften ebenfalls auf dem Stack merken, um nach vollständigem Erkennen der rechten Seite die Berechnungsvorschriften anzuwenden. Die synthetisierten Attribute werden also berechnet, wenn die Regel zuoberst auf dem Stack liegt.

Bottom-Up-Parser arbeiten ja – wie der Name schon sagt – von unten nach oben. Ein Handle, das der rechten Seite einer Produktion entspricht, wird erkannt, und dann wird in der Parsertabelle nachgesehen, nach welcher Regel reduziert werden soll. Wenn aber die Regel erst dann feststeht, wie können dann ererbte Attribute berechnet werden?

In den meisten Fällen wird der Stack als Array definiert (so bei Bison und CUP), sodass nicht nur der Zugriff auf das oberste Element möglich ist, sondern auch auf die Elemente darunter. Weiß man, an welcher Stelle im Stack der Wert steht, der für die Berechnung des ererbten Attributs notwendig ist, so kann der Parser, wie eben erklärt, auf diesen zugreifen. Je nach Grammatik ist aber ein zusätzlicher Trick notwendig.

Beispiel 5.3 [Aho, Sethi & Ullman, 1986]

$S \rightarrow aAC \quad \{C.i := A.s\}$
$S \rightarrow bABC \quad \{C.i := A.s\}$
$C \rightarrow c \quad \{C.s := f(C.i)\}$

Bei dieser Grammatik kann der Parser nicht entscheiden, an welcher Position auf dem Stack das Attribut $A.s$ steht: Bei Anwendung der ersten Produktion steht das Attribut an zweitoberster Stelle, bei Anwendung der zweiten Produktion steht B »dazwischen«. Hier kann man ein *Markierungssymbol M* in die zweite Produktion einfügen, sodass diese lautet:

$S \rightarrow bABMC \; \{M.i := A.S; C.i := M.s\}$ und

$M \rightarrow \varepsilon \{M.s := M.i\}$

M kopiert also das Attribut »von A zu C«, und der richtige Wert steht immer an zweitoberster Stelle im Stack.

Man unterscheidet im Allgemeinen S-attributierte Grammatiken und L-attributierte Grammatiken:

Bei einer *S-attributierten Grammatik* kommen nur synthetisierte Attribute vor, was ja sehr gut zu Bottom-Up-Parsern wie Bison und CUP passt. Bei einer *L-attributierten Grammatik* können ererbte und synthetisierte Attribute vorkommen. Dabei muss man beachten, dass der Parser natürlich wissen muss, welchen Wert die Attribute haben, wenn er eine Regel wie $X \to Y_1 \ldots Y_n$ anwendet: Hat Y_i ein Attribut a_i, so kann a_i nur von den ererbten Attributen von X abhängen (diese sind ja zu Beginn der Auswertung schon bekannt) oder von den Attributen (egal ob ererbt oder synthetisiert) von $Y_1, \ldots, Y_{i-1}$. Oder anders gesagt: a_i kann nicht von Attributen von $Y_{i+1}, \ldots, Y_n$ abhängen.

Daher sind L-attributierte Grammatiken gut für Top-Down-Parser geeignet.

Implementiert man einen Parser mit rekursivem Abstieg, so sind die ererbten Attribute Eingabeparameter der Funktionen und synthetisierte Attribute sind Rückgabewerte. Das Startsymbol der Grammatik hat dann ein Attribut, dessen Wert der komplette abstrakte Syntaxbaum des Programms ist.

Eine *Regelmitte-Aktion* wie in $X \to v\{A\}w$ soll bedeuten, dass die Aktion A nach dem Lesen von v und noch vor der Bearbeitung von w ausgeführt werden soll.

Ein Bottom-Up-Parser weiß ja erst nach dem Lesen des Handles vw, dass die Ableitungsregel $X \to vw$ angewandt werden soll. Das heißt, es ist unmöglich, schon vor dem Lesen von w zu wissen, dass die Aktion A auszuführen ist.

Man kann aber eine Regelmitte-Aktion in eine *Regelende-Aktion* umwandeln, indem man ein neues Nichtterminalsymbol Y einführt, sodass die ursprüngliche Regel $X \to vw$ ersetzt wird durch $X \to vYw$ und eine neue Regel $Y \to \varepsilon\{A\}$ eingeführt wird.

Man erkennt leicht, dass diese geänderte Grammatik dieselbe Sprache erzeugt.

Das folgende Code-Stück aus dem von CUP generierten Parser zeigt, wie die Aktion der Regel

$term \to term_{lhs}\ STAR\ factor_{rhs}$

$\{term.result = BinaryExpression(MUL, term_{lhs}.result, factor.result_{rhs})\}$

auf den Stack zugreift:

```
Expression lhs =(Expression)((java_cup.runtime.Symbol)
        CUP$Parser$stack.elementAt(CUP$Parser$top-2)).value;
Expression rhs = (Expression)((java_cup.runtime.Symbol)
        CUP$Parser$stack.peek()).value;
RESULT = new BinaryExpression(new Position(opleft, opright),
        BinaryExpression.Operator.MUL, lhs, rhs);
```

Listing 5.2 Ausschnitt aus dem generierten CUP-Parser

Um kenntlich zu machen, welches Symbol der rechten Seite der Produktion gemeint ist, haben wir die Namen `lhs` und `rhs` verwendet. Bei Auswertung der Aktion werden zunächst die Ergebnisse (.value) der beiden Teilergebnisse `lhs` und `rhs` vom Stack von den Positionen `top-2` und `top` (=peek()) genommen und gecastet (dazu später mehr).

5.3 Erzeugung des AST für SPL

Um zu verstehen, wie wir jetzt unsere Grammatik für SPL so attribuieren, dass sie einen abstrakten Syntaxbaum erzeugt, müssen wir erst noch drei Punkte klären:

1. Wie soll der abstrakte Syntaxbaum aussehen? Erstellen wir zum Beispiel einen Knotentyp für *Expr, Term* und *Factor* oder nutzen wir nur einen Knotentyp »binärer Ausdruck« mit dem Operator als Unterknoten?
2. In welcher Datenstruktur soll der abstrakte Syntaxbaum abgebildet werden?
3. Wie spezifiziert man die Attribute und Berechnungsfunktionen in Bison, CUP und ANTLR?

Beginnen wir mit Frage 1: Es zeigt sich, dass zur vollständigen Klärung Wissen über die Verwendung des abstrakten Syntaxbaums in den späteren Phasen notwendig ist. So werden wir zum Beispiel später alle arithmetischen Operatoren gleich behandeln, da die Präzedenzregeln durch den Parser bereits gewährleistet sind. Es bietet sich daher an, *einen* Knotentyp »binärer Ausdruck« (*binaryExpression*) zu nutzen.

Zu Frage 2 für Java: Es bietet sich natürlich an, den abstrakten Syntaxbaum objektorientiert zu implementieren: Jeder Knoten im Baum ist ein Objekt, und »gleichartige« Knoten, also solche, die das gleiche Sprachkonstrukt implementieren, gehören zur gleichen Klasse. In dem Buch von Andrew Appel [Appel, 2002] wird in Ausschnitten dieser Ansatz beschrieben.

Wir hatten schon erwähnt, dass wir in den späteren Phasen den abstrakten Syntaxbaum mehrmals durchlaufen werden, um zum Beispiel die Verwendung von Datentypen zu überprüfen. Da wir bei einem solchen Durchlauf nicht vorher wissen können, zu welcher Klasse der Knoten gehört, definieren wir eine Oberklasse `Node`:

```
public abstract class Node implements Visitable {
   public final Position position;
   Node(Position position) {
      this.position=position;
   }
   ...
}
```

Listing 5.3 Die Klasse »Node« im abstrakten Syntaxbaum

Das Interface Visitable werden wir im nächsten Kapitel genauer erklären; Position ist eine Hilfsklasse, die die Zeilen- und die Spaltennummern des Symbols im Quelltext bezeichnet.

Anmerkung: Die ComplexSymbolFactory von CUP bietet die Klasse Location an, die die gleiche Funktionalität hat [Ananian, Flannery, Wang, Appel & Petter, 2020]. Da die einfachere SymbolFactory für unsere Zwecke ausreichend ist, benötigen wir die komplexere Variante nicht.

Zweckmäßigerweise sollten Sie noch Methoden vorsehen, mit denen Sie den abstrakten Syntaxbaum formatiert ausgeben können.

Die nächste wichtige Klasse, die wir benötigen, ist Statement. Für jede Art von Anweisung (Zuweisung, If-Then-Else, While-Schleifen etc.) legen wir eine Unterklasse von Statement an. Die Member der Klassen ergeben sich aus der Syntax: Die Klasse WhileStatement muss natürlich ein Member für die Bedingung und eines für den Schleifenrumpf enthalten. Listing 5.4 zeigt die Klasse Statement und exemplarisch AssignStatement, bei der wir in target die Variable und unter value den Ausdruck speichern.

Beispiel 5.4

```
public abstract class Statement extends Node {
    public Statement(Position position) {
        super(position);
    }
}
package compiler.ast;
public class AssignStatement extends Statement {
    public final Variable target;
    public final Expression value;
    public AssignStatement(Position position, Variable target,
                           Expression value) {
        super(position);
        this.target = target;
        this.value = value;
    }
}
```

Listing 5.4 Die Klassen »Statement« und »AssignStatement« im AST

Neben den Anweisungen benötigen wir natürlich auch Knoten für Ausdrücke, die aus den IntLiteralen, Variablen und binären Ausdrücken bestehen:

5.3 Erzeugung des AST für SPL

```java
package compiler.ast;
public abstract class Expression extends Node {
    public Type dataType = null;
    public Expression(Position position) {
        super(position);
    }
}
...
package compiler.ast;
public class BinaryExpression extends Expression {
    public enum Operator {
        ADD, SUB, MUL, DIV, EQU, NEQ, LST, LSE, GRT, GRE;

        public boolean isArithmetic() {
            return List.of(ADD, SUB, MUL, DIV).contains(this);
        }
        public boolean isComparison() {
            return !this.isArithmetic();
        }
    }
    public final Operator operator;
    public final Expression leftOperand;
    public final Expression rightOperand;
    public BinaryExpression(Position pos, Operator operator,
                            Expression leftOperand, Expression rightOperand)
        { ... }
}
```

Listing 5.5 Die Klassen »Expression« und »BinaryExpression« im AST

Wie Sie sehen, ist Expression eine abstrakte Klasse und BinaryExpression erweitert diese.

Neben BinaryExpression benötigen wir auch noch Erweiterungen von Expression für Integer-Literale und Variablenzugriffe. Um einen L-Value auch im AST von einem R-Value zu unterscheiden, kapseln wir Variablen in einem Ausdruck in einer Klasse VariableExpression, die dann Expression erweitert. Erstellen Sie diese Klassen nach dem obigen Muster!

Vielleicht fragen Sie sich, wie das unäre Minus wie zum Beispiel in -(x+1) abgebildet wird. Da das unäre Minus der einzige einstellige Operator ist, kann man der Einfachheit halber einen binären Ausdruck mit Operator SUB und einem linken Operanden 0 verwenden. In dem obigen Beispiel würde dies 0-(x+1) entsprechen.

Was fehlt noch? Leider noch eine ganze Menge: Typ-, Variablen- und Prozedurdeklarationen sowie die Klassen für die ihnen zugeordneten syntaktischen Elemente, wie Parameterdeklaration etc.

Für viele der rekursiven Produktionen, wie zum Beispiel *statement_list,* lassen sich die Knoten als Listen darstellen. Als Beispiel zeigen wir hier die Klasse `ProcedureDeclaration`:

```
package compiler.ast;
public class ProcedureDeclaration extends GlobalDeclaration {
    public final List<ParameterDeclaration> parameters;
    public final List<VariableDeclaration> variables;
    public final List<Statement> body;

    public ProcedureDeclaration(Position position,
                                Identifier name,
                                List<ParameterDeclaration> parameters,
                                List<VariableDeclaration> variables,
                                List<Statement> body) {
        super(position, name);
        this.parameters = parameters;
        this.variables = variables;
        this.body = body;
    }
}
```

Listing 5.6 Die Klasse »ProcedureDeclaration« im abstrakten Syntaxbaum

`GlobalDeclaration` ist dabei wieder eine abstrakte Klasse, die durch `ProcedureDeclaration` und `TypeDeclaration` erweitert wird.

Die abstrakten Klassen dienen zum einen der »Kategorisierung« der Knoten, erhöhen aber auch die Typsicherheit, indem wir – wo es geht – immer diese Klassen verwenden statt der obersten Klasse `Node`.

Die in Abschnitt 3.5 gezeigte Klasse `Symbol` enthält die Attribute der Terminalsymbole.

In den folgenden Abschnitten werden wir diese Klassen um Attribute für die späteren Phasen erweitern.

Die Frage nach der Datenstruktur ist also für Java beantwortet: Die Attribute eines Symbols werden in Klassen zusammengefasst. Was aber ist mit Frage 3: »Wie spezifizieren wir Attribute und Berechnungsfunktionen in den Parsergeneratoren?«

Zunächst müssen wir in dem Abschnitt der Symbollisten für die Terminalsymbole und die Nichtterminalsymbole die Klassen angeben. Für Terminalsymbole, die nicht im abstrakten Syntaxbaum vorkommen werden (wie ASGN, SEMIC, ...), ist dies nicht notwendig, wohl aber für Identifier und IntLiteral:

```
terminal String    IDENT;     // Bezeichner
terminal Integer   INTLIT;    // Integer-Literale
```

Für Nichtterminalsymbole werden die oben definierten Klassen als Typen angegeben:

```
non terminal Statement statement, assign_statement;
non terminal Expression expr, term, factor;
```

Der von CUP generierte Parser ordnet allen Terminal- und allen Nichtterminalsymbolen Objekte der Klasse java_cup.runtime.Symbol zu: Der Scanner generiert für jedes erkannte Token ein Objekt dieser Klasse, und CUP gibt Objekte dieser Klassen zurück.

Symbol hat folgende Attribute:

```
public int sym;           // eine Nummer, die das Symbol identifiziert
public int parse_state;   // Zustand des Parsers
public int left;          // Zeilennummer
public int right;         // Spaltennummer
public Object value;      // der »Wert«
```

Da die Werte im Member value alle den Typ Object haben, werden sie im generierten Java-Code auf den richtigen Typ gecastet. Aufgrund der Typdeklarationen in den Symbollisten ist klar, welcher Cast notwendig ist.

In Listing 5.2 hatten wir dieses Verfahren schon gesehen:

```
Expression lhs =(Expression)((java_cup.runtime.Symbol)
        CUP$Parser$stack.elementAt(CUP$Parser$top-2)).value;
```

Die Berechnungsvorschriften bzw. -funktionen werden *semantische Aktionen* genannt (nicht zu verwechseln mit den Aktionen des Shift-Reduce-Algorithmus!) und werden bei CUP wie folgt spezifiziert:

▶ Jedes Symbol auf der rechten Seite einer Produktion kann mit einem Label versehen werden; Symbol und Label werden durch einen Doppelpunkt getrennt.
  Beispiel: expressions:lhs
  Das Nichtterminalsymbol auf der linken Seite wird implizit als RESULT bezeichnet.

Die Labels dienen dazu, die Attribute der Symbole zu benennen, sodass man sie in den Aktionen ansprechen kann.

- Jedes Symbol x hat Attribute xleft und xright, die die Zeilen- und die Spaltennummer angeben. Diese werden wir benutzen, um das Position-Objekt zu füllen.
- Die Aktionen sind Java-Code, der in {: und :} geklammert wird. Wir haben zwar oben davon gesprochen, dass die Aktionen die Attributwerte berechnen, tatsächlich können Sie aber beliebige Java-Anweisungen nutzen.

  Beispiel: {: RESULT=new BinaryExpression(...); :}
- Die Ausführung der Aktionen erfolgt, wie in Abschnitt 5.2 beschrieben, wenn der Parser eine Reduktion mit der Produktion durchführt, an der die Aktion hängt.

Hier ist jetzt der Parser mit Attributen für unser Mini-SPL:

```
import java_cup.runtime.*;
import compiler.utils.CompilerError;
import compiler.ast.*;
import compiler.symboltable.Identifier;
import java.util.ArrayList;
parser code {:
public void syntax_error(Symbol currentToken) {
  throw CompilerError.SyntaxError(new Position(currentToken.left,
                                               currentToken.right));
  }
:}
terminal   ASGN, SEMIC;
terminal   PLUS, MINUS, STAR, SLASH;
terminal   String IDENT;
terminal   Integer INTLIT;
non terminal Program         program;
non terminal List<Statement> statement_list;
non terminal Statement       statement, assign_statement;
non terminal Expression      expression, term, factor;
program::= statement_list:stmts {:
                    RESULT=new Program(new Position(stmtsleft,
                    stmtsright), stmts);
                    :}; /* Startproduktion */
statement_list::=   /* epsilon */ {: RESULT = new ArrayList<Statement>(); :}
        | statement:hd statement_list:tl {: tl.add(0, hd); RESULT = tl; :};
statement::=  assign_statement:as SEMIC {: RESULT =as; :}
        | error SEMIC;
assign_statement::= IDENT:id ASGN:asgn expression:exp {:
```

```
                    RESULT=new AssignStatement(new Position(asgnleft, asgnright),
                        new Identifier(id), exp);
                                                                        :};
expression::= expression:lhs PLUS:op term:rhs {:
                    RESULT=new BinaryExpression(new Position(opleft, opright),
                            BinaryExpression.Operator.ADD, lhs, rhs);
                                                                        :}
                    | expression:lhs MINUS:op term:rhs {:
                    RESULT=new BinaryExpression(new Position(opleft, opright),
                            BinaryExpression.Operator.SUB, lhs, rhs); :}
                    | term:t {: RESULT= t;
                                                                        :};
term::= term:lhs STAR:op factor:rhs {:
                    RESULT=new BinaryExpression(new Position(opleft, opright),
                            BinaryExpression.Operator.MUL, lhs, rhs);
                                                                        :}
                    | term:lhs SLASH:op factor:rhs {:
                    RESULT=new BinaryExpression(new  Position(opleft, opright),
                            BinaryExpression.Operator.DIV, lhs, rhs); :}
                    | factor:fac {: RESULT= fac;
                                                                        :};
factor::= IDENT:id {:
                    RESULT=new VariableExpression(new Position(idleft, idright),
                        new Identifier(id)); :}
                    | INTLIT:wert {:
                    RESULT=new IntLiteral(new Position(wertleft, wertright),
                            wert); :};
```

Listing 5.7 Mini-SPL-Parser mit Attributen

Übersetzen Sie diese Datei wie in Kapitel 4 beschrieben. Ergänzen Sie in den Klassen im Package `compiler.ast` noch `toString()`-Methoden, um den abstrakten Syntaxbaum auch textuell ausgeben zu können.

In der Klasse `Main` müssen Sie den Aufruf des Parsers wie folgt ergänzen:

```
Parser parser = new Parser(scanner, symbolFactory);
Program prog = (Program) parser.parse().value;
System.out.println(prog);
```

Die Klasse `Identifier` ist ein Wrapper um `String`, die wir aus Gründen der Effizienz einführen. Die Definition von `Identifier` finden Sie in Abschnitt 6.2.1.

5 Abstrakter Syntaxbaum

In C stehen leider keine Klassen zur Verfügung, daher müssen wir structs und unions verwenden, um den abstrakten Syntaxbaum abzubilden. Dabei sehen wir vor, dass die verschiedenen unions durch ein Tag unterscheidbar sind. Als Beispiel zeigen wir die Definition der Datenstruktur für Ausdrücke:

```c
typedef enum {
    OP_ADD,
    OP_SUB,
    OP_MUL,
    OP_DIV
} binary_operator;
typedef enum {
    TAG_BINEXP,
    TAG_INTLIT,
    TAG_VAR
} tag_exp;
typedef struct expression {
    int line;
    tag_exp tag;
    union {
        struct {
            binary_operator operator;
            struct expression *leftOperand, *rightOperand;
        } binaryExpression;
        struct {
            int value;
        } intLiteral;
        struct {
            struct variable *name;
        } variableExp;
    } u;
} Expression;
typedef struct statement_list {
    bool                  isEmpty;
    Statement             *head;
    struct statement_list *tail;
} StatementList;
typedef StatementList Program;
```

Listing 5.8 Ausschnitt aus der Definition des abstrakten Syntaxbaums in C

Zusätzlich sehen wir noch »Pseudo-Konstruktoren« vor, die einen Knoten erzeugen und die von dem von Bison generierten Parser in den Aktionen aufgerufen werden (analog zu den Aufrufen der Konstruktoren der Java-Klassen in CUP):

```c
Expression *newExpression(int line, tag_exp tag) {
    Expression *node = allocate(sizeof(Expression));
    node->line = line;
    node->tag = tag;
    return node;
}
```

Listing 5.9 Pseudo-Konstruktor für Expression-Knoten im abstrakten Syntaxbaum

Anhand des Beispiel-Parsers für Mini-SPL wird deutlich, wie man diese verwendet.

Natürlich müssen Sie noch weitere Strukturen und Konstruktoren definieren, die Anweisungen und alle anderen SPL-Sprachkonstrukte und deren entsprechende »Unterklassen« abbilden.

```
%{
/*
 * parser.y -- Mini SPL parser specification
 */

#include <stdio.h>
#include <stdlib.h>
#include <string.h>
#include "utils.h"
#include "symboltable/identifier.h"
#include "ast.h"
#include "scanner.h"
#include "parser.h"

void yyerror(Program**, char *);
%}
%parse-param {Program** program}
%union {
  NoVal        noVal;
  IntVal       intVal;
  StringVal    stringVal;
  Expression   *expression;
  Variable     *variable;
  Statement    *statement;
  StatementList *statementList;
```

```
}
%token <noVal>          ASGN SEMIC
%token <noVal>          PLUS MINUS STAR SLASH
%token <stringVal>      IDENT
%token <intVal>         INTLIT
%type <expression>      expression term factor
%type <variable>        variable
%type <statement>       statement assign_statement
%type <statementList>   statement_list
%type <statementList>   program
%start program;
%%
program:        statement_list {*program=$1; };
statement_list: /* epsilon */ {$$=emptyStatementList();}
              | statement statement_list {$$=newStatementList($1, $2);};
statement:        assign_statement {$$=$1;} ;
assign_statement: IDENT ASGN expression SEMIC
                { $$=newAssignStatement($1.line,
                    newVariable($1.line, newIdentifier($1.val)), $3);};
expression:     term {$$ = $1;}
              | expression PLUS term
                { $$=newBinaryExpression($2.line, OP_ADD, $1, $3);}
              | expression MINUS term
                { $$=newBinaryExpression($2.line, OP_SUB, $1, $3);};
term:           factor {$$ = $1;}
              | term STAR factor
                { $$=newBinaryExpression($2.line, OP_MUL, $1, $3);}
              | term SLASH factor
                { $$=newBinaryExpression($2.line, OP_DIV, $1, $3);};
factor:         variable {$$ = newVariableExpression($1->line, $1);}
              | INTLIT {$$ = newIntLiteral($1.line, $1.val);};
variable:       IDENT
                { $$=newVariable($1.line, newIdentifier($1.val));};
%%
void yyerror(Program** program, char *msg) {
  error("%s in line %d", msg, yylval.noVal.line);
}
```

Listing 5.10 Bison-Datei für Mini-SPL mit abstraktem Syntaxbaum

Ähnlich wie wir das schon bei CUP gesehen haben, müssen wir auch bei Bison dem Parsergenerator mitteilen, welche Typen für die verschiedenen Nichtterminalsymbole verwendet werden. In Kapitel 4 hatten wir erkannt, dass hinter %union die Varianten des Rückgabetyps der Terminalsymbole verwendet werden. Jetzt erweitern wir die union um die Typen der Attribute der Nichtterminalsymbole. Letztere verknüpfen wir mit dem Nichtterminalsymbol durch:

%type <Typ> Non-Terminal

Mit %parse-param können wir dem Parsergenerator mitteilen, dass wir beim Aufruf von yyparse() weitere Argumente übergeben wollen. Da wir von yyparse als Rückgabewert einen Zeiger auf den abstrakten Syntaxbaum zurückerhalten wollen, schreiben wir:

%parse-param {Program** program}

Die Aktionen werden als C-Code in Mengenklammern eingeschlossen angegeben. Dabei ist $$ der Wert des Nichtterminalsymbols auf der linken Seite der Produktion (analog zu RESULT in CUP). Die Attribute der Symbole auf der rechten Seite der Produktion werden nicht mit Labeln versehen wie bei CUP, sondern einfach beginnend mit $1 durchnummeriert. Dabei ist zu beachten, dass natürlich auch die Terminalsymbole mitgezählt werden.

Aktionen, die das Ergebnis des einzigen Symbols auf der rechten Seite einer Produktion lediglich zur linken Seite kopieren, also $$=$1, kann man weglassen, da diese als Default eingesetzt werden. Um zu vermeiden, dass dies aber nicht die Aktion ist, die Sie nutzen wollten, sollten Sie immer die Zuweisung an $$ explizit hinschreiben.

Wie werden die Aktionen von Bison umgesetzt? Zunächst erstellt Bison aus der %union-Deklaration den Typ YYSTYPE:

```
typedef union YYSTYPE
{
#line 22 "parser.y"
  NoVal          noVal;
  IntVal         intVal;
  StringVal      stringVal;
  Expression     *expression;
  Variable       *variable;
  Statement      *statement;
  StatementList  *statementList;
} YYSTYPE;
```

Listing 5.11 Von Bison generierter YYSTYPE-Typ

Danach wird eine Variable yyval vom Typ YYSTYPE deklariert

```
YYSTYPE yyval;
```

und entsprechend in die jeweilige Aktion eingesetzt:

```
#line 58 "parser.y"
    {(yyval.expression) = newBinaryExpression((yyvsp[(2) - (3)].noVal).line,
        OP_ADD, (yyvsp[(1) - (3)].expression), (yyvsp[(3) - (3)].expression));;}
```

Dies ist die übersetzte Aktion für die Regel *expression → expression PLUS term*.

yyvsp ist ein Zeiger auf YYSTYPE und ist der Stack des Parsers, der die semantischen Werte enthält (v steht für *Value*, s für *Stack*). Die Nummerierung der Symbole ($1, $2, $3) entspricht den jeweils ersten Elementen beim Zugriff auf den Stack.

Für eine Mini-SPL-Datei mit dem Inhalt

```
a:=3+4;
x:=1*3;
```

erzeugt das obige Programm die Ausgabe:

```
Program(
  AssignStatement(
    Variable(a),
    BinaryExpression(
      ADD,
      IntLiteral(3),
      IntLiteral(4))),
  AssignStatement(
    Variable(x),
    BinaryExpression(
      MUL,
      IntLiteral(1),
      IntLiteral(3))))
```

Listing 5.12 Ausgabe eines abstrakten Syntaxbaums

Bleibt noch zu klären, wie wir Aktionen für den dritten Parsergenerator ANTLR definieren. Die Antwort ist: Gar nicht!

In ANTLR ist es unüblich, den abstrakten Syntaxbaum mittels einer attributierten Grammatik zu implementieren. Vielmehr erzeugt ANTLR automatisch einen Ableitungsbaum sowie Java-Klassen, die einen sogenannten *Visitor* implementieren. Dabei han-

5.3 Erzeugung des AST für SPL

delt es sich um ein Entwurfsmuster, das wir später auch in dem mit CUP implementierten Compiler benötigen und das in Abschnitt 6.2.2 genauer besprochen wird.

Die von ANTLR erzeugten Visitor-Klassen können Sie benutzen, um jeden Knoten des konkreten Syntaxbaums (*Concrete Syntax Tree, CST*) zu »besuchen« und Berechnungen auf diesen Knoten auszuführen. Diese Berechnungen erzeugen hier den abstrakten Syntaxbaum (siehe Listing 5.14).

Man kann nun debattieren, ob man mit dem *CST* oder dem *AST* weiterarbeiten sollte. Wegen der Weiterverwendung des abstrakten Syntaxbaums in den folgenden Kapiteln nutzen wir den Mechanismus des Visitors, um den AST mit den gleichen Java-Klassen wie für CUP zu erzeugen.

Da unsere Grammatik Alternativen für einige Nichtterminalsymbole enthält (siehe zum Beispiel *expression* unten), müssen wir diese eindeutig kennzeichnen, sodass wir diese beim Durchlauf durch den CST eindeutig identifizieren können. Dazu erlaubt es ANTLR, am Ende jeder Alternative nach dem Zeichen # ein Label anzugeben (siehe Listing 5.13).

```
grammar spl;
program:            statement_list          # stmtsLbl
                    ;
statement_list: statement+                  # stmtLbl
                    ;
statement:  empty_statement                 # emptyLbl
                | assign_statement          # asmtmLbl
                    ;
empty_statement: ';' ;
assign_statement:   IDENT ':=' expression ';' # assignLbl
                    ;
expression:         term '+' expression     # plusLbl
                  | term '-'  expression    # minusLbl
                  | term                    # termLbl
                    ;
term:               factor                  # factorLbl
                  | factor '*' term         # mulLbl
                  | factor '/' term         # divLbl
                    ;
factor:             IDENT                   # identLbl
                  | INTLIT                  # intLitLbl
                    ;
```

5 Abstrakter Syntaxbaum

```
INTLIT: ('0' .. '9') + ;
IDENT: ('a' .. 'z' | 'A' .. 'Z') ('a' .. 'z' | 'A' .. 'Z' | '0' .. '9' | '_')*;
WHITESPACE: [ \t\r\n] -> skip;
```

Listing 5.13 ANTLR-Grammatik für Mini-SPL mit Labels

Erwähnt werden soll noch, dass es einen zweiten Mechanismus gibt, um den CST zu durchlaufen: ANTLR kann wahlweise auch einen *Listener* erzeugen. Visitors sind etwas leichter umzusetzen, sodass wir mit dem Befehl

`java -jar antlr-4.8-complete.jar -no-listener -visitor -package compiler.parser spl.g4`

neben dem Parser ein Interface `SPLVisitor` und eine Klasse `SPLBaseVisitor` erzeugen lassen können.

Der `SPLBaseVisitor` implementiert das `SPLVisitor`-Interface und beinhaltet Basisdefinitionen für jede Alternative, die den Namen visit<Label> tragen.

Diese Methoden haben einen Parameter `ctx`, der von der ANTLR-Klasse `ParserRuleContext` ableitet. Diese Klasse enthält alle Informationen des CST, zum Beispiel die Anzahl der Knoten auf der nächsten Ebene, deren Kontexte etc. Die Methoden geben den konstruierten Knoten des abstrakten Syntaxbaums zurück.

Unsere Aufgabe ist es nun, einen `AstSplVisitor` zu schreiben, der `SPLBaseVisitor` erweitert, indem die `visit`-Methoden so umgeschrieben werden, dass sie – analog zu den CUP-Aktionen – die Konstruktoren der AST-Klassen aufrufen und »nach oben« zurückgeben.

Listing 5.14 zeigt einen kleinen Ausschnitt aus dem Visitor zu der Grammatik aus Listing 5.13:

```
package compiler.visitor;
import compiler.ast.*;
import compiler.spl.*;
import compiler.utils.*;
import compiler.symboltable.Identifier;
import org.antlr.v4.runtime.tree.ParseTree;

public class AstSplVisitor extends splBaseVisitor<Node> {
  // Startregel: program -> statement_list
  @Override
  public Program visitStmtsLbl(splParser.StmtsLblContext ctx) {
    var pos=new Position(ctx.getStart().getLine(),
                         ctx.getStart().getCharPositionInLine());
```

5.3 Erzeugung des AST für SPL

```java
    return new Program(pos, (StatementList)visit(ctx.statement_list()));
  }

  // statement_list -> statement+
  @Override
  public StatementList visitStmtLbl(splParser.StmtLblContext ctx) {
    var pos=new Position(ctx.getStart().getLine(),
                    ctx.getStart().getCharPositionInLine());
    StatementList stmts = new StatementList(pos);
    for (int i = 0; i < ctx.getChildCount(); i++) {
      // Get the i-th child node of `parent`.
      ParseTree child = ctx.getChild(i);
      Node stmt = visit(child);
      stmts.add((Statement) stmt);
    }
     return stmts;
  }
  ...
// assign_statement -> IDENT ':=' expression ';'
  @Override
  public Statement visitAssignLbl(splParser.AssignLblContext ctx) {
    var pos=new Position(ctx.getStart().getLine(),
      ctx.getStart().getCharPositionInLine());
    var target = new Identifier(ctx.IDENT().getText());
    Expression exp  = (Expression) visit(ctx.expression());
    return new AssignStatement(pos, target, exp);
  }
```

Listing 5.14 Ausschnitt aus »AstSplVisitor«

Wie Sie sehen, enthält der Kontext ctx auch Informationen über Zeilen- und Spaltennummern, die wir nutzen, um – wie bei CUP – das Position-Objekt zu füllen.

Damit können wir nun den Schluss unseres Hauptprogramms abwandeln, sodass es den gleichen abstrakten Syntaxbaum wie der CUP-Parser ausgibt:

```java
...
ParseTree ast = parser.program();
AstSplVisitor splv = new AstSplVisitor();
Program prog = (Program) splv.visit(ast);
System.out.println(prog);
```

Listing 5.15 Änderungen am Hauptprogramm des ANTLR-Parsers

5.4 Zusammenfassung

Wir haben zunächst die Notwendigkeit einer kompakteren und doch so weit vollständigen Darstellung des Quellprogramms erläutert. Die von Donald Knuth entdeckten attributierten Grammatiken erlauben eine syntaxgesteuerte Übersetzung, bei der das Parsen eines Quellprogramms gleichzeitig die Erzeugung des abstrakten Syntaxbaums steuert. Der abstrakte Syntaxbaum ist die von uns gesuchte kompakte Darstellung des Quellprogramms, mit der wir in den nächsten Phasen weiterarbeiten werden.

Das (in Teilen) angegebene Skelett für den abstrakten Syntaxbaum von SPL erlaubt – sowohl in Java als auch in C – eine leichte Handhabung des abstrakten Syntaxbaums.

Wir haben nun das Frontend des Compilers abgeschlossen: Nach der lexikalischen Analyse (Kapitel 3) und der Syntaxanalyse in Kapitel 4 haben wir einen abstrakten Syntaxbaum erzeugt, der alle Informationen enthält, die wir benötigen, um die nächsten Phasen zu beginnen.

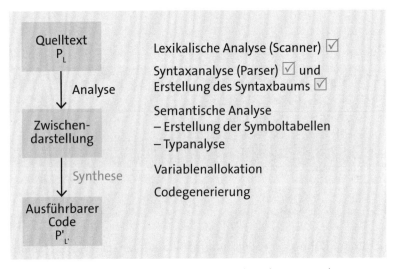

Abbildung 5.7 Stand nach der Erzeugung des abstrakten Syntaxbaums

Nach diesen Vorbereitungen werden wir im nächsten Kapitel die Analysephase mit der semantischen Analyse abschließen. Dafür stehen uns leider keine so weit verbreiteten und umfassenden Werkzeuge wie Bison, CUP oder ANTLR zur Verfügung. Das Mittel der Wahl ist daher der selbst zu entwickelnde C- oder Java-Code.

5.5 Übungen

5.5.1 Erweiterungen

1. Aufgabe: Unsere bisherige Grammatik kann kein Minuszeichen als Vorzeichen behandeln. Ergänzen Sie in der Grammatik eine Produktion für die Behandlung des unären Minus, und definieren Sie eine entsprechende Aktion.
2. Aufgabe: Als Nächstes sollten Sie versuchen, Typdeklarationen umzusetzen. Dazu müssen Sie die Grammatik erweitern und auch neue Klassen erstellen.
3. Aufgabe: Das obige Beispiel kennt noch keine Variablendeklarationen. Erweitern Sie die Grammatik um Variablendeklarationen. Dazu müssen Sie neue Klassen im abstrakten Syntaxbaum erstellen.
4. Aufgabe: Ergänzen Sie die weiteren Anweisungsarten: If-Then-Else, While-Schleife und zusammengesetzte Anweisung.
5. Aufgabe: Ergänzen Sie die Grammatik um Prozedurdeklarationen und Prozeduraufrufe.

5.5.2 ANTLR

6. Aufgabe: Programmieren Sie den Visitor für die SPL-Grammatik in ANTLR.

Kapitel 6
Semantische Analyse

There are two ways of constructing a software design: One way is to make it so simple that there are obviously no deficiencies and the other way is to make it so complicated that there are no obvious deficiencies.
– C.A.R. Hoare [Hoare, 1981]

Wir nähern uns dem Ende der Analysephase: Nach der lexikalischen Analyse und der Syntaxanalyse haben wir mit dem abstrakten Syntaxbaum eine Darstellung des Quellprogramms erreicht, die wir in allen noch folgenden Phasen verwenden werden.

6.1 Einleitung

Was sagt uns das Ergebnis der lexikalischen Analyse und der Syntaxanalyse? Im Wesentlichen wissen wir nun, dass das Quellprogramm der angegebenen kontextfreien Grammatik genügt. Leider wissen wir aber noch nicht, ob das Quellprogramm den Anforderungen der Sprachbeschreibung entspricht, die sich nicht mit einer kontextfreien Grammatik abdecken lassen. Diese werden im Allgemeinen als semantische Analyse bezeichnet – gemeint ist aber die Analyse der statischen Anteile der Semantik im Gegensatz zur Laufzeitsemantik, die sich im Verhalten des generierten Assembler- bzw. Maschinencodes widerspiegelt.

In diesem Kapitel werden wir daher auf dem im vorigen Kapitel erstellten abstrakten Syntaxbaum aufsetzen und das Programm hinsichtlich folgender statischer semantischer Aspekte analysieren:

1. **Welche Bezeichner sind deklariert und was bedeuten sie?**

    Im abstrakten Syntaxbaum finden wir bereits Knoten für die verschiedenen Arten von Deklarationen, aber wir müssen noch die vorkommenden Bezeichner, wie zum Beispiel den Namen einer Prozedur, mit der entsprechenden Deklaration der Prozedur verknüpfen, sodass wir nach dieser Phase eine vollständige Aufstellung aller deklarierten Bezeichner und ihrer Bedeutung haben.

2. **Eindeutigkeit der Namen**

   Abhängig von der Sprachdefinition kann es erlaubt oder verboten sein, einen Bezeichner für verschiedene Dinge zu verwenden. Dementsprechend müssen wir die Einhaltung dieser Regeln überprüfen.

3. **Ist das Programm hinsichtlich der Verwendung der Bezeichner korrekt?**

   Das bedeutet, dass alle Bezeichner gemäß ihrer Deklaration verwendet werden müssen. So darf zum Beispiel ein Prozedurname nicht auf der linken Seite einer Zuweisung stehen, weil dort nur Variablen erlaubt sind. Hierfür müssen wir offensichtlich die Auflistung aller Bezeichner und ihrer Bedeutung benutzen.

4. **Inhaltliche Prüfungen**

   Auch hierfür müssen wir wieder die Sprachedefinition aufmerksam lesen: In SPL zum Beispiel ist vorgeschrieben, dass es in jedem Programm genau eine Prozedur gibt, die `main` heißt und keine Parameter besitzt. In Java muss der Compiler beispielsweise verifizieren, dass ein Aufzählungstyp (enum) keine doppelten Konstanten enthält oder dass die in Kapitel 2 beschriebenen Einschränkungen für die Verwendung der Modifizierer eingehalten wurden. Für diese Kategorie von Prüfungen gibt es leider keine Automatismen: Das einzig brauchbare Vorgehen besteht darin, die Sprachbeschreibung aufmerksam zu lesen und für jeden einzelnen Punkt eine Prüfung einzubauen.

5. **Typprüfungen**

   Über diesen Punkt haben wir schon in Kapitel 2 ausführlich gesprochen: Sind zum Beispiel die Typen der Operanden einer arithmetischen Operation kompatibel mit dem Operator? Passen die Typen der aktuellen Parameter zu den formalen Parametern, und so fort?

Offensichtlich sind die Erkenntnisse aus der Untersuchung der ersten Frage relevant für einige der weiteren Fragen. Um diese Informationen zu speichern, verwenden wir sogenannte Symboltabellen (siehe Abschnitt 6.2.1).

Die Symboltabellen benutzen wir dann in der zweiten Hälfte dieses Kapitels, um alle weiteren Prüfungen durchzuführen, bei denen Informationen über die Bezeichner benötigt werden. Den Schwerpunkt bildet dabei die Typanalyse (Punkt 5).

Abbildung 6.1 zeigt die Einordnung dieses Kapitels in den gesamten Compiler:

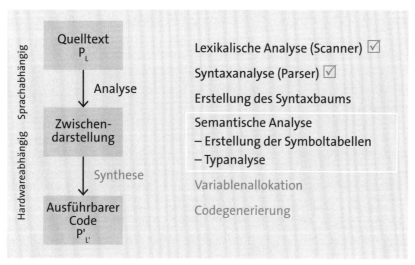

Abbildung 6.1 Überblick über die Phasen des Compilers

6.2 Namensanalyse

Das Ziel der Namensanalyse ist das Sammeln von Informationen über die auftretenden Bezeichner.

Wir betrachten nochmals ein Beispiel aus Kapitel 2, um die Herausforderungen der Namensanalyse zu veranschaulichen – zum Glück ist SPL deutlich einfacher …

Beispiel 6.1

```
package X;
public class X {
    public static final int X = 0;
    private long X(long X) {
        return X+1;
    }
    public static void main(String[] args) {
        X X = new X();
        X: System.out.println(X.X + " " + X.X(X.X));
    }
}
```

Listing 6.1 Java-Beispiel für Namensanalyse

Zählen Sie bitte nach: In wie vielen verschiedenen Bedeutungen tritt der Name X auf?

Es sind sieben!

1. das Package X
2. die Klasse X
3. die Klassenvariable X
4. die Methode X
5. der Parameter X der Methode X
6. das Objekt X in `main`
7. das Label X in `main`

Woher weiß die semantische Analyse in unserem Java-Compiler, welches X was ist? Offensichtlich hängt dies sowohl von den Gültigkeitsbereichen als auch von der Art der Verwendung von X, also vom Kontext, ab. Der Java-Compiler nimmt an, dass mit X.X am Beginn der `println`-Anweisung das Public Member X der Klasse X gemeint ist. Sollte der Programmierer hingegen vergessen haben, () hinzuzufügen, weil er die Methode X der Klasse X aufrufen wollte, wird der Compiler ihn nicht darauf hinweisen können. Durch die Syntax wird klar, welches X gemeint ist.

Was bedeutet dies für einen Compiler? Bei der Analyse muss ermittelt werden, welche Deklaration zu einer Verwendung eines Bezeichners gehört. Wie wir am Beispiel gesehen haben, ist dafür die syntaktische Verwendung des Bezeichners relevant, aber – sofern die Sprache dies vorsieht – auch die Modifizierer und Sichtbarkeitsregeln. Bei Sprachen mit Polymorphismus ist diese Zuordnung unter Umständen erst zur Laufzeit möglich.

Aus der Deklaration ergibt sich dann die Bedeutung: Handelt es sich um eine Variable und welchen Typ hat sie, oder handelt es sich um einen Typbezeichner etc.?

6.2.1 Symboltabellen

Sie werden sich gewundert haben, warum wir bisher immer von *Bezeichnern* gesprochen haben, aber in der Einleitung zu diesem Kapitel das Wort *Symbol* anscheinend synonym benutzen. Tatsächlich wurde der Begriff *Symboltabelle* schon mindestens seit Mitte der 1950er-Jahren genutzt – die ACM Digital Library findet die älteste Verwendung 1956 [Gordon, 1956]. Wie Sie sich vielleicht erinnern, verwenden auch die Parsergeneratoren den Begriff *Symbol*.

Wie wir in Abschnitt 2.2.6 gesehen haben, besitzen Bezeichner einen Gültigkeitsbereich, und ein Bezeichner kann in einem Gültigkeitsbereich beispielsweise für einen Typ stehen und in einem anderen für eine Variable. Dementsprechend müssen wir die für die weiteren Phasen notwendigen Informationen über die Bezeichner pro Gültigkeitsbereich speichern:

> **Definition 6.1: Symboltabelle**
> Eine *Symboltabelle* für einen Gültigkeitsbereich ist eine Datenstruktur, in der zu jedem in diesem Gültigkeitsbereich definierten Bezeichner die Informationen eingetragen werden, die für die semantische Analyse und die folgenden Phasen relevant sind.

Üblicherweise werden Symboltabellen mittels *Hashtabellen* organisiert, in denen zu einem Schlüssel, der der Bezeichner ist, die Einträge schnell gefunden werden können. In Java gehören Hashtabellen zur Standardbibliothek und heißen dort `HashMap`:

```
private final Map<Identifier, Info> table = new HashMap<>();
```

`table` ist danach eine Hashtabelle, in der Bezeichner auf die Informationen zu diesen Bezeichnern abgebildet werden (`Info`). Für eine Variable beispielsweise müssen wir den Typ der Variablen abspeichern. Bitte beachten Sie, dass in der Symboltabelle im Compiler *nicht* die Werte der Variablen gespeichert werden können, da diese ja erst zur Laufzeit bekannt sind.

An dieser Stelle gibt es zwei Optionen:

▶ Wir legen für Variablen, Typen und Prozeduren jeweils eigene Arten von Symboltabellen an (unter Berücksichtigung der jeweiligen Gültigkeitsbereiche). Beim späteren Durchlaufen des abstrakten Syntaxbaums wird aus dem Kontext immer klar, in welcher Tabelle nach der Information zu einem Bezeichner gesucht werden muss.

Beispiele für SPL: Ein Bezeichner tritt auf der linken Seite einer Zuweisung auf – dann müssen wir in der Variablentabelle suchen. In einer Variablendeklaration oder einer Parameterliste steht ein Bezeichner hinter dem Doppelpunkt – dann müssen wir in der Typentabelle suchen.

Haben Sie zum Beispiel

```
type a = int;
    procedure b(...) { }
        ...
a(1,2);
```

geschrieben, so würde bei diesem Ansatz zu dem Prozeduraufruf `a(1,2)` keine Information zu `a` in der Prozedurtabelle gefunden und Sie erhalten die Fehlermeldung, dass es keine Prozedur mit Namen `a` gibt.

▶ Wir kapseln durch Polymorphismus die Informationen in einzelnen Klassen oder in verschiedenen Varianten einer union und müssen nach dem Suchen in der Symboltabelle dann zusätzlich prüfen, ob es sich bei dem erhaltenen Objekt um eine Instanz der entsprechenden Unterklasse handelt. In C müssen wir prüfen, wie das Tag der union gesetzt ist.

In dem oben angegebenen SPL-Beispiel würde a in der Symboltabelle gefunden, aber das erhaltene Objekt wäre eine Instanz der Klasse, die Typinformationen enthält. Sollte der Programmierer a und b verwechselt haben, erhält er bei dieser Variante eine Fehlermeldung, die besagt, dass der Bezeichner a existiert, aber keine Prozedur ist.

Die Entscheidung, welche der beiden Varianten Sie wählen, hängt natürlich auch von der zu implementierenden Programmiersprache ab: Sollte die Sprache es erlauben, dass ein Bezeichner mehrfach deklariert wird für unterschiedliche Konzepte, also für Variablen, Typen oder Prozeduren oder Ähnliches, dann muss sich aus dem Kontext ergeben, welches Konzept gemeint ist (siehe das Java-Beispiel in Listing 6.1), und die Suche in verschiedenen kleineren Tabellen ist außerdem schneller als die Suche in einer großen Tabelle.

Andererseits wird der spätere Code etwa für die Typüberprüfung etwas umfangreicher, weil man drei verschiedene Tabellen übergeben und zwischenspeichern muss. Dafür spart man sich die Abfrage nach der Klasse bzw. dem union-Tag des Werts.

Für SPL schlagen wir hier vor, eine Art von Symboltabellen zu benutzen, um den Code, wie eben erklärt, etwas schlanker zu halten und eine aussagekräftigere Fehlermeldung ausgeben zu können.

Dazu definieren wir eine abstrakte, leere Klasse Info:

```
package compiler.symboltable;
public abstract class Info {
}
```

Listing 6.2 Die Klasse »Info«

Die konkrete Klasse für VariableInfo finden Sie in Listing 6.18, TypeInfo in Listing 6.14 sowie ProcedureInfo in Listing 6.17.

Warum Hashtabellen? Betrachten wir stattdessen eine naive Implementierung, die alle Bezeichner und die zugehörigen Informationen der Reihenfolge nach in einer Tabelle ablegt:

```
package compiler.symboltable;
public class NaiveSymbolTable {
    IdentifierInfoEntry[] table;
```

```
    int                lastIndex;
    public NaiveSymbolTable() {
        this.lastIndex = 0;
    }
    public Info lookup (Identifier id) {
        for (int i=0; i<=lastIndex;i++){
            if (table[i].id==id) return table[i].info;
        }
        return null;
    }
    public void insert(Identifier id, Info info) {
        table[lastIndex].id   = id;
        table[lastIndex].info = info;
    }
}
```

Listing 6.3 Naive Implementierung einer Symboltabelle

Dabei nehmen wir an, dass IdentifierInfoEntry eine weitere Klasse ist, die lediglich die Member id vom Typ Identifier und info vom Typ Info besitzt, wobei der Typ Info die benötigten Informationen zu einem Bezeichner enthält. Die eigentliche Tabelle ist als Array aufgebaut.

Die Methode lookup() durchsucht das Array Schritt für Schritt nach einem IdentifierInfoEntry, das den Bezeichner enthält.

Anmerkung: Hier wird der Einfachheit halber angenommen, dass Bezeichner nicht mehrfach in einer Symboltabelle auftreten können. Wäre dies, wie bei Java, nicht der Fall, muss man der lookup-Methode zusätzliche Informationen über den Kontext mitgeben, in dem der Bezeichner bei seiner Verwendung auftritt.

Offensichtlich muss lookup() immer die Einträge des Arrays durchsuchen, bis der gesuchte Bezeichner gefunden wird. Je mehr Einträge die Tabelle besitzt, umso länger wird das Suchen im Durchschnitt dauern.

Das geht besser!

Hashtabellen sind Indexstrukturen, das heißt, sie legen die Einträge (hier: Info) in sogenannten *Buckets* (dt. »Eimer«) ab und errechnen aus dem Schlüssel (hier: aus dem Bezeichner bzw. Identifier) den Index, also die Nummer des Buckets. Im Idealfall liegt in einem Bucket nur ein Wert, sodass dieser das Suchergebnis ist. Andernfalls muss unter den – dann hoffentlich wenigen – Werten im gefundenen Bucket nochmals gesucht werden. Um den Index zu berechnen, kommen sogenannte Hashfunktionen zum Einsatz, die einfach und schnell (in konstanter Zeit) zu berechnen sind, im Idealfall die Buckets gleichmäßig auswählen und natürlich für zwei gleiche Eingabewerte immer das gleiche Ergebnis liefern.

Die Hashtabelle ist dann eine mit den möglichen Hashwerten indizierte Tabelle, die die Werte enthält, sodass beim Suchen direkt auf das Tabellenelement mit dem Index zugegriffen werden kann, der dem Hashwert entspricht. Gute Hashfunktionen beziehen alle Elemente des Eingabeobjekts ein, weil sonst die Gefahr besteht, dass zu viele ähnliche Eingabeobjekte den gleichen Index erhalten und alle im gleichen Bucket landen. Eine sehr lesenswerte Zusammenfassung zur Java-Methode hashCode finden Sie in Kapitel 9 des Buchs *Effective Java* von Joshua Bloch [Bloch, 2017].

Abbildung 6.2 zeigt ein Beispiel für die Verbindung zwischen den Bezeichnern, ihren Hashwerten und den Buckets.

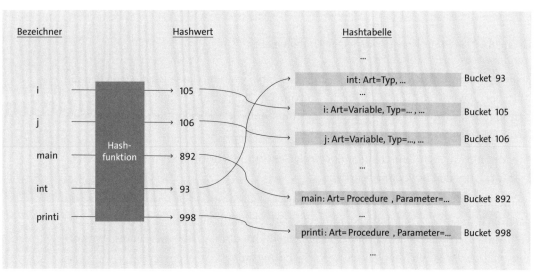

Abbildung 6.2 Funktionsweise einer Hashtabelle

Natürlich kann man auch andere Datenstrukturen (beispielsweise Bäume) verwenden, wenn diese eine hinreichend schnelle Suche bieten. Hier sei auf die umfangreiche Literatur zu Algorithmen und Datenstrukturen verwiesen.

Eine weitere Optimierung – diesmal des benötigten Speichers – wird in [Appel, 2002] empfohlen: Java bildet jede Zeichenkette als eigenes Objekt der Klasse String ab, sodass zwei identische Zeichenketten zweimal Platz im Speicher belegen. Um dies zu verhindern, verwaltet die Java Virtual Machine intern einen *String Pool*, in dem konstante Strings automatisch zusammengefasst werden. Wenn Sie beispielsweise

```
String s1="hallo";
String s2="hallo";
```

schreiben, so wird "hallo" nur einmal im Speicher (genauer gesagt: im String Pool) abgelegt und s1 und s2 enthalten die gleiche Referenz auf dieses Objekt.

Natürlich sind konstante Zeichenketten, wie in diesem Beispiel, eher die Ausnahme. Daher gibt es in der String-Klasse die Methode intern, die sucht, ob es den String bereits im String Pool gibt, und die, falls es ihn gibt, eine Referenz auf ihn zurückgibt. Gibt es ihn nicht, wird der String im String Pool neu angelegt.

Bei einer großen Menge von Bezeichnern lässt sich dadurch etwas Platz im Hauptspeicher sparen. Für unseren SPL-Compiler, den wir im Wesentlichen für kleinere und mittlere Testprogramme verwenden, ist der Speicherplatz jedoch bei den heute üblichen Ausstattungen an Hauptspeicher eher weniger wichtig. Die unten folgenden Ausschnitte aus dem SPL-Compiler verwenden trotzdem diese allgemeine Vorgehensweise.

Des Weiteren weist [Appel, 2002] noch darauf hin, dass Bezeichner nicht als Strings, sondern in einer eigenen Klasse gespeichert werden sollten, weil sie dann mit == und nicht nur mit equals verglichen werden können, da == ja die Objektreferenzen auf Gleichheit prüft, was viel schneller ist, als Strings Zeichen für Zeichen auf Gleichheit zu prüfen. Dies hatten wir bereits in Kapitel 5 angesprochen, und wir können nun die versprochene Definition von Identifier zeigen. Beachten Sie den Aufruf von intern() im Konstruktor.

```
package compiler.symboltable;
/**
 * Identifier stellt einen Bezeichner in SPL dar.
 */
public class Identifier {
    private final String identifier;
    public Identifier(String identifier) {
        this.identifier = identifier.intern();
    }

    public int hashCode() {
        return identifier.hashCode();
    }
    public boolean equals(Object other) {
        return (other instanceof Identifier)
            && ((Identifier) other).identifier.equals(identifier);
    }
```

6 Semantische Analyse

```
    @Override
    public String toString() {
        return identifier;
    }
}
```

Listing 6.4 Die Klasse »Identifier«

Möchte man den Java-String-Pool analog mit C umsetzen und ebenfalls eine Hashtabelle für die Symboltabelle verwenden, muss man dieses selbst implementieren (oder eine entsprechende Bibliothek finden und verwenden). Daher verzichten wir aus Platzgründen hier auf den C-Code.

Bevor wir die Symboltabellen implementieren, müssen wir uns noch mal an die Diskussion über die Gültigkeitsbereiche in Abschnitt 2.2.6 erinnern: Dort hatten wir erkannt, dass der Compiler in der Lage sein muss, verschiedene Gültigkeitsbereiche abzubilden, also darzustellen, woran der Bezeichner im jeweiligen Gültigkeitsbereich gebunden ist.

In SPL unterscheiden wir nur zwei Gültigkeitsbereiche: global und lokal pro Prozedur. Daher benötigen wir für SPL eine *globale Symboltabelle*, in der die Informationen zu den Typen und Prozeduren abgelegt sind, sowie je Prozedur eine *lokale Symboltabelle*, in der die Informationen zu den lokalen Variablen abgelegt werden, wie in Abbildung 6.3 gezeigt. Gleichzeitig enthalten die lokalen Symboltabellen wieder eine Referenz outerScope auf die globale Symboltabelle.

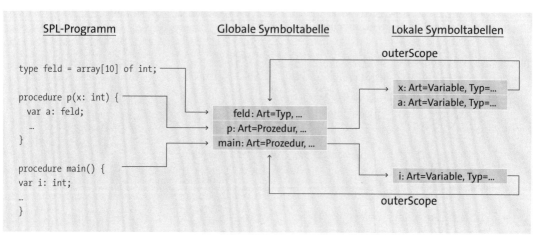

Abbildung 6.3 SPL-Symboltabellen

In der globalen Symboltabelle werden also die globalen Deklarationen gespeichert:

- alle vordefinierten und von Ihnen definierten Typen
- alle vordefinierten und von Ihnen definierten Prozeduren

Die Einträge für die Prozeduren enthalten dabei jeweils einen Verweis auf die lokale Tabelle für diese Prozedur.

Betrachten wir im Beispiel zuerst die Prozedur p:

Der Bezeichner p wird in der globalen Symboltabelle an eine Information vom Typ ProcedureInfo gebunden. Diese Information ist in der mittleren Spalte des Diagramms in Abbildung 6.3 das zweite Element von oben gesehen. Dieses Element wiederum enthält einen Verweis auf eine weitere Symboltabelle (in der Abbildung oben rechts), die ihrerseits die Informationen für den Parameter x und die lokale Variable a enthält.

Die Symboltabelle unten rechts in Abbildung 6.3 ist an die Informationen zur Prozedur für main angehängt und enthält die Information über die lokale Variable i.

Um diesen Zusammenhang im Compiler abzubilden, erstellen wir eine neue Klasse SymbolTable, die die oben schon beschriebene HashMap enthält sowie eine optionale Referenz auf die Symboltabelle des umgebenden Gültigkeitsbereichs (in Abbildung 6.3 mit outerScope beschriftet). Im Falle der globalen Symboltabelle wird diese Referenz auf Optional.Empty gesetzt. Das verhindert mögliche NullPointerExceptions und erlaubt es uns, mit isPresent() abzufragen, ob die Referenz gesetzt ist.

Das Member für die HashMap nennen wir nach dem Drachenbuch von [Aho, Sethi & Ullman, 1986] und [Appel, 2002] entries.

Die Methode lookup() wird in der Namens- und in der Typanalyse in der zweiten Variante mit Fehlermeldung verwendet. In den späteren Phasen, bei denen wir ja schon wissen, dass die verwendeten Bezeichner existieren und typgerecht genutzt werden, greifen wir auf die einfache Variante ohne Fehlermeldung zurück. Aus diesem Grund können wir auch darauf verzichten, das Ergebnis von lookup in ein Optional zu verpacken, da bei dem Aufruf von außerhalb der Klasse kein null-Wert zurückgeliefert werden kann.

Beachten Sie, dass die erste der beiden lookup-Methoden sich selbst rekursiv aufruft, um den Bezeichner im umgebenden Gültigkeitsbereich zu suchen. Die Rekursion bricht ab, wenn bereits im globalen Gültigkeitsbereich gesucht wurde.

Die Methode enter zum Einfügen von neuen Bezeichnern und Informationen ist ebenfalls in zwei Varianten vorhanden:

- Die erste Variante fügt mittels `putIfAbsent()` eine Information ein, wenn sie noch nicht vorhanden ist – dies ist in SPL möglich, weil der gleiche Benutzer laut Sprachdefinition nur einmal pro Gültigkeitsbereich deklariert werden kann.
- Die zweite Variante gibt in dem Fall, dass die Information bereits vorhanden ist, eine Fehlermeldung aus.

```java
package compiler.symboltable;
public class SymbolTable {
    private final Map<Identifier, Info> entries = new HashMap<>();
    private final Optional<SymbolTable> outerScope;
    public SymbolTable(SymbolTable outerScope) {
        this.outerScope = Optional.ofNullable(outerScope);
    }
    public SymbolTable() {
        this.outerScope = Optional.empty();
    }
    public Info lookup(Identifier name) {
        if (entries.containsKey(name)) return entries.get(name);
        else
            if (outerScope.isPresent()) return outerScope.get().lookup(name);
            else return null;
    }
    public Info lookup(Identifier name, CompilerError error) {
        return Optional.ofNullable(this.lookup(name))
                                    .orElseThrow(() -> error);
    }
    ...
    public void enter(Identifier name, Info info) {
        this.entries.putIfAbsent(name, info);
    }
    public void enter(Identifier name, Info info, CompilerError err) {
        if (entries.containsKey(name))
            throw err;
        else
            entries.put(name, info);
    }
}
```

Listing 6.5 Die Klasse »SymbolTable«

Für mächtigere Programmiersprachen als SPL gelten die gleichen Prinzipien, allerdings gibt es oft weitere Möglichkeiten, Bezeichner zu nutzen – denken Sie zum Beispiel an die Namen von `struct`- und `union`-Feldern in C, an Labels in C und Java etc. Aber letztendlich können wir diese als `Info`-Unterklassen darstellen.

Weiterhin sind die Regeln für Gültigkeitsbereiche in vielen Sprachen deutlich komplexer als in SPL. Das Prinzip, die Gültigkeitsbereiche als einzelne Tabellen darzustellen, die miteinander verbunden sind, kann jedoch auch für diese Sprachen angewandt werden.

In Kapitel 2 hatten wir erkannt, dass die Sichtbarkeitsmodizierer (zum Beispiel `public`, `private`, `protected` in Java) bei der Frage, ob ein Bezeichner an einer bestimmten Stelle im Programm benutzt werden darf, relevant sind. Diese Modifizierer gehören natürlich zu den relevanten Informationen über einen Bezeichner und müssen in die `Info`-Klassen mit aufgenommen werden.

Nachdem wir nun den Aufbau der Symboltabelle besprochen haben, fehlen uns noch die konkreten Klassen, die `Info` erweitern. Diese werden wir in den nächsten Abschnitten aus den Informationen im abstrakten Syntaxbaum herleiten.

Für Programmiersprachen, die verschachtelte Gültigkeitsbereiche erlauben, kann man das oben angegebene Konzept erweitern, in dem man die Hierarchie der Symboltabellen erweitert. Wenn es beispielsweise erlaubt ist, dass Prozeduren weitere Prozeduren enthalten, fügen wir Einträge für letztere zur lokalen Symboltabelle der äußeren Prozedur hinzu, sodass letztlich ein Baum von Symboltabellen entsteht.

6.2.2 Das Visitor-Pattern

Nach dem wir nunmehr die Datenstruktur definiert haben, in der wir die Ergebnisse der Namensanalyse speichern, sollten wir uns überlegen, mit welchem Algorithmus wir die Bezeichner und die zugehörigen Informationen aus dem abstrakten Syntaxbaum extrahieren.

Der folgende abstrakte Syntaxbaum eines SPL-Programms enthält mehrere für die Namensanalyse relevante Deklarationen, die hervorgehoben sind. Sie sehen, dass diese im Baum in unterschiedlichen Tiefen vorkommen und verschachtelt sind. So enthält zum Beispiel die linke Prozedurdeklaration wiederum Parameter- und Variablendeklarationen.

Um diese Deklarationen zu finden, müssen wir den gesamten Baum von links nach rechts durchlaufen; und wenn es sich um einen Knoten handelt, der wiederum weitere Deklarationen enthalten kann, müssen wir dort nach unten absteigen. Wir müssen also eine Tiefensuche durchführen.

6 Semantische Analyse

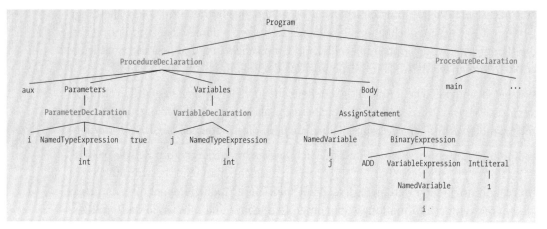

Abbildung 6.4 Abstrakter Syntaxbaum mit Deklarationen

Beispiel 6.2

Dazu betrachten wir als Beispiel eine kleine E-Commerce-Anwendung, die einen Warenkorb realisiert, in den der Benutzer Waren legen kann. In unserem Beispiel sind dies Bücher, CDs und Lebensmittel.

```
public abstract class Ware {
    double preis;     // Bruttopreis des Produktes
    String name;      // Name des Produktes
}
public class CD extends Ware {
    ...
}
public class Buch extends Ware {
    ...
}
public class Lebensmittel extends Ware {
    ...
}
```

Listing 6.6 Beispiel für das Visitor-Pattern: Klassendefinitionen

Wir nehmen an, dass die Anwendung funktioniert und täglich von vielen Kunden genutzt wird. Nun beschließt der Gesetzgeber, die Regeln für die Berechnung der Mehrwertsteuer zu ändern, und für jede Warengruppe muss ein eigener Mehrwertsteuerbetrag berechnet werden.

6.2 Namensanalyse

Was tun Sie?

Wir könnten eine abstrakte Methode `berechneSteuer()` zu der abstrakten Klasse `Ware` hinzufügen, die von den Unterklassen dann durch Berechnung mit dem jeweiligen Mehrwertsteuersatz überschrieben werden muss:

```
public abstract class Ware {
    public abstract double berechneSteuer();
}
public class CD extends Ware {
    public double berechneSteuer () { return this.preis * 0.05; }
}
...   // andere Klassen analog
```

Listing 6.7 Variante 1 für die Mehrwertsteuerberechnung

Nachdem Sie dies implementiert haben, äußert die Marketingabteilung den Wunsch, den Kunden Rabatte einzuräumen, die ebenfalls spezifisch pro Warengruppe sind. Wieder passen Sie alle Klassen an und ergänzen jeweils eine Methode ... und so fort ...

Wie Sie sehen, ist das ziemlich umständlich. Aber was hat das mit der Namensanalyse zu tun?

In Java bestehen die Knoten des abstrakten Syntaxbaums ja aus Objekten unterschiedlicher Klassen, die im Paket `compiler.ast` definiert sind, und von `Node` ableiten. Sofern Sie alle SPL-Sprachkonstrukte implementiert haben, haben Sie vermutlich 19 konkrete und 6 abstrakte Klassen. Der Einbau der oben angesprochenen Tiefensuche nach dem eben gezeigten Muster in 19 Klassen ist allerdings aufwendig und auch im Sinne der Objektorientierung fragwürdig, weil die Klassen ja eigentlich nur den Baum mit seinen Informationen darstellen, aber nicht jede mögliche Nutzung des Baums selbst implementieren sollen. Wir werden nämlich in den folgenden Kapiteln noch weitere Male den Baum durchlaufen müssen, um weitere Prüfungen oder Berechnungen durchzuführen. Diese alle in die Klassen des abstrakten Syntaxbaums einzubauen, ist aufwendig und fehleranfällig.

Was ist die Alternative?

Nun, wir schreiben eine Klasse, die sich genau um eine Aufgabe kümmert, zum Beispiel um die Mehrwertsteuerberechnung:

```
public class SteuerRechner {
   public void berechneSteuer (Ware item){
```

6 Semantische Analyse

```
        // fuer jeden Knotentyp spezifischer Code:
        if (item instanceof Lebensmittel)    { ... }
        else if (item instanceof Buch) { ... }
        else if (item instanceof CD)   { ... }
        else if ...
        }
}
```

Listing 6.8 Fortsetzung des Visitor-Beispiels

Besser? Nun ja, im Sinne der Kapselung hat diese Klasse genau eine Aufgabe und nicht mehr oder weniger. Leider müssen wir umständlich die Warenklasse mittels `instanceof` einzeln abfragen. Dieser Code sieht genauso aus wie der C-Code, den wir nutzen, um eine C-Union mittels ihres Tags abfragen – wenn Sie die bisherige Implementierung in C durchgeführt haben, erkennen Sie das Muster sicherlich wieder.

Also ist dieser Ansatz eigentlich auch nicht richtig objektorientiert. Lassen Sie uns die beiden Ansätze kombinieren: Wir wollen, wie eben, eine Klasse haben, die für die Berechnung verantwortlich ist; aber gleichzeitig soll die Auswahl der richtigen Berechnung durch das aktuell vorliegende Objekt gesteuert werden.

Also etwa so:

```
public class SteuerRechner {
   public double berechneSteuer (CD cd) {
      return cd.getPreis()*0.12;
   }
   public double berechneSteuer (Book book) {
      return book.getPreis()*0.15;
   }
}
```

Listing 6.9 Fortsetzung II des Visitor-Beispiels

Probieren Sie diesen Code einmal mit folgendem kleinen Testprogramm aus:

```
public static void main(String[] args) {
   double steuerBetrag;

   SteuerRechner stR = new SteuerRechner ();
   // Warenkorb anlegen
   List<Ware> warenkorb = new ArrayList<Ware>();
```

```
    // Waren hinzufügen
    warenkorb.add( new Buch("Moby Dick", 9.99) );
    warenkorb.add( new CD("Arc of a diver", 8.49) );
    warenkorb.add( new Lebensmittel("Lasagne", 4.99) );

        // Steuern berechnen und alles ausgeben
        for (Ware k : warenkorb) { steuerBetrag = stR. berechneSteuer (); }
        ...
}
```

Listing 6.10 Testprogramm 1 für das Visitor-Muster

Warum kann man das mit Java nicht kompilieren?

An der Stelle, an der die Methode `berechneSteuer ()` aufgerufen wird, kann der Java-Compiler nicht feststellen, welche der überladenen Methoden auf dem Objekt `stR` aufgerufen werden soll.

Hier an der Stelle kommt uns das Visitor-Muster zu Hilfe [Gamma, Helm, Johnson & Vlissides, 1994]:Wir definieren ein Interface `WarenVisitor`, das die Methoden `visit(CD cd)`, `visit(Buch buch)` und `visit(Lebensmittel lm)` enthält.

Die Klasse `SteuerVisitor` implementiert nun dieses Interface, indem sie entsprechend für jede mögliche Unterklasse von `Ware` eine `visit`-Methode implementiert. Diese `visit`-Methoden sind inhaltlich die gleichen Methoden wie in Listing 6.9, wir benennen die Methoden lediglich um.

Der Trick kommt jetzt: In jeder Unterklasse von `Ware` ergänzen wir eine Methode `accept`, die als Parameter eine Referenz auf einen Visitor enthält und auf dem Visitor die `visit`-Methode aufruft und sich selbst als Parameter übergibt:

```
public double accept(WarenVisitor v) { v.visit(this); }
```

Da diese Methode sich in einer konkreten Klasse befindet, kann der Java-Compiler nun ermitteln, welches Objekt gemeint ist, wenn Sie `obj.accept(SteuerVisitor)` aufrufen. Da auch das Argument ein Objekt mit einer bekannten Klasse ist, ist klar, auf welchem Objekt die `visit`-Methode aufgerufen wird (es könnte ja mehrere Unterklassen von `WarenVisitor` geben). Innerhalb des Visitors befinden sich dann die `visit`-Methoden für jede Unterklasse von `Ware`.

Dieses Verfahren nennt man auch *Double Dispatching*, weil der Aufruf von `accept` erst mal auf eine `visit`-Methode »umgeleitet« wird, sodass zwei Methodenaufrufe durchgeführt werden.

Wie implementieren Sie nun die Rabattierung? Einfach! Schreiben Sie einen neuen RabattVisitor, der genauso aufgebaut ist wie der SteuerVisitor, aber natürlich unterschiedliche Berechnungen auf den Items durchführt.

Hat man die Situation, dass man nicht für alle Items die Berechnungen durchführen muss, müsste man für jedes solches Objekt eine leere visit-Methode schreiben. Da das auf die Dauer mühsam ist, legen wir einmal einen EmptyVisitor an, der für alle Unterklassen von Ware eine leere visit-Methode enthält und selbst WarenVisitor implementiert. Die »richtigen« Visitor-Klassen erweitern dann den EmptyVisitor, sodass man in diesem die leeren visit-Methoden einfach weglassen kann. Natürlich müssen Sie dann darauf achten, dass Sie alle benötigten visit-Methoden auch wirklich implementieren – der Compiler wird keine Fehlermeldung ausgeben, wenn Sie eine vergessen, da es ja immer die Implementierung im EmptyVisitor gibt!

Das Klassendiagramm aus Abbildung 6.5 zeigt nochmals alle Interfaces und Klassen im Zusammenhang:

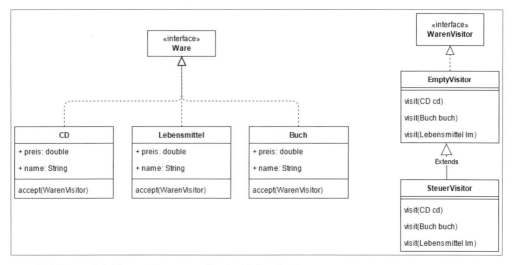

Abbildung 6.5 Klassendiagramm für das Visitor-Pattern

In der main-Methode müssen Sie im Vergleich zu Listing 6.10 statt des SteuerRechners jetzt einen SteuerVisitor erzeugen und in der For-Schleife k.accept(stR) aufrufen (wobei Sie stR durch den Namen des SteuerVisitor-Objekts ersetzen müssen).

Wenn Sie C bevorzugen, gehen Sie so vor, wie in Listing 6.8 erklärt, und schreiben je eine Funktion, um jeweils einen Typ von Knoten des abstrakten Syntaxbaums zu behandeln, die Deklarationen enthalten können. Damit entfällt natürlich auch die Notwendigkeit, leere Funktionen für die Knotentypen zu erstellen, die nicht besucht werden müssen.

6.2.3 Typdeklarationen

In Kapitel 2 hatten wir uns verschiedene Datentypen einiger Programmiersprachen angesehen und deren Eigenschaften diskutiert. Zuallererst benötigen wir in der aktuellen Phase des Compilers eine Darstellung der möglichen Datentypen, sodass wir insbesondere bei der Typprüfung damit schnell und einfach arbeiten können.

Wichtig ist, dass wir, wenn wir von Typen sprechen, folgende Aspekte unterscheiden:

1. die **syntaktische Repräsentation** eines Typs, die wir in Kapitel 2 als *Typausdruck* bezeichnet haben
2. die **abstrakte mathematische Darstellung** von Typen, die wir unter dem Begriff *Typsystem* bereits in Abschnitt 2.2.8 eingeführt hatten. Leider wird diese Darstellung von Typen in der Literatur auch oft als Typausdruck bezeichnet. Wir orientieren uns hier an der Darstellung von Luca Cardelli [Cardelli, 2004].
3. die **interne Darstellung** eines Typs im Compiler, also die Frage, wie wir den Datentyp »Typ« abbilden
4. die **Laufzeitaspekte**, wie zum Beispiel die Fragen der Darstellung von Fließkommazahlen, Zeichen oder booleschen Werten. Auf diesen Aspekt werden wir erst in der Synthese eingehen.

In vielen Sprachen gibt es sehr enge Beziehungen zwischen den ersten drei Darstellungen, weil Typen deklariert werden müssen, wie auch in SPL. In Sprachen, in denen dies nicht notwendig ist und in denen der Compiler oder der Interpreter den Typ selbst herausfindet, ist das aber nicht der Fall.

Beispiel 6.3 (in Haskell)

```
fak 0 = 1
fak n = n * fak (n - 1)
```

Hier werden der Compiler und der Interpreter selbst herausfinden, dass der Typ von fak eine Funktion ist und dass Eingabe und Rückgabewert numerisch sein müssen, ohne dass der Programmierer dies angegeben hat.

Im nun folgenden Abschnitt werden wir die ersten beiden Aspekte in Beziehung zueinander setzen und durch unterschiedliche Schriftarten (Syntax und *Abstraktion*) klarmachen, über welche Darstellung wir gerade sprechen.

▶ **Primitive Datentypen**

Die beiden primitiven Datentypen, die wir für SPL benötigen, sind *Int* und *Bool*.

- **Felder**

  Ein Feld wird deklariert durch die Angabe der Indexmenge und des Basistyps der Elemente. Entsprechend schreiben wir für einen Typ, der in SPL als

  ```
  array[N] of T
  ```

  deklariert würde, auf der abstrakten Ebene *Array(N, T)*.

- **Records**

  Ein Record

  ```
  record {
          c1 : T1;
          ...
          cn : Tn;
  }
  ```

  hat den Typ *Record(c1:T1, ..., cn:Tn)*.

  Für das in Abschnitt 2.2.8 gezeigte Beispiel einer C-Struktur

  ```
  struct person {
        char vorname [30];
        char nachname[30];
        int  alter;
  }
  ```

  ergibt sich somit:

  $$Record(vorname : Array(30, char),$$
  $$nachname : Array(30, char),$$
  $$alter : Int)$$

  Beachten Sie dabei, dass `char[30]` ein Feldtyp ist, dessen Typ entsprechend gleich eingesetzt wurde.

- **Records mit Varianten (Union)**

  Records mit Varianten $c_1, ..., c_n$ werden durch einen Typ *Variant(c1:T1, ..., cn:Tn)* dargestellt, wobei T_i der jeweilige Typ der Variante c_i ist.

  Beispiel 6.4

  ```
  union {
      struct {
          int  anzahlAchsen;
          long gesamtgewicht;
  ```

```
        } lkw;
        struct {
            int  kw;
            long verbrauch;
        } pkw;
    } u;
```

Das entspricht auf der abstrakten Ebene:

> Variant(lkw : Record(anzahlAchsen : Int, gesamtgewicht : Long),
>   pkw : Record(kw : Int, verbrauch : Long)).

- **Zeiger/Referenzen**

  Ein Zeiger bzw. eine Referenz auf einen Typ T wird als Typausdruck *Ref T* geschrieben.

Da die Typenvielfalt in SPL ja deutlich eingeschränkt ist, kommen wir mit zwei konkreten Klassen und einer abstrakten Klasse als interne Darstellung im Compiler aus (siehe Punkt 3. in der Aufzählung oben):

```
package compiler.types;
public abstract class Type {
    // Hier werden wir später noch ein Member ergänzen
}

package compiler.symboltable;
public class PrimitiveType extends Type {
    private final String typeName;
    private PrimitiveType(String typeName) {
        this.typeName = typeName;
    }
    public static final PrimitiveType intType =
            new PrimitiveType("int");
    public static final PrimitiveType boolType =
            new PrimitiveType( "boolean");
}

package compiler.types;
public class ArrayType extends Type {
   public final int  indexSize;
   public final Type baseType;
    public ArrayType(int indexSize, Type baseType) {
        this.indexSize = indexSize;
```

```
        this.baseType  = baseType;
    }
}
```

Listing 6.11 Java-Klassen für die SPL-Typausdrücke

Offensichtlich muss es im abstrakten Syntaxbaum auch Knoten für die Typausdrücke geben und entsprechende Klassen. Warum verwenden wir diese nicht weiter? Wir sprechen über zwei unterschiedliche Ebenen: Syntax und statische Semantik, die wir nicht miteinander vermischen wollen, auch wenn sie eng miteinander in Beziehung stehen, wie oben erläutert. Wie wir später sehen werden, benötigen wir noch weitere Informationen in Type, die aber nichts mit der Syntax zu tun haben.

In C definieren wir zur Unterscheidung, ob es sich um einen primitiven Typ oder einen Feldtyp handelt, wieder ein Tag

```
typedef enum {
    TAG_PRIMITIVE_TYPE,
    TAG_ARRAY_TYPE
} tag_type;
```

und die Struktur type:

```
typedef struct type {
    tag_type tag;
    union {
        struct {
            char        *typeName;
        } primitiveType;
        struct {
            int         indexSize;
            struct type *baseType;
        } arrayType;
    } u;
} Type;
```

Listing 6.12 C-Struktur für SPL-Typausdrücke

Führen wir dies jetzt mit dem Visitor-Pattern zusammen: Wir benötigen also einen NameAnalysisVisitor, der für uns im Moment nur Typdeklarationen finden und die Informationen in der Symboltabelle ablegen soll. In den nächsten Abschnitten werden wir Erweiterungen für Variablen- und Prozedurdeklarationen vornehmen.

```
package semanticAnalysis;
public class NameAnalysisVisitor extends EmptyVisitor {
  private final SymbolTable table;
  NameAnalysisVisitor(SymbolTable table) {
    this.table = table;
  }
  @Override
  public void visit(Program program) {
    program.declarations.forEach(dec -> dec.accept(this));

  @Override
  public void visit(TypeDeclaration typeDeclaration) {
    typeDeclaration.typeExpression.accept(this);
    table.enter(typeDeclaration.name,
             new TypeInfo(typeDeclaration.typeExpression.dataType),
             CompilerError.RedeclarationAsType(typeDeclaration.position,
                                               typeDeclaration.name));
  }
  public void visit(TypeExpression typeExpression) { ... }
...
}
```

Listing 6.13 Ausschnitt aus dem »NameAnalysisVisitor« für Typdeklarationen

In der visit-Methode für die Typdeklaration type <*Typname*> = <*Typausdruck*> wird zuerst der *Typausdruck* auf der rechten Seite der Typdeklaration analysiert, um den Typ des *Typausdrucks* zu ermitteln. Dieses Ergebnis wird als Objekt der Klasse Type repräsentiert und dann als Typinformation unter dem Namen *Typname* in der Symboltabelle gespeichert. Die Klasse, die die Informationen zu einem Typ beinhaltet, ist TypeInfo:

```
package compiler.symboltable;
public class TypeInfo extends Info {
    public final Type type;
    public TypeInfo(Type type) {
        this.type = type;
    }
...
}
```

Listing 6.14 Die Klasse »TypeInfo«

An dieser Stelle werden Sie vielleicht stutzen: Die visit-Methode hat ja keinen Rückgabetyp, wie wird das Ergebnis der Analyse dann zurückgegeben?

Da die verschiedenen Klassen des abstrakten Syntaxbaums unterschiedliche Informationen zur Namensanalyse beitragen, geschieht die Weitergabe der Informationen auf zwei Arten:

- Wird die Information an einen Bezeichner gebunden, wird die Information in der Symboltabelle gespeichert. In dem obigen Listing wird ja in der ersten Zeile der visit-Methode der Typausdruck analysiert.
- Um das Ergebnis permanent verfügbar zu machen, wird der ermittelte Typ im abstrakten Syntaxbaum im Knoten TypeExpression in dem Member dataType abgelegt (siehe Listing 6.13).

Wichtig für die weitere Analyse der Verwendung der Typen ist, dass Typgleichungen aufgelöst werden:

Beispiel 6.5

Die Deklarationen

```
type myint   = int;
type mymyint = myint;
```

führen in SPL dazu, dass die Typen int, myint und mymyint äquivalent sind (siehe Abschnitt 2.3.4). Dies ist am einfachsten umzusetzen, wenn die Auflösung myint zu int und mymyint ebenfalls zu int gleich bei der Namensanalyse geschieht.

Mit der oben beschriebenen Vorgehensweise, die accept-Methode des Typausdrucks auf der rechten Seite der Typgleichung aufzurufen, ist das leicht umzusetzen, weil bei einem Bezeichner auf der rechten Seite (wie zum Beispiel myint in der zweiten Deklaration) einfach in der Symboltabelle nachgesehen werden kann, an welchen Typ dieser Bezeichner gebunden ist.

Woher weiß der Compiler, dass int ein vordefinierter Typ ist? Sie müssen vor Beginn der Namensanalyse den vordefinierten Typ int sozusagen »von Hand« in die Symboltabelle einfügen:

```
table.enter(new Identifier("int"), new TypeInfo(PrimitiveType.intType));
```

Für das Beispiel 6.5 ergeben sich nach erfolgreicher Namensanalyse die folgenden Tabelleneinträge:

Bezeichner	Art	Typ (interne Repräsentation im Compiler)
int	TypeInfo	PrimitiveType.intType
myint	TypeInfo	PrimitiveType.intType
mymyint	TypeInfo	PrimitiveType.intType

Um in Java auf Typgleichheit prüfen zu können, ist es wichtig, dass Sie die Objektreferenzen kopieren und nicht neue Objekte für die Typen generieren und dann die Inhalte kopieren. In diesem Sinne ist in der rechten Spalte immer dasselbe Objekt gemeint.

Als Beispiel für zusammengesetzte Datentypen erweitern wir das Beispiel aus Abschnitt 2.3.4.

Beispiel 6.6

```
type vektor = array [10] of int;
type zeile  = array [10] of int;
type spalte = zeile;
type matrix = array [10] of vektor;
```

Als Ergebnis erhalten wir:

Bezeichner	Art	Typ (interne Repräsentation im Compiler)
vektor	TypeInfo	ArrayType(PrimitiveType.intType, 10)
zeile	TypeInfo	ArrayType(PrimitiveType.intType, 10)
spalte	TypeInfo	ArrayType(PrimitiveType.intType, 10)

vektor	TypeInfo	ArrayType(
		   ArrayType(
		      PrimitiveType.intType, 10),
		   10)

Schauen Sie sich bitte noch mal die vier Typdeklarationen an: Welche der Typen sind zueinander äquivalent? In SPL sind nur zeile und spalte äquivalent, weil nur sie durch denselben Typausdruck definiert werden. Der NameAnalysisVisitor wird für den Typ array[10] of int auf der rechten Seite der ersten Zeile ein neues Objekt der Klasse ArrayType anlegen (entsprechend des Typausdrucks) und in der zweiten Zeile genauso. Das heißt, dass die Objektreferenzen unterschiedlich sind, weil sie auf zwei verschiedene Objekte zeigen, die zwar inhaltlich gleich sind, aber nicht namensgleich.

Würde die Sprachbeschreibung von SPL strukturelle Äquivalenz fordern, würde der Vergleich auf die Gleichheit der Objektreferenzen nicht reichen, sondern wir müssten die Typobjekte Komponente für Komponente miteinander abgleichen.

In der dritten Deklaration wird `spalte` als Alias von `zeile` deklariert, sodass die Information, die für `zeile` in der Symboltabelle gefunden wird, auch für `spalte` in die Symboltabelle per Referenz eingetragen wird.

In der Deklaration für `matrix` wird auf `vektor` referenziert. Dementsprechend ist der innere der beiden Typausdrücke in der dritten Spalte die Referenz auf das `TypeInfo`-Objekt, das an `vektor` gebunden ist.

Damit sind wir mit der Behandlung von Typen noch nicht ganz fertig, weil sie ja auch auf der rechten Seite von Variablendeklarationen `TypeExpressions` stehen können, die aber *anonym* [Wirth, 2011] sind.

Beispiel 6.7

```
var v : array [10] of int;
```

im Gegensatz zu:

```
type vektor = array [10] of int;
...
var v : vector;
```

Diese werden wir sozusagen im Vorübergehen mit den Variablendeklarationen zusammen aufsammeln. Da anonyme Typen ja nicht wiederverwendet werden können, ist diese Vorgehensweise möglich.

6.2.4 Variablendeklarationen

Genau so wie bei der Suche nach Typdeklarationen und dem Speichern der Informationen zu den Typbezeichnern können wir auch bei den Variablendeklarationen vorgehen: Wir identifizieren im abstrakten Syntaxbaum die Knoten, unterhalb derer sich Variablendeklarationen befinden, und erstellen für diese `visit`-Methoden, die in die entsprechenden Unterknoten absteigen. Treffen wir auf eine Variablendeklaration, ermitteln wir den korrekten Typ (mehr dazu gleich) und legen diese Information unter dem Namen der Variablen in der Symboltabelle ab.

In SPL können Variablendeklarationen nur in Prozeduren erfolgen, sodass die Informationen immer in die jeweils lokale Tabelle geschrieben werden müssen. Das bedeutet, dass wir in der visit-Methode für ProcedureDeclaration eine Symboltabelle aufbauen, die mit dem ersten Konstruktor erzeugt wird. Dieser erhält (siehe Listing 6.5) als Parameter die globale Tabelle, sodass wir dann, wie in Abschnitt 6.2.1 erklärt, zwei hierarchisch angeordnete Symboltabellen erhalten.

Es gibt noch ein Problem: Wir hatten eben erläutert, dass die visit-Methoden keinen Rückgabewert haben, sondern die Informationen direkt in einer Symboltabelle ablegen. Wie unterscheiden Sie dann während der Analyse der Deklarationen in der Prozedur, in welche der beiden Symboltabellen Sie schreiben? Sehen Sie sich bitte Abbildung 6.3 nochmals an, und überlegen Sie, wie Sie das Problem lösen würden.

Die eleganteste Lösung ist sicherlich, einen neuen NameAnalysisVisitor zu erstellen, der mit der gerade erstellten neuen Symboltabelle initialisiert wird (siehe Listing 6.13). Dann können Sie im NameAnalysisVisitor immer das Member table nutzen, um auf die aktuelle Symboltabelle zuzugreifen.

Wenn wir die Parameterliste und die lokalen Variablen der Prozedur behandelt haben, wird die Symboltabelle zusammen mit den restlichen Informationen für die Prozedur in der globalen Symboltabelle abgespeichert (siehe Abbildung 6.3). Das erklären wir genauer im nächsten Abschnitt.

Betrachten wir also nun eine Variablendeklaration, die in SPL folgenden Form hat:

var <Bezeichner> : <Typausdruck>;

Was ist nun zu tun? Da wir Typausdrücke bereits im vorigen Abschnitt besprochen haben, müssen wir die visit-Methode für die Typausdrücke über den Umweg der accept-Methode des Typausdrucks auf der rechten Seite aufrufen. Diese Methode speichert dann im Member dataType den Datentyp, sodass wir diesen einfach zusammen mit dem Bezeichner auf der linken Seite der Deklaration in die Symboltabelle einstellen können.

Die Definition der Klasse VariableInfo verschieben wir auf den nächsten Abschnitt, da noch eine kleine Information fehlt. Welche? Überlegen Sie mal!

6.2.5 Prozedurdeklarationen

Die Namensanalyse für Prozedurdeklarationen ist deutlich umfangreicher als für Typ- und Variablendeklarationen, weil die formalen Parameter auch in die Symboltabelle aufgenommen werden müssen.

6 Semantische Analyse

Betrachten wir dazu ein SPL-Beispiel:

```
proc calc (x : int, ref y : int) {
  var z : int;
  readi(z);
  y := x+z;
}
```

Listing 6.15 SPL-Prozedurbeispiel

Welche Informationen müssen durch die Namensanalyse in die lokale Symboltabelle für die Prozedur calc eingetragen werden?

Wie Sie anhand der letzten Anweisung der Prozedur sehen, können nicht nur die lokalen Variablen verwendet werden (hier: z), sondern auch die formalen Parameter (x und y). Beide Arten müssen also in die Symboltabelle aufgenommen werden.

Betrachten wir noch einen Aufruf der Prozedur calc(5, a):

Wie in Kapitel 2 erläutert wurde, sind verschiedene Prüfungen durchzuführen:

1. Die Anzahlen der formalen und der aktuellen Parameter müssen übereinstimmen.
2. Die Typen der formalen und der aktuellen Parameter müssen zueinander passen.
3. Ist der formale Parameter ein Referenzparameter, so muss der aktuelle Parameter eine Variable sein.
4. Ist der Typ des Parameters ein Feldtyp, muss der Parameter ein Referenzparameter sein.

Punkt 4 kann während der Namensanalyse der Parameter selbst überprüft werden. Die Punkte 1 bis 3 allerdings können wir erst nach der Namensanalyse überprüfen, nämlich während der Typprüfung, wenn wir einen Aufruf dieser Prozedur analysieren. Dafür werden Informationen aus der Namensanalyse benötigt, die wir in der Symboltabelle speichern wollen:

Pro Parameter benötigen wir den Typ des formalen Parameters (Punkt 2.) und die Angabe, ob es sich um einen Referenzparameter handelt oder nicht (Punkt 3.). Diese Informationen speichern wir als Liste ab, um im nächsten Abschnitt den 1. Punkt prüfen zu können.

```java
package compiler.symboltable;
public class ParameterInfo {
    public final Type type;
    public final boolean isReferenceParameter;
```

```
    ...
    // Konstruktoren und getter und setter
}
```

Listing 6.16 Die Klasse »ParameterInfo«

Und:

```
package compiler.symboltable;
public class ProcedureInfo extends Info {
    public final SymbolTable localTable;
    public final ArrayList<ParameterInfo> parameterInfos;
    ...
    // Konstruktoren, getter und setter
}
```

Listing 6.17 Die Klasse »ProcedureInfo«

Die Informationen zu einer Prozedur bestehen also aus der Symboltabelle, die die lokalen Variablen und die formalen Parameter enthält, sowie den Verweis outerscope auf die globale Tabelle und aus einer Liste von Parameter-Informationen.

Wie wir die lokalen Variablen in die Symboltabelle einfügen, haben wir im vorigen Abschnitt erklärt – es bleibt noch zu klären, wie die formalen Parameter in die Symboltabelle und in die Liste der Parameterinformationen gelangen.

In der visit-Methode für Prozedurdeklarationen iterieren wir über die Liste der formalen Parameter im abstrakten Syntaxbaum und rufen auf jedem Parameterobjekt seine accept-Methode auf. In der entsprechenden visit-Methode prüfen wir die Anforderung aus dem 4. Punkt und schreiben die Information in die Symboltabelle.

Später bei der Codeerzeugung müssen wir Wert- und Referenzparameter unterschiedlich behandeln. Daher benötigen wir die Information, ob ein Eintrag in der lokalen Symboltabelle ein Referenzparameter ist oder nicht. Die Klasse VariableInfo wird daher wie folgt definiert:

```
package compiler.symboltable;
public class VariableInfo extends Info {
    public final Type type;
    public final boolean isReferenceParameter;

    public VariableInfo(Identifier name, Type type, boolean isReference) {
        super(name);
```

```
            this.type = type;
            this.isReferenceParameter = isReference;
        }
        ...
}
```

Listing 6.18 Die Klasse »VariableInfo«

Die Parameter-Informationen erhalten wir auf die gleiche Weise, indem wir zu jedem Parameter ein `ParameterInfo`-Objekt erstellen und in die `parameterInfos`-Liste einfügen.

Schlussendlich fügen wir die `ProcedureInfo` unter dem Namen der Prozedur in die globale (!) Symboltabelle ein. Damit entsteht die Situation, die wir in Abbildung 6.3 bereits dargestellt haben:

- Die globale Symboltabelle enthält die Typinformationen und die Prozedurinformationen.
- Jede Prozedurinformation enthält wiederum eine lokale Symboltabelle, die die Information zu den lokalen Variablen und formalen Parametern der Prozedur sowie die Liste der Parameterinformationen (siehe Listing 6.16) enthält. Zusätzlich verweist diese lokale Symboltabelle via `outerScope` auf die globale Symboltabelle (siehe Listing 6.5)!

Auf diese Weise können die relevanten Informationen über alle vorkommenden Bezeichner in den Symboltabellen gespeichert werden. Auf diese Informationen werden wir in den folgenden Abschnitten immer wieder zurückgreifen.

Es bietet sich an, eine Ausgabe aller Symboltabellen, also der globalen Tabelle und der lokalen Tabellen jeder Prozedur, einzubauen und per Kommandozeilenparameter zu steuern.

Genau wie bei den beiden vordefinierten primitiven Typbezeichnern `int` und `bool` müssen Sie auch noch die vordefinierten Prozeduren in die globale Symboltabelle eintragen lassen. Die Liste der vordefinierten Prozeduren finden Sie in Tabelle 2.2.

6.3 Typanalyse

In Kapitel 2 haben wir uns bereits mit den verschiedenen Arten von Typprüfungen beschäftigt und dabei die starke und die schwache Typisierung sowie die statische und die dynamische Typüberprüfung vorgestellt.

Da wir in diesem Kapitel die Typüberprüfung als Teil der Phase der semantischen Analyse in einem Compiler betrachten, interessiert uns hier natürlich die statische Analyse.

6.3 Typanalyse

Wir werden nun basierend auf der Sprachbeschreibung von SPL (siehe Abschnitt 2.3) eine Beschreibung des statischen Teils des SPL-Typsystems entwickeln, die Sie implementieren können.

Was ist zu tun? Die Sprachbeschreibung in Abschnitt 2.3 definiert Regeln wie: »Der Ausdruck auf der rechten Seite [einer Zuweisung] muss den gleichen Typ besitzen wie die linke Seite.«

Diese Regeln sind an verschiedenen Stellen des Programms anwendbar (genauer: bei verschiedenen Knotentypen des abstrakten Syntaxbaums), nämlich bei allen Arten von Ausdrücken und Anweisungen.

Das Implementierungsmuster ist das gleiche wie bei der Namensanalyse: Sie erstellen einen neuen TypeAnalysisVisitor, den Sie wiederum mit der jeweils aktuellen Symboltabelle initialisieren, und Sie implementieren visit-Methoden für die Knoten, unter denen Knoten vorkommen können, die auf die korrekte Verwendung der Datentypen überprüft werden müssen. Da wir die Deklarationen schon behandelt haben, können wir uns auf die Anweisungen und die darin vorkommenden Ausdrücke in den Rümpfen der Prozeduren konzentrieren.

Das schon in Abschnitt 6.1 gezeigte Beispiel eines abstrakten Syntaxbaums enthält auch solche Vorkommen – sie sind in Abbildung 6.6 markiert:

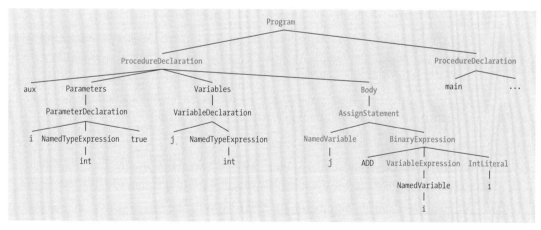

Abbildung 6.6 Abstrakter Syntaxbaum für die Typanalyse (Beispiel)

Der TypeAnalysisVisitor beginnt mit:

```
class TypeAnalysisVisitor extends EmptyVisitor {
    private final SymbolTable table;
    TypeAnalysisVisitor(SymbolTable table) {
```

```
            this.table = table;
        }
        @Override
        public void visit(Program program) {
            program.declarations.stream()
                .filter(d -> d instanceof ProcedureDeclaration)
                .forEach(p -> p.accept(this));
        }
        ...
}
```

Listing 6.19 Beginn des »TypeAnalysisVisitor«

Die visit-Methode für ProcedureDeclaration sorgt dafür, dass für alle Prozeduren (diese werden durch filter() ermittelt) deren accept-Methode aufgerufen wird.

In den nächsten beiden Abschnitten werden wir herausfinden, was in den einzelnen visit-Methoden zu tun ist.

6.3.1 Typanalyse für Ausdrücke

Beginnen wir mit der Typanalyse für Ausdrücke. Dabei werden wir die Typanalyse nicht mit Code beschreiben, sondern als Funktion im mathematischen Sinne.

Diese Funktion $\mathcal{T}$ soll den Typ (im Sinne der in Abschnitt 6.2.3 beschriebenen *abstrakten Darstellung von Typen*) eines Ausdrucks ermitteln und erhält als zusätzliches Argument die aktuelle Symboltabelle σ.

Die Typinformation des Symboltabelleneintrags zu einem Variablenbezeichner *Id* schreiben wir als $\sigma(Id)$. Wenn beispielsweise

```
var x : int
```

deklariert wurde, dann ist $\sigma(x) = Int$ – das heißt, wir sehen in der Symboltabelle nach, welcher Typ eingetragen ist. Die Implementierung wird später genau das Gleiche tun.

Wir benutzen nun als Argumente für die Funktion $\mathcal{T}$ die verschiedenen syntaktischen Möglichkeiten, Ausdrücke zu definieren. Dabei steht *Exp* für einen Ausdruck, *Op* für einen Operator, *n* für eine Zahl und *Id* für einen Bezeichner, und um klarzumachen, dass das Argument ein syntaktischer Ausdruck ist, nutzen wir, wie allgemein üblich, doppelte eckige Klammern:

1. $\mathcal{T}[\![n]\!]\sigma = Int$

2. $\mathcal{T}[\![Id]\!]\sigma = \begin{cases} \sigma(Id), \text{ falls } \sigma(Id) \text{ eine VariableInfo ist} \\ error, \text{ sonst} \end{cases}$

3. $\mathcal{T}[\![(Exp)]\!]\sigma = \mathcal{T}[\![Exp]\!]\sigma$
4. $\mathcal{T}[\![-Exp]\!]\sigma = \begin{cases} Int, \text{ falls } \mathcal{T}[\![Exp]\!]\sigma = Int \\ error, \text{ sonst} \end{cases}$
5. $\mathcal{T}[\![Exp1\ Op\ Exp2]\!]\sigma =$
$\begin{cases} Int, \text{ falls } \mathcal{T}[\![Exp1]\!]\sigma = \mathcal{T}[\![Exp2]\!]\sigma = Int \text{ und } Op \in \{+,-,*,/\} \\ Bool, \text{ falls } \mathcal{T}[\![Exp1]\!]\sigma = \mathcal{T}[\![Exp2]\!]\sigma = Int \text{ und } Op \in \{=,<,\leq,>,\geq,\#\} \\ error, \text{ sonst} \end{cases}$
6. $\mathcal{T}[\![Id[Exp]]\!]\sigma = \begin{cases} t, \text{ falls } \mathcal{T}[\![Id]\!]\sigma = Array(size,t) \text{ und } \mathcal{T}[\![Exp]\!]\sigma = Int \\ error, \text{ sonst} \end{cases}$

Gehen wir das zur Erklärung zeilenweise durch:

Zeile 1 ist selbsterklärend: Der Typ einer Zahl ist *Int*.

Zeile 2 enthält den eben erklärten Zugriff auf den Symboltabelleneintrag für den Bezeichner *Id*. Falls dieser keine *VariableInfo* ist, wird ein Fehler zurückgegeben.

Der Typ eines geklammerten Ausdrucks wie in Zeile 3 ergibt sich aus dem Typ des ungeklammerten Ausdrucks.

Ein Ausdruck mit einem unären Minus hat den Typ *Int*, wenn der Ausdruck auch den Typ *Int* hat. Falls dies nicht der Fall ist, liegt ein Typfehler vor (Zeile 4).

Bei dem binären Ausdruck in Zeile 5 müssen wir die Typen der beiden Teilausdrücke *Exp1* und *Exp2* ermitteln. Ist einer von beiden nicht *Int*, liegt ein Fehler vor. Andernfalls überprüfen wir den Operator: Handelt es sich um einen arithmetischen Operator, ist der Ergebnistyp auch ein *Int* und sonst *Bool*.

Bei dem Feldzugriff in Zeile 6 prüfen wir, dass der Typ des Bezeichners *Id* ein Array und der Typ des Indexausdrucks *Int* ist. Der Ergebnistyp ist dann der Basistyp *t* des Array-Typausdrucks.

Beispiel 6.8

```
var x : array [10] of array [5] of int;
var i : int;
...
... = x[2*i][0]
```

Der Typ von x[2*i][0] ergibt sich wie folgt:

Werte den Typ von x[2*i] aus.

    Werte den Typ von x aus.

In der Symboltabelle finden wir als Typ von x
Array(10, Array(5, Int))

Werte den Typ von 2*i aus.

> Der Typ von 2 ist *Int* (Regel 1).
>
> Der Typ von i ist *Int* (Regel 2).
>
> Daher ist der Typ von 2*i auch *Int*.

Der Typ von x[2*i] ist daher der Basistyp des
oben angebenenen Arraytyps, also *Array(5, Int)*.

Werte den Ausdruck 0 aus. Dieser hat nach Regel 1 den Typ *Int*.

Der Typ von x[2*i][0] ist daher der Basistyp von *Array(5, Int)*, also *Int*.

Was bedeutet das für den TypeAnalysisVisitor? Die verschiedenen syntaktischen Bestandteile des Ausdrucks, wie zum Beispiel *Exp1* und *Exp2*, finden Sie im abstrakten Syntaxbaum als Member des entsprechenden Knotens. Immer, wenn die Funktion T auf ein solches Element angewandt wird, rufen Sie die accept-Methode des Elements auf. Schließlich müssen Sie die Prüfungen wie in den oben angegebenen Formeln durchführen und gegebenenfalls aussagekräftige Fehlermeldungen ausgeben.

Beachten Sie, dass die visit-Methoden vom Typ void sind und dass, wie in Abschnitt 6.2.3 erläutert, die Ergebnistypen in das Member dataType der entsprechenden Knoten des abstrakten Syntaxbaums geschrieben werden.

Wenn Sie den Compiler in C implementieren, können Sie flexibler sein und den Funktionen verschiedene Rückgabetypen geben, da das Konzept des Überschreibens von abstrakten Methoden ja in C nicht existiert:

```
static Type *typeAnalyseExpression(Expression *expression, SymbolTable
  *symbolTable) {
   switch (expression->tag_exp) {
      case TAG_BINEXP: {
         Type *lt = typeAnalyseExpression (expression->u.binaryExpression.
                                  leftOperand, symbolTable);
         Type *rt = typeAnalyseExpression (expression->u.binaryExpression.
                                  rightOperand, symbolTable);
         if (lt != rt) {
            error(...);
         }
         switch (expression->u.binaryExpression.operator) {
            case OP_ADD:
```

```
            case OP_SUB:
            case OP_MUL:
            case OP_DIV:
                if (lt != intType) {
                    error(...);
                }
                expression->dataType = intType;
                break;
            ...
        }
        return expression->dataType;
    }
```
Listing 6.20 Typüberprüfung für Ausdrücke in C

Je nach Sprache können noch Typüberprüfungen zur Laufzeit notwendig sein. So kann zum Beispiel der SPL-Compiler nicht prüfen, dass der Wert des Indexes auch tatsächlich in dem Bereich von 0 bis zur Größe des Feldes minus 1 liegt. Der Codegenerator muss später entsprechenden Code generieren, der dann zur Laufzeit diese Prüfung durchführt.

Sollte die zu übersetzende Programmiersprache weitere primitive Datentypen vorsehen, die implizit ineinander konvertiert werden können, kann man dies ebenfalls in den Regeln abbilden. Als Beispiel dafür nehmen wir den Ausdruck x + 3.14: Wenn x den Typ *Int* hat, sind die Typen der Teilausdrücke nicht gleich, aber wir können in der Regel hinterlegen, dass der Ergebnistyp der Typ des »größeren« Typs (also im Beispiel ein Fließkommatyp) ist. Der Compiler muss zusätzlich Code generieren, der zur Laufzeit den Inhalt der Variablen x in eine Fließkommazahl umwandelt, sodass sie zu 3.14 hinzuaddiert werden kann.

Wir wollen nur kurz auf die anderen zusammengesetzten Datentypen eingehen:

▶ Bei einem Verbund sind die Namen der Komponenten immer bekannt, und daher kann der Typ eines Ausdrucks Id.Component sehr einfach bestimmt werden, indem man prüft, dass der Typ von Id ein Verbundtyp ist, der die Komponente Component enthält. Der Ergebnistyp ist dann der Typ der Komponente in dem Verbund.

Beispiel 6.9

```
type a = array[10] of int;
type b = record {
                a : int;
                b : int;
            }
```

Innerhalb des Verbunds b werden die Typen a und b durch die Komponente mit gleichem Namen verdeckt. Hier kann man für den Verbund eine eigene Symboltabelle anlegen, die dann nur die Informationen zu den Komponenten enthält.

▶ Bei Verbünden mit Varianten kann zur Compile-Zeit nur die gleiche Prüfung wie oben durchgeführt werden. Sollte die Sprache automatische Tags vorsehen, so muss noch zusätzlich Code für die Laufzeit generiert werden, um das Tag zu setzen und abzufragen. Muss sich der Programmierer selbst – wie in C – um die Tags kümmern, bedeutet das für den Compilerbauer weniger Arbeit.

Bei Zeigern fällt die Art der Prüfungen, die der Compiler vornimmt, je nach Striktheit des Typsystems der Sprache sehr unterschiedlich aus.

Beispiel 6.10 (Pascal)

```
program recordDemo;
type t1 = record
            a : integer;
         end;
     t2 = record
            x : integer;
         end;
var
  p : ^t1;
  q : integer;
  r : ^t2;
begin
  new(p); new(r);
  p^.a:=5;
  q:=42;
  writeln(p^.a + q);     // OK!
  // r := p;             // Inkompatible Typen
  dispose(p);
  dispose(r);
end.
```

Listing 6.21 Verbünde in Pascal

Um den Typ eines Ausdrucks p^.a + q zu bestimmen, muss das Typsystem Folgendes regeln:

- Der Typ von p muss ein Zeigertyp sein, dessen Basistyp ein Verbund ist, der eine Komponente a enthält.

- Der Typ von p^.a und der Typ von q müssen miteinander kompatibel sein. Da in dem Beispiel die Typen sogar gleich sind, liegt kein Typfehler vor.
- Die Zuweisung r:=p ist in Pascal nicht erlaubt: p und r sind zwar Zeiger, verweisen aber auf unterschiedliche Typen (t1 bzw. t2).

Würden Sie das gleiche Programm in C schreiben, würde der C-Compiler bei der Zuweisung r=p lediglich eine Warnung ausgeben. Welcher Wert danach in r->x steht, ist undefiniert.

Wenn eine Programmiersprache Zeiger zulässt, muss sie auch erlauben, dass der Zeiger einen Basistyp besitzt, der erst später deklariert wird, da sonst rekursive Strukturen wie verkettete Listen nicht möglich sind.

In SPL ist

```
type a=b;
type b=a;
```

nicht erlaubt, weil es sich um eine zirkuläre Abhängigkeit handelt.

Entsprechend können Sie in C nicht

```
typedef b a;
typedef a b;
```

schreiben. Jedoch sind Vorwärtsbezüge auf Strukturen erlaubt, wie das erweiterte C-Äquivalent zu dem Pascal-Beispiel zeigt:

```
typedef struct t1 {
  int a;
  struct t2* pp;
}t1;
typedef struct t2 {
  double b;
}t2;
```

Listing 6.22 Verbünde (structs) in C

pp ist ein Zeiger auf die erst später deklarierte Struktur t2. Für die Namensanalyse bedeutet dies, dass wir bei der Verarbeitung des Typs t1 nur vermerken können, dass ein Typ t2 verwendet wird, der sich aber noch nicht in der Symboltabelle befindet. In einem zweiten Schritt müssen die noch offenen Vermerke aufgelöst werden und struct t2* durch den richtigen Typ ersetzt werden. Dabei könnten natürlich Zyklen entstehen, die der Compiler erkennen muss. Für Strukturen wird daher in C Namensäquivalenz verwendet.

- Bei Ausdrücken sind in den meisten Sprachen auch Funktionsaufrufe erlaubt (nicht aber in SPL). Hier sind dann mehrere Prüfungen durchzuführen, die teilweise identisch sind mit den Prüfungen bei Prozeduraufrufen, zu denen wir gleich kommen und deren Anforderungen wir in Abschnitt 6.2.5 besprochen haben. Zusätzlich muss der Typ des Rückgabewerts der Funktion in der Symboltabelle abgelegt sein. Dieser Typ muss dann entsprechend der obigen Regeln zu den anderen Teilausdrücken passen.
- Bei objektorientierten Sprachen mit Vererbung, Überladen der Methoden und Polymorphismus ist die Typprüfung deutlich umfangreicher, weil zunächst bestimmt werden muss, zu welcher Klasse ein Objekt gehört und welche Felder und Methoden diese Klasse besitzt. Die Felder und Methoden können aber auch von einer oder mehreren Oberklassen ererbt und/oder überschrieben worden sein. Aus Platzgründen verweisen wir hier auf [Grune, van Reeuwijk, Bal, Jacobs & Langendoen, 2012].

6.3.2 Typanalyse für Anweisungen

Für Anweisungen müssen wir etwas anders vorgehen, da Anweisungen (in SPL) kein Ergebnis und somit auch keinen Ergebnistyp besitzen. Trotzdem gibt es natürlich Regeln (siehe die Sprachbeschreibung in Abschnitt 2.3), die in dieser Phase geprüft werden müssen.

Was wir benötigen, sind Aussagen der Form: »Wenn *A* den Typ *T1* hat und *B* den Typ *T2* und *T1* = *T2*, dann ist *A := B* korrekt getypt.«

Daher verwenden wir folgende Notation [Cardelli, Type Systems, 2004]: Eine *Typregel* besteht aus einer Menge von Voraussetzungen (*Prämissen* genannt) und aus einer Schlussfolgerung (*Konklusion*).

Typregeln für SPL-Anweisungen

1. Zuweisung: $Id := Exp$
   Wenn $\mathcal{T}[\![Id]\!]\sigma = Int$
   und $\mathcal{T}[\![Exp]\!]\sigma = Int$,
   Dann ist die Zuweisung *Id:=Exp* korrekt getypt.
2. Leere Anweisung
   Die leere Anweisung ist immer korrekt getypt.
3. Zusammengesetzte Anweisung: $\{\ Statement_1;\ ...;\ Statement_n;\ \}$
   Wenn $\forall i : 1 \leq i \leq n : Statement_i$ korrekt getypt ist,
   dann ist $\{\ Statement_1;\ ...;\ Statement_n;\ \}$ korrekt getypt.

4. Verzweigung ohne Else: $if\ (Exp)\ Statement$
   Wenn $\mathcal{T}[\![Exp]\!]\sigma = Bool$
   und *Statement* korrekt getypt ist,
   dann ist $if\ (Exp)\ Statement$ korrekt getypt.
5. Verzweigung mit Else: $if\ (Exp)\ Statement_1\ else\ Statement_2$
   Wenn $\mathcal{T}[\![Exp]\!]\sigma = Bool$
   und $Statement_1$ und $Statement_2$ korrekt getypt sind,
   dann ist $if\ (Exp)\ Statement_1\ else\ Statement_2$ korrekt getypt.
6. Schleife: $while\ (Exp)\ Statement$
   Wenn $\mathcal{T}[\![Exp]\!]\sigma = Bool$
   und *Statement* korrekt getypt ist,
   dann ist $while\ (Exp)\ Statement$ korrekt getypt.

Auch diese Tabelle können Sie ohne Schwierigkeiten direkt im `TypeAnalysisVisitor` implementieren.

Ein Anweisungstyp fehlt aber noch: der Prozeduraufruf, den wir hier gesondert besprechen wollen, weil er die meisten Prüfungen erfordert. In Abschnitt 6.2.5 hatten wir die vier notwendigen Prüfungen bereits erwähnt, von denen die vierte während der Namensanalyse abgehandelt wird. Es verbleiben also:

1. Die Anzahlen der formalen und der aktuellen Parameter müssen übereinstimmen.
2. Die Typen der formalen und der aktuellen Parameter müssen zueinander passen.
3. Ist der formale Parameter ein Referenzparameter, so muss der aktuelle Parameter eine Variable sein.

Da wir auf die Prozedurinformation in der Symboltabelle und darin dann auf die Parameterliste zugreifen müssen, führen wir folgende Schreibweise ein:

p bezeichnet in diesem Abschnitt die aufgerufene Prozedur, $\sigma(p)$ ist dann der Symboltabelleneintrag für p, der aus der lokalen Tabelle σ_l und der Liste der Parameterinformationen besteht.

Mit $pt_i = (t_i, isRef_i)$ bezeichnen wir die Informationen der einzelnen formalen Parameter, die Tupel sind. Diese Tupel bestehen aus dem Typ t_i des i-ten Parameters und der Angabe, ob es sich um einen Referenzparameter handelt.

Damit können wir die Typüberprüfung für einen Prozeduraufruf formal beschreiben durch:

> **Typregeln für SPL-Anweisungen (Fortsetzung)**
> 7. Prozeduraufruf: $p(Exp_1, \ldots, Exp_n)$
>   Wenn $\sigma(p) = (\sigma_l, (pt_1, \ldots, pt_m))$
>   und $n = m$
>   und $\forall i : 1 \leq i \leq n : t_i = \mathcal{T}[\![Exp_i]\!]\sigma$
>   und $\forall i : 1 \leq i \leq n : isRef_i \rightarrow Exp_i$ ist eine Variable,
>   dann ist $p(Exp_1, \ldots, Exp_n)$ korrekt getypt.

Man sieht sehr schön, dass die drei mit »und« beginnenden Zeilen die obigen Anforderungen wiedergeben.

Beispiel 6.11

```
proc calc (x : int, ref y : int) {
  var z : int;
  readi(z);
  y := x+z;
}
proc main() {
  var a : int;
  var b : int;
  readi(a);
  calc(a,b);
  printi(b);
}
```

Listing 6.23 SPL-Beispielprogramm für die Typanalyse

Mit einigen `println`-Anweisungen in der `visit`-Methode für das Call-Statement erhält man folgende Ausgabe, um die Prüfungen und deren Ergebnisse sichtbar zu machen:

```
Prozeduraufruf:       calc
Formale Parameter:    VariableExpression(NamedVariable(a)),
                      VariableExpression(NamedVariable(b))
ParameterInfo-Liste:  [int, ref int]

  Anzahl formale Parameter: 2, aktuelle Parameter: 2 -> OK
  Argument 0:
    int = int -> OK
```

```
    Kein Referenzparameter
 Argument 1:
    int = int -> OK
    Referenzparameter, Art des aktuellen Parameters:
       VariableExpression -> OK
```

Wir wollen auch an dieser Stelle noch einen Blick über SPL hinauswagen: Natürlich bieten viele Programmiersprachen deutlich mehr Anweisungstypen als SPL. Dazu gehören zum Beispiel:

For-Schleifen
For-Schleifen wie in Java oder C lassen sich mit While-Schleifen simulieren. Abgesehen davon, dass in diesen beiden Sprachen lokale Variablen in der For-Anweisung deklariert werden können, muss natürlich auch die korrekte Typisierung der Bestandteile (Initialisierung der Schleifenvariablen, Bedingung, Aktualisierung der Schleifenvariablen) geprüft werden. In manchen Sprachen (so zum Beispiel Pascal) darf im Schleifenrumpf keine zusätzliche Zuweisung an die Schleifenvariable erfolgen (in Java und C ist dies jedoch erlaubt), weshalb ein Pascal-Compiler in einer For-Schleife jede Variable auf der linken Seite einer Zuweisung zusätzlich auf Gleichheit mit der Schleifenvariablen prüfen muss.

Do-While- oder Repeat-Until-Schleifen
Dies sind unterschiedliche Formulierungen für die gleiche Art von Schleifen, bei denen der Rumpf immer mindestens einmal ausgeführt wird. Sie sind analog wie While-Schleifen zu behandeln.

Switch-Anweisungen
In Java werden Switch-Anweisungen in der Form

`switch ( <Expression> ) <SwitchBlock>`

[Gosling et al., 2020] geschrieben.

Dabei muss der Compiler überprüfen, dass die im `SwitchBlock` enthaltenen Konstanten nach dem Schlüsselwort `case` den gleichen Typ besitzen wie der Ausdruck *Expression*. Zusätzlich müssen die Konstanten in Java alle voneinander unterschiedliche Werte besitzen, was der Compiler aber leicht prüfen kann, indem er pro Switch-Anweisung eine Liste der vorkommenden Konstantenwerte führt und doppelte Einträge so erkennt.

6 Semantische Analyse

Return-Anweisung
Während die oben gelisteten drei Anweisungen relativ ähnlich wie die SPL-Anweisungen behandelt werden können, ist die Return-Anweisung deutlich unterschiedlich. Zwar gelten auch hier die Typregeln, dass der Ausdruck nach dem Schlüsselwort return mit dem Rückgabetyp der Funktion kompatibel sein muss, aber der Compiler muss auch prüfen, dass eine Return-Anweisung auch wirklich immer beim Aufruf der Funktion ausgeführt wird. Nur zu prüfen, ob eine Return-Anweisung im Rumpf der Funktion enthalten ist, reicht nicht, wie das folgende Beispiel zeigt:

Beispiel 6.12
```
public int test(int x) {
      if (x==0) return 0;
}
```
Listing 6.24 Java-Methode ohne »return«

Dieser Code wird vom Java-Compiler mit der Fehlermeldung »missing return statement« abgelehnt.

Die Java-Spezifikation besagt genau genommen, dass der Compiler einen Fehler anzeigen soll, wenn es möglich ist, dass das Ende einer Methode, die einen anderen Rückgabetyp als void hat, »normal« erreicht wird. Also lautet die Frage, ob es einen Ablauf der Anweisungen des Methodenrumpfes gibt, bei dem das Ende des Rumpfes erreicht werden kann, ohne dass bei diesem Ablauf eine Return-Anweisung ausgeführt wird.

Dazu kann der Compiler den Methodenrumpf *abstrakt interpretieren* [Cousot & Cousot, 1977], das heißt, er durchläuft die Anweisungen so lange, bis eine Return-Anweisung gefunden wird. Bei einer bedingten Anweisung muss er beide Zweige testen; und nur, wenn bei beiden eine Return-Anweisung gefunden wurde, kann die Prüfung beendet werden. Andernfalls fährt der Compiler bei der Anweisung nach der If-Then-Else-Anweisung fort. Eine bedingte Anweisung ohne Else-Zweig kann übersprungen werden, da – wie wir an dem Beispiel oben sehen – ein return nur im Then-Zweig nicht garantiert, dass immer ein return erreicht wird. Das Gleiche gilt für eine While-Schleife.

6.4 Semantische Analyse komplett

In dem SPL-Compiler, den wir an unserer Hochschule für die Lehre verwenden, haben wir die semantische Analyse wie auch in diesem Buch in zwei Unterphasen aufgeteilt: in die Namensanalyse und in die Typanalyse. Da die Typanalyse zu 100 % auf der Namensanalyse aufsetzt, empfiehlt es sich, den abstrakten Syntaxbaum zweimal zu durchlaufen: Zuerst arbeitet der `NameAnalysisVisitor` alle Deklarationen ab und speichert die Ergebnisse in Symboltabellen. Danach durchläuft der `TypeAnalysisVisitor` nochmals den Baum, besucht aber dort nur die Prozedurrümpfe. Dabei benutzt er die Symboltabellen, um die definierten Typprüfungen durchzuführen.

Vergessen Sie bei der Implementierung nicht, dass Sie vor dem Start des `NameAnalysisVisitor`s die vordefinierten Typen und Prozeduren in die globale Symboltabelle eintragen müssen.

Auch nach dem `TypeAnalysisVisitor` ist noch etwas zu tun: Der letzte Satz von Abschnitt 2.3 lautete: »Beim Start eines kompilierten SPL-Programms wird die Prozedur `main` aufgerufen. Jedes SPL-Programm muss daher eine Prozedur mit diesem Namen enthalten, und diese darf keine Parameter haben.«

Das umzusetzen, sollte für Sie aber kein Problem sein ...

6.5 Vorgehen

Beginnen Sie mit der Implementierung der Klassen bzw. Strukturen `Info` und `TypeInfo`, und schreiben Sie ein kleines Testprogramm, mit dem Sie durch Aufrufe der Methoden bzw. Funktionen `enter` und `lookup` Einträge für Typen anlegen und wieder abfragen können, sodass Sie deren korrekte Funktion testen können.

Definieren Sie die Klassen `VariableInfo` und `ProcedureInfo`. Erweitern Sie dann Ihr Testprogramm, sodass Sie diese Informationen erzeugen und in der Symboltabelle ablegen können.

Beginnen Sie dann mit dem `NameAnalysisVisitor`, und implementieren Sie die visit-Methoden für (am besten in dieser Reihenfolge) Typ-, Variablen- und Prozedurdeklarationen.

Schreiben Sie kleine SPL-Testprogramme, mit denen Sie jeweils *einen* Fehler provozieren, zum Beispiel Deklarationen eines Typs, den es schon gibt, Verwendung eines Typs, der nicht deklariert ist, etc. Zusätzlich brauchen Sie natürlich auch ein Testprogramm, das fehlerfrei analysiert wird. Dieses Programm sollte Folgendes enthalten:

▶ Typdeklarationen für primitive Datentypen
▶ Typdeklarationen für Felder – sowohl eindimensional als auch mehrdimensional
▶ Prozeduren ohne Parameter mit jeweils einer lokalen Variablen für jeden der in den beiden vorigen Schritten angelegten Typen

- Prozeduren mit Parametern der Typen sowohl als Referenzparameter als auch als Wertparameter (wenn dies laut Sprachdefinition erlaubt ist)

Die dabei auftretenden Fehlerfälle sollten Sie jeweils in einer Fehlermeldung über die `CompilerError`-Klasse ausgeben.

Im zweiten Schritt erstellen Sie den `TypeAnalysisVisitor`, bei dem Sie in folgender Reihenfolge die `visit`-Methoden erstellen:

1. **Programm und Prozedur**

   Um die folgenden Sprachkonstrukte testen zu können, müssen Sie zuerst dafür sorgen, dass diese im Baum überhaupt erreichbar sind. Dazu müssen Sie für `Program` und `ProcedureDeclaration` `visit`-Methoden erstellen, die nichts anderes tun, als auf den entsprechenden Kindknoten deren `accept`-Methoden aufzurufen.

   Auch hier müssen Sie – analog zu Namensanalyse – überlegen, wie Sie sicherstellen, dass Sie immer auf die richtige Symboltabelle zugreifen.

2. **Ausdrücke**

   Beginnen Sie mit den einfacheren Ausdrücken wie Zahlen und einfachen Variablen. Bei Letzteren müssen Sie in der Symboltabelle suchen und den dort abgelegten Typ ermitteln.

   Dann widmen Sie sich den binären Operatoren, bei denen Sie, wie in der Typregel angegeben, mehrere Prüfungen durchführen müssen.

   Dann bleiben noch die Feldzugriffe – auch hier können Sie sich gut an der Typregel orientieren.

3. **Anweisungen**

   Beginnen Sie mit der zusammengesetzten Anweisung, und fahren Sie mit der Zuweisung fort, weil Sie dann die korrekte Umsetzung gut testen können.

   Implementieren Sie dann die `visit`-Methoden für die bedingte Zuweisung und die Schleife, da bei beiden im Wesentlichen die gleiche Prüfung durchgeführt werden muss.

   Es verbleibt noch der Proceduraufruf. Diesen sollten Sie auch erst zum Schluss implementieren, weil hier die meiste Arbeit auf Sie wartet – siehe Abschnitt 6.3.2!

6.6 Zusammenfassung

Unseren Erfahrungen nach ist die semantische Analyse die Phase im Compilerbau, für die die Studierenden am meisten Zeit benötigen. Dies liegt daran, dass sie sich in die

Benutzung der Symboltabelle, der Info-Klassen und der Typen einarbeiten und im Gegensatz zu den vorigen Phasen, die ja werkzeugunterstützt waren, den Code selbst erstellen müssen.

Vom Umfang her nimmt die semantische Analyse in diesem Buch (genau wie bei allen anderen Lehrbüchern zum Compilerbau) weniger Platz ein, aber das ist darin begründet, dass es für die lexikalische und die Syntaxanalyse eine sehr mächtige Theorie gibt. Zu deren Verständnis wird einige Zeit benötigt, aber sie sorgt gleichzeitig dafür, dass es die Generatoren gibt, die viel Zeit bei der Implementierung sparen.

Wir haben in diesem Kapitel hergeleitet, welche Informationen wir für die späteren Phasen bereitstellen müssen und wie wir diese effizient in *Symboltabellen* speichern können. Wir haben uns dafür entschieden, eine globale Symboltabelle sowohl für Typen als auch für Variablen und für Prozeduren zu nutzen. Um die unterschiedlichen Verschachtelungen der Gültigkeitsbereiche abzubilden (in SPL gibt es nur zwei), nutzen wir eine Hierarchie von Symboltabellen.

Alle weiteren Phasen setzen auf dem im vorigen Kapitel erstellten abstrakten Syntaxbaum auf, und wir haben für die objektorientierten Sprachen das *Visitor-Pattern* vorgestellt, das es uns auf elegante Art und Weise erlaubt, den abstrakten Syntaxbaum zu durchsuchen, um die Knoten zu finden, die in der jeweils aktuellen Phase analysiert werden müssen. Compilerbauer, die nicht objektorientierte Sprachen nutzen, bilden die Klassenhierarchie mit Verbünden mit Varianten (in C: `unions`) ab und müssen anhand der Tags der Verbünde entsprechende Fallunterscheidungen vornehmen.

Die erste Anwendung des Visitor-Patterns ist die *Namensanalyse*, in der wir die Typ-, Variablen- und Prozedurdeklarationen untersuchen und die gefundenen Informationen in der Symboltabelle abspeichern.

In der anschließenden *Typanalyse* wird nochmals der abstrakte Syntaxbaum durchlaufen, um die korrekte Verwendung der Typen zu prüfen. Dazu haben wir in einer formalen Notation (einmal funktional, einmal mit Aussagenlogik) das Typsystem von SPL spezifiziert. Der `TypeAnalysisVisitor` muss alle Ausdrücke und Anweisungen auf Korrektheit im Sinne des Typsystems prüfen.

An dieser Stelle haben wir den sprachabhängigen und hardware-unabhängigen Teil des Compilers abgeschlossen – uns bleiben noch zwei (inklusive der Optimierung drei) Phasen, in denen wir den abstrakten Syntaxbaum und die Symboltabelle verwenden werden, um daraus Assembler-Code zu generieren.

Das Diagramm in Abbildung 6.7 zeigt den aktuellen Stand des Compilers:

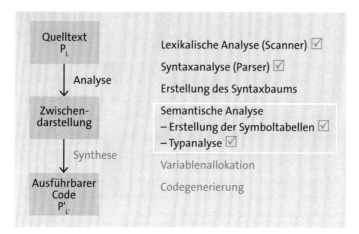

Abbildung 6.7 Stand nach der semantischen Analyse

6.7 Übungen

6.7.1 Typen

In diesen Übungen können Sie selbst Typen erstellen.

1. Aufgabe: Geben Sie in der Notation von Abschnitt 6.3 den Typ für folgende Typdeklaration an:

   ```
   type a1 = array [10] of array [20] of int;
   ```

2. Aufgabe: Geben Sie den Typ für *a2* an, wenn Folgendes deklariert ist:

   ```
   type myint =int;
   type a2 = array [10] of myint;
   ```

3. Aufgabe: Geben Sie den Typ für *a3* (in Pascal-Syntax) an:

   ```
   type a3 = record
               a31 : int;
               a32 : real;
             end;
   ```

4. Aufgabe: Geben Sie den Typ für *a4* (in Pascal-Syntax) an:

   ```
   type a4 = record
               a41 : a3;
               a42 : ^a4;
             end;
   ```

6.7.2 Symboltabelle

In diesen Übungen geht es um Symboltabellen und deren Nutzung.

5. Aufgabe: Erweitern Sie die Klasse `compiler.symboltable.SymbolTable` aus Abschnitt 6.2.1 so, dass Sie nicht nur zwei Ebenen, sondern beliebig viele abbilden können, um einen Compiler für eine Sprache zu entwickeln, in der Gültigkeitsbereiche beliebig tief geschachtelt werden können.
6. Aufgabe: Erstellen Sie ein Testprogramm, mit dem Sie die Benutzung der von Ihnen erstellten Symboltabelle (entweder die Symboltabelle aus Abschnitt 6.2.1 oder die aus Aufgabe 5) testen, indem Sie verschiedene Bezeichner mit Informationen ablegen und wieder abrufen.
7. Aufgabe: Erstellen Sie eine Info-Klasse, mit der Sie Typen für Verbünde (Records/Structs) abbilden können.

6.7.3 Typanalyse

Mit den Übungen aus diesem Abschnitt vertiefen Sie Ihr Wissen über die formale Beschreibung des SPL-Typsystems.

8. Aufgabe: Die Sprache SPL soll um den primitiven Datentyp `double` erweitert werden. Welche Regeln des Typsystems aus Abschnitt 6.3.1 müssen Sie anpassen oder hinzufügen?
9. Aufgabe: Die Sprache SPL soll um den zusammengesetzten Datentyp `record` erweitert werden. Welche Regeln des Typsystems in Abschnitt 6.3.1 müssen Sie anpassen oder hinzufügen?
10. Aufgabe: Skizzieren Sie die `visit`-Methode für den Knotentyp `recordTypeExpression` im `NameAnalysisVisitor`.
11. Aufgabe: Die Sprache SPL soll um eine Repeat-Until-Schleife erweitert werden. Erstellen Sie dafür eine neue Regel im Typsystem aus Abschnitt 6.3.2.
12. Aufgabe: Skizzieren Sie die `visit`-Methode für den Knotentyp `repeatUntilStatement` im `TypeAnalysisVisitor`.

Kapitel 7
Variablenallokation

*»Computers are good at following instructions,
but not at reading your mind.«*
– Donald Knuth

Nun, wenn Computer (und Compiler) nicht gut darin sind, unsere Gedanken zu lesen, müssen ihnen wohl etwas mehr Informationen geben ...

Zur Vorbereitung der Codegenerierung werden wir in diesem Kapitel berechnen, an welcher Stelle im Speicher zur Laufzeit die Variablen abgespeichert werden.

7.1 Einleitung

Nachdem wir jetzt wissen, dass das Quellprogramm syntaktisch und semantisch korrekt ist, können wir die bisher gewonnenen Informationen (abstrakter Syntaxbaum und Symboltabelle) benutzen, um Assembler-Code zu generieren.

Die Codegenerierung wird wieder durch einen Visitor realisiert (das überrascht Sie wahrscheinlich nicht), zuvor müssen wir aber noch einiges an Vorbereitungen treffen.

Bevor wir in die Details einsteigen, folgen hier noch ein paar Vorbemerkungen, um Ihnen einige der gleich verwendeten Begriffe (sehr vereinfacht) zu erklären.

Wir gehen von einem sogenannten *Von-Neumann-Rechner* [von Neumann, 1993] aus, bei dem Daten und Instruktionen in einem gemeinsamen Hauptspeicher liegen. Kernstück eines solchen Rechners ist die sogenannte *CPU* (Central Processing Unit), die aus einem Rechenwerk, das die Rechenoperationen durchführt, aus einem Steuerwerk, das die Ausführung der Befehle steuert, und aus sehr schnellen Speicherplätzen besteht, den sogenannten *Registern*. Je nach CPU können diese Register für verschiedenste Zwecke benutzt werden. Der Hauptspeicher besteht aus Speicherplätzen, die über eindimensionale *Adressen* angesprochen werden.

Das Steuerwerk benutzt ein besonderes Register, den Programmzähler. Er enthält – je nach CPU – die Adresse des aktuellen Befehls oder des nächsten Befehls. Nach Ausführung des Befehls wird der Programmzähler erhöht oder durch sogenannte Sprungbefehle verändert.

In diesem Kapitel werden wir insbesondere Register benutzen, mit denen wir bestimmte Bereiche im Hauptspeicher ansprechen können. Im nächsten Kapitel, in dem es um die Codegenerierung geht, werden wir die zur Verfügung stehenden Befehle und die Register für eine konkrete Maschine detailliert besprechen.

Um zu erklären, warum die Phase der Variablenallokation notwendig ist, lassen Sie uns zwei Beispiele ansehen.

Beispiel 7.1

Zunächst betrachten wir eine Zuweisung in SPL wie:

```
j:=i+1;
```

Egal, für welche konkrete Maschine wir später Assembler-Code generieren, der Code muss Folgendes tun:

- Ermittlung der Adresse des Speicherplatzes, an dem j abgelegt ist (*L*-Value)
- Ermittlung des Wertes von i (*R*-Value)
- Addition dieses Wertes und der Konstanten 1
- Speichern des Ergebnisses an dem Speicherplatz unter der ermittelten Adresse

Wie findet man nun den Wert von i? Offensichtlich muss man dafür auch zuerst die Adresse von i ermitteln und dann den Wert auslesen, der in der Speicherzelle enthalten ist, die die Adresse referenziert.

Das heißt, dass wir für *L*-Values zur Laufzeit die Adresse der jeweiligen Variablen errechnen müssen. Um den *R*-Value zu bestimmen, müssen wir aus der Speicherstelle mit dieser Adresse den Wert auslesen.

Wie berechnet aber nun »die Laufzeit« die Adressen der Variablen? Bevor wir die Lösung besprechen, betrachten wir noch ein zweites Beispiel.

Beispiel 7.2

Prozedurdeklaration und -aufruf in SPL:

```
proc fakultaet(n : int, ref erg : int) {
if (n=1) erg:=1;
  else {
        fakultaet(n-1, erg);
```

```
        erg := n * erg;
    }
}
...
fakultaet(5, x);
```

Für den unteren Prozeduraufruf muss der Code in etwa wie folgt aussehen:

- Kopieren der Konstante 5 an den Speicherplatz, an dem der Code des Prozedurrumpfes die Variable n erwartet
- Kopieren der *Adresse* von x an den Speicherplatz, an dem der Code des Prozedurrumpfes die Variable erg erwartet

Während es im ersten Beispiel ausreicht, Adressen zu bestimmen, ist für das zweite Beispiel eine Übereinkunft von aufrufender und aufgerufener Prozedur notwendig, damit die eine die Daten dort ablegt, wo die andere diese erwartet. Insbesondere wenn es sich um eine vordefinierte Prozedur, wie zum Beispiel printi handelt, ist dies absolut notwendig, weil Sie als Programmierer des aufrufenden Codes ja gar nicht wissen können, wie der Programmierer der vordefinierten Prozedur diese entwickelt hat.

Um diese beiden Probleme für den Codegenerator zu lösen, werden wir in diesem Kapitel eine Vorgehensweise vorstellen, die mit sogenannten *Aktivierungsrahmen* arbeitet.

7.2 Aktivierungsrahmen

In Kapitel 2 haben wir über statische und automatische Variablen gesprochen. Zur Erinnerung: In C unterscheidet man *statische Variablen*, die für die Laufzeit des Programms existieren und global deklariert sind, von *automatischen Variablen*, die in Funktionen deklariert sind (als lokale Variablen oder Parameter) und für die Dauer der Ausführung der Funktion existieren. In Java ist die Unterscheidung vielfältiger (siehe wiederum Kapitel 2), aber da SPL keine objektorientierte Sprache ist, verschieben wir diese Diskussion auf das Ende des Kapitels.

In SPL gibt es keine statischen Variablen im oben angegebenen Sinne – Variablen existieren immer nur für die Ausführungszeit eines Prozeduraufrufs. Dabei müssen wir natürlich auch rekursive Prozeduren betrachten. Dazu sehen wir uns als Beispiel noch mal die Prozedur fakultaet an und zeichnen den Ablauf mit der jeweils aktuellen Variablenbelegung auf:

Wie Sie sehen, existieren verschiedene Exemplare des Speicherbereichs für die rekursive Prozedur fakultaet, und in jeder sind verschiedene Instanzen von n und erg enthalten.

7 Variablenallokation

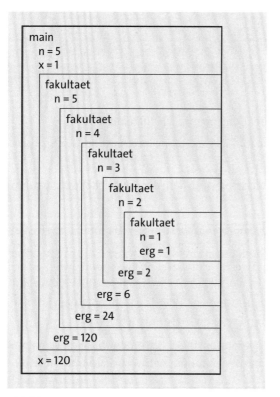

Abbildung 7.1 Ablauf des Fakultätsprogramms

Was bedeutet das für unseren Compiler? Bei jedem Proceduraufruf muss ein neuer Speicherbereich angelegt werden, in dem die lokalen Variablen und Parameter der Prozedur abgelegt werden.

Dieser Speicherbereich heißt *Aktivierungsrahmen* oder auf Englisch *Activation Record* oder *Stack Frame*. In Abbildung 7.1 sieht man, wie die Aktivierungsrahmen ineinandergestapelt werden.

In den Symboltabellen haben wir den Bezeichnern und insbesondere den Variablen Informationen zugeordnet, zum Beispiel über den Typ der Variablen. Zur Laufzeit des Programms wird die Symboltabelle aber nicht mehr benötigt – zur Laufzeit gibt es streng genommen keine Variablen mehr, sondern nur noch Speicherplätze im Hauptspeicher. Aber: Der Compiler benutzt nochmals die Symboltabelle, um die Adressen der Variablen abzuspeichern, sodass die Codegenerierung diese direkt verwenden kann.

Um das in unserem Compiler zu realisieren, werden wir dabei nach folgendem Schema vorgehen:

1. Für jede Prozedur wird während der Speicherallokation berechnet, an welcher Stelle im Aktivierungsrahmen die Variablen und die Parameter gespeichert werden. Diese Informationen werden ebenfalls in der Symboltabelle abgelegt.
2. Der Codegenerator ersetzt die Variablenzugriffe durch Zugriffe auf die entsprechenden Speicherplätze, deren Adressen er in der aktuellen Symboltabelle findet.
3. Zur Laufzeit wird bei jedem Prozeduraufruf ein neuer Aktivierungsrahmen angelegt und beim Verlassen der Prozedur wird er wieder abgebaut. Das Auf- und Abbauen geschieht durch Assembler-Code, den der Codegenerator natürlich erzeugen muss.

Um Schritt 1 zu beginnen, müssen wir uns ansehen, wie der Speicher eines Prozesses typischerweise vom Betriebssystem verwaltet wird:

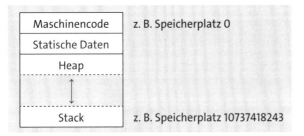

Abbildung 7.2 Aufteilung des Speichers eines Prozesses

Was ist was?

▶ Der *Stack* ist der Bereich, der für die Stack Frames, also die Aktivierungsrahmen, verwendet wird. Da bei jedem Prozeduraufruf ein neuer Rahmen erzeugt wird, wächst und schrumpft dieser Bereich dynamisch während der Laufzeit des Programms. Sollte nicht mehr genug Speicher für die Vergrößerung der Stacks vorhanden sein, wird – je nach Programmiersprache – eine Fehlermeldung ausgegeben. In Java wird zum Beispiel dann ein `java.lang.StackOverflowError` geworfen [Gosling et al., 2020].

▶ Der *Heap* (dt. »Halde«) wird für dynamischen Speicher verwendet, der in Java mit `new` und in C mit `malloc` erzeugt wird. Auch der Heap wächst und schrumpft während der Laufzeit. Der Heap wächst in Richtung der höheren Adressen, der Stack in die umgekehrte Richtung. Auch hier gilt, dass bei nicht mehr ausreichendem Speicher typischerweise eine Fehlermeldung ausgegeben wird, wie der `java.lang.OutOfMemoryError` in Java [Gosling et al., 2020]. Es mag auf den ersten Blick merkwürdig aussehen, dass Heap und Stack in entgegengesetzte Richtungen wachsen, aber so können beide zusammen den verfügbaren Speicher des Prozesses maximal ausnutzen.

▶ *Statische Variablen*, also solche, die während der gesamten Laufzeit des Programms existieren, werden zwischen dem Heap und dem Maschinencode abgelegt. Der Compiler kennt alle statischen Variablen und kann daher berechnen, wie groß dieser Bereich ist.

▶ Der Maschinencode sind die Befehle des übersetzten Programms.

Zu dynamischem Speicher kommen wir in Abschnitt 7.4.

Für die automatischen Variablen kann der Compiler, wie wir gleich sehen werden, die Größe der Aktivierungsrahmen berechnen.

Die Information, die in einem Aktivierungsrahmen gespeichert werden muss, ist die Information, die während der Ausführung eines Unterprogramms vom Maschinencode benötigt wird. Sie besteht aus:

1. den lokalen Variablen des Unterprogramms
2. Informationen zur Wiederherstellung von Registern
3. zusätzlichem Arbeitsspeicher, zum Beispiel für die Speicherung von Zwischenergebnissen bei der Auswertung von Ausdrücken und aus
4. Parametern für Unterprogrammaufrufe

Zur Vereinfachung wird in diesem Kapitel angenommen, dass die Auswertung von Ausdrücken nur durch Register geschieht. Das heißt, dass wir keinen zusätzlichen Arbeitsspeicher wie in 3. beschrieben im Aktivierungsrahmen vorsehen werden. Zu diesem Punkt werden wir nochmals bei der Codegenerierung zurückkommen.

Die genaue Aufteilung des Aktivierungsrahmens wird in sogenannten *Calling Conventions* oder *Application Binary Interfaces* beschrieben, die sowohl von der Architektur des Prozessors als auch vom Betriebssystem abhängen. Für die x86-64-Architektur von Intel gibt es eine Konvention für Windows [Aufrufkonvention bei x64-Systemen, 2020] und eine für macOS und Linux [Lu, 2020], in denen beschrieben wird, wie Unterprogramme aufgerufen werden und wie dabei Argumente übergeben werden. Compiler, die diese Konventionen einhalten, sind miteinander interoperabel.

Für die Zwecke dieses Buches verwenden wir die von H. Geisse entwickelte ECO32-Architektur [Geisse & Geisse, ECO32, 2020], die auf den Ideen zum Design eines RISC-Computers von Jan Gray [Gray, 2000] aufbaut und sich bei den Calling Conventions an [Appel, 2002] orientiert. Sollten Sie einen Compiler für eine andere Architektur entwickeln wollen, müssen Sie die entsprechenden Calling Conventions befolgen und umsetzen.

Einer der Punkte, die in den Konventionen geregelt werden müssen, ist die Frage, wie der Start und das Ende der Aktivierungsrahmen gekennzeichnet werden.

Auf ECO32 gilt folgende Übereinkunft: Die Start- und Endpunkte der Aktivierungsrahmen werden in Registern gespeichert:

- Der *Frame Pointer* (FP) bezeichnet immer den Beginn des jeweils aktuellen Rahmens.
- Der *Stack Pointer* (SP) bezeichnet immer das Ende des jeweils aktuellen Rahmens. Oft wird auch die Bezeichnung *Stack Top* verwendet, da es die oberste Speicherzelle im Stack kennzeichnet.

Das ist aber, wie gesagt, eine *mögliche* Festlegung, die für ECO32 so getroffen wurde.

Sehen wir uns zunächst ein SPL-Beispiel an, an dem wir erkennen können, wie die Aktivierungsrahmen auf ECO32 auf- und wieder abgebaut werden:

```
proc modulo (op1:int, op2:int, ref result:int){
  result := op1 - op1 / op2 * op2;
}
proc main () {
  var i : int;
  i := 21;
  modulo(i, i-16, i);
}
```

Listing 7.1 SPL-Unterprogramme und -Prozeduraufruf

Betrachten wir in Abbildung 7.3 den Stack vor dem Aufruf von modulo in main (also während noch das Unterprogramm main abgearbeitet wird), nach dem Aufruf und nach dem Ende des Unterprogramms:

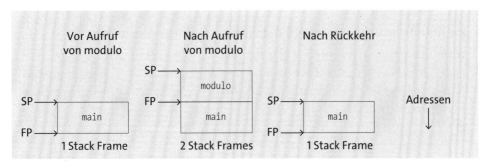

Abbildung 7.3 Aktivierungsrahmen vor, während und nach Unterprogrammaufruf

Die Aufteilung eines Aktivierungsrahmens auf ECO32 zeigt Abbildung 7.4.

Achten Sie darauf, dass das Diagramm gegenüber dem vorigen Diagramm um 180° gedreht ist!

7 Variablenallokation

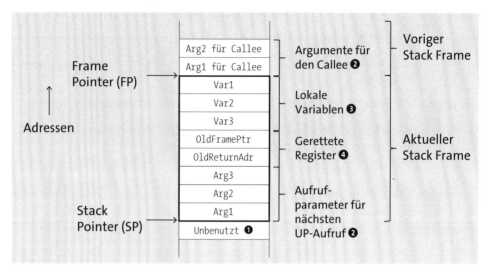

Abbildung 7.4 Layout des Aktivierungsrahmens für ECO32

Der jeweils nächste Aktivierungsrahmen wird unten angehängt, der Stack wächst also in dieser Darstellung nach unten in Richtung der abnehmenden Adressen.

Zu diesem Diagramm müssen wir einige Begriffe definieren:

▶ Mit *Callee* bezeichnen wir dasjenige Unterprogramm, das gerade aufgerufen wurde.

▶ Mit *Caller* bezeichnen wir das Unterprogramm, das den Callee aufgerufen hat.

> **Die Aufrufkonventionen von ECO32 definieren die folgenden Punkte:**
>
> ❶ Der Speicher unterhalb des Stack Pointers darf nicht benutzt werden.
>
> ❷ Die aktuellen Parameter werden im Aktivierungsrahmen des Callers abgelegt, und zwar in umgekehrter Reihenfolge. Das heißt, das erste Argument von links gesehen wird zuunterst abgelegt.
>
> ❸ Im Aktivierungsrahmen des Callees werden zunächst die lokalen Variablen der aufgerufenen Prozedur gespeichert.
>
> ❹ Nach den lokalen Variablen folgen ein oder zwei Speicherplätze für Registerinhalte, die wir zwischenspeichern müssen.
>
> ❺ Zum Schluss folgen die Speicherplätze für die Argumente der in dieser Prozedur enthaltenen Unterprogrammaufrufe. Sollte die Prozedur mehrere Unterprogrammaufrufe enthalten, erfolgen diese ja nacheinander, sodass wir diese Speicherplätze wiederverwenden können und nur dafür sorgen müssen, dass genügend viele Speicherplätze zur Verfügung stehen.

ECO32 arbeitet mit einer Wortlänge von 32 Bit gleich 4 Byte, das heißt, dass alle Adressen Vielfache von 4 Byte sind. Der SPL-Datentyp int wird ebenfalls durch 32 Bit dargestellt.

ECO32 besitzt außerdem 32 Register à 32 Bit, von denen drei für die Aktivierungsrahmen relevant sind:

- Das Register $25 enthält immer den aktuellen Wert des Frame Pointers (FP).
- Das Register $29 enthält immer den aktuellen Wert des Stack Pointers (SP).
- Das Register $31 enthält immer die aktuelle Rücksprungadresse, die die nächste Instruktion im Maschinencode nach dem Rücksprung aus einem Unterprogramm in das aufrufende Unterprogramm enthält.

In Abbildung 7.3 sehen wir, dass bei einem Unterprogrammaufruf – genauer: beim Betreten des Unterprogramms – der Frame Pointer auf den Wert des Stack Pointers gesetzt wird, da ja der Beginn des neuen Rahmens identisch ist mit dem Ende des vorigen Rahmens. Der Stack Pointer wird dann um die Größe des aktuellen Rahmens verringert.

Beispiel 7.3

Frame Pointer habe den Wert 100, Stack Pointer den Wert 76. Wenn der Aktivierungsrahmen des aufgerufenen Unterprogramms die Größe 8 hat, dann wird der Frame Pointer auf 76 gesetzt und der Stack Pointer auf 68 (= 76 − 8).

7.2.1 Aufrufargumente

Wir besprechen nun, wie der Caller bestimmt, an welcher Stelle er welches Argument des Prozeduraufrufs ablegt.

Dazu sehen wir uns nochmals einen Ausschnitt aus Abbildung 7.4 an.

Beispiel 7.4

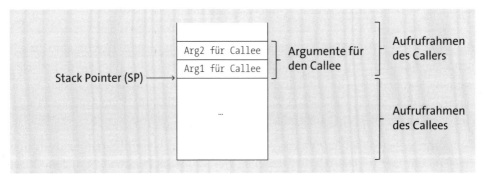

Abbildung 7.5 Aufrufargumente im Archivierungsrahmen

In dem Beispiel nehmen wir an, dass die Argumente jeweils 4 Bytes benötigen. Dann liegen die Argumente Arg1 und Arg2 für den Caller in seinem Aktivierungsrahmen an den Stellen SP+0 und SP+4.

Im Allgemeinen gilt:

> **Berechnung der Offsets der Argumente**
>
> Bei einem Prozeduraufruf auf ECO32 wird Argument 1 (von links aus gesehen) im Aktivierungsrahmen des Callers an der Adresse SP+0 abgespeichert.
>
> Argument i ($i > 1$) wird an der Adresse des ($i-1$)-ten Parameters + Größe des ($i-1$)-ten Parameters in Bytes gespeichert.

Wenn wir vereinbaren, dass die Adressen der Aufrufparameter immer relativ zum Stack Pointer sind, müssen wir uns nur den Abstand (engl. *Offset*) zum Stack Pointer merken.

Wie findet nun ein aufgerufenes Unterprogramm seine Argumente?

Dazu betrachten wir nochmals das Beispiel aus Abbildung 7.5, aber zu dem Zeitpunkt, an dem das Unterprogramm schon aktiv ist und Frame Pointer und Stack Pointer bereits neue Werte besitzen, also der Aktivierungsrahmen des Callees schon existiert:

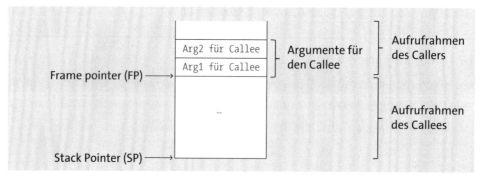

Abbildung 7.6 Aufrufargumente aus Sicht des Callees

Die Adressen SP+0 und SP+4 können aus Sicht des Callees nicht die Argumente für seinen eigenen Aufruf sein. Aber dadurch, dass der neue Frame Pointer jetzt den vorigen Wert des Stack Pointers hat, finden sich für den Callee seine Argumente an den Adressen FP+0 und FP+4. Da wir ja gesagt hatten, dass wir nur die Offsets der Argumente speichern wollen, ist alles nun ganz einfach.

Der Compiler berechnet die Offsets der Argumente eines Unterprogrammaufrufs und erzeugt Code, der zur Laufzeit den aktuellen Wert des Stack Pointers $29 zu dem Offset hinzuaddiert.

Bei der Generierung des Codes für den Zugriff auf die Parameter einer Prozedur verwendet der Compiler denselben Offset, addiert aber immer den aktuellen Wert des Frame Pointers $25 hinzu.

Beachten Sie bitte, dass in SPL formale Parameter entweder Wertparameter vom Typ int sind oder Referenzparameter. Bei Letzteren ist der gespeicherte Wert eine Adresse.

Auf ECO32 sind, wie gesagt, Adressen und auch Integer-Werte 4 Byte lang, aber das wird auf anderen Plattformen nicht immer so sein. Deshalb sollten Sie in der Implementierung nicht immer mit 4 rechnen, sondern eine Konstante für die Größen von Adressen anlegen:

```
public static final int ADDRESS_BYTESIZE = 4;
```

Ebenso sollten Sie für jeden primitiven Datentyp seine Größe in Byte als Konstante speichern. Sie erinnern sich, dass wir im vorigen Kapitel erläutert haben, dass die vordefinierten primitiven Datentypen (für SPL nur int) initial in der Symboltabelle abgelegt werden. An dieser Stelle können wir auch die Größe des Datentyps setzen.

Dazu erweitern wir die Klasse Type um das Member byteSize:

```
package compiler.types;
public abstract class Type {

    public final int byteSize;
    Type(int byteSize) {
        this.byteSize = byteSize;
    }
}
```

Listing 7.2 Die Klasse »Type«

In C sieht das so aus:

```
typedef struct type {
    tag_type tag;
    union {
        struct {
            char        *typeName;
        } primitiveType;
        struct {
            int         indexSize;
            struct type *baseType;
        } arrayType;
```

```
        } u;
    int byteSize;
} Type;
```

Listing 7.3 Die Struktur »Type«

Warum wir `byteSize` für jeden Typ und nicht nur für die primitiven Typen brauchen, können Sie sich wahrscheinlich schon denken – die Auflösung kommt im nächsten Abschnitt!

Wir brauchen noch eine Möglichkeit, den Offset der Parameter abzuspeichern. Dazu fügen wir ein Member namens `offset` in die Klasse `ParameterInfo` ein:

```
public class ParameterInfo {
..
    public int offset;
...
}
```

Sollte der Caller mehrere Unterprogrammaufrufe enthalten, können wir natürlich die Speicherplätze für die Argumente wiederverwenden. Dazu müssen wir genau so viele Speicherplätze für Argumente vorsehen, wie der Unterprogrammaufruf mit der höchsten Anzahl an Speicherplätzen für Argumente benötigt.

Beispiel 7.5

```
proc p(a : int, ref b : int) {
  ...
  printi(b);
}
 proc main () {
   ...
    readi(x);
    p(x,y);
 }
```

Listing 7.4 SPL-Testprogramm mit unterschiedlicher Anzahl Argumenten

`main` enthält zwei Prozeduraufrufe:

- ▶ `readi(x)` mit einem Argument, das 4 Byte belegt
- ▶ `p(x,y)` mit zwei Argumenten, die zusammen 8 Byte belegen

`p` enthält einen Prozeduraufruf `printi(b)` mit einem Argument, das 4 Byte belegt.

Im Aktivierungsrahmen von main sind daher 8 Byte für Argumente vorzusehen. Beim Aufruf von readi werden nur die unteren vier – also für Argument 1 – verwendet; beim Aufruf von p werden alle acht benutzt.

Im Aktivierungsrahmen von p werden nur vier Byte für das Argument 1 des Aufrufs von printi benötigt.

An dieser Stelle sei noch darauf hingewiesen, dass bei der Behandlung der Parameter noch Optimierungspotenzial vorhanden ist. In der Praxis haben die meisten Unterprogramme nur wenige Parameter; insbesondere in objektorientierten Sprachen sollte der Programmierer die Daten »ordentlich« kapseln, sodass nur wenige Objektreferenzen übergeben werden. Viele Calling Conventions sehen daher vor, dass eine kleine Anzahl von Parametern über Register übergeben werden und nicht über den Stack. Sollten mehr Parameter benötigt werden, werden dann beide Mechanismen eingesetzt.

7.2.2 Lokale Variablen

Wie bei den Parametern auch speichern wir die Offsets der lokalen Variablen in der entsprechenden Unterklasse von Info:

```
public class VariableInfo extends Info {
    ...
    public int offset;
...
}
```

Wenn Sie den Compiler in C entwickeln, ergänzen Sie ein Feld in der union, die der Info-Klasse entspricht.

Auch bei den Variablen müssen wir lediglich den Offset berechnen. Wie sich dieser bestimmt, sehen Sie in Abbildung 7.7 an einem Ausschnitt aus Abbildung 7.4:

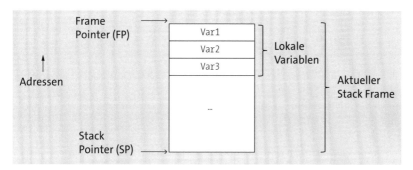

Abbildung 7.7 Lokale Variablen im Aktivierungsrahmen

7 Variablenallokation

Wenn wir für die lokalen Variablen den Frame Pointer als Bezugspunkt nehmen, sind die Offsets negativ.

Die lokalen Variablen eines Unterprogramms werden auf ECO32 im Aktivierungsrahmen des Callees gespeichert.

Die erste lokale Variable V_1 wird an der Adresse (FP – Größe von V_1 in Bytes) gespeichert.

Die i-te Variable V_i ($i > 1$) wird an der Adresse von (V_{i-1} – Größe von V_i in Bytes) gespeichert.

Da die Variablen im Aktivierungsrahmen des Callees gespeichert sind, wird für den Zugriff auf eine lokale Variable ebenfalls der Frame Pointer als Ausgangspunkt genommen und der Offset hinzuaddiert.

Die Berechnung der Offsets kann mit folgendem Algorithmus erfolgen:

[7.1] **Algorithmus zur Berechnung der Offsets der lokalen Variablen einer SPL-Prozedur**

$V_1, ..., V_n$ seien die lokalen Variablen der Prozedur.

VarInfo(Vi) seien die in der Symboltabelle zu V_i abgelegten Informationen.

Offset := 0

Für alle *i* von 1 bis *n*

  Offset := Offset - (Vi.type.byteSize)

  VarInfo(Vi).offset :=Offset

Im Gegensatz zu Parametern ist für lokale Variablen nicht nur der primitive Typ int zugelassen: Variablen können auch Felder sein, die im Aktivierungsrahmen natürlich pro Element einen Speicherplatz benötigen.

Während der Namensanalyse muss daher für Feldtypen auch die byteSize berechnet werden:

Sei T der Typ *Array(N, T')*, dann ist:

T.byteSize = N * T'.byteSize

Beispiel 7.6

type liste = array [100] of int;
type matrix = array [10] of array [20] of int;

Der Typ von liste ist *Array(100, Int)* und liste.type.byteSize = 100 × int.byteSize = 400.

Der Typ von matrix ist *Array(10, Array(20, Int))* und matrix.type.byteSize = 10 × 20 × 4 = 800.

7.2.3 Sichern der Register

Bei jedem Beginn der Ausführung eines Unterprogramms werden die Aktivierungsrahmen aufgebaut und bei Beendigung des Unterprogrammaufrufs werden sie wieder abgebaut. Da die Grenzen der Aktivierungsrahmen ja durch Frame Pointer und Stack Pointer bestimmt werden, bedeutet das, dass beim Beginn des Unterprogramms beide gesetzt werden und beim Ende wieder auf ihre ursprünglichen Werte zurückgesetzt werden. Dazu speichern wir den Wert des Frame Pointers im Aktivierungsrahmen und laden den Wert am Ende des Unterprogramms wieder zurück. Da sich Frame Pointer und Stack Pointer immer um die Größe des Rahmens unterscheiden, können wir den ursprünglichen Wert des Stack Pointers ausrechnen und zurücksetzen.

> **Rechenregeln für Auf- und Abbau der Aktivierungsrahmen**
>
> Frame Pointer und Stack Pointer werden zu Beginn eines Unterprogramms auf ECO32 wie folgt geändert:
>
> - Der Stack Pointer wird um die Größe des Rahmens verringert.
> - Der aktuelle Wert des Frame Pointers wird an den nächsten Speicherplatz unterhalb der lokalen Variablen im Aktivierungsrahmen (des Callees) gespeichert. Diesen Speicherplatz bezeichnen wir als *OldFramePtr*.
> - Der Frame Pointer wird auf den aktuellen Wert des Stack Pointers zuzüglich der Größe des Aktivierungsrahmens gesetzt (somit auf den alten Wert des Stack Pointers).
>
> Bei Beendigung des Unterprogrammaufrufs werden Frame Pointer und Stack Pointer wie folgt zurückgesetzt:
>
> - Der Stack Pointer wird auf den aktuellen Wert des Frame Pointers gesetzt.
> - Der Frame Pointer wird auf den in *OldFramePtr* gespeicherten Wert gesetzt.

Wenn Sie Abbildung 7.4 betrachten, sehen Sie, dass unterhalb von *OldFramePtr* noch ein weiterer Speicherplatz für die temporäre Speicherung des Inhalts eines Registers vorgesehen ist. Wir haben vorhin angemerkt, dass Register $31 die Rücksprungadresse beinhaltet. Diese wird bei Ausführung eines Sprungbefehls in ein Unterprogramm automatisch auf die Adresse der nächsten Instruktion gesetzt.

Was passiert aber, wenn wir im Callee in ein anderes (oder das gleiche) Unterprogramm springen? Der eben genannte Automatismus führt dazu, dass der Inhalt des Registers $31 mit der neuen Rücksprungadresse überschrieben wird. Also müssen wir uns die Rücksprungadresse im Aktivierungsrahmen zwischenspeichern, um sie durch den nächsten Sprung nicht zu verlieren.

Offensichtlich kann man sich dieses Zwischenspeichern sparen, wenn der Callee selbst gar keinen Unterprogrammaufruf enthält.

> **Rechenregeln für Auf- und Abbau der Aktivierungsrahmen (Fortsetzung)**
>
> Beim Aufruf eines Unterprogramms wird auf ECO32 der aktuelle Wert des Registers $31 an den Speicherplatz unterhalb von *OldFramePtr* gespeichert. Dieser Speicherplatz wird als *OldReturnAdr* bezeichnet. Dies ist nur notwendig, wenn das Unterprogramm selbst mindestens einen Unterprogrammaufruf enthält.
>
> Am Ende des Unterprogramms wird der in *OldReturnAdr* gespeicherte Wert in das Register $31 geladen.
>
> Zu guter Letzt berechnen wir die Größe des Aufrufrahmens.
>
> Die Größe eines Aktivierungsrahmens auf ECO32 ist gleich:
>
> Größe des Bereiches für lokale Variablen
>
> +
>
> 4 Bytes für *OldFramePtr*
>
> +
>
> 4 Bytes für *OldReturnAdr*, falls das Unterprogramm selbst Unterprogrammaufrufe enthält
>
> +
>
> Maximum des Platzbedarfs für die Argumente der aufgerufenen Unterprogramme.

Unterprogramme, die selbst keine anderen Unterprogrammaufrufe enthalten, nennen wir *Leaf Routines*. Dieser Ausdruck leitet sich aus einer Darstellung des *Aufrufgraphen* (engl. *call graph*) ab, bei der die Unterprogramme die Knoten eines Graphen sind und die gerichteten Kanten anzeigen, welches Unterprogramm ein anderes Unterprogramm aufruft. Die Leaf Routines sind dann die Blätter dieses Graphen. Eine Möglichkeit, den generierten Code zu optimieren, besteht darin, die Aktivierungsrahmen für Leaf Routines zu vereinfachen – dazu lesen Sie mehr in Abschnitt 9.7.

7.2.4 Beispiel für Speicherallokation

Wir führen nun die Speicherallokation einmal »von Hand« für ein längeres Beispiel durch, damit Sie die verschiedenen Schritte üben können, bevor Sie diese in Ihrem Compiler umsetzen.

Beispiel 7.7

```
proc mod (op1:int, op2:int, ref result:int){
  var a : array [10] of int;
  result := op1 - op1 / op2 * op2;
}
proc main () {
  var i : int;
  var j : int;
  var e : int;
  readi(i); readi(j);
  mod(i, j, e);
}
```

Listing 7.5 Beispielprogramm für die Speicherallokation

Beginnen wir mit der Prozedur main: Sie benötigt 3 × 4 Byte für die lokalen Variablen, 4 Byte für OldFramePtr, 4 Byte für OldReturnAdr und 3 × 4 Byte für die Argumente der ausgehenden Prozeduraufrufe. (Die größte Anzahl wird für den Aufruf von mod benötigt.) In Summe benötigt der Aktivierungsrahmen von main also 32 Byte:

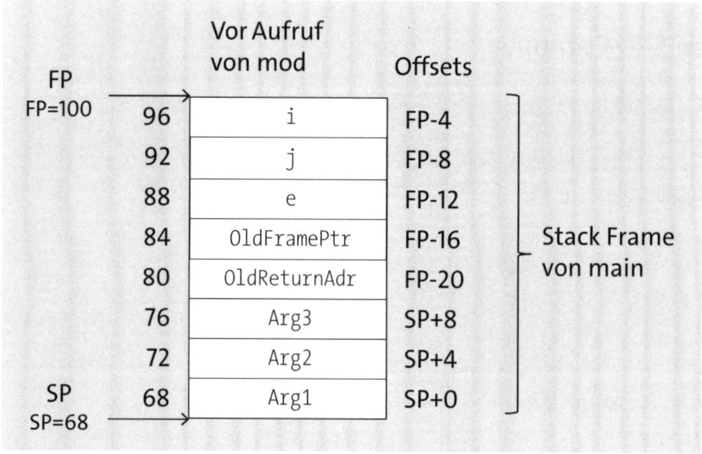

FP		Vor Aufruf von mod	Offsets	
FP=100	96	i	FP-4	
	92	j	FP-8	
	88	e	FP-12	
	84	OldFramePtr	FP-16	Stack Frame von main
	80	OldReturnAdr	FP-20	
	76	Arg3	SP+8	
	72	Arg2	SP+4	
SP SP=68	68	Arg1	SP+0	

Abbildung 7.8 Aktivierungsrahmen von »main«

Die in Abbildung 7.8 angegebene Adresse von 100 für FP ist natürlich fiktiv und wurde nur für dieses Beispiel so gewählt.

7 Variablenallokation

Anmerkung: Auch für die Prozedur main ist es notwendig, den Frame Pointer und die Rücksprungadresse zu sichern, weil main von der SPL-Laufzeitumgebung auf ECO32 wie eine ganz normale Prozedur aufgerufen wird.

Die Prozedur mod besitzt nur eine lokale Variable und ruft selbst keine weitere Prozedur auf. Daher sieht der Aktivierungsrahmen von mod so wie in Abbildung 7.9 aus:

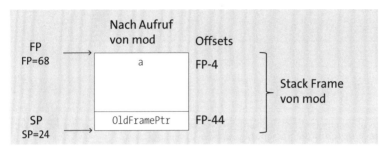

Abbildung 7.9 Aktivierungsrahmen von »mod«

Das Feld a benötigt 10 × 4 = 40 Bytes, und der Aktivierungsrahmen ist daher 44 Bytes groß.

7.3 Umsetzung im SPL-Compiler

Entwerfen wir nun das Gerüst des AllocatorVisitor:

```
public class AllocatorVisitor extends EmptyVisitor {
    private final SymbolTable table;

    AllocatorVisitor(SymbolTable table) {
        this.table = table;
    }
    @Override
    public void visit(Program program) {
       program.declarations
           .stream()
           .filter(d -> d instanceof ProcedureDeclaration)
           .forEach(p -> p.accept(this));
    }
    ... // weitere visit-Methoden
}
```

Listing 7.6 Ausschnitt aus »AllocatorVisitor«

Welche visit-Methoden benötigen wir? Nun, alles, was wir in Abschnitt 7.2 besprochen haben, bezieht sich nur auf Prozeduren. In dieser visit-Methode berechnen wir die Offsets für die Parameter und die lokalen Variablen.

Dann bleibt noch die Berechnung des Platzbedarfs für die ausgehenden Argumente. An dieser Stelle gibt es mehrere Möglichkeiten, wie man diese umsetzt:

- **Option 1:** Der AllocatorVisitor besucht auch die Knoten der Anweisungen in den Prozedurrümpfen und ermittelt anhand der in der Symboltabelle enthaltenen Information zu der aufgerufenen Prozedur den Platzbedarf. Das hat natürlich den Nachteil, dass wir diese Berechnung für eine Prozedur, die an mehreren Stellen aufgerufen wird, mehrfach durchführen würden.
- **Option 2:** Der AllocatorVisitor ermittelt in der visit-Methode für Prozedurdeklaration einmal für diese Prozedur, wie viel Speicherplatz benötigt wird, und speichert dies in der Prozedurinformation ab. Dabei kann es natürlich vorkommen, dass eine Prozedur erst deklariert wird, nachdem sie schon aufgerufen wurde – das ist in der SPL-Sprachdefinition explizit erlaubt. Wir müssen also dafür sorgen, dass die Behandlung der Prozeduraufrufe erst durchgeführt wird, nachdem die Information für alle Prozeduren eingetragen ist. In den Übungsaufgaben werden Sie aufgefordert, sich dazu eine Lösung zu überlegen.

  Unabhängig davon müssen Sie bei dieser Option die Klasse ProcedureInfo beziehungsweise die entsprechende union in C um ein Member erweitern, das die Größe des Argumentbereichs speichert.

  In der visit-Methode für CallStatement fragen wir dann lediglich dieses Feld ab und ermitteln für den Rumpf des Callers die maximale Größe des Argumentbereichs.

Egal ob Sie sich für Option 1 oder 2 entscheiden, Sie müssen bei der Codegenerierung nicht nur die Offsets der Parameter und der lokalen Variablen kennen, um auf die richtigen Werte zuzugreifen, sondern Sie müssen auch die Größe des Bereichs für die Argumente der ausgehenden Aufrufe kennen.

Zusätzlich benötigen wir auch pro Prozedur die Größe des Bereichs für die lokalen Variablen, weil wir in dem Speicherplatz danach den alten Wert des Frame Pointers abspeichern wollen.

Ergänzen Sie diese Felder in der Klasse ProcedureInfo beziehungsweise in der entsprechenden union in C.

In unserem Compiler müssen wir also vorsehen, dass für jede Prozedur ermittelt wird, ob sie weitere Prozeduren aufruft, und, wenn ja, wie viel Speicher maximal dafür benötigt wird. Das bedeutet umgekehrt, dass wir für jede deklarierte Prozedur ermitteln müssen, wie viele Speicherplätze ihre formalen Parameter benötigen.

Leider funktioniert das für die vordefinierten Prozeduren so nicht, weil diese ja nicht in dem Quellprogramm deklariert werden müssen. Am einfachsten ist das zu lösen, wenn Sie bei dem in Abschnitt 6.2 angesprochenen Eintragen der vordefinierten Prozeduren in die Symboltabelle gleich die Anzahl der benötigten Speicherplätze mit eintragen. Der SPL-Sprachdefinition können Sie entnehmen, was Sie dabei angeben müssen.

7.4 Dynamische Speicherverwaltung

Dynamischer Speicher wird, wie der Name schon sagt, dynamisch zur Laufzeit angelegt (*Allokation*) und wieder zerstört (*Deallokation*). Typischerweise baut man damit Datenstrukturen auf, deren Größe und Struktur sich häufig ändert wie bei Listen und Graphen.

In C beispielsweise wird dynamischer Speicher mit der Funktion `malloc()` (oder entsprechenden Low-Level-Funktionen) erzeugt und existiert so lange, bis er explizit mit der Funktion `free()` wieder gelöscht wird.

In Java wird dynamischer Speicher mit `new` erzeugt und implizit durch die Laufzeit gelöscht, wenn auf ihn nicht mehr zugegriffen werden kann.

Augenscheinlich taugt das Konzept der Aktivierungsrahmen auf dem Stack nicht mehr für dynamischen Speicher, denn er könnte ja in einer Prozedur angelegt worden sein, soll aber ja auch noch nach Beendigung des Prozeduraufrufs noch existieren.

Wie in Abschnitt 7.2 erwähnt wurde, wird dynamischer Speicher daher im Heap abgelegt.

Während die Aktivierungsrahmen einzeln vom Code des Unterprogramms selbst angelegt und entfernt werden, wird der Heap als Ganzes verwaltet. Daher ist dafür eine zentrale Komponente im Laufzeitsystem notwendig, die *Heap Manager* genannt wird.

Die obere Grenze des Heaps wird – analog zum Stack – *Heap Pointer* genannt (oder auch Heap Top; siehe auch Abbildung 7.10).

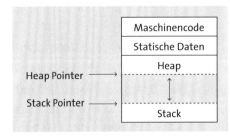

Abbildung 7.10 Heap Pointer und Stack Pointer

Der Heap Manager nimmt eine Anfrage nach Speicherplatz einer Größe *s* für dynamischen Speicher entgegen und sucht im Heap nach einem zusammenhängenden Speicherbereich von ausreichender Größe.

Im einfachsten Fall verwaltet der Heap Manager eine Liste von freien Speicherbereichen und deren Größe. Der Anfang der Liste wird durch den *Heap Free-List Pointer* angegeben. Um die eben skizzierte Anfrage abzuarbeiten, führt der Heap Manager folgende Schritte durch:

1. Wenn in der Liste ein Bereich der Größe *s* gefunden wird, wird dieser Eintrag gelöscht.
2. Wird ein Bereich einer Länge größer als *s* gefunden, wird der gefundene Eintrag durch einen neuen Eintrag für den übrig gebliebenen Bereich ersetzt.
3. Wird jedoch kein passender Bereich gefunden, wird der Heap um *s* Bytes vergrößert.
4. Falls der Heap nicht mehr vergrößert werden kann, wird eine Fehlermeldung zurückgegeben. Das ist der Fall, wenn »zwischen« Heap Pointer und Stack Pointer nicht mehr genügend Platz ist. Hier ist noch eine kleine Tücke zu überwinden: Nicht nur der Heap Pointer ändert sich andauernd, sondern auch der Stack Pointer, wenn der Stack auch für die Berechnung von Zwischenergebnissen bei der Auswertung von Ausdrücken benutzt wird. Bei einer solchen Auswertung könnte es dann immer dazu kommen, dass der neue Wert des Stack Pointers kleiner ist als der des Heap Pointers, also ein Stack Overflow vorliegt.

Dem kann man entgegenwirken, wenn der Compiler vorab berechnet, wie groß dann der Aktivierungsrahmen maximal werden kann. Dieser Wert heißt *Extreme Stack Pointer* (auf Deutsch: *Schrankenzeiger* [Wilhelm & Seidl, 2007]). Damit kann man sofort bei Betreten eines Unterprogramms feststellen, ob es zu einem Stack Overflow kommen kann.

In den Fällen 1. bis 3. wird ein Zeiger auf den ausgewählten Bereich an den Aufrufer zurückgegeben.

Um einen Bereich freizugeben, muss dieser lediglich vom Heap Manager in die Liste eingefügt werden.

Insgesamt muss der Heap Manager darauf achten, dass es nicht zu einer starken Fragmentierung des Heaps kommt, in der viele kleine freie Bereiche sind, die eventuell später nicht mehr groß genug sind, um den angeforderten Speicher aufzunehmen. Dazu gibt es mehrere Ansätze:

▶ Immer den ersten kleinsten passenden Bereich auswählen (*Best Fit*) statt des ersten (*First Fit*). Dadurch wird der nicht verwendbare Rest minimiert, aber die gesamte Liste muss durchsucht werden.

- Bei der Freigabe wird untersucht, ob der Bereich davor oder danach ebenfalls frei ist, sodass diese Bereiche dann zu einem größeren freien Bereich zusammengefasst werden können.

7.4.1 Explizite Deallokation

In vielen Programmiersprachen (wie C, C++ oder auch Pascal) muss sich der Programmierer selbst um das Löschen des dynmaischen Speichers kümmern, indem er vordefinierte Routinen wie free (C und C++) aufruft. Das gibt dem Programmierer die Möglichkeit, den Speicherverbrauch seines Programms selbst zu kontrollieren und zu steuern.

Diese Flexibilität hat natürlich Ihren Preis: Es ist leicht möglich, Fehler zu machen, die dazu führen, dass Speicher unbenutzbar wird. Das erste Problem sind Speicherbereiche, auf die nicht mehr zugegriffen werden kann. Es entsteht dadurch, dass der letzte Zeiger auf den Speicherbereich auf einen anderen Wert gesetzt wird.

Das zweite Problem sind Dangling Pointer. Es tritt auf, wenn zwei Zeiger, *p1* und *p2*, auf denselben Speicherbereich zeigen und dieser dann zum Beispiel mit free(p1) dealloziert wird. *p2* zeigt dann auf einen Speicherbereich, der möglicherweise vom Heap Manager anderweitig vergeben wurde. Listing 7.7 zeigt beide Probleme.

Beispiel 7.8

```c
#include <stdio.h>
#include <stdlib.h>
#include <string.h>
typedef struct {
  int   alter;
  char  name[20];
} person;
int main() {
  person* p1;
  person* p2;
  p1 = malloc(sizeof(person));
  p1->alter = 42; strcpy(p1->name, "hugo");
  p2 = malloc(sizeof(person));
  p2->alter = 59; strcpy(p2->name, "otto");
  p2 = p1;
  printf("p1=(%d, %s)\n", p1->alter, p1->name);
  printf("p2=(%d, %s)\n", p2->alter, p2->name);
```

```
  free(p1);
  printf("p2=(%d, %s)\n", p2->alter, p2->name);
}
```

Listing 7.7 Garbage und Dangling Pointer

Zwei Bereiche im Heap werden zunächst angelegt und sind dann über p1 und p2 zugreifbar, bevor p2 auf p1 gesetzt wird. Dadurch ist die zweite Struktur ("otto") nicht mehr zugreifbar, belegt aber weiterhin Speicherplatz. Und schlimmer noch: Wir haben keine Möglichkeit mehr, diesen Speicher freizugeben, sodass er bis zum Ende des Programms existieren wird – man spricht dann von einem sogenannten *Memory Leak*.

Dann wird der Speicher, auf den p1 zeigt, freigegeben, sodass p2 nun auf freigegebenen Speicher zeigt. p2 ist also ein Dangling Pointer.

Probieren Sie das Programm mal aus, und vergleichen Sie die Ausgaben von p2.

7.4.2 Implizite Deallokation

Viele neuere Sprachen, wie Java und seine Verwandten Scala und Kotlin, sowie die funktionalen Sprachen besitzen eine implizite Freigabe von nicht mehr benutzbarem Speicher.

LISP [McCarthy, 1960] war die erste Programmiersprache, die sich selbst um das »Aufräumen« des Speichers kümmerte, die also, wie man auf Englisch sagen würde, eine *Garbage Collection* besaß.

Die Schwierigkeit bei der Garbage Collection besteht zum einen darin, zweifelsfrei festzustellen, welche Speicherbereiche nicht mehr benutzt werden, und zum anderen natürlich darin, den normalen Ablauf des Programms nicht zu sehr zu behindern. Gerade Letzteres hat dazu geführt, dass es sehr viele Forschungsaktivitäten auf diesem Gebiet gab, die zu vielen Algorithmen geführt haben.

Aus Platzgründen werden wir nur zwei grundlegende Algorithmen kurz vorstellen und verweisen Sie bei Interesse auf das Buch »Garbage Collection« von Richard Jones und Rafael Lins [Jones & Lins, 1996].

Der erste Algorithmus basiert auf der Idee, für jeden Speicherbereich zu zählen, wie viele Referenzen auf diesen es gibt. Dieser *Reference-Counting-Algorithmus* wurde schon 1960 von Collins vorgestellt [Collins, 1960] und wird zum Beispiel in Python benutzt [Python Docs – gc Garbage Collector interface, 2020].

[7.2] **Reference-Counting-Algorithmus**

Jeder Speicherbereich besitzt einen eigenen Referenzzähler.

Für freie Speicherbereiche wird der Referenzzähler auf 0 gesetzt.

Wenn ein Speicherbereich verwendet (allokiert) wird, dann wird der Zähler auf 1 gesetzt.

Wenn ein Zeiger auf einen Speicherbereich gesetzt wird, wird dessen Zähler um 1 erhöht.

Wird ein Zeiger, der auf einen Speicherbereich verweist, gelöscht oder geändert, so wird der Zähler dieses Bereichs um 1 heruntergesetzt. Ist der Zähler dann 0, so wird der Bereich nicht mehr benutzt und kann in die Liste der freien Bereiche eingefügt werden.

Der Algorithmus hat den Vorteil, dass er relativ einfach zu implementieren ist. Er hat aber den Nachteil, dass er nicht ohne Weiteres funktioniert, wenn man zyklische Datenstrukturen zulässt – wie man schon an einem Objekt sieht, das einen Zeiger auf sich selbst besitzt und somit immer mindestens eine Referenz hat.

Nachteilig bei Reference Counting ist auch, dass bei *jeder* Allokation, Deallokation und Änderung von Zeigern die Zähler aktualisiert werden müssen und diese natürlich auch Speicherplatz verbrauchen.

Der zweite Algorithmus, den wir vorstellen wollen, ist gleichzeitig auch der historisch erste Algorithmus für die Garbage Collection. Auch er geht auf John McCarthy zurück [McCarthy, 1960]. Im Gegensatz zum Reference-Counting-Algorithmus wird dieser zweite Algorithmus erst aktiv, wenn kein oder nur noch wenig freier Speicher zur Verfügung steht. Die Idee ist hierbei, alle Speicherbereiche zu markieren, auf die es noch Zeiger gibt, und dann all diejenigen freizugeben, die nicht markiert sind. Der Algorithmus heißt daher *Mark-and-Sweep-Algorithmus*; McCarthy selbst bezeichnet ihn als »Reclamation Process«.

[7.3] **Mark-and-Sweep-Algorithmus**

Prozedur markiere(Variable V) :

    Wenn V als nicht zugreifbar markiert ist, dann

        Markiere V als zugreifbar

        Wenn $p_1, ..., p_n$ die in V enthaltenen Zeiger sind, dann

            Rufe markiere(p_1), ..., markiere(p_n) auf.

> **Für jede** Variable V, die in den Heap zeigt:
>   Markiere V als nicht zugreifbar
> **Für jeden** Zeiger p im Stack
>   Rufe markiere(p→) auf
> **Für jede** Variable V, die in den Heap zeigt:
>   **Wenn** V als nicht zugreifbar markiert, **dann**
>   Füge V zu der free-list hinzu.

Anmerkung: p→ bezeichnet den dynamischen Speicher, auf den p zeigt.

Der Vorteil dieses Algorithmus gegenüber dem vorigen ist, dass Operationen auf Zeigern keinerlei Behandlung benötigen und dass erst agiert wird, wenn kein Speicher mehr vorhanden ist. Ein Programm, das den vorhandenen Speicher nicht ausnutzt, wird nicht verlangsamt.

Der Nachteil des Mark-and-Sweep-Algorithmus ist, dass er den gesamten Speicher ansehen muss und daher das eigentliche Programm des Nutzers unterbricht. Je mehr Speicher belegt wird, umso höher ist die Wahrscheinlichkeit, dass der Algorithmus gestartet wird. Frühere LISP-Systeme waren berüchtigt dafür, dass sie bei hohem Speicherbedarf (wir sprechen von einer Zeit, in der 16 MB sehr viel Hauptspeicher war!) praktisch nur noch mit Garbage Collection beschäftigt waren. Ein weiterer Nachteil ist, dass der Algorithmus rekursiv formuliert ist. Das heißt, dass der Algorithmus selbst, wenn er abläuft, Aktivierungsrahmen auf dem Stack anlegt und damit den verfügbaren Speicher für seine Laufzeit erst mal verringert! Dieses Problem kann man abmildern, indem man einen expliziten Stack als eigene Datenstruktur verwendet und die Rekursion durch eine Iteration ersetzt.

Aus all diesen Gründen wird in der Java Virtual Machine sehr viel Wert auf eine differenzierte Steuerung des Heaps gelegt. Die Objekte werden je nach ihrer Lebensdauer in verschiedene Klassen (»Generationen«) eingeteilt, die unterschiedlich behandelt werden. Der Grund dafür ist, dass in vielen Programmen die weitaus meisten Objekte sehr kurzlebig sind (zum Beispiel, wenn Sie innerhalb einer Schleife ein Hilfsobjekt erzeugen, um ein Zwischenergebnis zu speichern), aber gleichzeitig einige Objekte während der gesamten Lebensdauer des Programms aktiv sind (das sind im Allgemeinen die Objekte, die Sie beim Start des Programms initialisieren). Detaillierte Informationen zu den verschiedenen in der JVM verfügbaren Garbage-Collection-Algorithmen und deren Einstellungsmöglichkeiten finden Sie unter [Oracle Corp., 2020].

7.5 Erweiterungen für andere Sprachen

In diesem Abschnitt geben wir einige Hinweise zu möglichen Erweiterungen für weitere Sprachkonzepte.

7.5.1 Zugriff auf Variablen eines umgebenden Gültigkeitsbereichs

Mit der beschriebenen Methode ist es für den Codegenerator einfach, bei der Übersetzung des Zugriffs auf eine automatische Variable den richtigen Speicherplatz zu finden, da sich dieser im Aktivierungsrahmen des aktuellen Unterprogramms befindet.

Was aber, wenn die Spezifikation der zu kompilierenden Sprache es erlaubt, dass in einem Unterprogramm auf globale Variablen zugegriffen wird? Genauso könnte es die Sprache zulassen, dass Unterprogrammdeklarationen geschachtelt werden und Variablen des umgebenden Unterprogramms verwendet werden dürfen, wie im C-Programm aus Listing 7.8.

Beispiel 7.9

```c
#include <stdio.h>
void f1() {
  int x=42;
  int y=0;

  void f2() {
    int y=1;
    printf("x=%d, y=%d\n", x,y);
  }
  f2();
}

int main() {
  f1();
}
```

Listing 7.8 C-Programm mit verschachtelten Funktionen

Es wird Sie nicht überraschen, dass das Programm x=42, y=1 ausgibt. Offensichtlich wird in f2 der Wert der Variablen x aus dem Aktivierungsrahmen von f1 gelesen.

Für die Umsetzung im Compiler gibt es hierfür mehrere Möglichkeiten, auf die wir nur kurz eingehen werden.

Ähnlich wie bei den Symboltabellen können wir eine Referenz auf den umgebenden Gültigkeitsbereich verwenden. In den Aktivierungsrahmen der inneren Prozedur wird zusätzlich der Frame Pointer des aktuellen Aktivierungsrahmens der äußeren Prozedur eingefügt. Dieser Verweis wird *Static Link* genannt.

```
procedure p1() {
    procedure p11() {
        p12();
    }
    procedure p12() {
        procedure p121() {
            p11();
        }
        p121();
    }
    p11();
}
```

Listing 7.9 Programm mit verschachtelten Prozeduren

Abbildung 7.11 zeigt die Static Links zum Zeitpunkt des Aufrufs von p11 aus p121 heraus.

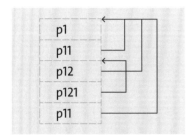

Abbildung 7.11 Static Links zu Listing 7.9

Dieser Ansatz hat den Vorteil, dass an der prinzipiellen Vorgehensweise mit Aktivierungsrahmen keine Änderung notwendig ist. Jedoch muss Code generiert werden, der zur Laufzeit dafür sorgt, dass bei der Suche nach einer Variablen vom aktuellen Aktivierungsrahmen eine Ebene nach oben gesprungen wird.

Theoretisch können die Unterprogramme beliebig tief geschachtelt sein. Würde in p121 zum Beispiel auf eine Variable der Prozedur p1 zugegriffen werden, müsste zur Laufzeit zweimal nach oben gesprungen werden, um die Variable zu finden. Im schlimmsten Fall muss man n-mal nach oben springen, wenn die Schachtelungstiefe $n + 1$ ist. Hier kann man einwerfen, dass in der Praxis die meisten Programmierer mit einer Ebene (nur

Zugriff auf lokale Variablen) oder zwei Ebenen (Zugriff auf lokale und globale Variablen) auskommen, sodass sich der Aufwand während der Laufzeit normalerweise in Grenzen hält.

Die zweite, konzeptionell sehr ähnliche Möglichkeit ist die Einführung eines sogenannten *Displays*, das ein Feld ist, in dem alle Frame Pointer der höheren Aktivierungsrahmen abgespeichert sind. Bei Zugriff auf eine Variable, die auf der Schachtelungsebene *e* liegt, erzeugt der Codegenerator Code, der direkt auf den Frame Pointer in *Display[e]* zugreift. Dadurch spart man sich das Hinaufsteigen durch alle Zwischenebenen. Auch das Display wird im Aktivierungsrahmen der inneren Prozeduren gespeichert. Diese Technik wurde 1960 von Edsger Dijkstra im Rahmen der Umsetzung des ALGOL-60-Compilers entwickelt [Dijkstra, 1960].

Die dritte Option nennt sich *Lambda Lifting* [Johnsson, 1985]: Vereinfacht gesagt werden die inneren Prozeduren so umgeschrieben, dass für alle Variablen des äußeren Gültigkeitsbereichs neue formale Parameter eingeführt werden und der ursprüngliche Prozeduraufruf durch einen neuen ersetzt wird, bei dem die benötigten Variablen nun als Parameter übergeben werden.

Dieses Vorgehen des Compilers entspricht dem eines guten Programmierers, der beim Refactoring seines Codes den Zugriff auf globale Variablen durch Parameter ersetzt.

Das Beispiel aus Listing 7.8 würde dann so lauten:

```
#include <stdio.h>

void f1() {
  int x=42;
  int y=0;

  void f2(int x) {
    int y=1;
    printf("x=%d, y=%d\n", x,y);
  }

  f2(x);
}

int main() {
  f1();
}
```

Listing 7.10 C-Programm nach dem Lambda-Lifting

Jetzt ist es auch möglich, die innere Funktion f2 nach oben zu ziehen, sodass die Verschachtelung entfernt und f2 dann zu einer globalen Funktion wird.

Diese Technik ist einfach auf Basis des abstrakten Syntaxbaums zu implementieren. Das generierte Programm verliert aber etwas an Effizienz, weil zusätzliche Parameterübergaben notwendig sind. Die Traversierung der Static-Link-Ketten und das Suchen im Display kosten aber natürlich auch Zeit.

7.5.2 Funktionen

Rückgabewerte von Funktionen werden meistens in einem Register übergeben. Der Callee schreibt den Rückgabewert in ein vorgegebenes Register, und der Caller liest dann dieses Register aus.

Auch hier ist es möglich, ohne Register zu arbeiten, indem man zum Beispiel nach den aktuellen Parametern einen Speicherplatz im Aktivierungsrahmen vorsieht, in den der Rückgabewert geschrieben wird.

Deutlich komplizierter wird es, wenn die Sprache es erlaubt, Prozeduren als Parameter an andere Prozeduren zu übergeben, oder wenn Prozeduren Rückgabewerte von Funktionen sein können und verschachtelte Prozeduren erlaubt sind.

Das Java-Beispiel aus Listing 7.11 zeigt diese Situation:

```java
import java.util.function.Function;

public class Func {

    Function<Integer, Integer> f(int x) {

        Function<Integer, Integer> g = y -> x*y;

        return g;
    }

    public static void main(String[] args) {
        Func multiplier = new Func();

        Function<Integer, Integer> timesOne = multiplier.f(1);
        Function<Integer, Integer> timesTwo = multiplier.f(2);

        int f1_5 = timesOne.apply(5);
```

```
            int f2_5 = timesTwo.apply(5);

            System.out.println("1*5 = " + f1_5 + ", 2*5 = " + f2_5);
    }
}
```

Listing 7.11 Java-Beispiel für Higher-Order Functions

Die Methode g multipliziert ihren Eingabewert y mit dem Wert von x, wobei x ja zum umgebenden Gültigkeitsbereich gehört. timesOne ist daher eine Funktion, die ihren Eingabewert mit 1 multipliziert, und timesTwo ist eine Funktion, die ihren Eingabewert mit 2 multipliziert. Die Ausgabe des Programms ist daher:

1*5 = 5, 2*5 = 10

Lassen Sie uns überlegen, wie das funktioniert: Offensichtlich müssen sich die Funktionen timesOne und timesTwo »merken«, dass die Variable x die Werte 1 beziehungsweise 2 hatte. In dem Moment, in dem die Funktionen mittels apply angewandt werden, gibt es aber nur den Aufrufrahmen von main, in dem x unbekannt ist. Wie kann der Code auf den ursprünglichen Wert von x zugreifen? Offensichtlich funktioniert das vorgestellte Verfahren der Aktivierungsrahmen in diesem Szenario nicht.

Die Lösung sind sogenannte *Closures*, auf Deutsch am treffendsten als »Abschluss« bezeichnet. Eine Closure ist ein Objekt, das eine Referenz auf eine Funktion enthält sowie eine Referenz auf eine Abbildung zwischen Variablen und deren Belegung zu dem Zeitpunkt, als die Funktion erzeugt wurde. In dem obigen Beispiel enthält dann die zu timesOne gehörende Closure eine Referenz auf die Funktion g und eine Referenz auf die Variablenbelegung x=1 (timesTwo entsprechend).

Dieses Konzept stammt aus der funktionalen Programmierung und gehört dort zum Standardrepertoire der Compiler.

In der funktionalen Programmiersprache *Haskell* kann man das obige Programm deutlich kürzer formulieren:

```
f x = (* x)
timesOne = f 1
timesTwo = f 2
main = do
        print (timesOne 5)
        print (timesTwo 5)
```

Listing 7.12 Haskell-Programm mit Higher-Order Functions

7.5.3 Weitere Datentypen

Neben Feldern sind auch Verbünde mit und ohne Varianten automatische Variablen, die in den Aktivierungsrahmen abgelegt werden. Für die Speicherallokation sind Verbünde sehr einfach umzusetzen: Die Komponenten erhalten innerhalb des Verbundes einen Offset, sodass der Codegenerator aus dem Offset der Verbundvariablen und des Offsets der Komponente weiß, an welcher Stelle im Rahmen die Komponente gespeichert ist.

Bei Verbünden mit Varianten gilt im Prinzip das Gleiche, wobei aber die Speicherallokation die Varianten »übereinander« auf die gleichen Speicherbereiche legt.

Variablenallokation für objektorientierte Sprachen, besonders bei Polymorphismus und Mehrfachvererbung, wird in [Grune, van Reeuwijk, Bal, Jacobs & Langendoen, 2012] besprochen.

7.6 Zusammenfassung

In der Codegenerierung besteht die Aufgabe darin, von den abstrakten Konzepten der Programmiersprache in die deutlich eingeschränkteren Möglichkeiten einer Von-Neumann-Maschine zu übersetzen. Im nächsten Kapitel werden wir uns vorrangig damit beschäftigen, den Kontrollfluss umzusetzen (also: Welche Anweisung wird als nächste ausgeführt?). In diesem Kapitel haben wir die verschiedenen Arten von Variablen betrachtet und Mechanismen für deren Abbildung auf Speicherplätze untersucht.

Für *automatische Variablen* wie lokale Variablen und Parameter haben wir besprochen, wie *Aktivierungsrahmen* benutzt werden können, um beim Aufruf einer Prozedur Speicherplatz für automatische Variablen bereitzustellen. Mithilfe zweier Register, dem *Frame Pointer* und dem *Stack Pointer*, werden die Aktivierungsrahmen verwaltet, und die Adressen der Variablen werden als Offsets relativ zu diesen beiden Pointern dargestellt.

Zusätzliche Herausforderungen stellen sich, wenn die Programmiersprache verschachtelte Prozeduren erlaubt. Um den dann eventuell erforderlichen Zugriff auf Variablen des umgebenden Gültigkeitsbereichs zu erlauben, gibt es mehrere Lösungsoptionen:

- *Static Links* verbinden den aktuellen Aktivierungsrahmen mit dem des umgebenden Gültigkeitsbereichs.
- *Displays* bieten direkten Zugriff auf alle Rahmen der umgebenden Gültigkeitsbereiche.
- *Lambda-Lifting* ersetzt die Zugriffe auf außen liegende Variablen durch Parameter.

Neben den automatischen Variablen haben wir *dynamischen Speicher* und dessen Speicherung im Heap besprochen. Der *Heap* wird vom Heap Manager verwaltet, der den Anwendungsprogrammen zwei Funktionen anbietet, mit denen Speicherplatz angefordert und freigegeben werden kann. Bei der Freigabe (*Deallokation*) gibt es zwei grundlegend unterschiedliche Paradigmen: Entweder kann der Anwendungsprogrammierer, wie in C, die Freigabe selbst steuern, was »Fehlbedienungen« hervorrufen kann; oder das Laufzeitsystem steuert die Freigabe selbstständig.

Zuletzt haben wir kurz Konzepte für Funktionen höherer Ordnung betrachtet: Hier funktioniert das Konzept der Aktivierungsrahmen nicht. Stattdessen kommen sogenannte *Closures* zum Einsatz, die die zum Zeitpunkt der Erstellung gültigen Variablenbelegungen speichern.

Mit diesem Kapitel haben wir die vorletzte Phase unseres Compilers abgeschlossen und können auch bei der Variablenallokation ein Häkchen setzen:

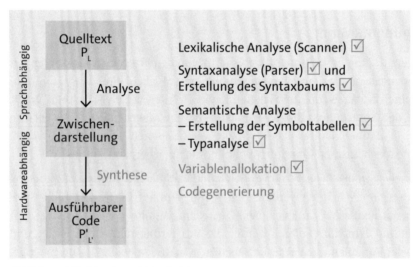

Abbildung 7.12 Stand nach Kapitel 7

7.7 Übungen

7.7.1 AllocatorVisitor

1. Aufgabe: Sehen Sie sich noch einmal die Option 2 zu Beginn von Abschnitt 7.3 an. Welche Möglichkeiten gibt es, die richtige Reihenfolge einzuhalten?

7.7.2 Aktivierungsrahmen

2. Aufgabe: Erstellen Sie von Hand den Aktivierungsrahmen für die Prozedur a2:

```
proc a2 (ref x: array [10] of int, y : int) {
   var a : array [10] of int;
}
```

3. Aufgabe: Erstellen Sie von Hand den Aktivierungsrahmen für die Prozedur a3:

```
proc a3 ( x : int, ref y : int) {
   var a : array [10] of array [20] of int;
   printi(x);
   a3(x+1, y);
}
```

7.7.3 Implementierung

4. Aufgabe: Vervollständigen Sie den AllocatorVisitor bzw. erstellen Sie eine C-Funktion für die Variablenallokation.

Kapitel 8
Codegenerierung

Es ist ein weites Feld.
– Theodor Fontane, »Effi Briest«

Die Vielzahl der möglichen Zielplattformen, auf denen der von unserem Compiler generierte Code laufen könnte, ist riesig. In wenigen Disziplinen ist der Fortschritt so schnell wie in der Informatik und dort vor allem in der Hardware-Entwicklung. Heute erreichte Geschwindigkeiten und Speichergrößen wären vor wenigen Jahren noch undenkbar gewesen.

In diesem Kapitel geht es vor allem um Hardware und wie wir Code für diese generieren. Aufgrund des enormen Fortschritts können wir aber nicht viel über die Prozessoren der Zukunft wissen. Trotzdem gibt es allgemeine Vorgehensweisen, die uns auf dem Weg dahin helfen und die wir in diesem Kapitel besprechen wollen.

8.1 Einleitung

Jetzt – endlich – sind wir an der Stelle angekommen, an der wir Assembler-Code generieren können. Nachdem wir alle Vorbereitungen abgeschlossen haben, sind alle Informationen vorhanden, um die letzte Phase zu vollenden.

In den ersten Phasen haben wir sehr allgemeine Techniken angewandt, weil die lexikalische Analyse und die Syntaxanalyse mit einer breiten Theorie und ausgereiften Tools ausgestattet sind. Bei der semantischen Analyse haben wir uns sehr stark an den Konzepten der Programmiersprachen ausgerichtet; aber schon bei der Variablenallokation hat die Architektur der Zielhardware und des Betriebssystems eine große Rolle gespielt. Die Codegenerierung, mit der wir uns jetzt beschäftigen, ist aber völlig abhängig von der Zielmaschine. Aus diesem Grund sind wir natürlich etwas eingeschränkt bei der Formulierung allgemeiner Mechanismen.

Wir werden uns nun auf eine bestimmte Zielmaschine konzentrieren, aber trotzdem grundlegende Verfahren benutzen und erklären.

In diesem Kapitel werden wir zunächst diese Zielmaschine vorstellen und ihren Befehlssatz und die zur Verfügung stehenden Register erläutern.

Danach werden wir für jedes Konstrukt der Quellsprache festlegen, wie es in die Zielsprache übersetzt wird. Dazu werden wir eine kleine Pseudosprache einführen, um einen Zwischenschritt von den komplexeren Konstrukten hin zu den Maschinenbefehle zu haben. Diese Festlegung wird gemeinhin als *Codeselektion* bezeichnet.

Im letzten Unterkapitel werden wir uns überlegen, wie wir mittels Visitor-Pattern dann aus dem abstrakten Syntaxbaum und der Symboltabelle den Assembler-Code generieren.

Das Ziel der Codegenerierung ist, dass der erzeugte Assembler-Code semantisch äquivalent ist zu dem ursprünglichen Quellprogramm. Das heißt, der Assembler-Code wird bei Ausführung die gleichen zu beobachtenden Effekte (inklusive gleicher Ausgabe) erzeugen wie das Quellprogramm nach der Sprachbeschreibung.

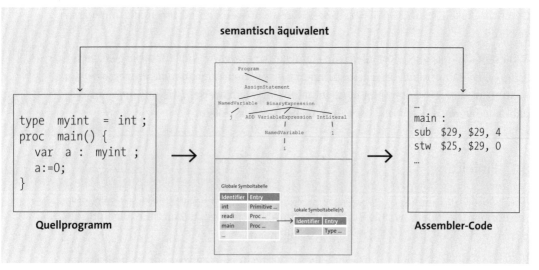

Abbildung 8.1 Übersicht: Der Schritt der Codegenerierung

8.2 Ziel-Hardware

Wie schon im vorigen Abschnitt erwähnt, werden wir für unseren Compiler nicht Code für zum Beispiel die Intel-x86-Plattform oder andere heute gebräuchliche Architekturen erzeugen, sondern eine einfachere Zielplattform auswählen, weil diese alle notwendigen Instruktionen bietet, aber bei Weitem nicht so viele verschiedene, ähnliche Befehle besitzt. Trotzdem können wir auf diese Art die prinzipielle Vorgehensweise aufzeigen.

8.2.1 RISC versus CISC

Die ECO32-Plattform [Geisse & Geisse, ECO32, 2020] ist eine sogenannte *RISC*-Maschine. Was bedeutet das? RISC steht für *Reduced Instruction Set Computer* (dt. »Computer mit reduziertem Befehlssatz«). Der Begriff wurde zuerst für das an der Berkeley University entwickelte RISC-I-System verwendet [Patterson & Ditzel, 1980].

Die Idee war, durch einen simpleren Instruktionssatz das Design der Chips zu vereinfachen und gleichzeitig eine höhere Ausführungszeit zu erreichen.

CISC hingegen steht für *Complex Instruction Set Computer* – die Idee ist, komplexe Befehle bereitzustellen, die mehrere Aufgaben erledigen, um es dem Programmierer bzw. dem Compilerbauer leichter zu machen. Patterson und Ditzel hingegen argumentieren in [Patterson & Ditzel, 1980], dass »die Aufgabe des Compilerbauers einfacher wird, wenn die Menge der Instruktionen einfach und gleichförmig ist«.

Wenn wir die Zeit betrachten, die für die Ausführung eines Maschinenprogramms benötigt wird, so müssen wir berücksichtigen, aus wie vielen Befehlen das Programm besteht, wie viele CPU-Zyklen ein Befehl benötigt und wie lange ein CPU-Zyklus dauert. Das führt zu der bekannten Gleichung:

$$\frac{\text{Zeit}}{\text{Programm}} = \frac{\text{Anzahl Befehle}}{\text{Programm}} \times \frac{\text{Anzahl CPU-Zyklen}}{\text{Befehl}} \times \frac{\text{Zeit}}{\text{CPU-Zyklus}}$$

Ein CISC-Design versucht, den Faktor $\frac{\text{Anzahl Befehle}}{\text{Programm}}$ zu minimieren, weil die Befehle mehrere Aufgaben übernehmen.

RISC versucht hingegen, den Faktor $\frac{\text{Anzahl CPU-Zyklen}}{\text{Befehl}}$ zu minimieren.

CISC-Programme sind also kürzer, aber bei RISC-Programmen ist die benötigte Zeit pro Befehl kürzer.

Ohne an dieser Stelle auf das »Für und Wider« oder ein »Sowohl-als-auch« eingehen zu wollen, können wir feststellen, dass wir uns in Hinblick auf die Zwecke dieses Kapitels für den RISC-Ansatz entschieden haben, weil Sie dadurch einfacher verstehen werden, wie der Code aufgebaut werden muss, ohne Hunderte von verschiedenen Assembler-Befehlen verstehen zu müssen.

8.3 ECO32

ECO32 ist eine RISC-Plattform, die von Hellwig Geisse an der Technischen Hochschule Mittelhessen entwickelt wurde. Sie ist als Hardware (als FPGA) und auch als Emulator (in C unter Linux entwickelt) verfügbar [Geisse & Geisse, 2020]. ECO32 wird seit vielen Jahren als Ausführungsplattform für den SPL-Compiler verwendet.

ECO32 ist ein 32-Bit-Prozessor, der 32 Register besitzt, die ebenfalls 32 Bit groß sind und mit $0, \ldots, $31 bezeichnet werden. Einige der Register werden jedoch für interne Zwecke verwendet und sind daher für den Programmierer und unseren Codegenerator nicht benutzbar, wie Tabelle 8.1 zeigt.

Nummer	Zweck	Nummer	Zweck
$0	Konstante 0	$16	frei verwendbar
$1	nicht benutzbar	$17	frei verwendbar
$2	nicht benutzbar	$18	frei verwendbar
$3	nicht benutzbar	$19	frei verwendbar
$4	nicht benutzbar	$20	frei verwendbar
$5	nicht benutzbar	$21	frei verwendbar
$6	nicht benutzbar	$22	frei verwendbar
$7	nicht benutzbar	$23	frei verwendbar
$8	frei verwendbar	$24	nicht benutzbar
$9	frei verwendbar	$25	Frame Pointer
$10	frei verwendbar	$26	nicht benutzbar
$11	frei verwendbar	$27	nicht benutzbar
$12	frei verwendbar	$28	nicht benutzbar
$13	frei verwendbar	$29	Stack Pointer
$14	frei verwendbar	$30	nicht benutzbar
$15	frei verwendbar	$31	Return Address

Tabelle 8.1 ECO32-Register

Kurz zusammengefasst:

- In $0 steht immer die Konstante 0, da man diese häufig für Berechnungen benötigt. Schreibversuche auf $0 sind ohne Effekt.
- $8 bis $23 können für Zwischenergebnisse von Berechnungen benutzt werden.
- $25 ist der aktuelle Frame Pointer (siehe Abschnitt 7.2).
- $29 ist der aktuelle Stack Pointer (siehe Abschnitt 7.2).
- $31 ist die aktuelle Rücksprungadresse (siehe Abschnitt 7.2).
- Alle anderen Register werden intern benötigt und dürfen nicht benutzt werden.

8.3 ECO32

Kommen wir nun zu den Assembler-Befehlen, von denen wir nur diejenigen besprechen, die für unseren SPL-Compiler relevant sind. Die Gesamtübersicht finden Sie auf der GitHub-Seite von H. Geisse [Geisse & Geisse, ECO32, 2020].

8.3.1 Unbedingte Sprungbefehle

Jeder Befehl besteht aus einem Code und ein bis drei Operanden. Die einfachsten Befehle sind die *unbedingten Sprungbefehle*, die nur einen Operanden haben (siehe Tabelle 8.2). In der Beschreibung steht PC für *Program Counter*, also den Programmzähler, der anzeigt, welcher Befehl aktuell ausgeführt wird.

Code	Operand	Beschreibung
j »jump«	offset	springe zu Adresse PC+4+offset*4
jr »jump register«	register	springe zu Inhalt(register)
jal »jump and link«	offset	springe zu PC+4+offset*4, speichere PC+4 in $31
jalr »jump and link register«	register	springe zu register, speichere PC+4 in $31

Tabelle 8.2 ECO32-Sprungbefehle

Um zu verstehen, wie man die drei Befehle nutzt, sehen wir uns Abbildung 8.2 an.

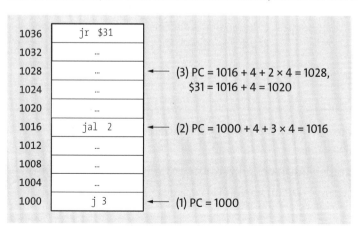

Abbildung 8.2 ECO32-Beispiel für Sprungbefehle

Das Beispiel beginnt mit (1), dem Befehl an der Adresse 1000: j 3 setzt den Program Counter auf 1000 + 4 + 3 × 4 = 1016, da der Offset 3 ist. An dieser Stelle (2) befindet sich wieder ein Sprungbefehl jal 2, der zwei Effekte bewirkt: Es wird zur Stelle 1016 + 4 + 2 × 4 = 1028 gesprungen und gleichzeitig wird das Return-Register $31 auf die Adresse des nächsten Befehls nach dem jal-Befehl gesetzt, also auf 1020. Gehen wir davon aus, dass dann die Befehle in 1028 und 1032 ausgeführt werden, dann finden wir den dritten Typ Sprungbefehl an der Adresse 1036: jr $31, wodurch zu 1020 zurückgesprungen wird.

Der jal-Befehl eignet sich daher gut für die Umsetzung der Prozeduraufrufe, da ja bei diesen genau ein solcher Rücksprung erfolgen muss.

8.3.2 Befehle zum Speicherzugriff

Der Hauptspeicher kann Byte-weise adressiert werden, wobei Adressen ebenfalls 32 Bit lang sind. Mittels load- und store-Befehlen kann auf den Hauptspeicher zugegriffen werden, wobei entweder 32-Bit-Worte oder 16-Bit-Halbworte oder einzelne Bytes geladen bzw. gespeichert werden können (siehe Tabelle 8.3). Da in SPL nur Integer als primitiver Datentyp erlaubt ist und dieser, wie wir schon mehrfach erwähnt haben, 32 Bit groß ist, benötigen wir nur die Befehle für das Laden und Speichern von 32-Bit-Worten.

Die Operanden können Register oder Offsets sein, wobei man nur Daten in ein Register laden und den Inhalt eines Registers in den Speicher schreiben kann. Der erste Operand ist daher immer ein Register (siehe Tabelle 8.3).

Code	Operanden	Beschreibung
ldw »load word«	ziel, reg, offset	Das 32-Bit-Wort an der Adresse reg + offset wird in das Register ziel geladen.
stw »store word«	quelle, reg, offset	Der Inhalt des Registers quelle wird an der Adresse reg + offset gespeichert.

Tabelle 8.3 ECO32-Speicherbefehle

Beispiel 8.1

ldw $9, $8, 0   Lade den Inhalt der Adresse, auf die das Register $8 zeigt, in Register $9.

ldw $10, $25, 4   Lade den Inhalt der Adresse Frame Pointer + 4 in das Register $9.

stw $11, $25, -4   Speichere den Inhalt von $11 in den Speicher mit der Adresse $25 - 4.

8.3.3 Rechenbefehle

Rechenoperationen werden auf ECO32 immer mit einem Register als Ziel und einem Register als erstem Operanden angegeben, während der zweite Operand entweder ein Register oder eine Konstante sein kann.

> **Maschinencode**
>
> Kleiner Einschub: Die Befehle, die der Prozessor wirklich ausführt, also der Maschinencode, ist binär codiert und nicht als Text wie in Assembler-Code. Nach dem Compiler muss daher ein weiteres Programm ablaufen, der *Assembler*, der die textuelle Darstellung in Maschinencode übersetzt. Eine Operation, die in Assembler-Code verschiedene Arten von Operanden zulässt, wird durch den Assembler auf zwei verschiedene Maschinenbefehle abgebildet. Dabei wird unterschieden zwischen Rechenoperationen auf Operanden mit Vorzeichen bzw. Operanden ohne Vorzeichen. Tabelle 8.4 enthält die Ersteren, für Letztere (die wir aber für den SPL-Compiler nicht benötigen) hängt man ein u (für »unsigned«) an den Code.

Code	Operanden	Beschreibung
add	ziel, operand1, operand2	Das Ergebnis der Addition von operand1 und operand2 wird in dem Register ziel gespeichert.
sub	ziel, operand1, operand2	Das Ergebnis der Subtraktion von operand1 und operand2 wird in dem Register ziel gespeichert.
mul	ziel, operand1, operand2	Das Ergebnis der Multiplikation von operand1 und operand2 wird in dem Register ziel gespeichert.
div	ziel, operand1, operand2	Das Ergebnis der Division von operand1 und operand2 wird in dem Register ziel gespeichert.
rem	ziel, operand1, operand2	Der Rest der Division von operand1 und operand2 wird in dem Register ziel gespeichert.

Tabelle 8.4 ECO32-Rechenbefehle

Beispiel 8.2

add $8, $8, $9	Die Inhalte der Register $8 und $9 werden addiert und in $8 gespeichert.
add $10, $0, 3	Speichert die Konstante 3 in Register $11.
sub $29, $29, 4	Verschiebt den Stack Pointer um 4 nach unten. Das heißt, der Stack wächst um vier Speicherplätze.

8.3.4 Sprungmarken (Labels)

Sprungmarken (*Labels*) können an beliebigen Stellen im Assembler-Code am Beginn einer Zeile eingefügt werden. Ein Label ist eine Zeichenkette, und nach dem Label folgt ein Doppelpunkt.

Beispiel 8.3

```
Marke:
Noch_ein_Label:
L0:
```

Labels werden als symbolische Namen für Sprungziele benutzt: Überall, wo ein Sprungbefehl einen Offset erwartet, kann der Name eines Labels stehen.

8.3.5 Bedingte Sprünge

Um die SPL-Konstrukte für If-Then-Else- und While-Schleifen umzusetzen, benötigen wir natürlich auch bedingte Sprünge. Diese enthalten zwei Operanden, die beide Register sein müssen, sowie einen Offset. Trifft die im Code angegebene Bedingung zu, wird der Program Counter um 4 + 4 × Offset verschoben (siehe Tabelle 8.5).

Code	Operanden	Beschreibung
beq	operand1, operand2, offset	Sprung zu PC+4+4*offset, falls operand1 == operand2.
bne	operand1, operand2, offset	Sprung zu PC+4+4*offset, falls operand1 != operand2.
ble	operand1, operand2, offset	Sprung zu PC+4+4*offset, falls operand1 <= operand2.
blt	operand1, operand2, offset	Sprung zu PC+4+4*offset, falls operand1 < operand2.
bge	operand1, operand2, offset	Sprung zu PC+4+4*offset, falls operand1 >= operand2.
bgeu	operand1, operand2, offset	Sprung zu PC+4+4*offset, falls operand1 >= operand2 (vorzeichenlos).
bgt	operand1, operand2, offset	Sprung zu PC+4+4*offset, falls operand1 > operand2.

Tabelle 8.5 Bedingte Sprünge in ECO32

Neben `bgeu`, das, wie oben erklärt, die Operanden ohne Vorzeichen behandelt, gibt es entsprechende »Unsigned«-Befehle für die restlichen Vergleichsoperatoren. Wir benötigen jedoch nur an einer Stelle `bgeu` (mehr dazu folgt später).

Beispiel 8.4

beq $8, $9, L0		Wenn die Inhalte der Register $8 und $9 gleich sind, dann springe zu Label L0.
bne $11, $12, L5		Wenn die Inhalte der Register $11 und $12 ungleich sind, dann springe zu Label L5.

Wir beschließen diesen Abschnitt mit einem kleinen Beispiel:

```
add  $8,$0,2       ; (1) $8 := 2
stw  $8,$25,-4     ; (2) x  := 2
add  $8,$0,6       ; (3) $8 := 6
stw  $8,$25,-8     ; (4) y  := 6
ldw  $8,$25,-4     ; (5) $8 := x
ldw  $9,$25,-8     ; (6) $9 := y
add  $8,$8,$9      ; (7) $8 := x+y
stw  $8,$25,-4     ; (8) x  := $8
```

Listing 8.1 Beispiel für ein ECO32-Programm (Ausschnitt)

Was macht dieses Programm? Gehen wir das Programm einmal Zeile für Zeile durch:

(1) Hier wird der Wert 2 in das Register $8 geladen. Dies geht auf ECO32 am einfachsten mithilfe einer Addition des Wertes und dem Register $0, in dem ja immer der Wert 0 steht.

(2) Der Wert in Register $8 wird in den Speicherplatz mit der Adresse `Frame Pointer - 4` gespeichert. Wie Sie sich sicherlich noch erinnern, handelt es sich bei dieser Adresse um einen Speicherplatz in einem Aktivierungsrahmen. Nehmen wir an, dass die lokale Variable an dieser Stelle x heißt. x wird also der Wert 2 zugewiesen.

(3) In Zeile 3 werden 0 und die Konstante 6 addiert, und das Ergebnis wird im Register $8 abgelegt ...

(4) ... und in Zeile 4 in die Adresse `Frame Pointer - 8` gespeichert. Nehmen wir an, dass die lokale Variable an dieser Stelle y heißt. y wird also der Wert 6 zugewiesen.

(5) Der Wert von x wird in das Register $8 geladen.

(6) Analog wird der Wert von y in das Register $9 geladen.

(7) Das Ergebnis der Addition von $8 und $9 wird in $8 abgelegt.

(8) Der Inhalt von Register $8 wird in x gespeichert.

Dieses Codefragment könnte aus dem SPL-Programmabschnitt x:=2; y:=6; x:=x+y; entstanden sein. Wir werden gleich sehen, dass es einfacher ist, aus dem abstrakten Syntaxbaum etwas längeren Code zu erzeugen, der natürlich aber semantisch äquivalent ist. Mit mehr Fallunterscheidungen im Codegenerator kann man aber auch Code erzeugen, wie er im Beispiel vorkommt.

8.4 Codemuster

Bevor wir anhand der einzelnen SPL-Sprachelemente besprechen, wie für diese der Code generiert werden kann, wollen wir noch einmal herausstellen, was das Ziel der Codegenerierung ist. In der SPL-Sprachbeschreibung wurde die Bedeutung der Ausführung eines Programms mit dem Satz »Die Ausführung des Programms beginnt mit der Ausführung der ersten Anweisung der Prozedur main« beschrieben (siehe Abschnitt 2.3.9). In Abschnitt 2.3.8 haben wir pro Anweisungstyp festgelegt, wie dieser auszuführen ist.

Zum Beispiel hieß es in Abschnitt 2.3.8 über die While-Schleife: »Während der Laufzeit wird zunächst der Ausdruck ausgewertet. Sollte die Auswertung den Wahrheitswert wahr ergeben, wird die Anweisung ausgeführt und danach der Ausdruck nochmals ausgewertet und so fort. Wenn die Auswertung des Ausdrucks den Wahrheitswert falsch ergibt, wird die Programmausführung hinter der Schleife fortgeführt.«

Für Ausdrücke hatten wir in Abschnitt 2.3.6 geschrieben: »Ausdrücke in SPL repräsentieren einen Wert.«

Um Assembler-Code zu erzeugen, der in obigem Sinne semantisch äquivalent zu der Semantik von SPL im Sinne dieser Sprachbeschreibung ist, müssen wir diejenigen SPL-Sprachelemente betrachten, die in ausführbaren Code übersetzt werden müssen. Nicht dazu zählen die Variablen- und Typdeklarationen, da diese nur für die semantische Prüfung und die Variablenallokation relevant sind.

Der für einen Ausdruck erzeugte Code muss also einen Wert berechnen; Zuweisungen müssen den Wert des Ausdrucks auf der rechten Seite berechnen und der korrekten Speicherstelle der Variablen zuweisen. Code für If-Then-Else- und While-Schleifen muss den Wert der Bedingung berechnen und entsprechend die Anweisungen im Then-Teil, Else-Teil bzw. im Schleifenrumpf ausführen und so fort.

Dabei werden wir wieder den AST durchgehen und pro Knoten den Code ausgeben, sodass das resultierende Assembler-Programm danach zur Ausführung gebracht werden kann.

Wir beginnen mit der Codegenerierung für Ausdrücke.

8.4.1 Ausdrücke

Um Code für Ausdrücke zu generieren, überlegen wir uns, welche Arten von Ausdrücken es in SPL und somit im abstrakten Syntaxbaum für SPL gibt: Im AST für SPL sind Ausdrücke entweder

- Zahlen (IntLiterale)
- Variablen (einfache Variablen vom Typ int oder Feldzugriffe)
- binäre Ausdrücke

IntLiterale

Für Zahlen haben wir in dem Beispiel im vorigen Abschnitt gesehen, wie man diese behandeln kann: Durch eine Addition der Zahl und Register $0 können wir diese in ein Register laden.

Variablen

Die Auswertung von Variablen geschieht immer in zwei Schritten:

1. Bestimmung der Adresse der Variablen und
2. Laden des Wertes der Variablen aus dem Speicherplatz mit der errechneten Adresse

> **Berechnung der Adresse einer Variablen V**
>
> Eingabe: Variable *V*
>
> Algorithmus *adr(V)*:
>
> Wir unterscheiden zwei Fälle:
>
> - *V* ist eine einfache Variable. Dann ist die Adresse von *V* die Summe des aktuellen Wertes des Frame Pointers und des Offsets der Variablen, den wir in der Symboltabelle finden.
>   Handelt es sich um einen Referenzparameter, muss noch einmal zusätzlich dereferenziert werden, da wir ja nicht die Adresse des Arguments, sondern die der übergebenen Variablen aus dem Caller benötigen.

> - *V* ist ein Feldzugriff *A*[*I*], wobei *A* wieder eine Variable und *I* ein Ausdruck ist. Dann:
>   - Indexausdruck *I* berechnen (siehe unten)
>   - Prüfen, ob der Wert von *I* im erlaubten Bereich liegt.
>
>   Folgende Bedingungen müssen erfüllt sein:
>
> $I \geq 0$
>
> $I < A.\text{size}$
>
>   Diese beiden Bedingungen kann man mit einem Vergleichsoperator behandeln, wenn man die vorzeichenlose Variante bgeu verwendet (siehe Beispiel 8.6).
>
>   Trifft die Bedingung nicht zu, so soll zu einer vordefinierten Prozedur _indexError gesprungen werden, die zur Laufzeit eine Fehlermeldung ausgibt.
>
>   Die Adresse von *A*[*I*] ist: *adr*(*A*) + *I* × Größe der Komponenten in Byte. Beachten Sie, dass sich der Algorithmus hier rekursiv aufruft!

Beispiel 8.5

```
proc main() {
  var a : int;
  p(a);
}
proc p(ref x : int) {
  var i : int;
  x := i+1;
}
```

Betrachten wir die Zuweisung x := i+1 :

Der folgende Assembler-Code berechnet die Adresse der Variablen i und legt sie in Register $9 ab:

```
add   $9,$25,-4   ; $9 := adr(i)
```

Um die Adresse von x zu berechnen, muss man, wie gesagt, einmal zusätzlich dereferenzieren, da es sich um einen Referenzparameter handelt:

```
add   $8,$25,0    ; $8 <-- adr(x)
ldw   $8,$8,0     ; $8 <-- adr(a)
```

Nach der ersten Instruktion enthält $8 die Adresse des Arguments auf dem Stack. Im Speicher steht an dieser Adresse die Referenz auf die übergebene Variable a, sodass wir mit dem ldw-Befehl diese in $8 laden können.

Beispiel 8.6

```
proc main() {
var b : array [10] of int;
  b[7]:=1;
}
```

Die Adresse der Feldkomponente b[7] wird berechnet durch:

```
add   $8,$25,-40          ; $8 := adr(b)
add   $9,$0,7             ; $9 := 7 (Index)
add   $10,$0,10           ; $10 := Größe des Feldes b
bgeu  $9,$10,_indexError  ; Indexprüfung
mul   $9,$9,4             ; $9 := Index × Größe des Basistyps
add   $8,$8,$9            ; $8 := Adresse von b[7]
```

Erinnern Sie sich noch an die Diskussion über implizite Dereferenzierung in Abschnitt 2.2.8? Anhand der Zuweisung j:=i+1 hatten wir erkannt, dass das j auf der linken Seite der Zuweisung für die Adresse von j steht (*L*-Value), während i auf der rechten Seite für den Wert, also für den Inhalt des Speichers mit der Adresse von i, steht (*R*-Value). Implizit wird also bei der Auswertung von i auf der rechten Seite dereferenziert.

Daher müssen wir, um den Wert einer Variablen zu ermitteln, nachdem wir ihre Adresse berechnet haben, ebenfalls dereferenzieren, indem wir einen ldw-Befehl mit der Adresse als Argument erzeugen. Die implizite Dereferenzierung im Quellprogramm wird somit auf der Maschinenebene zu einer expliziten Dereferenzierung.

> **Den Wert einer Variablen ermitteln**
>
> Eingabe: Variable *V*
>
> Algorithmus *value(V)*:
>
> 1. Berechne die Adresse von *V*: adr(*V*)
> 2. Der Wert von *V* ist der Wert des Speichers an der Adresse adr(*V*).

Beispiel 8.7

```
proc p(ref x : int) {
 var i : int;
 x := i+1;
}
```

Um den Wert von i auf der rechten Seite der Zuweisung zu ermitteln (also ihren *R-Value*), wird folgender Code erzeugt:

```
add  $9,$25,-4    ; $9 := adr(i)
ldw  $9,$9,$0     ; Dereferenzieren: $9 := value(i)
```

Zusammengesetzte Ausdrücke

Und bei zusammengesetzten Ausdrücken? Betrachten wir den abstrakten Syntaxbaum des Ausdrucks 2 × 3 + 4 × 5:

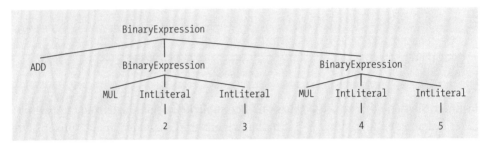

Abbildung 8.3 Beispiel eines zusammengesetzten Ausdrucks

Überlegen Sie bitte, wie Sie das Ergebnis des Ausdrucks ausrechnen würden.

Offensichtlich müssen wir 2 × 3 rechnen, 4 × 5 und zuletzt die beiden Teilergebnisse addieren. Wie berechnen wir 2 × 3?

Beide Operanden sind IntLiterale. Auf diese wenden wir die Multiplikation an und merken uns das Ergebnis. Genauso verfahren wir mit dem Teilausdruck 4 × 5. Zuletzt addieren wir die beiden Teilergebnisse. Wir können also nicht einfach von links nach rechts rechnen, sondern müssen die Zwischenergebnisse speichern.

Da die Ausdrücke beliebig tief geschachtelt sein können, müssen wir uns im allgemeinen Fall mehr als nur zwei Zwischenergebnisse merken. Wir benötigen daher eine Datenstruktur, die beliebig viel Platz bietet. Außerdem müssen wir ja auf die Zwischenergebnisse in der richtigen Reihenfolge zugreifen. Diese Anforderungen erfüllt der Stack, den wir schon in Kapitel 4, »Syntaxanalyse«, benutzt haben.

Die Methode zur Auswertung von Ausdrücken wurde von den beiden deutschen Informatikern Friedrich L. Bauer und Klaus Samelson 1957 patentiert und 1959 in einem Artikel über »Sequentielle Formelübersetzung« publiziert [Samelson & Bauer, 1959]:

Auswertung von zusammengesetzten Ausdrücken mit einem Stack

Eingabe: Ausdruck E

Algorithmus *eval(E)*:

- Handelt es sich bei E um eine Zahl N, wird N auf den Stack gelegt: push(N)
- Handelt es sich bei E um eine Variable, wird ihr Wert auf den Stack gelegt.
- Handelt es sich bei E um einen zusammengesetzten Ausdruck *E1 Op E2*:
    eval(E1)
    eval(E2)
    Wende *Op* auf die beiden obersten Stackelemente an, lösche diese vom Stack, und lege das Ergebnis der Anwendung wieder auf dem Stack ab.

Beispiel 8.8

Wir werten den Ausdruck $2 \times 3 + 4 \times 5$ aus. Der Algorithmus erzeugt die in Tabelle 8.6 dargestellte Folge von Stackoperationen:

Stackoperation	Stackinhalt (oberstes Element links) nach Stackoperation
Push(2)	2
Push(3)	3 2
MUL	6
Push(4)	4 6
Push(5)	5 4 6
MUL	20 6
ADD	26

Tabelle 8.6 Beispiel für die Auswertung eines Ausdrucks mit einem Stack

Wie Sie sehen, entspricht die Reihenfolge der Auswertung der informellen Auswertung, die wir zuvor durchgeführt haben.

Unsere Zielmaschine ECO32 verfügt nun aber über keinen Stack als Datenstruktur und auch nicht über entsprechende Befehle. Das bedeutet, dass wir mit den zur Verfügung stehenden Registern einen Stack simulieren müssen.

Betrachten wir noch einmal den Ausdruck 2 × 3 + 4 × 5, und führen wir die Auswertung nochmals durch. Nutzen wir dazu aber die frei verwendbaren Register $8 bis $23.

Um 2 × 3 zu berechnen, laden wir beide Operanden in Register. Dabei merken wir uns, welches das nächste freie Register ist. Wir speichern daher 2 in Register $8 und 3 in Register $9. Für die erste Multiplikation stehen also die beiden Operanden in den Registern $8 und $9. Der Befehl lautet daher:

`mul $8, $8, $9`

Warum $8 und nicht $10? Nun, wir gehen davon aus, dass wir die Zahl 2 nicht mehr benötigen und wir daher das Register $8 wiederverwenden können. Das Zwischenergebnis 2 × 3, das jetzt also in $8 steht, benötigen wir jedoch noch. Daher steht uns das Register $8 nicht zur Verfügung, um den zweiten Teilausdruck auszuwerten.

Somit laden wir 4 in das Register $9, 5 in das Register $10 und multiplizieren beides in Register $9. Jetzt sind die beiden Operanden der Addition in den Registern $8 und $9, und nach add $8, $9, $8 steht das Endergebnis in $8.

> **Simulation des Stacks durch eine Registermaschine**
>
> Der Codegenerator nutzt die Register $8 bis $23 für die Simulation des Stacks.
>
> freeReg sei das nächste freie Register. Nach einem Push wird freeReg um 1 erhöht. Nach Anwendung einer Rechenoperation wird freeReg um 1 vermindert.

Beispiel 8.9

Wir werten den Ausdruck 2 × 3 + 4 × 5 diesmal mit einer Registermaschine aus:

freeReg	Stackoperation	Generierter Code
$8	Push(2)	add $8, $0, 2
$9	Push(3)	add $9, $0, 3
$10	MUL	mul $8, $8, $9
$9	Push(4)	add $9, $0, 4
$10	Push(5)	add $10, $0, 5
$10	MUL	mul $9, $9, $10
$9	ADD	add $8, $8, $9

Tabelle 8.7 Beispiel für die Auswertung eines Ausdrucks durch eine Registermaschine

Die Zahl der Register ist auf jeder Zielmaschine endlich. Ausdrücke können aber beliebig groß sein, sodass der Fall auftreten kann, dass für die Auswertung des Ausdrucks mehr Register benötigt würden, als zur Verfügung stehen.

Zunächst kann man sich überlegen, in welcher Reihenfolge man Ausdrücke so auswertet, dass ihre Auswertung möglichst wenig Register benötigt – siehe dazu Abschnitt 9.7 und die Übung 8.7.2. Durch geschickte Wahl der Auswertungsreihenfolge kann man die Anzahl der benötigten Register oft reduzieren.

Trotzdem könnte man auch dann noch Ausdrücke konstruieren, die »zu viele« Register brauchen. Eine Möglichkeit, mit dieser Situation umzugehen, ist das sogenannte *Vogel-Strauß-Prinzip*: Wir stecken den Kopf in den Sand und hoffen, dass sich das Problem von selbst löst. Im Fall unseres Compilers bedeutet dies, dass wir eine Fehlermeldung ausgeben und vom Programmierer des Quellprogramms erwarten, dass er oder sie den Ausdruck vereinfacht oder auf zwei Anweisungen aufteilt.

Eleganter ist das sogenannte *Spillover* (dt. »Überschwappen«): Dabei wird auf Hauptspeicher zurückgegriffen, um Registerinhalte temporär auszulagern. Genaueres hierzu finden Sie in [Muchnick, 1997].

In dem Beispiel $2 \times 3 + 4 \times 5$ haben wir implizit angenommen, dass wir von links nach rechts auswerten – was aber durch die SPL-Sprachbeschreibung gar nicht verlangt wird. Die umgekehrte Reihenfolge $4 \times 5 + 2 \times 3$ wäre auch möglich.

Achtung: Die Auswertungsreihenfolge hat nichts mit der Präzedenz zu tun! Durch die Abbildung mit einem abstrakten Syntaxbaum nach Anwendung der (korrekten!) Grammatik für Ausdrücke sind die Ausdrücke so gespeichert, dass die richtige Präzedenz gewährleistet ist. Wie Sie am vorigen Abschnitt sehen, kann man trotzdem die Reihenfolge ändern.

In SPL sind Ausdrücke so einfach aufgebaut, dass die Reihenfolge egal ist. Wie Sie an dem C++-Beispiel `i++ * (i+1)` sehen, gilt das für viele Sprachen aber nicht! Was kommt heraus, wenn `i` vorher den Wert 3 hat: 12 oder 15?

8.4.2 Zuweisungen

Wir betrachten eine Zuweisung $V := E$.

Nach der SPL-Sprachbeschreibung ist V ist eine Variable vom Typ `int` oder ein vollständig indexierter Feldzugriff vom Typ `int`. Die SPL-Sprachbeschreibung fordert, dass auf der linken Seite auftretende Ausdrücke – dies kann nur bei einem Feldzugriff vorkommen – *vor* dem Ausdruck auf der rechten Seite ausgewertet werden.

8 Codegenerierung

Das Übersetzungsschema ist daher wie folgt:

> **Übersetzungsschema für die Zuweisung V := E**
>
> Erzeuge Code für:
>
> ▶ Ermitteln der Adresse der Variablen V auf der linken Seite (siehe Algorithmus *adr(V)*)
> ▶ Speichern der Adresse der Variablen in $8
> ▶ Auswertung des Ausdrucks durch die Registermaschine (siehe vorigen Abschnitt). Das Ergebnis der Auswertung steht dann in Register $9 zur Verfügung.
> ▶ Speichern des Ergebnisses aus $9 an dem Speicherplatz mit der Adresse $8.

Beispiel 8.10

Die Zuweisung in der SPL-Prozedur

```
proc main(){
  var a: int;
  a:=3;
}
```

wird übersetzt in:

```
add $8, $25, -4      ; $8 := adr(a)
add $9, $0, 3        ; $9 := 3
stw $9, $8, 0        ; Speichern von $9 in adr(a)
```

Sollte es sich bei der Variablen um einen Referenzparameter handeln, benötigen wir zur Ermittlung der Adresse wie oben beschrieben einen zusätzlichen `ldw`-Befehl:

Beispiel 8.11

```
proc inc(ref a: int){
    a:=3;
}
```

Wird übersetzt in:

```
add $8, $25, 0       ; $8 := adr(a)
ldw $8, $8, 0        ; $8 := Adr. Argument
add $9, $0, 3        ; 3
stw $9, $8, 0        ; Speichern von $9 in der Adresse
                     ; des aktuellen Parameters
```

Warum beginnt das Schema immer mit $8? Etwaige Inhalte von Registern, die durch vorige Anweisungen dort abgelegt worden sein könnten, werden durch diese Anweisungen immer korrekt »weggeräumt«, sodass zu Beginn einer Anweisung immer $8 das nächste freie Register ist.

8.4.3 If-Anweisung

Um uns das Übersetzungsschema für die If-Anweisung zu erarbeiten, betrachten wir zuerst die If-Anweisung ohne den Else-Teil und erweitern dann das Schema entsprechend.

Was ist bei einer If-Anweisung zu tun? In SPL sind »einarmige« If-Anweisungen immer in der Form *if (E1 Op E2) S1*. Logische Operatoren für die Konjunktion (in Java und C mittels &&), Disjunktion (||) oder Negation (!) existieren in SPL nicht. Daher müssen wir für SPL lediglich die beiden Ausdrücke *E1* und *E2* auswerten, dann einen bedingten Sprung durchführen und den Then-Zweig *S1* übersetzen.

Da im einfachen Fall kein Else-Zweig vorhanden ist, bietet es sich an, die Bedingung zu negieren (das heißt, den inversen Operator zu verwenden) und zur nächsten Anweisung nach dem Then-Zweig zu springen. In einer einfachen Pseudosprache mit Gotos sieht das also wie folgt aus:

```
if (E1 !Op E2) goto L    // !Op steht für den inversen Operator
S1
L: ...
```

Das Übersetzungsschema lautet wie folgt:

> **Übersetzungsschema für if-Anweisung if (E1 Op E2) S1**
>
> Erzeuge Code für:
>
> ▸ Auswertung des Operanden E1 mit Registermaschine
> ▸ Auswertung des Operanden E2 mit Registermaschine
> ▸ Bedingter Sprung mit dem inversen Operator von Op zu einem neuen Label *L*
> ▸ Anweisung *S1*
> ▸ Label *L*

Beispiel 8.12

```
if (n < 10) m:=1;
```

wird übersetzt in:

```
    add  $8,$25,-4    ; Adresse von n
    ldw  $8,$8,0     ; Wert von n
    add  $9,$0,10    ; 10
    bge  $8,$9,L0    ; if (n>=10) goto L0
    add  $8,$25,-8   ; Adresse von m
    add  $9,$0,1     ; 1
    stw  $9,$8,0     ; m:=1;
L0:                  ; hiernach folgt die nächste Anweisung
```

Für die Implementierung sollten Sie sich eine Funktion schreiben, die zu einem Vergleichsoperator den inversen Operator liefert:

```
public class Operator {
...
  public Operator inverse() {
    return Map.of(EQU, NEQ,
                  NEQ, EQU,
                  LST, GRE,
                  GRE, LST,
                  LSE, GRT,
                  GRT, LSE).get(this);
  }
}
```

Bei If-Anweisungen mit beiden Zweigen ändert sich an der Vorgehensweise nicht viel: Wir müssen lediglich den Else-Zweig übersetzen und daran denken, nach dem Then-Zweig den folgenden Else-Zweig zu überspringen.

Dies leistet der folgende Pseudo-Code für *if(E1 Op E2) S1 else S2*:

```
if (E1 !Op E2) goto L1
S1
Goto L2
L1:
S2
L2: ...
```

Das Übersetzungsschema können Sie sich dann leicht selbst ableiten.

8.4.4 While-Schleifen

Für die While-Schleife kann man das gleiche Vorgehen nutzen wie bei der If-Anweisung und verwendet für *while (E1 Op E2) S* den folgenden Pseudocode:

```
L0:
if (op1 !OP op2) goto L1
S
goto L0
L1:
```

Auch hier benötigen wir zwei Sprungbefehle und zwei Labels, um zurück zum Beginn der Schleife und hinter das Ende der Schleife springen zu können.

Beispiel 8.13

```
while (n>0) {
   n:=n-1;
}
```

Wird übersetzt in:

```
L0:
    add    $8,$25,-4      ; Adresse von n
    ldw    $8,$8,0        ; Wert von n
    add    $9,$0,0        ; 0
    ble    $8,$9,L1       ; if (n<=0) goto L1
    add    $8,$25,-4      ; Adresse von n
    add    $9,$25,-4      ; Adresse von n
    ldw    $9,$9,0        ; Wert von n
    add    $10,$0,1       ; 1
    sub    $9,$9,$10      ; n-1
    stw    $9,$8,0        ; n:=n-1
    j      L0             ; Rücksprung zum Beginn der Schleife
L1:
```

8.4.5 Zusammengesetzte Anweisung

Die zusammengesetzte Anweisung besteht aus mehreren Anweisungen *S1; S2*.

Trivialerweise besteht die Übersetzung darin, dass wir zuerst den Code für *S1* und dann den Code für *S2* generieren.

Damit haben wir alle Anweisungstypen bis auf Prozeduraufrufe behandelt und kommen zum Abschluss unseres Themas »Codemuster« zur Übersetzung von Prozeduren.

8.4.6 Prozeduren

Für jede Prozedur ist es notwendig, zu Beginn den Aufbau und zum Schluss den Abbau des Aktivierungsrahmens vorzunehmen. Der Code zu Beginn wird *Prolog* und genannt der Code am Ende der Prozedur *Epilog* [Appel, 2002].

Wie wir bei der Erklärung der unbedingten Sprünge (in Abschnitt 8.3.1) gesehen haben, eignet sich der Befehl `jal` gut für die Aufrufe einer Prozedur. Dazu müssen wir an den Anfang der Prozedur ein Label mit dem Prozedurnamen einfügen.

In Abschnitt 7.2 hatten wir die Regel für den Aufbau des Aktivierungsrahmens wie folgt angegeben:

> **Regel für den Aufbau des Aktivierungsrahmens**
>
> Frame Pointer und Stack Pointer werden zu Beginn eines Unterprogramms auf ECO32 wie folgt geändert:
>
> ▶ Der Stack Pointer wird um die Größe des Rahmens verringert.
> ▶ Der aktuelle Wert des Frame Pointers wird an den nächsten Speicherplatz unterhalb der lokalen Variablen im Aktivierungsrahmen (des Callees) gespeichert. Diesen Speicherplatz bezeichnen wir als *OldFramePtr*.
> ▶ Der Frame Pointer wird auf den aktuellen Wert des Stack Pointers zuzüglich der Größe des Aktivierungsrahmens gesetzt (somit auf den alten Wert des Stack Pointers).
>
> Bei Beendigung des Unterprogrammaufrufs werden Frame Pointer und Stack Pointer wie folgt zurückgesetzt:
>
> ▶ Der Stack Pointer wird auf den aktuellen Wert des Frame Pointers gesetzt.
> ▶ Der Frame Pointer wird auf den in *OldFramePtr* gespeicherten Wert gesetzt.

Die Vorschrift für die Berechnung der Größe des Aktivierungsrahmens finden Sie am Ende von Abschnitt 7.2.3.

Die Adresse von *OldFramePtr* (im folgenden Code als `offset OldFP` abgekürzt) berechnet sich aus dem neuen Wert des Stack Pointers plus der Größe des Bereichs für die ausgehenden Argumente + eventuell 4 Byte für *OldReturnAdr* relativ zum Stack Pointer.

Die Adresse von *OldReturnAdr* (im folgenden Code als `offset Return` abgekürzt) ist der neue Wert des Frame Pointers minus der Größe des Bereichs für die lokalen Variablen − 8 Byte.

Im Epilog bauen Sie den Rahmen wieder ab, indem Sie die Return-Adresse $31 und den Frame Pointer wiederherstellen und den Stack Pointer wieder um die Größe des Rahmens erhöhen.

Das folgende Schema zeigt die notwendigen Assembler-Befehle im Prolog und Epilog. Die Elemente in spitzen Klammern sind dabei Platzhalter für die entsprechenden Werte aus der Variablenallokation bzw. für den Namen der Prozedur.

```
.export <name>                  ; Anweisung an den Assembler
<name>:                         ; Prozedurname als Label für den jal-Befehl
    sub $29,$29,<framesize>     ; SP <-- SP - Framesize(<name>)
    stw $25,$29,<offset OldFP>  ; FP alt speichern relativ zu SP
    add $25,$29,<framesize>     ; FP neu <-- SP neu + Framesize(<name>)
    stw $31,$25,<offset Return> ; ReturnAdr speichern relativ zu FP
    <Code für den Prozedurrumpf>
    ldw $31,$25,<offset Return> ; Wiederherstellen Return Register
    ldw $25,$29,<offset OldFP>  ; Wiederherstellen Frame Pointer FP
    add $29,$29,<framesize>     ; Freigabe (SP <-- SP+Framesize(<name>))
    jr  $31                     ; Rücksprung
```

Listing 8.2 Beispiel für Prozedurprolog und -epilog

Die export-Anweisung sorgt dafür, dass der <name> von anderen Modulen benutzt werden kann.

8.4.7 Proceduraufrufe

Ein SPL-Prozeduraufruf der Form *Bez(Exp1, ..., Expn)*, wobei *Bez* der Name der aufzurufenden Prozedur ist und *Exp1, ..., Expn* Ausdrücke sind, lässt sich übersetzen, indem zuerst der Code für die Auswertung der Ausdrücke *Expi* und das Abspeichern der Ergebnisse im Aktivierungsrahmen der aktuellen Prozedur an der Stelle *Argi* erzeugt wird (siehe Abbildung 7.4).

Dabei müssen wir berücksichtigen, dass wir für Referenzparameter bereits aus der semantischen Analyse wissen, dass der aktuelle Parameter hier eine Variable sein muss. Wie in Abschnitt 2.2.13 beschrieben, kann für einen Referenzparameter nicht der Wert übergeben werden, sondern die Adresse dieser Variablen muss übergeben werden, sodass im Callee wirklich auch die gleiche Variable angesprochen wird.

Das Übersetzungsschema ist daher wie folgt:

> **Übersetzungsschema für Prozeduraufrufe Bez(Exp1, ..., Expn)**
>
> Für alle *i* von 1 bis *n*:
>
> ▸ Wenn der *i*-te formale Parameter der Prozedur *Bez* ein Referenzparameter ist, dann ist *Expi* eine Variable *V* (das haben Sie während der semantischen Analyse geprüft). Berechne die Adresse von *V* und speichere sie in $8.
> ▸ Wenn der *i*-te formale Parameter ein Wertparameter ist: Werte den Wert des Ausdrucks *Expi* mittels Registermaschine aus, und speichere das Ergebnis in $8.
> ▸ Ermittle den Offset des *i*-ten Parameters aus der Symboltabelle, und speichere den Wert von $8 in Stack Pointer + Offset.
> ▸ Erzeuge einen Sprungbefehl jal *Bez*.

Sie sehen, dass bei einem Referenzparameter für das Argument die gleiche Logik angewandt wird wie bei Zuweisungen: In diesem Fall benötigen wir den L-Value der Variablen. Bei Wertparametern verwenden wir die R-Values der im Argument vorkommenden Variablen!

Lassen Sie uns noch kurz auf Funktionen schauen, auch wenn es diese in SPL nicht gibt: Anders als bei Prozeduren besitzen Funktionen einen Rückgabewert, der an den Caller zurückgegeben wird. Prinzipiell gibt es zwei Möglichkeiten: Ablage im Aktivierungsrahmen des Callers oder Nutzung eines Registers. Im Windows-ABI [Aufrufkonvention bei x64-Systemen, 2020] werden je nach Typ des Rückgabewerts unterschiedliche Register (32 Bit oder 64 Bit) dafür benutzt.

8.4.8 Beispiel

Lassen Sie uns jetzt ein längeres, zusammenhängendes Beispielprogramm übersetzen und dann Schritt für Schritt »auf Papier« ausführen.

Beispiel 8.14

```
proc inc (ref x : int){
  x := x+1;
}
proc main() {
  var a : int;
  a := 3;
  inc(a);
}
```

8.4 Codemuster

Wir beginnen mit der ersten Anweisung der Prozedur main und nehmen dazu an, dass der Aktivierungsrahmen von main bereits erstellt ist (siehe Abbildung 8.4):

100		FP
96	a	FP-4
92	OldFramePtr	FP-8
88	OldReturnAdr	FP-12
84	Arg1	SP+0

Abbildung 8.4 Aktivierungsrahmen für die Prozedur »main« in unserem Beispiel

Der Anweisungsteil von main besteht aus einer Zuweisung und einem Proceduraufruf. Nach Abschnitt 8.4.2 und Abschnitt 8.4.7 werden diese übersetzt in:

```
add   $8,$25,-4    ; Adresse von a
add   $9,$0,3      ; 3
stw   $9,$8,0      ; a := 3
add   $8,$25,-4    ; Adresse von a
stw   $8,$29,0     ; Arg1 := a
jal   inc          ; Aufruf von inc
```

Wenn wir diesen Assembler-Code per Hand ausführen, ändern sich die Inhalte der Register und des Speichers. In der Tabelle haben wir daher die relevanten Register und die betroffenen Speicherplätze und ihre Werte nach jedem Assembler-Befehl aufgeführt, sodass Sie die Arbeitsweise des generierten Codes nachvollziehen können. In Tabelle 8.8 sind nur die Änderungen eingetragen – leere Zellen zeigen also an, dass sich durch den Befehl (1. Spalte) der bisherige Inhalt nicht ändert.

Befehl	$8	$9	$10	$25	$29	Speicher
nach Prolog				100	84	
add $8,$25,-4	96					
add $9,$0,3		3				
stw $9,$8,0						mem[96]=3
add $8,$25,-4	96					
stw $8,$29,0						mem[84]=96
jal inc						

Tabelle 8.8 Beispiel für den Ablauf eines generierten Assembler-Programms (I)

Für die Prozedur inc müssen wir zunächst nach Abschnitt 8.4.6 einen Prolog erzeugen. Dafür benötigen wir die Größe des Aktivierungsrahmens und den Offset für das Abspeichern des alten Wertes des Frame Pointers. inc ruft selbst keine Prozedur auf, sodass es nicht notwendig ist, die Rückgabeadresse zu sichern.

Der Aktivierungsrahmen besteht nur aus dem Platz für das Sichern des vorigen Frame Pointers, da inc weder lokale Variablen noch ausgehende Parameter besitzt.

Das Diagramm aus Abbildung 8.5 zeigt die beiden Aktivierungsrahmen von main und inc nach dem Prolog der Prozedur inc. Wir haben dabei die bisher bekannte Belegung der Speicherplätze an dieser Stelle ergänzt:

Adr	Bedeutung	Inhalte	
100			
96	a	3	Stack Frame von main
92	OldFramePtr	(irrelevant)	
88	OldReturnAdr	(irrelevant)	
84	Arg1	96	Stack Frame von inc
80	OldFramePtr	100	

Abbildung 8.5 Aktivierungsrahmen von »main« und »inc« nach dem Prolog von »inc« in unserem Beispiel

Nach diesen Vorbereitungen können wir den Code für den Rumpf von inc generieren. Der Vollständigkeit halber haben wir den Prolog in den ersten drei Zeilen ebenfalls aufgeführt.

```
sub   $29,$29,4       ; Prolog-Start: SP := SP - 4
stw   $25,$29,0       ; OldFramePtr := FP
add   $25,$29,4       ; FP := SP + 4 (= old SP) Prolog-Ende
add   $8,$25,0        ; Adresse von Arg1
ldw   $8,$8,0         ; Adresse von a
add   $9,$25,0        ; Adresse von Arg1
ldw   $9,$9,0         ; Adresse von a
ldw   $9,$9,0         ; Wert von a
add   $10,$0,1        ; 1
add   $9,$9,$10       ; a + 1
stw   $9,$8,0         ; a :=a + 1
```

Auch hier führen wir das Programm Schritt für Schritt von Hand aus:

Befehl	$8	$9	$10	$25	$29	Speicher
nach Sprung zu inc				100	84	
sub $29,$29,4					80	
stw $25,$29,0						mem[80]=100
add $25,$29,4				84		
add $8,$25,0	84					
ldw $8,$8,0	96					
add $9,$25,0		84				
ldw $9,$9,0		96				
ldw $9,$9,0		3				
add $10,$0,1			1			
add $9,$9,$10		4				
stw $9,$8,0						mem[96]=4

Tabelle 8.9 Beispiel für den Ablauf eines generierten Assembler-Programms (Schritt 2)

Jetzt müssen wir nur noch den Epilog angeben. Dieser kehrt die Effekte des Prologs um und springt zu dem aktuellen Wert von $31 zurück:

```
ldw   $25,$29,0    ; FP := oldFramePtr
add   $29,$29,4    ; SP := SP + 4
jr    $31          ; Verlassen der Prozedur
```

Nach der Rückkehr zum Hauptprogramm hat die Variable a also den Wert 4.

8.4.9 Andere Anweisungstypen

Weitere Sprachkonstrukte, zum Beispiel andere Arten von Schleifen, lassen sich leicht auf die bisher behandelten Anweisungstypen zurückführen und in die Pseudosprache übersetzen.

8.4.10 Assembler-Direktiven

Oft ist es notwendig, dem Assembler noch Anweisungen für die Umsetzung des Codes in Maschinenbefehle mitzugeben. Im Falle von ECO32 müssen wir die vordefinierten Prozeduren bekannt machen und sie am Anfang in die vom Codegenerator erzeugte Datei schreiben:

```
.import     printi
.import     printc
.import     readi
.import     readc
.import     exit
.import     time
.import     _indexError
.code
.align      4
```

Die letzten beiden Anweisungen teilen dem Assembler mit, dass jetzt der Code folgt, bzw. sorgen dafür, dass der Code an einer durch 4 teilbaren Adresse beginnt.

8.4.11 Post-Processing

Wenn Sie sich den Assembler-Code des Beispiels genau ansehen, werden Sie feststellen, dass sich gelegentlich Befehle wiederholen oder dass Daten aus dem Speicher in ein Register geladen werden, die bereits in einem anderen Register stehen. Betrachten wir ein Beispiel aus Tabelle 8.9:

```
add     $8,$25,0
...
add     $9,$25,0
```

Ebenfalls könnte im Quellprogramm eine Sequenz wie

```
x := ... ;
... := ... x ... ;
```

vorkommen. Nach den obigen Schemata wird unser Compiler Code erzeugen, um den Wert des Ausdrucks auf der rechten Seite der ersten Zuweisung in einem Register zu berechnen und dann den Inhalt dieses Registers unter der Adresse von x zu speichern. Für die nächste Zuweisung wird der Wert von x erneut benötigt – warum laden wir ihn aus dem Speicher, anstatt das vorige Register zu nutzen? In SPL ist diese Optimierung gefahrlos möglich, aber bei Programmiersprachen, die Seiteneffekte zulassen, muss man vor der Wiederverwendung des Registers sicher sein, dass sich der Wert von x nicht geändert hat.

Das *Post-Processing* des Maschinencodes dient dazu, solche Abhängigkeiten zwischen den einzelnen übersetzten Ausdrücken und Anweisungen zu erkennen und so die Anzahl der Assembler-Befehle zu verringern und damit auch die Laufzeit zu verbessern.

Das Post-Processing ist in unserem SPL-Compiler optional, aber echte Compiler verwenden es natürlich, um den erzeugten Code zu optimieren.

8.5 Umsetzung im SPL-Compiler

Der Codegenerator ist die letzte Phase in unserem Compiler und wird wiederum mithilfe eines Visitors realisiert.

Als Eingabe benötigt der Codegenerator den abstrakten Syntaxbaum, die Symboltabelle und eine Ausgabedatei – für Java zum Beispiel einen `PrintWriter` und in C einen Zeiger auf ein Datei-Handle.

```
package compiler.codegenerator;
import …;
public CodeGenerator(Program program,
                    SymbolTable table,
                    PrintWriter ausgabe) {
    this.ausgabe = new CodePrinter(ausgabe);
    assemblerProlog();
    final var visitor = new CodeGeneratorVisitor(table);
    program.declarations
        .stream()
        .filter(d -> d instanceof ProcedureDeclaration)
        .forEach(p -> p.accept(visitor));
}
```

Listing 8.3 SPL-Codegenerator in Java (Ausschnitt)

Der `CodePrinter` ist eine einfache Klasse, die Methoden enthält, um den Assembler-Code auszugeben. Sie können entweder eine generische Methode verwenden, die einen String ausgibt, oder Sie schreiben eigene Methoden für die verschiedenen Arten von Assembler-Befehlen (zum Beispiel mit dem Code des Befehls und 3 Registern).

```
void emit(String str) { ausgabe.println(str); }
```

Sie können natürlich auch den `CodePrinter` weglassen und die Ausgabe direkt in den `visit`-Methoden des Visitors machen.

Für alle Anweisungstypen und die Ausdrücke müssen Sie nun `visit`-Methoden schreiben, die die Übersetzungsschemata aus den vorigen Abschnitten implementieren:

```
public void visit(BinaryExpression binaryExpression) {
  binaryExpression.leftOperand.accept(this);
```

```
      Register left = nextRegister-1;
      binaryExpression.rightOperand.accept(this);
      Register right = nextRegister-1;
      switch (binaryExpression.operator) {
        case ADD:
          ausgabe.emit("\tadd " + left + "," + left + "," + right);
          break;
        ...
      }
    }
```

Listing 8.4 Die »visit«-Methode im Codegenerator für Zuweisungen

In dem Beispielcode haben wir eine Variable `nextRegister` genutzt, um mitzuzählen, welches das nächste freie Register ist. Diese Lösung ist zwar einfach, aber unbefriedigend, weil nicht sichergestellt wird, dass der Wert immer zwischen 8 und 23 bleibt.

Tipp: Implementieren Sie eine Klasse `Register`, die Methoden bereitstellt, um Register zu pushen oder poppen, wie es die Registermaschine tut, und dabei sicherstellt, dass nur Register zwischen 8 und 23 verwendet werden können.

Ferner ist es sinnvoll, sich eine Methode zu schreiben, die mithilfe eines Zählers ein neues Label erzeugt.

In C starten Sie den Codegenerator durch Aufruf der Funktion `generateCode`:

```
void generateCode(Program *program, SymbolTable *table, FILE *ausgabe)
```

Wie schon in den vorigen Kapiteln erklärt, müssen Sie in C durch Abfrage des Tags die verschiedenen Arten von Anweisungen und Ausdrücken erkennen und die Funktionen zur Generierung des Codes gegebenenfalls rekursiv aufrufen.

In beiden Sprachen gehen Sie durch die Prozedurdeklarationen und erzeugen für jede Prozedur dann den Prolog, gefolgt von der Übersetzung der Anweisungen des Rumpfes und schlussendlich vom Epilog.

8.6 Zusammenfassung

Codegenerierung ist die Phase im Compilerbau, die wahrscheinlich am wenigsten mit Theorie hinterlegt ist. Mit einer konkreten Zielplattform wie ECO32 lässt sich aber relativ einfach erklären, wie man für Ausdrücke und Anweisungen Code generieren kann und wie die in der Phase der Variablenallokation gewonnenen Informationen eingesetzt werden.

Vor der eigentlichen Codegenerierung ist es notwendig, für jedes Sprachkonstrukt festzulegen, welcher Assembler-Code dafür generiert werden soll. Diese Festlegung wird *Codeselektion* genannt.

Für Ausdrücke haben wir festgestellt, dass diese unter Benutzung eines Stacks einfach auswertbar sind und dass sich der *Stack* einfach durch eine *Registermaschine* simulieren lässt.

Mithilfe einer einfachen Pseudosprache, die aus Zuweisungen und bedingten und unbedingten Sprüngen besteht, können wir für die zusammengesetzten Anweisungen zuerst die Übersetzung in die Pseudosprache festlegen und diese ziemlich 1:1 in Assembler-Code überführen.

Prozeduren werden durch einen Sprungbefehl `jal` aufgerufen. Dazu beginnt der für Prozeduren generierte Code mit einem Label, das dem Namen der Prozedur entspricht. Der in Kapitel 7 besprochene Aufbau eines Aktivierungsrahmens erfolgt durch den sogenannten *Prolog*, in dem die Befehle zum Setzen der Pointer stehen und in dem das Sichern der aufzubewahrenden Registerinhalte geschieht. Nach dem für den Prozedurrumpf generierten Code folgt dann der *Epilog*, in dem der Aktivierungsrahmen wieder abgebaut wird, die Registerinhalte wiederhergestellt werden und zum Befehl nach dem Prozeduraufruf zurückgesprungen wird.

In der Implementierung greifen wir auf das bewährte Visitor-Pattern zurück und müssen in den `visit`-Methode das entsprechende Übersetzungsschema anwenden.

Damit können wir nun auch an die letzte Phase einen Haken setzen:

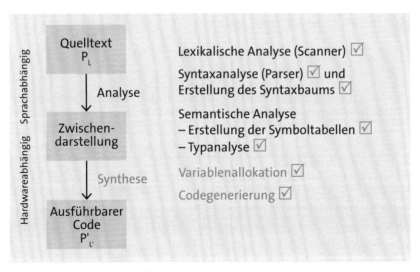

Abbildung 8.6 Stand nach Kapitel 8

8.7 Übungen

8.7.1 Weitere Sprachkonstrukte

1. Aufgabe: Neben der While-Schleife existiert in vielen Sprachen noch die Do-While-Schleife, bei der die Bedingung nicht am Beginn der Schleife, sondern erst am Ende ausgewertet wird.

   Beispiel:

   ```
   do
       f := f * i;
       i:=i+1;
   while (i<n);
   ```

   Erstellen Sie für den allgemeinen Fall der Do-While-Schleife den Code in einer Pseudosprache.

2. Aufgabe: Übersetzen Sie den Code des Beispiels in Aufgabe 1 in ECO32-Assembler.

3. Aufgabe: Wir führen in SPL eine Mehrfach-Zuweisung ein, bei der auf der linken Seite mehrere Variablen und auf der rechten Seite genauso viele Ausdrücke stehen (jeweils durch Kommata getrennt). Dabei sollen zuerst alle Ausdrücke von links nach rechts ausgewertet werden und dann die Zuweisungen erfolgen, beispielsweise so:

   ```
   n, m := n+1, 0;
   ```

   Skizzieren Sie dafür die `visit`-Methode.

4. Aufgabe: Zusätzlich wollen wir in SPL eine Vertauschung implementieren, bei der die Inhalte zweier Variablen vertauscht werden.

   Beispiel:

   ```
   n <=> m;
   ```

   Skizzieren Sie auch für diesen Anweisungstyp die `visit`-Methode, und geben Sie den Assembler-Code an, der für das Beispiel generiert wird.

8.7.2 Auswertung von Ausdrücken

5. Aufgabe: Führen Sie die Berechnungen der Registermaschine für das Beispiel 1+(2+(3+4)) durch. Wie viele Register benötigen Sie?

6. Aufgabe: Zeichnen Sie den abstrakten Syntaxbaum für das Beispiel aus Aufgabe 3. Bei welcher Auswertungsreihenfolge kämen Sie mit weniger Registern aus?

8.7.3 Codegenerierung für Anweisungen

7. Aufgabe: Geben Sie den Assembler-Code für die folgenden Anweisungen an, wobei n und m lokale Variablen vom Typ int sind und die Offsets -4 bzw. -8 besitzen:
   - n:=1;
   - n:=m;
   - n:=n+1;

8. Aufgabe: Geben Sie den Assembler-Code für die folgenden Anweisungen an. Dabei ist feld als array[10] of int deklariert und beginnt bei Offset –40.
   - feld[3]:=0;
   - feld[feld[3]]:=1;

8.7.4 Implementierung

9. Aufgabe: Vervollständigen Sie den CodeGeneratorVisitor für den Umfang von SPL, wie in Abschnitt 2.3 beschrieben.

Kapitel 9
Optimierung

If I waited for perfection... I would never write a word.
– Margaret Atwood

Geht es bei Optimierung wirklich um »Optimierung« als Superlativ oder ist das Bestreben nicht eher »Verbesserung« (Komparativ)?

Für uns als Compilerbauer ist das Zitat von Margaret Atwood absolut zutreffend: Den perfekten generierten Code können wir im allgemeinen Fall nicht erreichen, aber Sie werden gleich viele Verfahren kennenlernen, die den generierten Code verbessern.

9.1 Einleitung

Eigentlich hatten wir die letzte Phase ja mit der Codegenerierung abgeschlossen. Warum also noch ein Kapitel?

Als Programmierer legen wir unser Augenmerk zunächst auf die korrekte Funktionsweise des Codes und auf gute Lesbarkeit. Dieses Vorgehen spiegelt sich natürlich dann in dem generierten Assembler-Code wider, sodass das Programm nicht so »gut« ist wie möglich.

Was heißt aber in diesem Zusammenhang »gut« oder »besser«? Die Verbesserung bezieht sich im Wesentlichen auf zwei Aspekte: Zeit und Platz. Programme können bezüglich ihrer Laufzeit verbessert werden oder bezüglich des Speicherbedarfs. Gerade in der Frühzeit der Informatik war Hauptspeicher knapp und »kurze« Programme daher vorteilhaft, während der Platzbedarf heute eigentlich nur noch bei eingebetteten Systemen eine Rolle spielt. In diesem Kapitel werden wir uns daher auf die »Optimierung« der Laufzeit des generierten Maschinenprogramms konzentrieren. Natürlich muss das optimierte Programm äquivalent zu dem ursprünglichen Programm sein; das heißt, dass es bei gleichen Eingaben die gleichen Ausgaben erzeugt.

In letzter Zeit wird auch versucht, den Energiebedarf zu optimieren, weil große Rechenzentren einen enormen Stromverbrauch haben und dieser mit steigenden Energiepreisen die Kosten für den Betrieb erhöht. Bei mobilen Geräten versucht man so natürlich die Akkulaufzeit zu verlängern. Auf diesen Aspekt können wir hier allerdings nicht eingehen. Wir verweisen aber auf die Homepage von Ulrich Kremer von der Rutgers University, der seit 20 Jahren an diesem Thema forscht [Kremer, 2021].

Die Algorithmen für die Optimierung sind sehr gut erforscht, seit vielen Jahren bekannt und werden auch in »echten« Compilern eingesetzt. Für den weitverbreiteten C-Compiler *gcc* sind unter [Options That Control Optimization, 2020] sage und schreibe 97 einzeln einstellbare Optionen aufgelistet, mit denen die Optimierung im gcc gesteuert werden kann.

Wir werden uns einige dieser Optimierungstechniken in diesem Kapitel ansehen, aber können bei Weitem nicht auf alle Themen eingehen. (Das würde einen zweiten Band erfordern!) Das Buch von S. Muchnick [Muchnick, 1997] beschreibt sehr viele Optimierungstechniken und enthält auch die dazu notwendigen Algorithmen. Insofern kann dieses Kapitel nur einen kleinen Einblick geben und ermuntert Sie hoffentlich, Ihren Compiler zu erweitern und in der angegebenen Literatur weiterzulesen.

Ein Wort der Warnung ist aber auch hier angebracht: Der Compiler »optimiert« natürlich nur den vom Programmierer implementierten Algorithmus – ein optimierter Bubble-Sort wird (im Durchschnitt) nicht so schnell sein wie ein nicht optimierter Quicksort.

Daher sollten Sie zuerst versuchen, einen guten Algorithmus korrekt zu implementieren. Widerstehen Sie der Versuchung, Ihr Programm zu früh zu optimieren. Donald Knuth schrieb dazu:

> *»The real problem is that programmers have spent far too much time worrying about efficiency in the wrong places and at the wrong times; premature optimization is the root of all evil (or at least most of it) in programming … My point is that there is a time and place for efficiency.«*

[Knuth D. E., 1974]

Wir werden zunächst besprechen, auf welcher Grundlage wir die Optimierungen durchführen. Dazu benötigen wir eine Form des Codes, die von der Abstraktion her zwischen SPL und dem Maschinencode liegt. Diesen *Zwischencode* zerlegen wir in sogenannte *Basisblöcke*. Basisblöcke sind Anweisungen, die immer *en bloc*, also zusammen, ausgeführt werden. Verzweigungen und Schleifen führen dann zu Sprüngen zwischen den Basisblöcken.

Die Blöcke dienen als Grundlagen, um in ihnen sogenannte *lokale Optimierungen* durchzuführen und um Abhängigkeiten zwischen den Blöcken zu untersuchen.

An einem einfachen Beispiel werden wir zeigen, dass wir, um optimieren zu können, verstehen müssen,

a) wie das Programm abläuft (dazu dient der Programmgraph, den wir aus den Basisblöcken aufbauen) und

b) wie sich die Werte der Variablen ändern.

Die Aktivitäten unter a) bezeichnet man als *Kontrollflussanalyse* und die unter b) als *Datenflussanalyse*.

Wir werden für eine spezifische Frage – »Welche Zuweisungen an Variablen kommen in welchem Block an?« – zeigen, wie Datenflussanalyse funktioniert und wie man die Lösung für diese Frage berechnen kann.

Viele Programme benötigen einen Großteil ihrer Laufzeit, um Berechnungen in Schleifen durchzuführen. Logischerweise ist dann jede noch so kleine Optimierung innerhalb einer Schleife wichtig und kann die Laufzeit des Programms signifikant verbessern. Nachdem Sie in der Kontrollflussanalyse gelernt haben, wie man Schleifen entdeckt, stellen wir vier Techniken vor, mit denen man Schleifen optimieren kann.

Abschnitt 9.7 beinhaltet dann noch einige Optimierungen, die nicht in die vorigen Kategorien passen, zum Beispiel die Verbesserungen bei Proceduraufrufen. Als letzte Optimierung stellen wir darin eine Methode vor, mit der man die Anzahl der benötigten Register bei der Auswertung von Ausdrücken reduzieren kann (Sie erinnern sich sicherlich an die Registermaschine aus Abschnitt 8.4.1).

Abbildung 9.1 deutet an, wie sich die Optimierung in das Phasenmodell einfügt, wobei wir anmerken möchten, dass die Grenzen fließend sind.

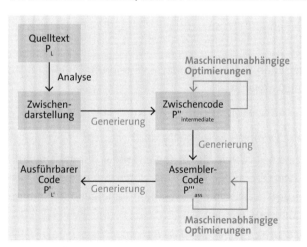

Abbildung 9.1 Erweitertes Phasenmodell

- Aus der Zwischendarstellung generieren wir zunächst den Zwischencode und führen gleich die Zerlegung in Basisblöcke durch.
- Auf diesen führen wir die Analysen und die Optimierungen durch. Der Zwischencode ist unabhängig von der konkreten Zielmaschine, und erst im nächsten Schritt erzeugen wir daraus Assembler-Code für die konkrete Zielmaschine.

- Auch hierfür kann man Optimierungen durchführen, um den Instruktionssatz, den die Maschine bietet, effizient auszunutzen. Hierauf werden wir nicht eingehen.
- Schlussendlich muss der Assembler-Code, der ja eine textuelle Beschreibung ist, noch in binär verschlüsselten Maschinencode übersetzt werden. Dies übernimmt nicht der Compiler, sondern ein weiteres Programm, das Assembler genannt wird – auch darauf gehen wir nicht ein.

9.2 Grundlagen für die Optimierung

In den Phasen für die semantische Analyse, die Variablenallokation und die Codegenerierung haben wir uns sehr stark auf den abstrakten Syntaxbaum gestützt und dessen Knoten mittels Visitoren besucht, um die notwendigen Informationen zu extrahieren oder um andere Informationen (wie die Symboltabelle) oder den Assembler-Code zu generieren. Für die Optimierung stellt sich aber heraus, dass der abstrakte Syntaxbaum zu »abstrakt« und der generierte Assembler-Code oft zu detailliert ist – und vor allem abhängig von der Zielmaschine. Zwar gibt es Optimierungsmöglichkeiten im Assembler-Code, die durch das schon beschriebene Post-Processing umgesetzt werden können, die aber natürlich stark von der Zielmaschine und ihrem Befehlssatz abhängen. Wir wollen uns hier jedoch auf allgemeinere Techniken fokussieren, die auf einem *Zwischencode* basieren.

Wir werden als Zwischencode die schon in Kapitel 8, »Codegenerierung«, eingeführte Pseudosprache mit einer Änderung verwenden.

Der Zwischencode enthält nur drei Anweisungstypen:

- Zuweisungen – *V:=Operand | V:=Operand1 Operator Operand2*

  Das heißt, auf der rechten Seite einer Zuweisung dürfen entweder nur ein Operand (IntLiteral oder Variable) oder zwei Operanden stehen, die durch einen Operator verknüpft sind. Komplexere Ausdrücke werden aufgelöst, indem Teilergebnisse in temporären Variablen zwischengespeichert werden.

- bedingte Sprünge – *if (Operand1 Operator Operand2) goto Label*
- unbedingte Sprünge – *goto Label*

Jede Anweisung kann ein Label besitzen.

Zusätzlich wird der Beginn des Zwischencodes mit START und das Ende mit STOP gekennzeichnet.

Beispiel 9.1

Zu dem SPL-Abschnitt

```
i:=1;
if (2*i+1>10) i:=i-1;
   else i:=i+1;
```

lautet der Zwischencode:

```
START
i:=1
t0:=2*i
t1:=t0+1
if (t1 <= 10) goto L1
i:=i+1
goto L2
L1: i:=i-1;
L2:
STOP
```

Das Schema für die Übersetzung der SPL-Anweisungen entspricht dem in Abschnitt 8.4., wobei wir keine Speicherzugriffe generieren, sondern weiterhin Variablen. Pro Prozedur wird so der Zwischencode generiert. Die Idee ist, dass die spätere Übersetzung vom Zwischencode in den Assembler-Code relativ einfach wird. Aus diesem Grund werden auch komplexe Ausdrücke in einfachere aufgeteilt, weil so die einzelnen Zuweisungen direkt in einen Assembler-Befehl (zum Beispiel add) übersetzt werden können. Die if-Anweisung kann direkt in die Assembler-Befehle, zum Beispiel beq, überführt werden.

Prozeduraufrufe p(x1, ..., xn) werden in $n+1$ Zeilen aufgeteilt:

```
param(x1)
...
param(xn)
call(p, n)
```

Der zweite Vorteil des Zwischencodes ist, dass wir von komplexen Befehlen wie If-Then-Else oder Schleifen befreit sind und diese nunmehr alle in einer simpleren Sprache abgebildet haben, die sich leichter analysieren lässt.

Wozu benötigen wir diese Analysen? Das folgende Beispiel zeigt ein Hauptprogramm, in dem Variablenwerte innerhalb einer Verzweigung teilweise geändert werden.

Beispiel 9.2

```
proc main(y:int, ref sum:int) {
  var x : int;
  x := y;
  if (x>0) {
    y   := y + 1;
    sum := sum + x;
  }
  sum := sum + x;
}
```

Die einzige Variable, die von dieser Prozedur zurückgegeben wird, ist sum, während y ein Eingabeparameter ist. Benötigen wir x dann überhaupt? Wenn wir x nicht mehr benötigen, könnten wir die Zuweisung x:=y weglassen und so Zeit sparen. Außerdem benötigt das Programm dann weniger Speicherplatz.

x wird zunächst auf den aktuellen Wert von y gesetzt, sodass in der Bedingung der If-Anweisung statt x>0 auch y>0 stehen könnte. Im Then-Zweig wird aber y verändert, und damit sind nach der Zuweisung y:=y+1 die Werte von x und y wieder verschieden, sodass die nachfolgende Zuweisung nicht in sum:=sum+y geändert werden kann. Nach der If-Anweisung wissen wir nicht, ob x und y noch gleich sind, weil wir nicht sicher sein können, ob der Then-Zweig durchlaufen wurde oder nicht. Daher können wir auch die letzte Zuweisung nicht durch sum:=sum+y ersetzen. x wird also weiterhin benötigt.

In diesen Überlegungen haben wir zwei Aspekte betrachtet:

▶ *Kontrollfluss*
  Welche Anweisungen des Programms werden in welcher Reihenfolge ausgeführt?
▶ *Datenfluss*
  Welche Werte besitzen die Variablen an jeder einzelnen Stelle des Programms?

Die Analyse des Kontrollflusses und des Datenflusses ist, wie Sie schon an diesem simplen Beispiel sehen, die Voraussetzung, um später entscheiden zu können, welche Optimierungen gefahrlos durchführbar sind.

9.3 Kontrollflussanalyse

In der Kontrollflussanalyse zerlegen wir das Programm im Zwischencode in sogenannte *Basisblöcke*.

> **Definition 9.1: Basisblock**
>
> Ein Basisblock ist eine Folge von Anweisungen, die mit der ersten Anweisung betreten wird, immer von der ersten bis zur letzten Anweisung in dieser Reihenfolge durchlaufen wird und mit der letzten Anweisung den Basisblock wieder verlässt. START und STOP sind dabei einzelne Blöcke.

Mithilfe der Basisblöcke strukturieren wir den Ablauf des Programms. Der Übersichtlichkeit halber hat jeder Block eine eindeutige Blocknummer.

Der Rumpf der obigen Prozedur lautet in Zwischencode:

```
START
x:=y
if (x<=0) goto L1
y:=y+1;
sum := sum + x;
L1: sum:=sum+x;
STOP
```

Aus der Definition ergibt sich, dass START und STOP eigene Blöcke sind. Da bei einem bedingten oder unbedingten Sprung nicht zwingend die auf den Sprungbefehl folgende Anweisung ausgeführt werden muss, muss nach einem Sprung ein neuer Basisblock beginnen. Analog muss bei einem Label ein neuer Basisblock beginnen, weil dieses Ziel eines Sprungs sein kann. Damit ergeben sich für das Beispiel die fünf Basisblöcke aus Abbildung 9.2:

B1	START
B2	x := y if (x<=0) goto L1
B3	y := y+1 sum := sum+x
B4	L1: sum := sum+x
B5	STOP

Abbildung 9.2 Beispiel für Basisblöcke

Einen Block kann man in Java als Klasse umsetzen, die neben einem Blockbezeichner eine Liste von Anweisungen in Zwischencode enthält:

```
package compiler.optimizer;

import java.util.ArrayList;

public class Block {
    public int id;      // die Nummer des Blocks

    private ArrayList<Anweisung> anweisungen = new ArrayList<>();

    public Block(int id) {
        this.id = id;
    }

    @Override
    public String toString() {
        return "Block( " + id + ")= " + anweisungen;
    }
}
```

Der Algorithmus zur Bildung des Basisblocks arbeitet zweistufig: Im ersten Schritt werden alle Blockanfänge bestimmt und wird jeweils ein Block erzeugt. Im zweiten Schritt werden alle Anweisungen zwischen zwei Blockanfängen »aufgesammelt«.

[9.1] **Algorithmus zur Bildung der Basisblöcke**

Eingabe: Liste aller Anweisungen $a_1, ..., a_n$

Ausgabe: Liste von Basisblöcken

1. **Für alle** *i* von 1 bis *n*:

    a_i ist ein Blockanfang, wenn für a_i gilt:

    a_i = START

    a_i beginnt mit einem Label, ist also Ziel eines Sprungs.

    a_{i-1} ist eine Sprunganweisung (bedingt oder unbedingt).

    Wenn a_i ein Blockanfang ist:

    Generiere neuen Block B und ihm füge a_i hinzu.

    Markiere a_i als Blockanfang und setze

    $a_i.blockID := B.id$

2. **Für alle** *i* von 1 bis *n*:
   Wenn a_i markiert ist, **dann**
      currentBlock := a_i.*blockID*
   sonst:
      Füge a_i dem Block mit der Nummer *currentBlock* hinzu.

Zur Darstellung der Anweisungen im Zwischencode gibt es viele Möglichkeiten. In [Aho, Sethi & Ullman, 1986] und [Muchnick, 1997] werden sogenannte *Quadrupel* vorgeschlagen, die einen Operator und bis zu drei Operanden enthalten.

Anweisung	Operator	Operand1	Operand2	Operand3
START	START			
goto l	GOTO			l
v := rhs	ASSIGN	rhs		v
v1:=v2[index]	ARRAY	v2	index	v1
v[index]:=rhs	ARRAYASSIGN	rhs	index	v
v := e1 + e2	ADD	e1	e2	lhs
...				
if (e1=e2) goto l	EQ	e1	e2	l
...				
l:	LABEL			l
param(e)	PARAM	e		
call(p, n)	CALL	p	n	
STOP	STOP			

Tabelle 9.1 Darstellung der Anweisungen des Zwischencodes

Wir unterscheiden zwischen Zuweisungen ohne Operator auf der rechten Seite (zum Beispiel x:=1 oder x:=y) und den Zuweisungen mit einem Operator auf der rechten Seite (zum Beispiel wird x:=1+2 als (ADD 1 2 x) dargestellt). Dabei betrachten wir Feldzugriffe auch als Operatoren und benutzen den Operator ARRAY. Bei Letzterem darf im Index ebenfalls kein Operator mehr stehen.

Steht auf der linken Seite der Zuweisung eine Feldkomponente v[index], dürfen weder im Index noch auf der rechten Seite Operatoren stehen.

Beispiel 9.3

SPL	Zwischencode	Quadrupel
x:=2+3+4;	t1:=3*4	MUL 3, 4, t1
	x:=2+t1	ADD 2, t1, x
x[2*i]:=5	t1:=2*i	MUL 2, i, t1
	x[t1]:=5	ARRAYASSIGN 5, t1, x
x[2*i]:=x[i+1]*2	t1:=2*i	MUL 2, i, t1
	t2:=i+1	ADD i, 1, t2
	t3:=x[t2]	ARRAY x, t2, t3
	t4:=t3*2	MUL t3, 2, t4
	x[t1]:=t4	ARRAYASSIGN t4, t1, x

Dadurch, dass wir komplexe Ausdrücke in mehrere Zuweisungen an Hilfsvariablen aufteilen, erreichen wir, dass in der Zwischensprache niemals mehr als ein Operator auf der rechten Seite steht. Das Gleiche gilt auch für bedingte Sprünge, die den Vergleichsoperator als Operator und das Sprungziel als *Operand3* erhalten.

Sowohl [Aho, Sethi & Ullman, 1986] als auch [Muchnick, 1997] erweitern die Liste der Quadrupel um Zeiger, Referenzparameter etc. Für eine echte Sprache sind diese alle natürlich notwendig – wir wollen uns hier aber auf die Grundlagen konzentrieren und verweisen daher für weitere Details auf die genannten Werke. Gerade die beiden Modi für die Parameterübergabe sind zwar gut im Zwischencode darstellbar, führen aber zu mehr Fallunterscheidungen in den Algorithmen und deren Implementierung. Daher nehmen wir im Folgenden an, dass wir nur Wertparameter behandeln.

Die Quadrupel können Sie ähnlich wie den abstrakten Syntaxbaum implementieren, indem Sie eine abstrakte Klasse Operand definieren und eine Aufzählungsklasse Operator. Als mögliche Operanden müssen Sie Bezeichner und IntLiterale vorsehen.

Zwei Basisblöcke, *B1* und *B2*, verbinden wir jetzt miteinander, wenn es möglich ist, dass Block *B2* direkt nach *B1* ausgeführt wird. Dadurch ergibt sich ein gerichteter Graph, den wir *Programmgraph* nennen.

Für das obige Beispiel sieht der Programmgraph so aus wie in Abbildung 9.3:

9.3 Kontrollflussanalyse

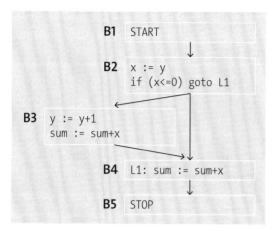

Abbildung 9.3 Beispiel für einen Programmgraphen

An dem Programmgraphen sieht man sehr plakativ den Kontrollfluss des Programms, und die oben diskutierte Frage, ob man x durch y ersetzen kann, lässt sich nun einfach beantworten:

- In *B2* ist die Ersetzung möglich, weil y nach der Zuweisung nicht geändert wird.
- In *B3* ist die Ersetzung nicht möglich, weil in *B3* y vorher geändert wird.
- In *B4* ist die Ersetzung ebenfalls nicht möglich, weil *B3* vor *B4* ausgeführt worden sein könnte und in *B3* y geändert wird.

Gleichzeitig fällt uns auf, dass nach der Zuweisung an y in *B3* y nicht mehr verwendet wird. Diese Zuweisung ist also überflüssig und kann entfernt werden.

Um einen Programmgraphen zu implementieren, nutzt man eine *Adjazenzmatrix*, die wiederum eine hashmap ist, deren Schlüssel Blöcke sind und deren Werte hashsets von Blöcken sind. So können die Nachfolger eines Blocks schnell bestimmt werden.

Die Java-Klasse aus Listing 9.1 implementiert einen Programmgraphen:

```
package compiler.optimizer;

import java.util.HashMap;
import java.util.HashSet;
import java.util.stream.Collectors;

public class ProgrammGraph {
```

```java
    public HashMap<Block, HashSet<Block>> adjazenzMatrix = new HashMap<>();

    public void neueKante(Block quelle, Block ziel) {
        adjazenzMatrix
                .computeIfAbsent(quelle, (n -> new HashSet<Block>()))
                .add(ziel);
    }

    public void entferneKante(Block aktuellerBlock) {
        adjazenzMatrix.remove(aktuellerBlock);
    }

    @Override
    public String toString() {
        String sb="";
        for (Block quelle : adjazenzMatrix.keySet()) {
            sb += quelle + " -> [" +
                    adjazenzMatrix.get(quelle)
                            .stream()
                            .map(Block::toString)
                            .collect(Collectors.joining(", "))
                    + "]\n";
        }
        return sb;
    }
}
```

Listing 9.1 Programmgraph in Java

Sollten Sie die folgenden Optimierungsalgorithmen implementieren wollen, werden Sie vermutlich nach und nach weitere Methoden einbauen, zum Beispiel für das Bestimmen von Vorgängern und Nachfolgern.

Um den Zwischencode zu generieren, schreiben Sie einen IntermediateCodeGenerator, der die gleiche Struktur besitzt wie der CodeGenerator, aber eben keinen Assembler-Code in eine Datei ausgibt, sondern zunächst pro Prozedur aus dem Prozedurrumpf eine Liste von Quadrupeln erzeugt (als Datenstruktur und nicht als Dateiausgabe). Das heißt, dass Sie eine weitere hashmap benötigen, die die Prozedurnamen auf die Liste von Quadrupeln abbildet. Bei der Generierung des Codes für zusammengesetzte Ausdrücke müssen Sie neue Bezeichner für die Hilfsvariablen erzeugen und sich merken, in welche

Hilfsvariablen Sie die Ergebnisse der Teilausdrücke geschrieben haben. Dazu bietet es sich an, im abstrakten Syntaxbaum die Klasse Expression um ein Member place (nach [Aho, Sethi & Ullman, 1986]) zu erweitern. Ähnlich, wie Sie in der semantischen Analyse den Datentyp des Ausdrucks im Attribut dataType abgespeichert haben, erfassen Sie so den Namen der Hilfsvariablen. Bei einfachen Variablen oder IntLiteralen schreiben Sie in den place einfach den Variablennamen bzw. das IntLiteral selbst.

In der visit-Methode für BinaryExpression (siehe Listing 8.4) würden Sie dann statt Registern die Hilfsvariablen benutzen, deren Namen Sie im Attribut place der Teilausdrücke finden:

```
public void visit(BinaryExpression binaryExpression) {
  binaryExpression.leftOperand.accept(this);
  Operand left = exp.leftOperand.place;
  binaryExpression.rightOperand.accept(this);
  Operand right = exp.rightOperand.place;
  Operator op = convert(binaryExpression.operator);
  Operand newPlace=new TempVariable();
  addQuadrupel(new Quadrupel(op, left, right, newPlace));
  binaryExpression.place=newPlace;
}
```

Listing 9.2 »visit«-Methode für zusammengesetzte Ausdrücke zur Generierung von Zwischencode

Für die Anweisungen kann man sich sehr stark an dem ECO32-Code-Generator orientieren. Als Beispiel sehen Sie hier den Beginn der visit-Methode für die Zuweisung:

```
public void visit(AssignStatement stm) {
   stm.target.accept(this);
   stm.value.accept(this);
   if (stm.target instanceOf NamedVariable) {
     addQuadrupel(new Quadrupel(ASSIGN, stm.value.place, emptyArg, stm.target.place);
   }
   else // analog für Felder
}
```

Im zweiten Schritt erzeugen Sie den Programmgraphen, indem Sie pro Prozedur die Liste der Quadrupel durchgehen und sich merken, wo ein neuer Basisblock beginnt und wo der aktuelle Basisblock endet. Anhand der Sprungbefehle und der Labels können Sie dann die Kanten in dem Graphen hinzufügen.

Wir werden im Abschnitt 9.6 sehen, dass die Optimierung von Schleifen besonders relevant ist für die Optimierung insgesamt. Mit dem Programmgraphen kann man Schleifen leicht erkennen.

Dazu benötigen wir aber zunächst zwei Definitionen [Allen, 1970]:

Definition 9.2: Pfad im Programmgraphen

In einem Programmgraphen PG = (N, E) ist ein *Pfad* von einem Knoten n_1 zu einem Knoten n_k eine Folge von Knoten $(n_1, ..., n_k)$ mit $(n_i, n_{i+1}) \in E$ für alle $1 \leq i \leq k - 1$.

Ein Pfad in einem Programmgraphen ist ein möglicher Weg durch die Basisblöcke während der Ausführung des Programms.

Definition 9.3: Dominator

Sei PG ein Programmgraph mit einer Knotenmenge N und einer Menge von Kanten E. Ein Knoten n *dominiert* einen Knoten n' genau dann, wenn jeder Pfad von START zu n' auch n enthält. Wir schreiben $n \leq n'$.

Das bedeutet: Wenn n einen Knoten n' dominiert, muss jeder mögliche Ablauf des Programms, der irgendwann den Knoten n' erreicht, auch vorher den Knoten n durchlaufen haben.

Beispiel 9.4

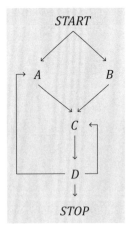

Abbildung 9.4 Beispielprogrammgraph zur Erkennung von Schleifen

Offensichtlich dominiert der *START*-Knoten selbst jeden anderen Knoten. Des Weiteren dominiert in Abbildung 9.4 *C* die Knoten *D* und *STOP*, aber weder *A* noch *B* dominieren einen der anderen Knoten, weil Pfade durch den jeweils anderen Knoten zu *C*, *D* und *STOP* existieren.

Nun können wir definieren, was eine Schleife ausmacht [Appel, 2002]:

> **Definition 9.4: Schleife**
>
> In einem Programmgraphen *PG* = (*N*, *E*) ist eine *Schleife* mit Eingang $n_0 \in N$ eine Teilmenge von *N*, sodass Folgendes gilt:
>
> 1. Alle Knoten der Schleife werden vom Eingang n_0 dominiert.
> 2. Es gibt in *E* mindestens eine Kante von einem Knoten der Schleife zurück zum Eingang n_0.
> 3. Es gibt nur eine Kante in *E* von einem Knoten außerhalb der Schleife zu einem Knoten in der Schleife, und zwar zu n_0.

Diese Definition bildet die strukturierten Schleifen aus den prozeduralen Sprachen (ohne Gotos) ab.

In Abbildung 9.4 ist { *C*, *D* } eine Schleife mit Eingang *C*, { *A*, *C*, *D* } nach dieser Definition aber keine Schleife, weil es möglich ist, von *B* aus *C* zu erreichen. Die Bedingung 3 der Definition ist also verletzt.

9.4 Datenflussanalyse

Während es bei der Kontrollflussanalyse darum geht, zu verstehen, in welcher Reihenfolge welche Anweisungen des Programms ausgeführt werden (können), wollen wir bei der Datenflussanalyse verstehen, wie sich die Daten (d. h. die Werte der Variablen) ändern.

Dabei nutzen wir die Basisblöcke und ermitteln zu deren Beginn und deren Ende die gewonnenen Informationen über die Daten. Welche Informationen wir berechnen, hängt von der Optimierungstechnik ab, die wir danach anwenden wollen.

Betrachten wir das Beispiel aus Abbildung 9.3, so erkennen wir:

- Am Ende von Block *B2* und am Beginn des Blocks *B3* ist x eine Kopie von y.
- An Ende von Block *B3* und am Anfang von *B4* ist x nicht mehr eine Kopie von y.
- Die Variable y wird in Block *B4* nicht verwendet, aber in Block *B3* zugewiesen. Wir nennen ab jetzt eine Zuweisung an eine Variable *V* eine *Definition* von *V*.

An den ersten beiden Punkten sehen Sie, dass wir Information »vorwärts« weitergeben müssen, also von einem Knoten, zum Beispiel *B2*, zu seinen Nachfolger *B3* und *B4*.

Beim letzten Punkt hingegen wird die Information »rückwärts« weitergegeben, wie im Beispiel von *B4* zu seinem Vorgänger *B3*.

Abhängig von der Optimierungstechnik, die Sie anwenden wollen, sind verschiedene Informationen über die Daten notwendig. Die Berechnungsvorschrift für diese Informationen hängen auch von der Optimierungstechnik ab.

Als einfachstes Beispiel für eine solche Berechnung betrachten wir die erreichenden Definitionen (*Reaching Definitions*), die wir für den dritten Punkt des obigen Beispiels nutzen können [Allen, 1970].

> **Definition 9.5: Reaching Definitions**
> Eine *Definition d* einer Variablen *V*, also eine Zuweisung an *V*, erreicht einen Knoten *n* im Programmgraphen, wenn es einen Pfad von *d* zu *n* gibt, auf dem keine weitere Definition von *V* vorkommt.

In Prosa gesprochen bedeutet dies, dass *V* an der Stelle *n* den Wert haben kann, der in *d* zugewiesen wurde.

Um zu ermitteln, ob eine Definition einen Block im Programmgraphen erreicht oder nicht, brauchen wir einige Vorüberlegungen. Dazu betrachten wir ein Beispiel.

Beispiel 9.5

```
a := a + b;
b := a - b;
while (a<10) {
    a:= a+1;
}
printi(a+b);
```

Listing 9.3 Beispiel für Reaching Definitions (SPL)

Den Programmgraphen des Zwischencodes zu Listing 9.3 sehen Sie in Abbildung 9.5:

In dem Zwischencode gibt es vier Definitionen, die zur Übersichtlichkeit mit Nummern versehen sind:

(1)   a := a + b   in Block 2

(2)   b := a - b   in Block 2

(3) a := a + 1   in Block 4

(4) T1 := a + b   in Block 5

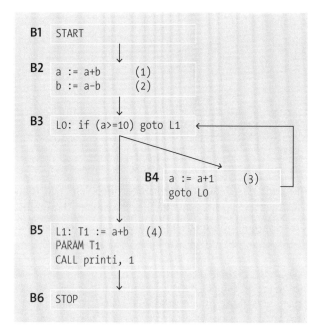

Abbildung 9.5 Beispiel für Reaching Definitions (Programmgraph)

Nach der Definition von Reaching Definitions erreicht eine Definition *d* einer Variablen *V* einen Knoten (= Block) *n* im Programmgraphen, wenn es keine weitere Definition von *V* auf einem Pfad von *d* zu *n* gibt.

Dies bedeutet, dass wir zunächst einmal die Definitionen selbst ermitteln müssen – in Abbildung 9.5 sind diese durchnummeriert. Wenn *B* ein Block ist, nennen wir die Menge der in *B* vorkommenden Definitionen *GEN(B)*.

Des Weiteren müssen wir wissen, welche »weiteren Definitionen von V« es gibt. Wenn *B* ein Block ist, definieren wir *KILL(B)* für alle Variablen *V*, die in *B* zugewiesen werden, als die Menge der Definitionen von *V*, die entweder in *B* selbst oder in einem anderen Block vorkommen. In der Praxis müssen wir also alle Definitionen in *GEN(B)* nehmen und für alle Variablen *V*, denen in *B* etwas zugewiesen wird, die weiteren Definitionen in anderen Blöcken finden.

In diesem Beispiel sind in Block *B2* die Definitionen 1 und 2 enthalten, in denen a und b definiert werden. Da Definition 3 ebenfalls eine Zuweisung an a ist, ergeben sich: $GEN(B2) = \{1, 2\}$ und $KILL(B2) = \{1, 2, 3\}$.

Für alle Blöcke lauten die Mengen:

Block B	GEN(B)	KILL(B)
B1	∅	∅
B2	{1, 2}	{1, 2, 3}
B3	∅	∅
B4	{3}	{1, 3}
B5	{4}	{4}
B6	∅	∅

Mit diesen beiden Mengen können wir das Reaching-Definitions-Problem wie folgt umformulieren: Wenn eine Definition d das Ende eines Blockes B erreicht, dann wird entweder d in B generiert oder d erreicht den Anfang des Blocks B und dieselbe Variable wird in B nicht überschrieben.

> **Berechnung von OUT_{rd}**
>
> Bezeichnen wir die Menge der Reaching Definitions eines Blocks B als $IN_{rd}(B)$ und die Menge am Ende von B als $OUT_{rd}(B)$, dann muss also gelten:
>
> $OUT_{rd}(B) = GEN(B) \cup (IN_{rd}(B) - KILL(B))$.

Die Berechnung der Mengen $IN_{rd}(B)$ ist einfach: Wir bestimmen die Vorgänger von B im Programmgraphen und bilden die Vereinigungsmenge der OUT_{rd}-Mengen der Vorgänger:

> **Berechnung von IN_{rd}**
>
> $$IN_{rd}(B) = \bigcup_{P \text{ ist Vorgänger von } B} OUT_{rd}(P)$$

Besteht der Programmgraph aus n Knoten, so erhalten wir also $2 \times n$ Gleichungen mit ebenso vielen Unbekannten. Diese Gleichungen bezeichnet man gemeinhin als *Datenflussgleichungen*.

Für jedes Datenflussanalyse-Problem gibt es entsprechende Formen dieser Gleichungen von *IN* und *OUT*, wobei die Eingabemengen *GEN* und *KILL* spezifisch pro Problem festzulegen sind.

Um das Gleichungssystem zu lösen, initialisieren wir zunächst die Mengen $OUT_{rd}(B)$ für jeden Block B mit der leeren Menge und wenden dann so lange die beiden Formeln für IN_{rd} und OUT_{rd} an, bis sich an diesen nichts mehr ändert.

Dieses iterative Verfahren wird nach G. Kildall *Kildalls Methode* genannt [Kildall, 1973].

Um zu zeigen, dass dabei wirklich die richtige Lösung gefunden wird, müssten wir theoretisch etwas ausholen und Verbände (engl. *lattices*) und Fixpunktsätze erklären, was aber den Rahmen dieses Buches sprengen würde. Wenn Sie weitere Informationen dazu suchen, werden Sie in Kapitel 8 von [Muchnick, 1997] mehr Details dazu finden.

Iterativer Algorithmus zur Lösung von Datenflussgleichungen für Reaching Definitions [9.2]

// Initialisierung

Für alle Blöcke B **setze** $OUT_{rd}(B) = \emptyset$

Setze Δ gleich der Menge aller Blöcke

// Iteration

Solange $\Delta \neq \emptyset$, iteriere:

Wähle einen Block B aus Δ, und entferne B aus Δ

$IN_{rd}(B) = \emptyset$

Für alle Vorgänger P von B:

$IN_{rd}(B) = IN_{rd}(B) \cup OUT_{rd}(P)$

$OUT_{rd}(B) = GEN(B) \cup \bigl(IN_{rd}(B) - KILL(B)\bigr)$

Wenn sich $OUT_{rd}(B)$ geändert hat, setze

$\Delta = \Delta \cup \{S : S \text{ ist Nachfolger von } B\}$

Für das Beispiel in Abbildung 9.5 ergibt sich:

Block	GEN(B)	KILL(B)	IN_{rd}	OUT_{rd}	Δ
B1	$\emptyset$	$\emptyset$	$\emptyset$	$\emptyset$	{ B1,B2,B3,B4,B5,B6 }
B2	{ 1,2 }	{ 1,2,3 }	$\emptyset$	{ 1,2 }	{ B2,B3,B4,B5,B6 }
B3	$\emptyset$	$\emptyset$	{ 1,2 }	{ 1,2 }	{ B2,B3,B4,B5,B6 }
B4	{ 3 }	{ 1,3 }	{ 1,2 }	{ 2,3 }	{ B2,B3,B4,B5,B6 }
B5	{ 4 }	{ 4 }	{ 1,2 }	{ 1,2,4 }	{ B2,B3,B4,B5,B6 }

Tabelle 9.2 Beispiel zu Reaching Definitions: Berechnung der IN- und OUT-Mengen

Block	GEN(B)	KILL(B)	IN_{rd}	OUT_{rd}	Δ
B6	∅	∅	{1,2,4}	{1,2,4}	{B2,B3,B4,B5,B6}
B2	{1,2}	{1,2,3}	∅	{1,2}	{B3,B4,B5,B6}
B3	∅	∅	{1,2,3}	{1,2,3}	{B3,B4,B5,B6}
B4	{3}	{1,3}	{1,2,3}	{2,3}	{B3,B5,B6}
B5	{4}	{4}	{1,2,3}	{1,2,3,4}	{B3,B5,B6}
B6	∅	∅	{1,2,3,4}	{1,2,3,4}	{B3,B5,B6}
B3	∅	∅	{1,2,3}	{1,2,3}	{B5,B6}
B5	{4}	{4}	{1,2,3}	{1,2,3,4}	{B6}
B6	∅	∅	{1,2,3,4}	{1,2,3,4}	∅

Tabelle 9.2 Beispiel zu Reaching Definitions: Berechnung der IN- und OUT-Mengen (Forts.)

Die Berechnung der IN_{rd}-Mengen erfolgt vorwärts, und entsprechend sind wir »von oben nach unten« durch die Blöcke gegangen. Hätten wir eine andere Reihenfolge gewählt, wären wir zum gleichen Ergebnis gekommen, hätten aber mehr Schritte benötigt.

Nun bleibt noch zu klären, warum der Algorithmus Knoten mehrfach besucht: Schleifen haben vorwärts und rückwärts zeigende Kanten. Bei der von uns gewählten Reihenfolge liefert die Rückwärtskante von *B4* zu *B3* zunächst keinen Beitrag, sondern erst beim zweiten Durchlauf, wodurch sich hier aber auch die OUT_{rd} -Menge von *B4* ändert, sodass *B3* ein drittes Mal besucht wird.

Was sagt uns das Ergebnis? Exemplarisch betrachten wir Block *B4* und Block *B5*: Die Definition 1 (a:=a+b) erreicht nicht das Ende von Block *B4*, aber die Definitionen 2 (b:=a-b) und 3 (a:=a+1) erreichen es. Da wir aber nicht wissen, ob die While-Schleife überhaupt durchlaufen wird, erreicht Definition 1 aber Block *B5*, so wie die Definitionen 2 und 3 auch.

Bei der Umsetzung kann man die Mengen durch Listen von `BitSet` implementieren, sodass die Vereinigungsmenge durch die Methode `or()` und die Schnittmenge durch die Methode `and()` abgebildet werden können. Da man die Mengen in jedem Block benötigt, bietet es sich an, Felder mit `BitSet` als Basistyp zu deklarieren:

```
ArrayList<BitSet> GEN;
```

Eine Vielzahl von Optimierungstechniken benötigt Informationen aus der Datenflussanalyse, und letztlich lassen sich diese alle durch Datenflussgleichungen ausdrücken.

Dabei gibt es allerdings Probleme, bei denen die *IN*- und *OUT*-Mengen auch rückwärts berechnet werden müssen: Bei der Lebendigkeitsanalyse (engl. *Liveness Analysis*) muss man feststellen, ob Variablen »vor« einer Neudefinition verwendet werden. Dabei werden dann die *OUT*-Mengen als Vereinigungsmenge der *IN*-Mengen der Nachfolger gebildet und *IN* mit der gleichen Gleichung wie bei Reaching Definitions berechnet (nur jetzt mit *IN* statt *OUT* auf der linken Seite der Gleichung). Der Algorithmus läuft bis auf diese Änderungen analog ab.

9.5 Lokale und globale Optimierungen

Wir betrachten nun einige Optimierungen, die innerhalb eines Blocks oder über mehrere Blöcke hinweg durchgeführt werden können.

Die erste Optimierungstechnik, die *Elimination gemeinsamer Teilausdrücke* (engl. *Common Subexpression Elimination*) innerhalb eines Blocks, lässt sich an einem Beispiel gut zeigen.

Beispiel 9.6

In den SPL-Zuweisungen

```
a := i * 2 + 1;
b := b + i * 2;
```

tritt der Ausdruck i*2 zweimal auf. Unser Codegenerator aus Abschnitt 8.4 würde Assembler-Code generieren, der den Teilausdruck zweimal berechnet.

Da sich i zwischen den beiden Zuweisungen aber nicht ändert, können wir den Zwischencode optimieren, indem wir den Ausdruck i*2 nur einmal berechnen:

```
T1 := i * 2
a  := T1 + 1
b  := b + T1
```

Ohne die Elimination gemeinsamer Teilausdrücke würden wir zwei Hilfsvariablen benötigen, denen beide der gleiche Teilausdruck i*2 zugewiesen würde. Sollte zwischen den beiden Zuweisungen eine Zuweisung i:= ... stehen, dürfen wir i*2 nicht mehr als potenziell gemeinsamen Teilausdruck führen und in der Zuweisung an b darf i*2 nicht ersetzt werden.

Die Elimination gemeinsamer Teilausdrücke kann auch über mehrere Blöcke hinweg stattfinden und wird dann *globale Elimination gemeinsamer Teilausdrücke* [Cocke, 1970] genannt. Um diese Teilausdrücke zu finden, müssen wir alle eingehenden Kanten in einem Block darauf untersuchen, ob in ihnen ein Teilausdruck noch unverändert ist, wie das Beispiel in Abbildung 9.6 zeigt:

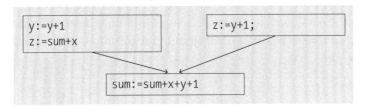

Abbildung 9.6 Common Subexpression Elimination

Der Teilausdruck y+1 taucht in den beiden Zweigen auf, kann aber im letzten Block nicht ersetzt werden, weil y im linken Zweig geändert wird. Ebenso kann sum+x im letzten Block nicht ersetzt werden, weil dieser Teilausdruck im rechten Zweig nicht berechnet wird.

Fazit: Das ist ein vorwärtsgerichtetes Datenflussproblem! Die *IN*-Menge eines Blocks ist diesmal die Schnittmenge aller *OUT*-Mengen der Vorgänger.

Da der von einem Compiler erzeugte Zwischencode unter anderem die Berechnung der Adressen für Zugriffe auf Felder enthält, finden sich dort typischerweise viele gemeinsame Teilausdrücke. Beim SPL-Compiler ist zum Beispiel bei jedem Zugriff auf eine Feldkomponente eine Multiplikation des Indexes mit 4 notwendig.

Eine weitere einfache Optimierung ist die Ausnutzung *algebraischer Identitäten*, bei der einfache Ausdrücke (wie x+0, x*1, x-0, y || true, y || false, y && false, y && true etc.) vereinfacht werden. Sie werden sich vielleicht fragen, warum solche Ausdrücke im Quellcode enthalten sein sollten, aber diese entstehen oft, nachdem andere Optimierungstechniken angewandt wurden.

Insbesondere durch *Konstantenverbreitung* (engl. *Constant Propagation*) und *Konstantenfaltung* (engl. *Constant Folding*) können Ausdrücke mit algebraischen Idenitäten entstehen.

Bei der Konstantenverbreitung werden Variablen mit einem konstanten Wert durch eben diesen Wert ersetzt. Bei der Konstantenfaltung wird der Wert von Ausdrücken mit konstanten Operanden direkt durch den Compiler berechnet.

So wird beispielsweise

```
a := 2
b := 8 + a
```

zu:

a := 2
b := 10

Konstantenverbreitung und -faltung können natürlich nicht nur in einem Block, sondern auch global erfolgen – dazu benötigt man natürlich eine Datenflussanalyse! Hierbei muss man an jeder Stelle des Programms drei Fälle unterscheiden:

- Der Wert der Variablen ist eine Konstante
- Der Wert der Variablen ist nicht konstant. In diesem Fall verwenden wir das Zeichen ⊥ (gesprochen: *bottom*).
- Die Variable ist undefiniert. In diesem Fall schreiben wir ⊤ (gesprochen: *top*).

In Java lässt sich dies einfach darstellen als:

```java
package compiler.optimizer;
public class Const {
    public enum  CONSTTAG {TOP, BOTTOM, VALUE};
    public CONSTTAG tag;
    public int value;
    public Const(CONSTTAG tag) {
        this.tag = tag;
    }
    public Const(CONSTTAG tag, int value) {
        this.tag=tag;
        this.value=value;
    }
    @Override
    public String toString() {
        switch (tag) {
            case TOP    : return "\u22A4";
            case BOTTOM : return "\u22A5";
            default:      return String.valueOf(value);
        }
    }
    public void and(other : Const) { ... }
    public void or(other : Const) { ... }
}
```

Listing 9.4 Java-Code für die Darstellung von Konstanten

Mengen sind dann vom Typ

`ArrayList<HashMap<Identifier, Const>>` ,

sodass man zu jedem Block mit der Nummer des Blocks eine `HashMap` findet, in der zu jedem Bezeichner die Information für die Konstantenverbreitung enthalten ist.

Die Datenflussgleichungen sind wiederum vorwärtsgerichtet: Die IN_{cp}-Menge eines Blocks ist die Schnittmenge der OUT_{cp}-Mengen der Vorgänger des Blocks. Zur Initialisierung von *GEN(B)* werden Variablen, die in *B* nicht definiert werden, auf ⊤ abgebildet; Variablen, die mit einem konstanten Wert definiert werden, werden auf diesen Wert abgebildet und sonst auf ⊥.

Bei *KILL(B)* werden die Variablen, die definiert werden, auf ⊥ gesetzt und sonst auf ⊤.

Gerade zwischen diesen beiden letzten Optimierungen gibt es Wechselwirkungen: Durch Konstantenverbreitung können wieder algebraische Identitäten erkannt werden, sodass wiederum andere Variablen als konstant angesehen werden können. Daher lohnt es sich, diese Optimierungen mehrfach anzuwenden.

9.6 Schleifenoptimierungen

Sieht man sich Programme mit langen Laufzeiten an – und gerade bei diesen lohnt es sich ja, zu optimieren –, so wird man feststellen, dass diese die meiste Zeit in Schleifen verbringen. Denken Sie an die Sortieralgorithmen, die Sie bisher kennengelernt haben!

Aus diesem Grund können auch kleine Verbesserungen in Schleifen eine große Wirkung haben, weil sich der Effekt ja vielfach multipliziert.

Wir werden uns nun einige der »klassischen« *Schleifenoptimierungen* in diesem Abschnitt ansehen.

Bei der *Verschiebung von schleifeninvariantem Code* (engl. *Loop Invariant Code Motion*) ist die Idee, alle Berechnungen, die bei jedem Schleifendurchlauf das gleiche Ergebnis liefern, *vor* der Schleife zu berechnen.

Beispiel 9.7

```
    c:=...
    i:=0
    sum:=0
L0: if i>=100 goto E0
    j:=0
```

9.6 Schleifenoptimierungen

```
L1: if j>=100 goto E1
    t1:=i*c
    t2:=t2-j
    sum:=sum-t2
    j:=j+1
    goto L1
E1: i:=i+1
    goto L0
E0: ...
```

Bei genauerem Hinsehen stellen Sie fest, dass der Ausdruck i*c nicht von der inneren Schleifenvariablen j abhängt und daher aus der inneren Schleife herausgezogen werden kann:

```
    c:=...
    i:=0
    sum:=0
L0: if i>=100 goto E0
    j:=0
    t1:=i*c
L1: if j>=100 goto E1
    t2:=t2-j
    sum:=sum-t2
    j:=j+1
    goto L1
E1: i:=i+1
    goto L0
E0: ...
```

Vergleicht man die Anzahl der Rechenoperationen im nichtoptimierten mit der im optimierten Programm, so sind es im nichtoptimierten Programm 10.000 Multiplikationen gegenüber 100 Multiplikationen im optimierten – das optimierte Programm ist also deutlich schneller!

Eine Anweisung ist schleifeninvariant, wenn für alle Operanden der Anweisung gilt:

- Der Operand ist eine Konstante oder
- alle Definitionen, die diese Verwendung des Operanden erreichen, sind außerhalb der Schleife oder
- es gibt genau eine Definition des Operanden, die diesen Ausdruck erreicht, und diese Definition ist selbst invariant in der Schleife.

In unserem Beispiel sind alle Definitionen von i und c, die den Ausdruck i*c erreichen, außerhalb der Schleife; und somit ist i*c invariant in der inneren Schleife.

Eine weitere Optimierung, die oft nach der Anwendung anderer Optimierungen oder bei bekannten Schleifengrenzen auftritt, ist das *Aufrollen von Schleifen* (engl. *Loop Unrolling*).

Dabei wird der Schleifenrumpf ganz oder teilweise aufgerollt:

```
    i:=0
L0: if i>=3 goto E0
    t1:=4*i
    a[t1]:=i*2
    i:=i+1
    goto L0
E1:
```

wird zu:

```
    a[0]:=0*2;
    a[1]:=1*2;
    a[2]:=2*2;
```

Hier sehen Sie sofort wieder eine Optimierungsmöglichkeit: Die Ausdrücke auf den rechten Seiten der Zuweisungen können direkt berechnet werden. Das verdeutlicht noch mal die Bedeutung der Aussage, dass sich das Programm oft durch mehrmalige Anwendung von verschiedenen Optimierungen weiter verbessern lässt.

Bei der nächsten Optimierung geht es nicht um den Rumpf der Schleife, sondern um den Kopf der Schleife, also um die Initialisierung, die Prüfung des Endkriteriums und das Inkrement der Schleifenvariablen. Schleifen mit gleichem Start und Ende können zusammengeführt werden, falls die Berechnungen im Schleifenrumpf nicht voneinander abhängen.

In dem Zwischencode in Listing 9.5 laufen beide Schleifen von 0 bis *n* und können zusammengefasst werden:

```
    i := 0
L0: if (i>=n) goto E0
    t1:=4*i
    a[t1]:= i * 2
    i := i + 1
    goto L0
E0: j := 0
```

```
L1: if (j>=n) goto E1
    t2:=4*j
    b[t2]:= c[t2] + 1
    j := j + 1
    goto L1
E1: ...
```

Listing 9.5 Zusammenführung von Schleifen (vor der Optimierung)

Nach der Optimierung lautet der Code:

```
    i := 0
L0: if (i>=n) goto E0
    t1:=4*i
    a[t1]:= i * 2
    b[t1]:= c[t2] + 1
    i := i + 1
    goto L0
E0:
```

Listing 9.6 Zusammenführung von Schleifen (nach der Optimierung)

Wie Sie sehen, ist der Code deutlich kürzer geworden und die Zeitersparnis ist umso größer, wenn für die Variablen i, j und n jedes Mal auf den Hauptspeicher zugegriffen werden muss.

Die letzte Technik, die wir vorstellen wollen, nennt sich *Elimination von Induktionsvariablen*, wobei als Induktionsvariable eine Variable bezeichnet wird, deren Wert in jedem Schleifendurchlauf eine lineare Funktion der Schleifenvariablen ist. In dem folgenden Beispiel sehen Sie, dass die Variable k eine Induktionsvariable ist:

```
    i := 0
    sum := 0
L0: if (i>=n) goto E0
    t1 := 2*i
    k := t1+1
    sum := sum + k
    i := i + 1
E0:
```

Die Idee ist nun, die Berechnung von k durch eine simple Addition zu ersetzen. Da i in jedem Schleifendurchlauf um den Wert 1 erhöht wird, erhöht sich der Wert von k entsprechend um 2, sodass wir die Zuweisung `k:=2*i+1` durch die einfachere Zuweisung `k:=k+2` ersetzen können.

Nun müssen wir noch überlegen, mit welchem Wert k vor der Schleife initialisiert werden muss: Die Schleife beginnt mit dem Wert `i=0`, sodass k im ersten Schleifendurchlauf auf 2*0+1=1 gesetzt werden muss. Da im optimierten Code k zu Beginn des Rumpfes wie eben erläutert um 2 erhöht wird, muss der Startwert von k -1 sein, und es ergibt sich:

```
    i := 0
    sum := 0
    k := -1
L0: if (i>=n) goto E0
    k := k + 2
    sum := sum + k
    i := i + 1
E0: ...
```

Die Erkennung von Induktionsvariablen ist deutlich schwieriger als die anderen Schleifenoptimierungen, weil man zum einen analysieren muss, ob es zwischen der Zuweisung an die Induktionsvariable und der Zuweisung an die Schleifenvariable eine weitere Zuweisung an die Schleifenvariable gibt. Gäbe es in dem obigen Beispiel zwei Zuweisungen an i, wäre die Rechnung, die wir eben durchgeführt haben, falsch!

Zum anderen kann es ja weitere Variablen geben, die mit einer linearen Funktion nicht direkt von der Schleifenvariablen, sondern von einer anderen Induktionsvariablen abhängig sind. So würde, wenn der obige Schleifenrumpf zum Beispiel eine Zuweisung `l:=10*k-5` enthielte, l ja indirekt auch von i abhängen. l ist dann auch eine Induktionsvariable.

9.7 Sonstige Optimierungen

Nachdem wir nun die ganze Zeit innerhalb von Blöcken oder über alle Blöcke einer Prozedur hinweg gearbeitet haben, sei noch angemerkt, dass es auch möglich ist, die Analyse über Prozedurgrenzen hinweg durchzuführen; man spricht dann von *interprozeduraler Analyse* – im Gegensatz zur intraprozeduralen Analyse, die oben wir betrachtet haben.

Beispielsweise könnte eine Prozedur *p* eine Prozedur *q* aufrufen, die einen Referenzparameter immer auf einen konstanten Wert setzt. In *p* kann man dann diese Konstante verbreiten und falten. Auch hier verweisen wir auf das Buch von Muchnick [Muchnick, 1997].

9.7.1 Elimination von Endrekursion

Zum Abschluss werden wir uns nun drei Optimierungen ansehen, die sich speziell mit Prozeduren und Prozeduraufrufen beschäftigen, aber keine interprozedurale Analyse benötigen.

9.7.1 Elimination von Endrekursion

Eine sehr wichtige Optimierung ist die *Elimination von Endrekursion* (engl. *Elimination of Tail Recursion*).

Eine Funktion heißt *endrekursiv*, wenn nach ihrem rekursiven Aufruf nichts mehr auszuwerten ist.

Beispiel 9.8 (in C)

```
bool gerade (int n) {
   if (n==1)         return false;
   else if (n==2)    return true;
   else              return gerade(n-2);
}
```

Listing 9.7 Beispiel einer endrekursiven Funktion

Die Funktion ermittelt, ob eine Zahl n gerade ist, indem sie prüft, ob n-2 gerade ist. Die Rekursion endet, wenn n 1 oder 2 ist.

Der rekursive Aufruf gerade(n-2) ist die letzte Aktion in dem Ablauf der Funktion. Der Wert von n selbst (oder einer anderen lokalen Variablen) wird nicht mehr benötigt.

Demgegenüber ist die Fakultätsfunktion oft als nicht endrekursive Funktion formuliert:

Beispiel 9.9

```
int fak(int n) {
if (n==1) return 1
  else return n*fak(n-1);
}
```

Listing 9.8 Beispiel einer nicht endrekursiven Funktion

Wo ist der Unterschied? In der letzten return-Anweisung müssen ja erst beide Operanden der Multiplikation ausgewertet werden (n und fak(n-1)), und danach wird erst die

Multiplikation durchgeführt. fak ist also *nicht* endrekursiv, weil der rekursive Aufruf nicht die letzte Aktion in der Ausführung der Funktion ist.

Hier sei kurz ergänzt, dass sich die Fakultätsfunktion leicht in eine endrekursive Funktion umschreiben lässt:

Beispiel 9.10

```
int fak_endrekursiv(int n, int acc) {
  if (n==1) return acc;
    else return fak_endrekursiv(n-1, acc*n);
}
```

Der Trick ist, dass die Multiplikation und der rekursive Aufruf einfach in umgekehrter Reihenfolge ausgeführt werden! Dadurch ist der rekursive Aufruf hier die letzte Aktion.

Worin besteht nun die Optimierung?

Der Compiler kann statt eines Unterprogrammaufrufs mit neuem Aktivierungsrahmen einen einfachen Sprung erzeugen. In gerade wird der Wert von n in der Auswertung der rechten Seite nicht mehr benötigt und kann daher überschrieben werden. Die Rekursion wird also in eine Schleife umgewandelt. Die entstehende Funktion ist dann nicht mehr rekursiv, und der Aufbau der Aktivierungsrahmen für jeden einzelnen Aufruf (bis auf den ersten) entfällt.

```
bool gerade2(int n) {
  l1: if (n==1) return false;
  if (n==2) return true;
  else { n=n-2; goto l1; }
}
```

Die Anweisungen für den Aufbau und Abbau des Aktivierungsrahmens entfallen also, und bei jedem Durchlauf wird etwas Laufzeit gespart, aber auch – und das kommt vor allem dann zum Tragen, wenn sehr viele Aufrufe benötigt werden – Speicherplatz (in dem Beispiel hier jedes Mal 12 Bytes). Bei sehr großem n könnte es ohne diese Optimierung zu einem Überlauf des Stacks kommen.

9.7.2 Inlining

Eine andere Technik, um Proteduraufrufe einzusparen, ist das Einbetten des Prozedurrumpfs (engl. *Inlining*) in den Caller. Dabei wird ein Prozeduraufruf durch den gesamten Prozedurrumpf ersetzt.

Diese Optimierung ist oft nur ein Hilfsmittel, weil der Compiler danach besser erkennen kann, welche Abhängigkeiten es zwischen den Variablen im Caller und den Variablen im Callee gibt.

Bei der Ersetzung müssen natürlich Bezeichner des Callees geändert werden, wenn sie Konflikte mit den Bezeichnern des Callers erzeugen, und es müssen die Übergabemechanismen für die Parameter (Wert- oder Referenzparameter) beachtet werden. Da die Technik aber einfach auf Quellcode-Ebene zu implementieren ist, bieten sogar moderne Entwicklungsumgebungen schon die Möglichkeit, Prozeduren zu inlinen.

Nun fragt man sich aber, wann man Inlining anwenden sollte [Muchnick, 1997]: Je kleiner der Prozedurrumpf ist, desto einfacher ist die Transformation des Quellcodes. Wie viele Optimierungsmöglichkeiten ergeben sich durch das Inlining? Wenn dem Aufruf viele konstante Parameter übergeben werden, lässt sich der Prozedurrumpf mit den bisher vorgestellten Methoden wahrscheinlich gut optimieren. Sollte der Prozeduraufruf in einer Schleife sein, umso besser!

Bei rekursiven Prozeduren muss man eine Schranke einbauen, um zu limitieren, wie oft das Inlining angewandt wird.

9.7.3 Leaf Routine Optimization

Die letzte Optimierung, die wir auch an einem Beispiel für unseren SPL-Compiler demonstrieren können, ist die Optimierung von Prozeduren, die selbst keine weiteren Prozeduraufrufe (auch nicht von sich selbst) enthalten. Solche Prozeduren heißen *Blattprozeduren* (engl. *Leaf Routines*). Der Name leitet sich davon ab, dass diese Prozeduren im Aufrufgraphen Blattknoten sind.

Wie kann man solche Prozeduren optimieren?

Eine Prozedur p, die andere Prozeduren aufruft, »weiß« nicht, wie viele Aktivierungsrahmen nach ihr selbst zur Laufzeit aufgebaut werden – einer muss es aber mindestens sein.

Eine Prozedur p, die aber keine anderen Prozeduren aufruft, »weiß« definitiv, dass kein weiterer Aktivierungsrahmen im Rahmen der Ausführung von p gebraucht wird. Dann wissen wir, dass die Rücksprungadresse nicht gesichert werden muss, und ausgehende Argumente kann es auch keine geben.

Der Aktivierungsrahmen besteht also maximal aus dem Frame Pointer und den lokalen Variablen. Wenn die Prozedur keine lokalen Variablen besitzt, kann man den Aktivierungsrahmen weglassen, weil er nur den Frame Pointer speichern würde – wenn man keinen Aktivierungsrahmen aufbaut, ändert sich der Frame Pointer aber ja gar nicht und man muss ihn folglich auch nicht speichern.

9 Optimierung

Beispiel 9.11

```
proc f(ref x: int) {
x:=42;
}
proc main() {
   var a:int;
   f(a);
   printi(a);
}
```

Listing 9.9 SPL-Programm mit einer Leaf Routine »f«

Der in Abschnitt 8.4 besprochene Codegenerator würde folgenden Assembler-Code für die Prozedur f erzeugen:

```
f:
    sub    $29,$29,4      ; SP <-- SP - Framesize(f)
    stw    $25,$29,0      ; FP alt speichern relativ zu SP
    add    $25,$29,4      ; FP neu <-- SP neu + Framesize(f)
    add    $8,$25,0       ; Adresse von x
    ldw    $8,$8,0        ; Adresse von a
    add    $9,$0,42       ; lade 42
    stw    $9,$8,0        ; a:=42
    ldw    $25,$29,0      ; Wiederherstellen Frame Pointer FP
    add    $29,$29,4      ; Freigabe (SP <-- SP + Framesize(f))
    jr     $31            ; Rücksprung
```

Listing 9.10 Assembler-Code zu Listing 9.9

Wenn wir den Aktivierungsrahmen weglassen, ändern sich die Werte des Frame Pointers und des Stack Pointers nicht. Das heißt, dass wir im Rumpf von f anstelle des Frame Pointers einfach den Stack Pointer verwenden können, weil dieser ja dem neuen Wert des Frame Pointers entsprechen würde, wenn der Aktivierungsrahmen aufgebaut werden würde.

In diesem Beispiel reduziert sich der Code zu:

```
f:
    add    $8,$25,0       ; Adresse von x
    ldw    $8,$8,0        ; Adresse von a
    add    $9,$0,42       ; lade 42
    stw    $9,$8,0        ; a:=42
    jr     $31            ; Rücksprung
```

Listing 9.11 Beispiel aus Listing 9.10 nach der Leaf-Routine-Optimierung

Der Code ist also kürzer geworden und damit sicherlich auch schneller! Auch hier macht sich diese Optimierung besonders bezahlt, wenn der Prozeduraufruf sich in einer Schleife befindet.

Wenn Sie sich typische Programme ansehen, die Sie selbst geschrieben haben, werden Sie feststellen, dass der Anteil von Leaf Routines hoch ist; typische Getter- und Setter-Methoden sind beispielsweise Leaf Routines.

Sogar falls die Prozedur lokale Variablen hat, kann man diese Optimierung anwenden, wenn man die lokalen Variablen nicht auf dem Stack, sondern in Registern speichert.

Wenn Sie sich darauf beschränken, nur Leaf Routines ohne lokale Variablen zu optimieren, sind gegenüber dem bisherigen Codegenerator nicht viele Änderungen notwendig:

▶ In der visit-Methode für die Prozedurdeklaration im CodeGeneratorVisitor führen Sie eine boolesche Variable ein, um zu kennzeichnen, ob es sich bei der aktuellen Prozedur um eine Leaf Routine handelt:

```
boolean isLeaf = optionOpt
        && !procedureHasCall
        && (entry.sizeLocalVariables==0);
```

Dabei steht entry für den Eintrag der Prozedurinformationen in der Symboltabelle.

▶ In der gleichen visit-Methode geben Sie Prolog und Epilog jetzt nur dann aus, wenn isLeaf falsch ist. Wenn isLeaf falsch ist, bleibt im Epilog nur der Befehl für den Rücksprung übrig.

Anmerkung: optionOpt ist hier nur zur Bequemlichkeit als Kommandozeilenoption eingebaut, um steuern zu können, ob der Code optimiert werden soll oder nicht. procedureHasCall ist eine lokale Variable der visit-Methode und wird benötigt, um festzustellen, ob die Variable ausgehende Prozeduraufrufe beinhaltet, sodass die Rücksprungadresse gespeichert wird, oder nicht. sizeLocalVariables ist Teil der Prozedurinformation und gibt die Größe des Bereichs im Aktivierungsrahmen für lokale Variablen an – beide Daten kommen aus der Variablenallokation.

Es bleibt noch zu regeln, dass beim Zugriff auf Parameter der Stack Pointer verwendet wird statt des Frame Pointers. Je nachdem, wie Sie die Codegenerierung für Variablen implementiert haben, ist nur in einer visit-Methode eine Änderung notwendig,

9.7.4 Registeroptimierung

Als letzte Optimierungstechnik wenden wir uns dem schon angesprochenen Problem zu, bei der Auswertung von Ausdrücken mit möglichst wenigen Registern auszukommen. Dabei kann diese Optimierung direkt auf den abstrakten Syntaxbaum und ohne Zwischencode angewandt werden.

Der russische Mathematiker und Informatiker Andrej Ershov fand 1956 eine Methode zur Bestimmung der minimalen Anzahl an Registern [Ershov, 1958], indem er jeden Knoten mit einer Zahl versah, der nach ihm benannten *Ershov-Zahl*.

> **Ershov-Zahl**
>
> Jedem Knoten in dem abstrakten Syntaxbaum eines Ausdrucks wird nach folgenden Regeln eine Nummer zugeteilt:
>
> ▶ Jedes Blatt erhält die Zahl 1.
> ▶ Wenn ein Knoten nur einen Kindknoten hat, übernimmt er die Zahl des Kindknotens.
> ▶ Wenn ein Knoten zwei Blätter hat und diese beide die gleiche Zahl *n* haben, erhält der Knoten die Zahl *n* + 1.
> ▶ Wenn ein Knoten zwei Blätter hat und diese beide unterschiedliche Zahlen *n1* und *n2* haben, erhält der Knoten die Zahl *max(n1, n2)*.

Betrachten wir als Beispiel den Ausdruck 1+(2+3*4). Abbildung 9.7 zeigt den abstrakten Syntaxbaum mit den berechneten Ershov-Zahlen.

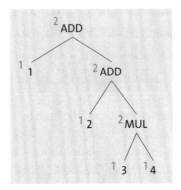

Abbildung 9.7 Ermittlung der Ershov-Zahlen

Mit der Registermaschine aus Abschnitt 8.4.1 wird der Baum von links nach rechts ausgewertet, und wir erhalten folgenden Code:

```
add $9,$0,1
add $10,$0,2
add $11,$0,3
add $12,$0,4
mul $11,$11,$12
```

```
add $10,$10,$11
add $9,$9,$10
```

Wenn der Ausdruck die rechte Seite einer Zuweisung ist, dann steht in Register 8 bereits die Adresse der Variablen auf der linken Seite.

Es werden also die vier Register $9 bis $12 benötigt.

Die Ershov-Zahlen geben an, wie viele Register man für den jeweiligen Teilausdruck braucht. (Anmerkung: Je nachdem, welche Befehle die Zielmaschine für die Operationen bietet, muss man gegebenenfalls die Blätter mit 0 initialisieren.)

Um also möglichst wenige Register mit Werten zu belegen, die noch nicht benutzt werden, sollte man die Teilausdrücke zuerst auswerten, die die meisten Register benötigen – also diejenigen, die höhere Ershov-Zahlen besitzen.

In dem Beispiel von oben sollte man also mit dem rechten Teilbaum beginnen und erhält dann folgenden Code:

```
add $9,$0,3
add $10,$0,4
mul $9,$9,$10
add $10,$0,2
add $9,$9,$10
add $10,$0,1
add $9,$9,$10
```

Wir benötigen also nur zwei Register, wie wir mithilfe der Ershov-Zahl auch berechnet haben.

Im Codegenerator müssen Sie dafür ein neues Member für die Ershov-Zahl in der Klasse Expression anlegen (bzw. ein neues Feld in der Struct Expression):

```
public int    number;          // Ershov-Zahl
```

Ebenfalls im Codegenerator könnte man dann eine Funktion definieren, die die Ershov-Zahl für einen Ausdruck berechnet. Dazu definieren Sie entweder einen Visitor und in ihm visit-Methoden für jede mögliche Art von Ausdrücken (inklusive Feldzugriffe, die wiederum Ausdrücke in den Indizes enthalten können). Oder Sie schreiben diesmal, weil es ja nur um eine kleine Anzahl Klassen geht, eine rekursive Funktion, die mit instanceOf die Art des Ausdrucks ermittelt.

Im Codegenerator müssen Sie dann bei binären Ausdrücken die Ershov-Zahlen der Teilausdrücke miteinander vergleichen und den Code für die Auswertung des Teilausdrucks mit der größeren Ershov-Zahl zuerst generieren.

Beachten Sie dabei bitte, dass nicht alle Operatoren kommutativ sind: Wenn Sie zuerst den rechten Teilbaum auswerten, ist das Register, in dem das Teilergebnis steht, der zweite Operand des Rechenbefehls und umgekehrt.

Außerdem sollten Sie darauf achten, dass Sie das »untere« der beiden Register mit den Teilergebnissen nutzen, um das Ergebnis des Rechenbefehls aufzunehmen, weil Sie sonst ein Register »verschwenden«:

```
@Override
public void visit(BinaryExpression binaryExpression) {
    Expression eleft  = binaryExpression.leftOperand;
    Expression eright = binaryExpression.rightOperand;
    // Drei Register für die Rechenoperation
    Register reg1, reg2, result;
    if (eleft.number < eright.number) {
        // Zuerst rechts, dann links!
        eright.accept(this);
        reg2 = nextFreeRegister.previous(1);
        eleft.accept(this);
        reg1 = nextFreeRegister.previous(1);
        result=reg2;
    }
    else {
        // Zuerst links dann rechts!
        eleft.accept(this);
        reg1 = nextFreeRegister.previous(1);
        eright.accept(this);
        reg2 = nextFreeRegister.previous(1);;
        result=reg1;
    }
    switch (binaryExpression.operator) {
        case ADD:
            ausgabe.emit("add " + result + "," + reg1 + "," + reg2);
            break;

        ...

    }
}
```

Listing 9.12 Auswertung von Ausdrücken mit Ershov-Zahl

9.8 Zusammenfassung

Das Wort *Optimierung* ist unglücklicherweise sehr irreführend, weil es bei jeder der gezeigten (und allen weiteren) »Optimierungstechniken« um Verbesserung des Codes geht, aber optimaler Code in den seltensten Fällen wirklich erreicht wird. Dabei müssen wir festlegen, welchen Aspekt wir optimieren wollen. Meistens ist dies die Laufzeit, es kann aber auch der Speicherbedarf des Programms sein.

Bedenken Sie immer das Zitat von Knuth in Abschnitt 9.1 – optimieren Sie niemals Code, der noch nicht fehlerfrei ist!

Optimierungen können auf verschiedenen Ebenen vorgenommen werden: Offensichtlich können Sie durch einen besseren Algorithmus oder durch eine geschicktere Implementierung des Algorithmus große Verbesserungen erzielen. Der Compiler kann das Programm sowohl noch auf der Ebene des Source Codes verbessern (zum Beispiel beim Inlining von Prozeduraufrufen), auf der Ebene des Zwischencodes oder zum Schluss im Maschinencode (zum Beispiel bei der Optimierung der Anzahl der benötigten Register durch die *Ershov-Zahlen*).

Für den Compilerbauer ist Optimierung ein sehr weites Feld mit zwei grundlegenden Mechanismen: Kontrollflussanalyse und Datenflussanalyse.

Bei der *Kontrollflussanalyse* wird der Zwischencode in Basisblöcke zerlegt, die zu einem Programmgraphen zusammengefasst werden. Der Programmgraph eignet sich gut, um Aussagen über mögliche Abläufe des Programms zu treffen. *Lokale Optimierungen* finden innerhalb der Blöcke statt; und erfolgt die Optimierung über Blockgrenzen hinweg, sprechen wir von *globalen Optimierungen*. Als Beispiele für lokale und globale Optimierungen haben Sie die *Elimination gemeinsamer Teilausdrücke*, die *Ausnutzung algebraischer Identitäten* sowie die *Konstantenfaltung* und *-verbreitung* kennengelernt. Bei allen globalen Optimierungen, bei denen Variablen involviert sind, muss man eine *Datenflussanalyse* vornehmen, um festzustellen, ob die Variablen die gewünschte Eigenschaft haben (zum Beispiel die Eigenschaft, konstant zu sein).

Durch Erkennung von Blöcken, die immer vor anderen Blöcken ausgeführt werden (Dominanz-Beziehung), ist es möglich *Schleifen* zu entdecken, sodass in diesen einige Optimierungstechniken angewandt werden können (*Induktionsvariablen*, *schleifeninvariante Ausdrücke* sowie *Schleifenauffaltung* und *-zusammenlegung*). Diese Optimierungen sind vor allem wichtig, weil Schleifen oft in sehr großer Häufigkeit durchlaufen werden, sodass sich der Effekt jeder Optimierung dort vervielfacht.

Neben den lokalen, globalen und Schleifenoptimierungen haben wir noch drei weitere Optimierungen betrachtet:

- **Elimination von Endrekursion**

  Endrekursive Prozeduren und Funktionen können in einfache Schleifen umgebaut werden, wodurch die Notwendigkeit entfällt, bei jedem Aufruf einen neuen Aktivierungsrahmen aufzubauen.

- **Leaf-Routine-Optimierung**

  Bei Prozeduren, die keine weiteren Prozeduraufrufe und keine lokalen Variablen enthalten, kann man die Erzeugung des Aktivierungsrahmens vermeiden, wenn man beim Zugriff auf die Parameter, die sich ja im Aktivierungsrahmen des Aufrufers befinden, statt des Frame Pointers den Stack Pointer als Bezugspunkt für die Berechnung der Adresse der Variablen verwendet.

- **Registeroptimierung**

  Mithilfe der Ershov-Zahl kann bestimmt werden, welcher Teil eines Ausdrucks die meisten Register benötigt. Die Registermaschine, die Teil des Codegenerators ist, prüft bei einem binären Ausdruck dann zuerst, welcher Teilausdruck die größere Ershov-Zahl besitzt, und erzeugt dann zuerst für diesen Teilausdruck Code. Dadurch wird gewährleistet, dass für kompliziertere Ausdrücke möglichst wenige Register durch Zwischenergebnisse einfacherer Teilausdrücke belegt werden.

Oft entsteht durch eine Optimierung weiteres Optimierungspotenzial, sodass meistens Optimierungen mehrfach ausgeführt werden, um alle möglichen Optimierungen zu finden und durchzuführen.

Nicht besprochen haben wir *Optimierungen, die von der Zielmaschine abhängen*. Beispielsweise können sehr gut optimierende Compiler wie *gcc* abhängig vom »Inhalt« des Ausdrucks erkennen, welcher Assembler-Befehl der schnellste ist. Beispielsweise übersetzt gcc (auf Intel x86_64) eine Multiplikation mit einer Potenz von 2 in einen Shift-Befehl und nicht in eine Multiplikation. gcc geht sogar so weit, dass bei einer Multiplikation mit einer anderen Zahl berechnet wird, ob eine Sequenz von Shift-Befehlen, gefolgt von einer Addition, schneller ist.

Als weitere Möglichkeit der Optimierung sei hier noch die *abstrakte Interpretation* aufgeführt (wir hatten diese schon einmal in Abschnitt 6.3.2 erwähnt). Bei ihr führt man ein Programm aus, benutzt aber dazu nicht konkrete Werte für die Variablen, sondern abstrakte Werte, zum Beispiel {positiv, negativ, weiß nicht ($\bot$)}. Sind dann die Variablen x und y beide positiv, dann ist nach $z := x + y$ auch z positiv. Ist aber y negativ, so erhält z bei der abstrakten Interpretation den Wert »weiß nicht« ($\bot$). Die abstrakte Interpretation kann auf diese Weise hilfreiche Informationen über Programme liefern, ohne dass die exakten Eingabewerte bekannt sind und ohne dass das Programm komplett ausgeführt werden muss [Jones & Nielson, 1995].

9.9 Übungen

9.9.1 Kontrollflussanalyse

1. Aufgabe: Übersetzen Sie das folgende Programm in Zwischencode:

   ```
   proc main() {
     var i     : int;
     var limit : int;
     var x     : int;
     readi(i);
     readi(limit);
     x:=0;
     while (i<=limit) {
       x:=i*(limit+1);
       i:=i+1;
     }
   }
   ```

2. Aufgabe: Implementieren Sie einen zweiten Codegenerator, der aber nicht Assembler-Code ausgibt, sondern Zwischencode.

3. Aufgabe: Erstellen Sie zu dem Zwischencode von Aufgabe 1 den Programmgraphen.

4. Aufgabe: Zerlegen Sie das folgende Programm in seine Basisblöcke:

   ```
   START
   x=0
   y=10
   t0=y*2
   t1=2*x
   t2=t0+t1
   i=0
   L0: if x>=y goto L1
   x=x+1
   i=i+1
   goto L0
   L1:
   STOP
   ```

5. Aufgabe: Identifizieren Sie in den Basisblöcken zu dem Programm von Aufgabe 4 alle Schleifen. Verifizieren Sie die drei Bedingungen, die die Definition für Schleifen vorsieht.

9.9.2 Datenflussanalyse

6. Aufgabe: Berechnen Sie für das Programm aus Aufgabe 5 für jeden Basisblock die Mengen GEN und KILL für das Problem der erreichenden Definitionen.

7. Aufgabe: Führen Sie für das Programm aus Aufgabe 5 mit den in Aufgabe 6 erstellten Mengen GEN und KILL die Datenflussanalyse für erreichende Definitionen durch. Berechnen Sie also für jeden Block die Mengen IN_{rd} und OUT_{rd}.

Kapitel 10
Ausblick

Ich frage: Ist das nicht interessant?
– Karl May, Winnetou IV

Ich hoffe, Sie können die Frage, wenn Sie bis hierhin durchgehalten haben, mit »Ja!« beantworten.

Zu guter Letzt schauen wir noch kurz darauf, wie es »nach dem Compiler« weitergeht und mit welchen Themen sich Compilerbauer aktuell beschäftigen.

10.1 AOT und JIT

Einen Compiler, der wie der SPL-Compiler arbeitet, also das Programm in Assembler-Code und dann in Maschinencode übersetzt, nennt man *Ahead-Of-Time*-Compiler oder AOT-Compiler. Wenn Sie Java programmieren, wissen Sie sicherlich, dass der Java-Compiler nicht in Assembler-Code übersetzt, sondern in sogenannten *Bytecode*. Der Bytecode ist unabhängig von der Zielplattform und wird von der Java Virtual Maschine *JVM* [Lindholm, Yellin, Bracha, Buckley & Smith, 2020] interpretiert.

Inzwischen gibt es neben Java viele weitere Sprachen, die in Bytecode für die JVM übersetzt werden, zum Beispiel Scala [Odersky, Spoon & Venners, 2020], Kotlin [Jemerow & Isakova, 2017], Clojure [Miller, Halloway & Bedra, 2018] und viele andere.

Der Vorteil eines Ahead-Of-Time-Compilers ist die schnelle Ausführung des Codes, da das Backend des Compilers spezifisch für die jeweilige Zielmaschine entwickelt werden kann. Nachteilig ist aber, dass der kompilierte Code und damit das Backend des Compilers hochgradig abhängig von der Zielmaschine ist, was den Entwicklungsaufwand für den Compiler vervielfacht, wenn er mehrere Zielplattformen abdecken soll.

Ein Compiler, der für eine virtuelle Maschine Code erzeugt, hat nur ein Backend und ist daher einfacher zu entwickeln und zu warten. Der große Nachteil ist aber, dass die virtuelle Maschine den Code während der Laufzeit interpretieren muss, was deutlich langsamer ist als der durch einen AOT-Compiler erzeugte Code. Seit Version 1.3 verwendet die Java VM den sogenannten *HotSpot-Compiler* [Oracle Corp., The Java HotSpot Performance Engine, 2020]: Während der Interpretation des Bytecodes werden Daten über die Ausführung gesammelt (engl. *Profiling*), und Code, der häufig ausgeführt wird, wird optimiert und in Maschinencode übersetzt. Das bedeutet, dass ein Programm, das lange läuft, schneller werden kann, weil der HotSpot-Compiler aufgrund der gesammelten Daten entscheidet, dass häufig aufgerufene Methoden optimiert und kompiliert werden. Wenn es Sie interessiert, welche Methoden der HotSpot-Compiler während der Ausführung Ihres Programms kompiliert, können Sie

```
java -XX:+printCompilation MeineKlasse
```

aufrufen. Die Java Virtual Machine wird dann während der Ausführung Ihres Programms `MeineKlasse` Informationen über alle kompilierten Methoden ausgeben. Probieren Sie es aus! Vermutlich werden Sie viele Standardmethoden sehen, aber wenn Sie in `MeineKlasse` eine Methode zum Beispiel 50.000-mal aufrufen, wird sie auch in der Ausgabe erscheinen.

Diese Technik, Code erst zu kompilieren, wenn es sich wirklich lohnt, heißt *Just-In-Time Compilation* (JIT).

Die *V8-Engine* [Google Inc., 2021] des Chrome-Webbrowsers und *SpiderMonkey* im Firefox-Browser [Mozilla Foundation, 2021] beispielsweise kompilieren *JavaScript* während der Ausführung. Gerade bei den heute üblichen Single-Page-Webanwendungen wird sehr viel JavaScript-Code auf den Browser geladen und ausgeführt. Hier macht sich die höhere Geschwindigkeit direkt beim Benutzer bemerkbar.

10.2 Forschungsfelder im Compilerbau

Ohne Anspruch auf Vollständigkeit möchten wir Ihnen noch einige Bereiche vorstellen, die auch 65 Jahre nach dem FORTRAN-Projekt und mehr als 50 Jahre nach den Arbeiten über Syntaxanalyse und Optimierung noch immer erforscht werden:

- **Übersetzung und Optimierung von Programmen, die große Vektoren oder Matrizen bearbeiten**

  Solche Programme werden vor allem für numerische Simulationen benötigt, zum Beispiel in der Wettervorhersage. Moderne Prozessoren bieten sogenannte *Advanced Vector Extensions* an, mit denen heutzutage Vektoren von bis zu 32 16-Bit-Integerwerten in einem Taktzyklus bearbeitet werden können.

- **Übersetzung von Programmen, die nicht »wie üblich« ausgeführt werden**

  Zum Beispiel können bei der *Reverse Computation* Programme rückwärts ausgeführt werden: Bei Eingabe des Ergebnisses einer Berechnung werden die Eingabewerte errechnet!

In der Programmiersprache *Janus*, die auf Lutz [Lutz, 1986] zurückgeht und von Yokoyama, Axelsen und Glück [Yokoyama, Axelsen & Glück, 2008] erweitert wurde, kann man Programme erstellen, die sowohl vorwärts als auch rückwärts ausgeführt werden können. Gerade die Optimierung von solchen reversiblen Sprachen ist noch sehr wenig erforscht.

▶ **Sprachen mit stärkeren Typsystemen**

Wir haben in Abschnitt 2.1 darüber gesprochen, dass die prozeduralen Sprachen Werte und Variablen als »first-class citizens« behandeln, objektorientierte Sprachen die Objekte und funktionale Sprachen die Funktionen. *Idris*, entwickelt von Edwin Brady [Brady, 2017], ist eine im Kern funktionale Sprache, die es erlaubt, dass Funktionen Datentypen zurückgeben und Typausdrücke somit Aufruf dieser Funktionen sein können. Man spricht dann von *Dependent Types*, weil die Typen abhängig sind von Werten.

ATS [Xi, 2017] ist hingegen eine neue Sprache, die so konstruiert ist, dass der Compiler formal Eigenschaften des Programms beweisen kann, zum Beispiel, dass ein Ausdruck a[3*4] bei einem Feld a der Größe 10 einen Typfehler verursacht.

Die Suche nach »sicherer« Programmierung ist alt, aber es scheint, dass die heutige Software mit immer größer werdenden Frameworks und Komponenten zu einer verstärkten Forschung zu Programmiersprachen und Compilern führt, die die Fehlermöglichkeiten einschränken.

▶ **Machine Learning und Kompilierung**

Machine Learning wird in vielen Bereichen angewandt, um Computer nicht zu programmieren, sondern um sie eine Vorgehensweise erlernen zu lassen. Warum können Computer nicht lernen, wie man ein Programm kompiliert und optimiert? Da man aber nicht weiß, ob der Rechner das Erlernte 100 % richtig anwendet, muss man natürlich vorsichtig sein, und daher eignet sich Optimierung als Anwendungsfall gut: Der Compiler lernt, welche Auswahl und Reihenfolge von Optimierungen Programme »gut« optimieren. Eine gute Übersicht zu diesem Thema findet sich in [Ashouri, Killian, Cavazos, Palermo & Silvano, 2019].

Ebenso kann man Machine Learning zur Übersetzung von einer Sprache in eine andere (*Source-To-Source Translation*) anwenden. Dies wird oft benötigt, wenn »alter« Code auf eine neue Plattform und eine neue Programmiersprache portiert werden muss.

▶ **Spezialisierte Programmiersprachen**

Bei sogenannten *Domain-Specific Languages* (DSLs) [Fowler, 2010] erstellt man eine Programmiersprache für einen sehr spezifischen Anwendungsfall, sodass diese auch für Nichtprogrammierer leicht zu benutzen ist. In vielen Bereichen der Industrie und des Finanzwesens werden DSLs benutzt; die Eingabeformate der Tools, die wir benutzt haben, sind im Grunde auch DSLs.

Im Allgemeinen geht es aber darum, die Sprache so zu entwickeln, dass Fachleute sich in ihrer Terminologie ausdrücken können – bei den Compilerbau-Werkzeugen ist das wahrscheinlich bei ANTLR am besten gelungen.

Was braucht man, um eine DSL zu entwickeln? Natürlich einen Compiler und dann eine Entwicklungsumgebung, in der man mit möglichst guter Unterstützung Programme entwickeln kann. Aus diesem Grund gibt es für gängige Entwicklungsumgebungen wie Eclipse und IntelliJ Erweiterungen zum Erstellen von DSLs (*Xtext* und *JetBrains MPS*).

Literaturverzeichnis

Abelson, H. & Sussman, G. J. (1996). Structure and Interpretation of Computer Programs (2nd. Edition). Cambridge: MIT Press/McGraw-Hill.

Abrahams, P. (1978). The PL/I Programming Language. New York University.

Aho, A. V., Sethi, R. & Ullman, J. D. (1986). Compilers Principles, Techniques and Tools. Bell Telephone Laboratories.

Allen, F. E. (July 1970). Control flow analysis. ACM SIGPLAN Notices, S. 1–19.

Ananian, C. S., Flannery, F., Wang, D., Appel, A. W. & Petter, M. (12. Mai 2020). Von CUP: *http://www2.cs.tum.edu/projects/cup/* abgerufen

Appel, A. W. (2002). Modern Compiler Implementation in Java. Cambridge University Press.

Ashouri, A. H., Killian, W., Cavazos, J., Palermo, G. & Silvano, C. (May 2019). A Survey on Compiler Autotuning using Machine Learning. ACM Comput. Surv., S. 1–42.

Aufrufkonvention bei x64-Systemen. (28. September 2020). Von Microsoft Dokumentation: *https://docs.microsoft.com/de-de/cpp/build/x64-calling-convention* abgerufen

Backus, J. (1978). The history of Fortran I, II, and III. In R. L. Wexelblat (Hrsg.), HOPL (S. 25–74). Academic Press / ACM. Von *http://dblp.uni-trier.de/db/conf/hopl/hopl1978.html#Backus78* abgerufen

Backus, J. W. (1959). THE SYNTAX AND SEMANTICS OF THE PROPOSED INTER-NATIONAL ALGEBRAIC LANGUAGE OF THE ZURICH ACM-GAMM CONFERENCE. New York, USA: IBM Corp.

Batson, A. (February 1965). The organization of symbol tables. Communications of the ACM, S. 111–112.

BISON Manual. (06. Mai 2020). Von GNU.org: *www.gnu.org/software/bison/manual/bison.html* abgerufen

BISON-Summary. (04. Mai 2019). Von Savannah: *https://savannah.gnu.org/projects/bison/* abgerufen

Bloch, J. (2017). Effective Java. Addison-Wesley.

Brady, E. (2017). Type-driven development with Idris. Manning Publications Inc.

Cardelli, L. (2004). Type Systems. In A. B. Tucker, Computer Science handbook, 2nd edition (S. Chapter 97). Chapman & Hall/CRC.

Cardelli, L. & Wegner, P. (December 1985). On understanding types, data abstraction, and polymorphism. ACM Computing Surveys, S. 471–523.

Chen, X. & Pager, D. (2011). Full LR(1) parser generator Hyacc and study on the performance of LR(1) algorithms. In B. C. Desai, A. Abran & S. P. Mudur (Hrsg.), C3S2E (S. 83–92). ACM. Von *http://dblp.uni-trier.de/db/conf/c3s2e/c3s2e2011.html#ChenP11* abgerufen

Chomsky, N. (1956). Three models for the description of language. IRE Transactions on Inf. Theory, 113–124.

Cocke, J. (July 1970). Global Common Subexpression Elimination. ACM SIGPLAN Notices, S. 20–24.

Collins, G. E. (December 1960). A method for overlapping and erasure of lists. Communications of the ACM, S. 655–657.

Colmerauer, A., Kanoui, H., Roussel, P. & Pasero, R. (1973). UN SYSTEME DE COMMUNICATION HOMME-MACHINE EN FRANCAIS. UN SYSTEME DE COMMUNICATION HOMME-MACHINE EN FRANCAIS, Université d'Aix-Marseille.

Conway, M. E. (July 1963). Design of a separable transition.diagram compiler. Communications of the ACM, S. 396–408.

Cousot, P. & Cousot, R. (1977). Abstract interpretation: a unified lattice model for static analysis of programs by construction or approximation of fixpoints. Proceedings of the 4th ACM SIGACT-SIGPLAN symposium on Principles of programming languages, S. 238–252.

Dahl, O. & Nygaard, K. (September 1966). SIMULA – an ALGOL-based simulation language. Communications of the ACM, S. 671–678.

Dijkstra, E. W. (vol. 2 1960). Recursive Programming. Numerische Mathematik, S. 312-318.

Ershov, A. P. (August 1958). On Programming of Arithmetic Operations. Communication of the ACM, S. 3–6.

Flex Repository. (März 2020). Von *https://github.com/westes/flex* abgerufen

Fowler, M. (2010). Domain-specific Languages. Addison-Wesley.

Friedman, D. P. & Wand, M. (2008). Essentials of Programming Languages. Cambridge, MA: MIT Press.

Gamma, E., Helm, R., Johnson, R. E. & Vlissides, J. (1994). Design Patterns. Elements of Reusable Object-Oriented Software. (1st ed., Reprint.). Addison-Wesley Longman, Amsterdam.

Geisse, H. (2020). SPL – Sprachbeschreibung.

Geisse, H. & Geisse, M. (13. August 2020). ECO32. Von GitHib: *https://github.com/hgeisse/eco32* abgerufen

Google Inc. (26. Februar 2021). Von V8 JavaScript Engine: *https://v8.dev/* abgerufen

Gordon, B. (Issue 1 1956). An Optimizing Program for the IBM 650. Journal of the ACM, S. 3–5.

Gosling, J., Joy, B., Steele, G., Bracha, G., Buckley, A., Smith, D. & Bierman, G. (20. Februar 2020). Java Language Specification Java 14 SE Edition. Von JDK 14 Documentation: *https://docs.oracle.com/javase/specs/jls/se14/jls14.pdf* abgerufen

Gray, J. (2000). Building a RISC System in an FPGA. Circuit Cellular, S. 26-32.

Grune, D., van Reeuwijk, K., Bal, H. E., Jacobs, C. J. & Langendoen, K. (2012). Modern Compiler Design. Springer Verlag.

Heilbrunner, S. (1981). A Parsing Automata Approach to LR Theory. Theor. Comput. Sci., 15, S. 117–157. Von *http://dblp.uni-trier.de/db/journals/tcs/tcs15.html#Heilbrunner81* abgerufen

Hindley, J. R. (December 1969). The Principal Type-Scheme of an Object in Combinatory Logic. Transactions of the American Mathematical Society, S. 29–60.

Hoare, C. (February 1981). The Emporer's Old Clothes. Communications of the ACM, S. 75–83.

Hopcroft, J. (1971). An n log n algorithm for minimizing states in a finite automaton. Theory of machines and computations (S. 189–196). Haifa: Academic Press.

Hopper, G. (1955). Automatic Coding for Digital Computers. High Speed Computer Conference, (S. 1–5). Louisiana State University.

Jäger, M. (2019). Compilerbau – Eine Einführung. Technische Hochschule Mittelhessen.

Jemerow, D. & Isakova, S. (2017). Kotlin in Action. Manning Publications Inc.

Jensen, K. & Wirth, N. (1974). Pascal User Manual and Report. Springer Lecture Notes in Computer Science, no. 18.

Johnson, S. C. (1975). Yacc: Yet another compiler compiler. Murray Hill: Bell Laboratories.

Johnsson, T. (1985). Lambda Lifting: Transforming Programs to Recursive Equations. Conf. on Func. Prog. Languages and Computer Architecture. Mancy: ACM Press. Von *http://www.cs.chalmers.se/\~johnsson/Papers/lambda-lifting.ps.gz* abgerufen

Jones, N. & Nielson, F. (1995). Abstract interpretation: a semantics-based tool for program analysis. Oxford University Press Oxford, UK, UK.

Jones, R. & Lins, R. (1996). Garbage Collection. John Wiley & Sons.

Kildall, G. A. (1973). A Unified Approach to Global Program Optimization. Proceedings of the 1st Annual ACM SIGACT-SIGPLAN Symposium on Principles of Programming Languages, (S. 194–206). Boston, MA.

Kleene, S. (1956). Representation of nerve nets and finite automata. Princeton University Press.

Knuth, D. E. (December 1965). On the translation of languages from left to right. Information and Control, S. 607–639.

Knuth, D. E. (1968). Semantics of Context-Free Languages. Mathematical Systems Theory, S. 127–145.

Knuth, D. E. (January 1971). Top-down syntax analysis. Acta Informatica, S. 79–110.

Knuth, D. E. (December 1974). Computer Programming as an Art. Communications of the ACM, S. 667–673.

Knuth, D. E. (1996). Selected Papers on Computer Science. The Center for the Study of Language and Information Publications;.

Knuth, D. E. (1990). The genesis of attribute grammars. In P. Deransart & M. Jourdan, Attribute Grammars and their Applications (S. 1–12). Paris: Springer Lecture Notes in Computer Science 461.

Korenjak, A. J. (November 1969). A practical method for constructing LR (k) processors. Communications of the ACM, S. 613–623.

Kremer, U. (26. Februar 2021). Ulrich Kremer's Home Page. Von Rutgers University: *https://www.cs.rutgers.edu/~uli/* abgerufen

Lesk, M. E. & Schmidt, E. (28. Februar 2021). Lex – A Lexical Analyzer Generator. Abgerufen im März 2020 von *http://dinosaur.compilertools.net/lex/index.html*

Levine, J. (2009). flex & bison. O'Reilly.

Lewis, P. M. & Stearns, R. E. (July 1968). Syntax directed transduction. Journal of the ACM, S. 465-488.

Lindholm, T., Yellin, F., Bracha, G., Buckley, A. & Smith, D. (23. November 2020). The Java® Virtual Machine Specification Java SE 14 Edition. Von Oracle Help Center: *https://docs.oracle.com/javase/specs/jvms/se14/jvms14.pdf* abgerufen

Lu, H. J. (28. September 2020). x86-64-psABI. Von *https://gitlab.com/x86-psABIs/x86-64-ABI* abgerufen

Lucas, P. (March 1961). Die Strukturanalyse von Formelübersetzern. it – Information Technology, S. 159–167.

Lutz, C. (1986). Letter to R. Landauer. Janus – A time-reversible language.

McCarthy, J. (1960). Recursive Functions of Symbolic Expressions and Their Computation by Machine, Part I. Communications of the ACM, 3(4), S. 184–195. Von *http://portal.acm.org/citation.cfm?id=367199* abgerufen

Meyer, A. R. & Fischer, M. J. (1971). Economy of description by automata, grammars, and formal systems. 12th Annual Symposium on Switching and Automata Theory. East Lansing, MI, USA: IEEE.

Miller, A., Halloway, S. & Bedra, A. (2018). Programming Clojure. O'Reilly UK Ltd.

Milner, R. (December 1978). A Theory of Type Polymorphism in Programming. Journal of Computer and System Sciences, S. 348–375.

Mozilla Foundation. (26. Februar 2021). SpiderMonkey documentation. Von Firefox Source Docs: *https://firefox-source-docs.mozilla.org/js/index.html* abgerufen

Muchnick, S. S. (1997). Advanced Compiler Design & Implementation. Morgan Kaufmann Publishers.

Odersky, M., Spoon, L. & Venners, B. (2020). Programming in Scala. Artima Inc.

Options That Control Optimization. (27. Oktober 2020). Von Using the GNU Compiler Collection (GCC): *https://gcc.gnu.org/onlinedocs/gcc/Optimize-Options.html* abgerufen

Oracle Corp. (05. Oktober 2020). Introduction to Garbage Collection Tuning. Von Java SE 15 Documentation: *https://docs.oracle.com/en/java/javase/15/gctuning/introduction-garbage-collection-tuning.html* abgerufen

Oracle Corp. (25. November 2020). The Java HotSpot Performance Engine. Von Java Technologies: *www.oracle.com/java/technologies/whitepaper.html* abgerufen

Parnas, D. (December 1972). On the Criteria To Be Used in Decomposing Systems into Modules. Communications of the ACM, S. 1053–1058.

Parr, T. (2012). The Definitive ANTLR4 Reference. The Pragmatic Bookshelf.

Parr, T. (23. Mai 2020). Von *www.antlr.org* abgerufen

Parr, T., Harwell, S. & Fisher, K. (2014). Adaptive LL(*) parsing: the power of dynamic analysis. Proceedings of the 2014 ACM International Conference on Object Oriented Programming Systems Languages & Applications (OOPSLA '14) (S. 589–598). New York: Association for Computing Machinery.

Patterson, D. A. & Ditzel, D. R. (August 1980). The case for the reduced instruction set computer. ACM SigArch Computer Architecture News, S. 25–33.

Patterson, D. A. & Séquin, C. H. (1982). A VLSI RISC. Computer, 15(9), S. 8–21. Von *http://dblp.uni-trier.de/db/journals/computer/computer15.html#PattersonS82* abgerufen

Petter, M. (12. Mai 2020). Von CUP2 User Manual: *http://www2.in.tum.de/~petter/cup2/* abgerufen

Python Docs – gc Garbage Collector interface. (05. Oktober 2020). Von Python Documentation: *https://docs.python.org/3/library/gc.html* abgerufen

Rabin, M. O. & Scott, D. (1959). Finite Automata and Their Decision Problems. IBM Journal of Research and Development (Volume: 3 , Issue: 2 , April 1959).

Reinhold, M. (08. März 2016). The State of the Module System. Von OpenJDK: *http://openjdk.java.net/projects/jigsaw/spec/sotms/* abgerufen

Samelson, K. & Bauer, F. L. (1959). Sequentielle Formelübersetzung. Elektron. Rechenanlagen, 1(4), 176–182. Von *http://dblp.uni-trier.de/db/journals/it/it1.html#SamelsonB59* abgerufen

Sedgewick, R. & Wayne, K. (16. Juli 2020). Operator Precedence. Von Programming in Java · Computer Science · An Interdisciplinary Approach: *https://introcs.cs.princeton.edu/java/11precedence/* abgerufen

The Java Tutorial. (11. Dezember 2020). Von Oracle Java Documentation: *https://docs.oracle.com/javase/tutorial/java/generics/types.html* abgerufen

Thompson, K. (1968). Programming Techniques: Regular Expression Search Algorithm. Communications of the ACM, S. 419–422.

TIOBE Index. (09. Juli 2020). Von TIOBE: *https://www.tiobe.com/tiobe-index/* abgerufen

Turner, D. W. (December 1986). An Overview of Miranda. SIGPLAN Notices, S. 158–166.

Type Erasure. (08. Dezember 2020). Von Java Tutorials: *https://docs.oracle.com/javase/tutorial/java/generics/erasure.html* abgerufen

Using the GNU Compiler Collection (GCC). (23. November 2020). Von GCC, the GNU Compiler Collection: *https://gcc.gnu.org/onlinedocs/gcc-10.2.0/gcc/* abgerufen

von Neumann, J. (vol. 15, no. 4 1993). First draft of a report on the EDVAC. IEEE Annals of the History of Computing, S. 27–75.

Vossen, G. & Witt, K.-U. (2016). Grundkurs Theoretische Informatik – eine anwendungsbezogene Einführung: für Studierende in allen Informatik-Studiengängen. Springer-Vieweg.

Watt, D. (2010). Programming Language Design Concepts. Wiley.

Wilhelm, R. & Seidl, W. (2007). Übersetzerbau: Virtuelle Maschinen. Springer Verlag.

Wirth, N. (January 1971). The programming language pascal. Acta Informatica, S. 35–63.

Wirth, N. (2011). Grundlagen und Techniken des Compilerbaus, 3. Auflage. Oldenbourg Verlag.

Xi, H. (2017). Applied Type System: An Approach to Practical Programming with Theorem-Proving. CoRR, abs/1703.08683. Von *http://dblp.uni-trier.de/db/journals/corr/corr1703.html#Xi17* abgerufen

Yokoyama, T., Axelsen, H. & Glück, R. (2008). Principles of a reversible programming language. CF '08 Proceedings of the 5th conference on computing frontiers (S. 43–54). Ischia, Italien: Association of Computing Machinery.

Zima, H. (1984). Compilerbau I. BI Wissenschaftsverlag.

Index

%column ... 125
%left ... 204
%line ... 125
%nonassoc ... 204
%right ... 204
%start ... 203
%token ... 202
%type ... 125

A

A-0 ... 17
Abelson, Herold ... 15
Ableitung ... 137
Ableitungsbaum ... 149
Abstract Syntax Tree ... 21
Abstrakte Interpretation ... 296, 408
Abstrakter Syntaxbaum ... 21, 227, 229
Activation Record ... 306
Ada ... 32
Adaptive LL(*) ... 216
Adjazenzmatrix ... 381
Adressoperator ... 53
Advanced Vector Extensions ... 412
Ahead-Of-Time-Compiler ... 411
Aktion ... 241
Aktivierungsrahmen ... 305
Aktueller Parameter ... 62
Algebraische Identitäten ... 392
ALGOL ... 32, 61, 146
Algorithmen
   Basisblöcke bilden ... 378
   Entfernen von ε-Abschluss-Übergängen ... 100
   Follow-Menge ... 167
   Hüllen-Berechnung LR(1)-Parser ... 196
   Kanonische Kollektion ... 182
   LL(1)-Parser ... 173
   LL(1)-Parsertabelle ... 169
   LR(0)-Parser ... 186
   LR(0)-Parser, Action und Goto ... 186
   LR-Parser ... 179
   Mark-and-Sweep ... 326
   Minimierung von Automaten ... 112

Algorithmen (Forts.)
   Offsets der lokalen Variablen einer Prozedur ... 316
   Potenzmenge ... 106
   Reduktionen ermitteln ... 185
   Reference Counting ... 326
   Top-Down-Parser ... 154
Alphabet ... 17, 82
Analyse
   lexikalische ... 79
   Namen ... 257
   Semantik ... 255
   Syntax ... 133
Anfangszustand ... 93
Anonyme Funktion ... 61
ANTLR ... 22, 216, 219, 248
Anweisung ... 60
AOT Compiler ... 411
Äquivalent, endlicher Automat ... 96
Array ... 48
Arribut
   ererbtes ... 231
   synthetisiertes ... 231
Assembler ... 343
Assoziativität ... 151, 204, 211
AST ... 229
ATS ... 413
Attribut ... 231
Attributierte Grammatik ... 23, 229, 231
Aufrollen ... 396
Aufrufgraph ... 318
Ausdruck ... 59
Ausführbares Programm ... 37
Autoboxing ... 57

B

Backend ... 24
Backus, John W. ... 17, 32, 146
Backus-Naur-Form ... 146
Basic Regular Expressions ... 87
Basisblock ... 26, 376–377
Basistyp ... 48
Bauer, Friedrich L. ... 350

Index

Bedingte Anweisung 73
Best Fit 323
Bezeichner 41, 81
Bison 200–202, 204, 208, 210
BNF 146
Bottom 393
Bottom-Up-Parser 22, 176
Boxing 57
Brady, Edwin 413
BRE 87
Bytecode 411

C

C 32, 56
C# 56
C++ 35, 53
Call Graph 318
Call-by-Reference 63
Call-by-Value 62
Callee 310
Caller 310
Cast 58
Chomsky, Noam 135, 142, 153
Chomsky-Hierarchie 142
CISC 339
Closure 332
COBOL 17, 32
Codegenerierung 24, 303, 337
Codemuster 346
Codeselektion 338
Coercion 58
Common Subexpression Elimination 391
Compile Time 38
Compiler 15
Compilerbau 15
CompilerError 129
Complex Instruction Set Computer 340
Concrete Syntax Tree 249
Constant Folding 392
Constant Propagation 392
CUP 200, 210, 215

D

Dangling-Else 175, 203–204
Datenfluss 376

Datenflussanalyse 26, 373, 385
Datenflussgleichung 388
Datentyp 29, 47
  primitiver 48
  zusammengesetzter 48
DEA 103
Deallokation 322
debug_parse (Funktion) 214
Declare Before Use 41
Definition 43
Deklaration 41
Deklarative Programmierung 33
Dependent Types 413
Dereferenzierung 52
Deterministischer endlicher Automat 103
Diamond Operator 55
Dijkstra, Edsger W. 330
Display 330
Domain-Specific Language 413
Dominator 384
Dope Vector 55
Durchgang 25
Dynamische Speicherverwaltung 322

E

ε-Abschluss 105
ε-Abschluss-Zustandsübergang 105
  Elimination 99
EBNF 146–147
ECO32 .... 339, 351, 366
Eindeutig (Grammatik) 150
Elimination gemeinsamer Teilausdrücke 391
Endlicher Automat 21, 80, 90, 96, 109, 132
Endrekursion 27, 399
Endzustand 93
Epilog 358
Ererbte Attribute 231
Erreichende Definitionen 386
Error 186
Ershov, Andrej 404
Ershov-Zahl 27, 404
Erweiterte Backus-Naur-Form 146
Expression 59
Expression Statement 61
Extended Regular Expressions 87
Extreme Stack Pointer 323

F

Fakt	35
Faktorisierung	160
Fehlerbehandlung	200
Feld	48
Feldkomponente	46
Feldzugriff	48, 69, 298, 347–348
First Fit	323
First-Menge	163
Flex	21, 114
Eingabeformat	115
Follow-Menge	166
Formale Sprache	134
Formaler Parameter	62
For-Schleife	32
Forschungsfelder	412
FORTRAN	17, 32, 43, 146
Frame Pointer	309
Frontend	23
Funktion	32, 61
Funktionale Programmierung	33

G

Garbage Collection	24, 325
gcc	372, 408
Geisse, Hellwig	13
GEN	387
Generischer Typ	54
Goldberg, Adele	34
Grammatik	18, 134–135
attributierte	231
attributierte Grammatik	229
erweiterte	179
L-attributiert	236
LL(1)	171, 174–175
reduzierte	165
reduzierte kontextfreie	165
S-attributiert	236
Typ-0	142
Typ-1	142
Typ-2	142
Typ-3	142
Graph	92
Gültigkeitsbereich	43, 45, 264

H

Handle	179
Hashtabelle	259
Haskell	34, 56, 81, 332
Heap	307, 322
Heap Free-List Pointer	323
Heap Manager	322
Heap Pointer	322
Hiding	54
Hindley, J. Roger	55
Hopcroft, John	110
Hopper, Grace Murray	17, 32
HotSpot-Compiler	411
Hülle	
LR(0)	181
LR(1)	196

I

Identifier	41, 81
Idris	413
Imperative Sprachen	31
IN	388
Induktionsvariable eliminieren	397
Information-Hiding	45
Ingalls, Dan	34
Inheritance	54
Inlining	27, 400
Instanzvariable	46
Interprozeduraler Analyse	398
IntLiterale	347
isatty	120

J

Jäger, Michael	13
Janus	413
Java	35, 45, 53–54, 61, 63
Java Virtual Machine	15
JavaScript	412
JFlex	21, 124
Eingabeformat	125
JIT	412
Just-In-Time Compilation	412
JVM	411

Index

K

Kanonische Kollektion	182
Kay, Alan	34
Keller	161
Kellerautomat	22, 180
Kern	196
Keywords	40
Kildall, Gary E.	27, 389
Kildalls Methode	389
KILL	387
KI-Winter	33
Klassen	34, 53
Klassenvariable	46
Klauseln	35
Kleene, Stephen	84
Kleenesche Hülle	84
Knuth, Donald	163, 177, 229
Kollektion	181
Kompilierzeit	38
Konkatention	83
Konstantenfaltung	392
Konstantenverbreitung	392, 394
Kontextfreie Grammatik	136, 165
Kontextsensitive Grammatik	136
Kontrollfluss	376
Kontrollflussanalyse	373, 376
Kotlin	53, 58

L

Label	344
LALR(1)	23, 198, 201
Lambda Lifting	330
Lambda-Funktion	62
Last-In, First-Out	161
Laufzeit	38
Leaf Procedures	27
Leaf Routine	318, 401
Lebensdauer	46
Lebensfähiges Präfix	179
Lex	114
lex.yy.c	115
Lexem	82
Lexikalische Analyse	21, 79
LIFO	161
Linksableitung	138
Linksassoziativ	39
Linksregulär	140
Linksrekursion	157
Elimination	158
indirekte	159
Linksrekursiv	152, 175
LISP	33
Listener	250
Literal	38, 81
Liveness Analysis	391
LL(1)	160, 171
LL(1)-Grammatik	171
LL(1)-Parser	163, 173, 216
LL(k)	163
Lookahead	162, 189–190, 194
Lookahead-Menge	194, 196–197
Loop Invariant Code Motion	394
Loop Unrolling	396
Lovelace, Ada	32
LR(0)	22
LR(0)-Element	180–181
LR(0)-Parser	186
LR(1)	23
LR(1)-Element	196
LR(1)-Parser	194
LR-Parser	22, 179
LR-Verfahren	177
L-Value	53

M

Machine Learning	413
Mark-and-Sweep	326
Markierungsregel	235
Markierungssymbol	235
Maschinencode	343
McCarthy, John	33
Mehrdeutige Grammatik	150
Mehrdeutigkeit	149
Mehrfachvererbung	54
Methode	61
Milner, Robin	34, 47, 55
Miranda	34
ML	34
Modifier	42
Modul	45
Modula-2	32

Monoid	83
move (Funktion)	104

N

Namensanalyse	23, 257
Narrowing	57
Naur, Peter	146
NEA	93
Nichtdeterministischer endlicher Automat	93
Nichtterminalsymbol	136

O

Objektmodul	37
Objektorientierung	31
Offset	312
Operator	39, 81
Optimierung	371
OUT	388
Overriding	54

P

Panikmodus	201
Paradigma	30
Paradigmen (Programmiersprache)	30
Funktionale Programmierung	33
Logik	35
Objektorientierte Programmierung	34
Prozedurale Programmierung	31
Parameter	46, 62
Parnas, David	45
Parr, Terrence	216
parse (Funktion)	214
Parser	21, 134, 153
Parsergenerator	128, 200–201
Parsertabelle LL(1)	169
Pascal	17, 31–32, 61
Pass	25
Pfad	384
Phase	21
PL/I	40
place	383
Pointer	52

Polymorphismus	54
Post-Processing	364
Potenzmenge	105
Potenzmengen-Algorithmus	105–106, 110, 129
Präzedenz	40, 151, 204, 211
precedence	211
Produktionsregel	136
Program Counter	341
Programm	37
Programmgraph	380, 384
Programmiersprache	17, 29
Konzepte	37
Paradigma	30
Programmzähler	341
Prolog	30, 39, 358
Prozedur	31–32, 61, 358
Proceduraufruf	74
Prozess	37
Pumping-Lemma	134, 143, 145
Pumping-Zahl	145
Python	56

Q

Quadrupel	379
Quellcode	37

R

Rabin, Michael	103
Reaching Definitions	386–387
Rechenbefehle	343
Rechtsableitung	138, 177
Rechtsregulär	140
Record	49
Recursive-descent Parser	157
Reduce-Reduce-Konflikt	179, 203
Reduktion	177
ermitteln	185
Reference Counting	326
Referenz	53
Referenzparameter	63, 71, 359
Register	317
Registeroptimierung	403
Regular Expressions	86
Reguläre Ausdrücke	82, 86, 96, 139

Reguläre Grammatik 140, 161
Reguläre Sprache 89, 145
Rekursiver Abstiegs-Parser 155, 157
Reverse Computation 412
RISC 339
Ritchie, Dennis 32
Ruby 56
Runtime 38
Rust 56
R-Value 53

S

Satz von Rabin und Scott 103
Sätze 18
Satzform 137
Scanner 21, 79, 84
Scannergenerator 80, 114
Scheme 34
Schleife 74, 385
 erkennen 384
 Zusammenführung 396
Schleifeninvarianter Code 394–395
Schleifenoptimierungen 394
Schlüsselwörter 40, 81
Scope 43
Scott, Dana 103
Semantik 18
Semantische Analyse 23, 255
Shadowing 44
Shift 178
Shift/Reduce 200
Shift-Reduce-Konflikt 179, 190, 203
Simple Programming Language 20
Simula 34
 Simula-67 30
SLR(1) 22
SLR(1)-Parser 190
Smalltalk 34
Source-To-Source Translation 413
Speicher, dynamischer 46
Speicherallokation 318
SpiderMonkey 412
Spillover 353
SPL 19–20, 63
 Anweisungen 72
 Ausdrücke 69

SPL (Forts.)
 Kommentare 66
 Literale 66
 Prozedur 71
 Trennzeichen 65
 Typen 67
 Variablen 68
Sprache 17, 84, 138
 akzeptierte 96
Sprung
 LR(0) 182
 LR(1) 197
Sprungbefehl 341
Sprungfunktion 197
Sprungmarke 344
Stack 161, 307
 Symbolstack 186
 Zustandsstack 186
Stack Frame 306
Stack Pointer 309
Stack Top 309
Startsymbol 136
Statement 60
Static Link 329
Substitution 159
Sussmann, Gerald Jay 15
sym 211
Symbol 127, 258
Symboltabelle 23, 43, 45, 259
Syntaktische Repräsentation 273
Syntax 18
syntax_error 211
Syntaxanalyse 21, 133
Syntaxfehler 171, 204
Syntaxgesteuerte Übersetzung 228
Synthese 24
Synthetisierte Attribute 231

T

Tag 51
Tail Recursion 27, 399
Teilmengen-Algorithmus 105
Terminalsymbol 136
 nutzlos 165
Thompson-Konstruktion 99, 129–130
Token 20, 79, 81

Tokenklasse 81
Top 393
Top-Down-Parser 22, 153–154, 156
Topologische Sortierung 233
Typ 47
   anonym 280
Typanalyse 23, 284, 292
Typäquivalenz 58
Typausdruck 67
Typdeklarationen 273
Type Erasure 55
TypeScript 56
Typinferenz 55–56
Typkonstruktor 48
Typregel 292
Typsystem 47
   dynamisch getypte Sprache 56
   schwach 56
   stark 56
   statisch getypte Sprache 56
Typumwandlung 57

U

Unboxing 57
Union 50
   Discriminated 52
   Tagged 52
Unterprogramm 61

V

V8-Engine 412
Variable 29, 347
   automatische 46
   lokale 46, 62
   statische 46
Variablenallokation 24, 303
Verbund 49, 289
   mit Varianten 50
Vererbung 54

Versteckte Linksrekursion 159
Viable Prefix 179
Visitor-Pattern 23
Von-Neumann-Rechner 303

W

W-Algorithmus 55
Wertparameter 62, 71
While-Schleife 32
Whitespace 65, 81
Widening 57
Wirth, Niklaus 32, 146
Wort 83
Wörter 17

Y

Yacc 114, 200–202, 204, 210
yydebug 208
yyerror 204
yyin 124, 205
yyleng 118–119
yylex 204
yylex() 115, 120
yyparse 204–205
YYSTYPE 124
yyterminate() 120
yytext 118–119
yywrap 120

Z

Zeichen 17
Zeiger 52
Zermelo, Ernst 105
Zusammengesetzte Anweisung 74
Zuweisung 32
Zwischencode 373–374
Zwischensprache 26

Mathematische Grundlagen für maschinelles Lernen

Maschinelles Lernen – alle Grundlagen!. Dieser Grundkurs führt Sie in alle gängigen ML-Methoden ein. Paul Wilmott, bekannt für seine erhellende und unterhaltsame Darstellung angewandter Mathematik, stellt Ihnen die einschlägigen mathematischen Verfahren vor – von linearer Regression bis neuronale Netze, komplett unabhängig von Software und Code. Mit vielen Beispielen, Grafiken und zahlreichen Schritt-für-Schritt-Anleitungen. Für alle, die wirklich verstehen wollen, wie Maschinen lernen.

256 Seiten, broschiert, 29,90 Euro, ISBN 978-3-8362-7598-9
www.rheinwerk-verlag.de/5094

Vorlesungsbegleiter für die Theoretische Informatik

Berechenbarkeit, formale Sprachen, Algorithmik, Komplexitätstheorie: All das sind theoretische Themen mit praktischer Relevanz, zu denen es ebenso praktische Zugänge gibt. Und die finden Sie in diesem Grundkurs aus der Reihe „Informatik verstehen". Freuen Sie sich auf moderne Didaktik, die streng Formales mit Ihrer eigenen Intuition verknüpft. Die Kapitel des Buches sind lernfreundlich ausgearbeitet und stellen zu jedem Thema die Verbindung zu den Aufgabenfeldern der Informatik her. Mit vielen Aufgaben und Beispielen.

416 Seiten, broschiert, 29,90 Euro, ISBN 978-3-8362-7588-0
www.rheinwerk-verlag.de/5092

Objektorientierung auf den Punkt erklärt

In diesem Handbuch finden Sie alles, was Sie brauchen, um sich in die objektorientierte Programmierung einzuarbeiten. Machen Sie die OOP-Prinzipien zur Basis Ihrer eigenen Arbeit und entwickeln Sie guten Code. Die Autoren erläutern alle Themen anschaulich und verständlich mit vielen typischen Beispielen. An einem größeren Projekt bekommen Sie zudem von Anfang bis Ende gezeigt, wie Sie die OOP-Prinzipien konsequent und richtig umsetzen.

688 Seiten, gebunden, 49,90 Euro, ISBN 978-3-8362-8317-5
www.rheinwerk-verlag.de/5289